普通高等教育新工科汽车类系列教材（智能汽车·新能源汽车方向）

智能驾驶与机器视觉

主　编　杨　聪　隋　伟
副主编　赵亚滨　程智锋

机械工业出版社

机器视觉作为智能驾驶核心技术，承载了各类路面元素的感知功能，是智能汽车规控（路径规划与车辆控制）的核心信息来源。而在智能驾驶的研发过程中，视觉（包含雷达）感知的精度与效率是智能驾驶落地及量产的控制性工程，直接决定了智能驾驶汽车的安全性与用户体验，其重要程度不言而喻。本书涵盖了面向智能驾驶的机器视觉关键技术，包括标定、数据、场景、任务、算法、优化等量产一线的全栈知识。除摄像头外，其他传感器及感知技术也有涉及，包括激光雷达、毫米波雷达以及超声波传感器。在此基础上，本书还介绍了各类感知融合技术。为了让读者更加系统性地学习上述感知技术，本书介绍了智能驾驶的关键硬件基础、关键算法基础，以及关键数据基础。最后，本书还涵盖了智能驾驶目标发展现状及趋势，对于企业及高校从事智驾研发人员来说，可以作为很好的借鉴及选题参考。

本书主要面向高校计算机学院、汽车学院，以及车企等与智能驾驶相关的研究人员、开发人员以及学生等。本书既可以用于智能驾驶的入门级教材，也可用于智能驾驶开发的参考工具书。

图书在版编目（CIP）数据

智能驾驶与机器视觉 / 杨聪，隋伟主编. -- 北京：机械工业出版社，2024.5（2025.6 重印）. --（普通高等教育新工科汽车类系列教材）. --ISBN 978-7-111-75968-3

Ⅰ．U463.61

中国国家版本馆 CIP 数据核字第 2024RW3396 号

机械工业出版社（北京市百万庄大街 22 号　邮政编码 100037）
策划编辑：何士娟　　　　责任编辑：何士娟　丁　锋
责任校对：樊钟英　陈　越　责任印制：张　博
北京建宏印刷有限公司印刷
2025 年 6 月第 1 版第 2 次印刷
184mm×260mm・27 印张・651 千字
标准书号：ISBN 978-7-111-75968-3
定价：99.80 元

电话服务　　　　　　　网络服务
客服电话：010-88361066　机 工 官 网：www.cmpbook.com
　　　　　010-88379833　机 工 官 博：weibo.com/cmp1952
　　　　　010-68326294　金 书 网：www.golden-book.com
封底无防伪标均为盗版　机工教育服务网：www.cmpedu.com

前　言

距莱特兄弟（Wright brothers）1903年成功试飞第一架飞机仅过去15年，美国斯佩里公司（Sperry Corporation）于1912年便开发出了自动飞行套件（Autopilot），并在随后的军事与民用航空中快速普及。而自1885年德国人卡尔·本茨（Carl Benz）研制成功世界上第一辆汽车以来，真正意义上的自动驾驶直到近几年才逐步走进我们的生活，且尚未实现大规模普及。这是因为驾驶环境复杂度远超飞行环境，在环境感知与控制上也与飞行器有很大不同。事实上，自20世纪20年代汽车开始大规模普及，人类对于自动驾驶的探索就已开始（图1）：1925年8月，世界首辆无人驾驶汽车出现在纽约街头，通过无线电操作；1960—1970年，美国俄亥俄州立大学首次实现了基于道路预埋设备的自动导航，日本筑波工程研究实验室开发了首个基于摄像头检测导航的自动驾驶汽车；1980—1990年，美国斯坦福大学等机构利用激光雷达（LiDAR）和机器视觉（Machine Vision）第一次实现了机器人自主控制下的自动驾驶，并在无人车上首次使用了便携式计算设备，卡内基梅隆大学率先使用神经网络来引导控制自动驾驶汽车，由此发展形成了现代控制策略的基础。

a) King Phraates Ⅱ与飞毯(130BC)　　b) 自动驾驶海报(1950年)　　c) 斯坦福小车(1964年)

图1　人类对自动驾驶的憧憬与追求从未停止（图片来源：https://computerhistory.org/）

进入21世纪，随着计算机性能不断提升及人工智能（Artificial Intelligence，AI）快速发展，自动驾驶技术不断突破并开始商业化。谷歌（Google）公司于2010年推出了第一个自动驾驶汽车原型，这标志着自动驾驶技术进入了一个崭新的时代。随后，特斯拉（Tesla）公司推出了自己的自动驾驶系统，并于2016年10月实现了完全自动驾驶（Full Self-Driving，FSD）套件商业化升级，成为自动驾驶技术的领跑者之一。目前，自动驾驶融合了智能感知、决策、控制、定位、通信安全、人机交互、高精地图、5G及V2X等关键技术，是典型的复杂系统，技术门槛高，开发难度大。相较于自动驾驶，智能驾驶的概念更为宽泛，指机器帮助人进行驾驶，以及在特殊情况下完全取代人驾驶的技术。因此，智能驾驶不但涵盖传统意义上的自动驾驶，而且包含智能座舱、智能泊车以及不同级别辅助驾驶等内容，在形态上还包括乘用车、商用车及无人小车等类智能驾驶形态。鉴于上述形态在底层感知与规控原理上接近，本书使用"智能驾驶"这一概念来提升相关内容泛化性与技术覆盖度。

智能驾驶是一个以智能汽车为载体，集硬件、软件、算法、数据、云计算及生命周期管理等不同学科为一体的复杂学科，包含感知、决策、控制执行三大系统。作为智能汽车

Preface

的"眼睛"与"大脑",感知系统是实现智能驾驶的前提与基础。为此,智能汽车配有多类传感器,如摄像头、毫米波雷达、激光雷达、超声波传感器,部分车辆还通过 V2X 技术共享路基信息。在此基础上,通过人工智能技术识别各类路面元素及标识,为决策与控制系统提供输入。在此过程中,大部分感知是通过机器视觉完成的。除了视觉与多传感器融合方案,基于纯视觉的自动驾驶已被特斯拉验证并大力推广,已成为自动驾驶的主流方案之一。在学术界,智能驾驶及智能交通领域顶级期刊及会议如 IEEE Transactions on Intelligent Transportation Systems(IEEE TITS)及 IEEE International Conference on Robotics and Automation(IEEE ICRA)中大部分感知算法均基于机器视觉。在实际研发中,视觉感知性能还与传感器类型、数据质量以及计算芯片性能息息相关,开发难度大、周期长,需要不同团队配合完成。特别是对于刚进入这个行业的人员来说,不但需要了解智能驾驶感知场景及任务,还要了解视觉算法的类型与开发方法,更要不断进行场景创新来打造差异化竞争,其中难度可想而知。

本书撰写的背景是 2021 年 7 月地平线(Horizon Robotics)正式推出征程 5 全场景整车智能中央计算芯片,是国内首款大算力(超 100TOPS)复合 ASIL-B 功能安全的自动驾驶芯片,代表国产车规级 AI 芯片的最高水平。围绕国产大算力 AI 芯片构建开发者生态,降低国产芯片的使用门槛,为国产芯片培养开发与创新人才,是苏州大学 - 地平线智能驾驶生态创新中心的重要目标之一。为此,我们前往十多个城市密集访问了各类 OEM(包括外资)、Tier1、软件服务供应商、算法公司、芯片公司、相关研究院及高校,与他们的工程师、研发人员、设计人员、销售人员、实习生、教师及学生等面对面交流,听取科研教学一线的反馈与诉求。在沟通的过程中,我们发现除了少部分人拥有两年以上智能驾驶系统研发经验外,大部分人员都刚进入该领域,对面向智能驾驶视觉感知方法了解较为分散,且缺乏成体系且贴近量产的培训。他们还普遍反映目前网络上关于智能驾驶与机器视觉的知识比较分散,在深度、结合度与实操方面都比较薄弱,也无相关教材,因此只能在实际工作中依然是摸索着前进,会"踩很多坑"。

地平线拥有多年智能驾驶研发经验,其产品在国内主要车厂的数十个车型上实现了量产。2023 年 2 月,基于地平线征程 5 的首个智驾系统——理想 AD Pro 高速 NOA 正式推送,实现了行业领先的智驾功能。此外,小马智行、轻舟智航、禾多科技、佑驾创新等生态合作伙伴也相继推出基于征程 5 的高阶智能驾驶解决方案。基于以上背景,苏州大学与地平线合作,特邀相关专家及参与智能驾驶量产车型的一线工程师为本书作者或审稿人。他们从领域知识与开发经验出发,为本书带来智能驾驶开发与实践的第一手资料,确保读者不但可以掌握体系化的背景知识,还能学到各个开发环节的"干货"。

本书详细介绍了智能驾驶相关知识以及所需视觉感知算法,从而形成面向智能驾驶的机器视觉知识闭环。第 1 章概述了智能驾驶分类、现状以及与机器视觉的技术关联;第 2 章详细介绍了智能驾驶不同场景,进而让读者了解视觉感知系统的相关需求。第 3 章详细介绍了智能驾驶的关键硬件基础，重点集中于视觉传感器布局与相关计算平台；第 4 章和第 5 章分别介绍了与视觉感知相关的算法基础与数据基础，解决了很多调研时被问到的诸如"什么是算法，跟深度学习模型有什么关系？""自动驾驶需要采集什么数据？""车外摄像头脏了怎么办？""到底算法是怎么进行检测的？""为什么 AI 芯片对智能驾驶这么重要？"等问题。通过前五章，读者对智能驾驶以及机器视觉基础知识有了一定的了解。第 6 章详细介绍了在量产实践中视觉感知的具体任务及指标要求，并在第 7 章介绍了相关实现方法。除了感知任务，本书在第 8 章还介绍了基于机器视觉的建图与定位问题，这也是智能驾驶安全的重要保障；第 9 章介绍了视觉与多传感器融合方法，进一步提升了视觉感知的准确性与稳定性。最后，本书第 10 章从领域、技术与生态等方面对智能驾驶发展进行了展望，帮助读者解读未来。另外，为了帮助读者深入理解，每一章正文之后均配有练习题。

在部分文献中，机器视觉又被称为计算机视觉（Computer Vision），本书采用前者便于和智能驾驶文字对称。另外，传统概念中的机器视觉重点关注摄像头传感器数据（图像或视频），而本书将雷达数据作为一种特殊的视觉形态也纳入机器视觉中，便于对智能驾驶感知与决策进行全方位描述。最后，本书使用智能驾驶这一概念来提升内容覆盖面，但在部分具体场景中，依然会使用自动驾驶、智能泊车、智能座舱等概念进行特指。

感谢本书作者团队在每日忙碌的研发工作外为本书所做的贡献，章节具体分工如下：

第 1 章：杨聪、吴洪状、程智锋、张家馨、隋伟、陈涛。
第 2 章：杨聪、吴洪状、程诚、陈涛、徐健。
第 3 章：杨聪、程智锋、陈涛、徐健。
第 4 章：严阳春、张家馨、许青、高雪婷、秦玉杰、杨金萌、赵亚滨、隋伟、杨聪。
第 5 章：谢佳锋、隋伟、杨聪。
第 6 章：高雪婷、许青、于雷、杨金萌、李欣欣、严阳春、赵亚滨、隋伟、杨聪。
第 7 章：许青、李欣欣、吕纤纤、尹浩然、秦玉杰、高雪婷、严阳春、杨金萌、赵亚滨、杨聪。
第 8 章：张家馨、隋伟、杨聪。
第 9 章：陈腾、隋伟、杨聪。
第 10 章：程智锋、杨聪、陈涛、徐健。

为了确保本书质量，我们还成立了审稿委员会，具体名单如下：

杨聪、隋伟、赵亚滨、陈涛、程智锋、苏治中、徐鹤（注：因部分委员也为本书作者，这里采用交叉审稿）。

本书在编写过程中，得到了许多专家及相关平台的帮助，包括但不限于：

1）上海交通大学林巍峣（博士，教授，博士生导师）、南京大学卢晶（博士，教授，博士生导师）对本书大纲的指导与推荐。

Preface

2）地平线余凯博士（首席科学家）及黄畅博士（CTO）对本书内容的指导与推荐。

3）苏州大学郭树伟、夏晓鹏、于航、蔚晨垚、李浩然、吴婷婷、王致远、李卓承、陈世源、潘俊伟等同学对本书插图的翻译与校准。

4）哈尔滨工业大学栾思敏、张志捷等同学对本书插图的翻译与校准。

另外，在本书写作的过程中，我们还同步举行了在线课堂，以在线讲课与直播的方式将部分实践内容分享给访问过的各类企业。我们对这些课程进行了录像，与授课用的材料、代码一同上传到地平线开发者论坛（https://auto-developer.horizon.cc/）。我们后面会按计划开放这些课程与材料。此外，书中部分图片可能需要放大观察，纸面上无法呈现应用效果。为此，书中图片均可在出版社提供的官方渠道下载。本书也有一些图片摘自公开发表的期刊或会议论文，文中均作了注明。未做说明的图像，或为原创，或来自于网络，恕不一一列举。如有问题，请与我们联系，我们会在第一时间加以修正。

因本书涉及知识点众多，加之编写时间紧迫，错漏在所难免，还请广大读者批评指正，以便本书再版时参考。可通过电子邮件与我联系：yangcong955@126.com

本书配套视频已经在机械工业出版社天工讲堂以及地平线智驾开发者社区同步上线，欢迎各位读者扫描对应的二维码在线观看。

天工讲堂《智能驾驶与机器视觉》配套视频

地平线智驾开发者社区

杨聪

2024 年 4 月 19 日

目 录

前言

第 1 章　智能驾驶概述

1.1　智能驾驶简介　…001
1.2　智能驾驶分类　…030
1.3　智能驾驶现状　…034
1.3.1　乘用车　…040
1.3.2　货车　…041
1.3.3　出租车　…043
1.3.4　无人小车　…044
1.3.5　公交车　…045
1.3.6　类汽车智能驾驶　…046
1.4　智能驾驶与机器视觉　…047
1.4.1　视觉感知　…048
1.4.2　视觉定位　…049
练习题　…052

第 2 章　智能驾驶场景

2.1　高速场景　…054
2.2　城区场景　…057
2.3　泊车场景　…061
2.4　园区场景　…064
2.5　其他场景　…065
2.5.1　地外场景　…066
2.5.2　农用场景　…067
2.5.3　室内场景　…068
练习题　…069

第 3 章　关键硬件基础

3.1　整体架构　…071

Contents

3.2 视觉传感器 ···079
3.2.1 摄像头类型 ···080
3.2.2 摄像头布局 ···084
3.2.3 摄像头标定 ···087
3.3 其他传感器 ···096
3.3.1 激光雷达 ···096
3.3.2 毫米波雷达 ···100
3.3.3 超声波传感器 ···102
3.4 计算平台 ···104
3.4.1 芯片制造 ···106
3.4.2 AI 芯片 ···111
3.4.3 片上系统（SoC） ···113
3.4.4 域控制器（DCU） ···116
3.4.5 计算平台示例 ···118
练习题 ···119

第 4 章　关键算法基础

4.1 深度学习 ···122
4.1.1 卷积神经网络 ···123
4.1.2 卷积层 ···125
4.1.3 激活函数 ···126
4.1.4 池化层 ···127
4.1.5 全连接层 ···127
4.1.6 批量归一化层 ···128
4.1.7 损失函数 ···129
4.1.8 模型训练 ···130
4.1.9 模型压缩 ···131
4.2 视觉感知 ···137
4.2.1 分类 ···137

4.2.2 检测	···140
4.2.3 分割	···146
4.2.4 深度估计	···151
4.2.5 高程估计	···155
4.2.6 关键点	···157
4.2.7 OCR	···160
4.2.8 其他	···163
4.3 视觉定位	···170
4.3.1 特征提取	···170
4.3.2 特征匹配	···172
4.3.3 光流跟踪	···173
4.3.4 非线性优化	···175
4.3.5 多传感器融合	···181
4.4 框架与工具链	···183
4.4.1 算法框架	···183
4.4.2 算法工具链	···186
练习题	···190

第 5 章　关键数据基础

5.1 数据采集	···193
5.1.1 采集平台	···194
5.1.2 采集规范	···197
5.1.3 数据挖掘	···199
5.1.4 常用公开数据集	···202
5.2 数据标注	···204
5.2.1 标注平台	···204
5.2.2 2D 标注	···207
5.2.3 2.5D 标注	···209
5.2.4 4D 标注	···211

Contents

5.2.5　数据标注文档　　　　　　　　　　　　　…222
5.2.6　标注体系建设　　　　　　　　　　　　　…223
5.3　数据仿真　　　　　　　　　　　　　　　　…228
5.3.1　数据仿真技术　　　　　　　　　　　　　…228
5.3.2　业界案例介绍　　　　　　　　　　　　　…230
5.4　数据闭环　　　　　　　　　　　　　　　　…232
5.4.1　数据闭环技术　　　　　　　　　　　　　…232
5.4.2　业界案例介绍　　　　　　　　　　　　　…233
练习题　　　　　　　　　　　　　　　　　　　…236

第 6 章　视觉感知任务

6.1　场景识别　　　　　　　　　　　　　　　　…238
6.2　静态感知　　　　　　　　　　　　　　　　…241
6.2.1　角点检测　　　　　　　　　　　　　　　…241
6.2.2　路面坑洞检测　　　　　　　　　　　　　…244
6.2.3　道路边沿检测　　　　　　　　　　　　　…247
6.2.4　灯牌检测　　　　　　　　　　　　　　　…250
6.2.5　可行驶区域检测　　　　　　　　　　　　…252
6.2.6　竖杆检测　　　　　　　　　　　　　　　…254
6.2.7　减速带检测　　　　　　　　　　　　　　…257
6.2.8　施工区域检测　　　　　　　　　　　　　…260
6.2.9　停车位检测　　　　　　　　　　　　　　…261
6.2.10　光源检测　　　　　　　　　　　　　　　…264
6.3　动态感知　　　　　　　　　　　　　　　　…265
6.4　地面标识感知　　　　　　　　　　　　　　…269
6.4.1　地面标识　　　　　　　　　　　　　　　…269
6.4.2　停止线/斑马线检测　　　　　　　　　　　…272
6.4.3　车道线检测　　　　　　　　　　　　　　…274
6.5　通用检测　　　　　　　　　　　　　　　　…276

6.5.1　一般障碍物检测　　　…276
6.5.2　通用物体感知　　　…277
6.5.3　高程　　　…280
6.6　预测与规划　　　…282
6.6.1　轨迹预测　　　…282
6.6.2　轨迹规划　　　…287
练习题　　　…291

第 7 章　视觉感知算法

7.1　目标分类　　　…295
7.2　目标检测　　　…297
7.3　深度估计　　　…302
7.4　语义分割　　　…304
7.5　车道线　　　…308
7.6　BEV 感知　　　…314
7.7　占用网络　　　…320
7.8　高程网络　　　…325
7.9　雷达感知　　　…327
7.10　轨迹预测　　　…332
7.11　视觉多任务　　　…335
练习题　　　…344

第 8 章　视觉建图与定位

8.1　视觉建图　　　…347
8.1.1　高精建图　　　…349
8.1.2　众包建图　　　…350
8.1.3　重感知轻地图　　　…351
8.2　视觉定位　　　…353
8.2.1　基于地图的定位　　　…353
8.2.2　轻地图中的定位　　　…357

Contents

8.3 业界案例 ⋯358
  8.3.1 行车场景 ⋯358
  8.3.2 泊车场景 ⋯361
练习题 ⋯364

第 9 章 视觉与多传感器融合

9.1 融合感知 ⋯366
9.2 前中后分类 ⋯367
  9.2.1 前融合 ⋯368
  9.2.2 中融合 ⋯369
  9.2.3 后融合 ⋯373
9.3 强弱分类 ⋯380
  9.3.1 强融合 ⋯380
  9.3.2 弱融合 ⋯384
9.4 其他融合方法 ⋯386
练习题 ⋯388

第 10 章 未来发展趋势

10.1 市场发展趋势 ⋯390
10.2 技术发展趋势 ⋯392
  10.2.1 电子电气架构 ⋯393
  10.2.2 计算芯片 ⋯395
  10.2.3 算法 ⋯397
10.3 生态发展趋势 ⋯400
练习题 ⋯403

附录 术语与符号列表

参考文献

第 1 章　智能驾驶概述

本章主要介绍智能驾驶相关的定义、分类以及在不同场景下的发展现状，帮助读者初步了解智能驾驶。另外，本章还将介绍机器视觉在智能驾驶中的两个重点使用场景及相关概念，帮助读者更加深入了解机器视觉与智能驾驶的关系。

1.1　智能驾驶简介

智能驾驶（Intelligent Driving）指机器帮助人进行驾驶以及在特殊情况下完全取代人驾驶的技术。因此，智能驾驶不但涵盖传统意义上的自动驾驶（Autonomous Driving），而且包含智能座舱（Intelligent Cockpit）、自动泊车（Automatic Parking）以及不同级别高级辅助驾驶系统（Advanced Driver-Assistance System，ADAS）等内容。作为上述场景的"眼睛"，机器视觉技术用于车内外场景的感知，为决策与控制系统提供准确输入。在智能座舱中，基于机器视觉的感知被称为舱内感知。而自动驾驶、自动泊车以及辅助驾驶则被称为舱外感知。本书重点关注以自动驾驶、辅助驾驶及自动泊车为代表的舱外感知场景（图1-1）。

a) 自动驾驶　　　　　　b) 辅助驾驶　　　　　　c) 自动泊车

图 1-1　智能驾驶场景（图片来源：https：//www.ediweekly.com/）

1. 自动驾驶

自动驾驶技术是指通过计算机和传感器技术使汽车达到无人驾驶的状态。20世纪以来，从机械化到自动化的演变成为工业领域的主题之一，其中，汽车驾驶的自动化最具科幻色彩。从第一次尝试，到近几年成为现实，自动驾驶技术已经走过了近百年。虽然几代人对于自动驾驶的理解不同，但是"无人驾驶"这一终极目标始终如一。从历史上看，自动驾驶发展主要经历了从功能幻想到现实尝试（石器时代）、从学术研究到商用化应用（青铜时代）、从落地研发到大规模量产（铁器时代）三个阶段。

（1）石器时代 从功能幻想到现实尝试，重要事件包括：

1）1478 年，意大利博学家达·芬奇（Leonardo da Vinci）设计出了预编程发条马车草图，如果研发成功，马车就可按照预定路线行驶。

2）1918 年，《科学美国人》杂志刊登了《一个驾驶员的梦想》文章，希望有一辆可以通过系列按钮控制的汽车，首次出现了自动驾驶概念。

3）1921 年，美国军方的 Raymond E. Vaugha 在俄亥俄州代顿市的街道上展示了一辆无线电遥控的汽车，尽管该车只有三个轮子且外形酷似一个棺材，但还是吸引了不少当地市民的注意。一家名为《电气世界》（Electrical World）的出版物报道了当时的情景："成百上千的人……惊叹不已"，看着无人驾驶的"汽车"跟着它的驾驶员走。

4）1925 年，世界上第一辆通过无线电遥控的无人驾驶汽车行驶在美国纽约第五大道，"主角"是一辆钱德勒轿车，后座放置了一套无线电接收装置，车顶架起了夸张的天线，后面跟着一辆车，车上工程师通过无线电控制前车加速、减速、转弯甚至鸣笛。此次"技术营销表演"的背景是美国正在经历"咆哮的 20 年代"，前所未有的工业化浪潮催生出了很多发明创造。也正是这一时期，汽车价格大幅下降，市场保有量高速增长，成为大众消费品。同时，无线电技术也得到普及。1931—1949 年，此类表演覆盖了美国 37 个州，而借助无线电远程控制车辆，也成为 20 世纪 50 年代以前自动驾驶先驱的主要思路。

5）1935 年，雪佛兰发布了一个短片——"The Safest Place"，在宣传自身产品的同时，也呼吁驾驶员要遵守交通规则。影片中出现了自动驾驶汽车，"车辆始终保持在车道内，转弯时从不忘记打信号，遵守所有停车标志，在危险的弯道上从不超车。"

6）1938 年，著名的《大众科学》（Popular Science）发表文章 Highways of the Future，预测在 50 年内，交通事故将会彻底得到解决，车与车之间通过红外光进行沟通，车辆速度将会通过路面预设电缆进行控制，并最终接管车辆方向盘。

7）1939 年，纽约世界博览会中，被通用汽车赞助的工业设计师贝尔·盖迪斯（Norman Bel Geddes）设计了"Futurama"（未来世界）微缩景观，重点展示了 20 年后（1960 年）的自动化高速公路，有限速和最低速度，车流也被有效地分离。公路上行驶的汽车都具备无线电遥控装置。交通控制塔台利用无线电技术引导车辆，使车辆可以在高速行驶的情况下，保持在适当车道内，并与前车保持安全距离。

8）1939—1945 年，第二次世界大战到来，各国重点发展军备，对自动驾驶的探索几近停滞。

9）1946 年，世界上第一台电子计算机"电子数字积分计算机"（ENIAC Electronic Numerical And Calculator）在美国宾夕法尼亚大学问世。20 世纪 60 年代，计算机科学技术开始迅猛发展，计算机变得更小、更加可靠、功能更强大，它能完成很多复杂的任务（如图像处理、运算等），为无人驾驶技术的发展创造了条件。

10）1950 年，华特迪士尼公司（Walt Disney）推出"The Magical World of Disney"（迪士尼魔法世界）电视剧，并在"Magic Highway U.S.A."（美国魔法公路）一集中将自动驾驶想象力提升到了一个新的水平，预测了雷达传感器、夜视、交通引导系统和其他未来汽车功能，重新唤起了人们对自动驾驶的想象。

11）1953 年，著名的《机械画报》杂志（Mechanix Illustrated）发表灵魂拷问与呼吁："为什么我们不能拥有这样的高速路，可以避免撞车，让自动驾驶来接管长时间驾驶且疲惫不堪的驾驶员？"

12）1956年，在Motorama汽车展上，通用汽车专门制作了音乐短片"Key to the Future"，预测自动驾驶汽车并不遥远，或将在20年内（1976年前）实现。

13）1962年，Firebird Ⅲ（火鸟Ⅲ）车型在西雅图21世纪博览会上首次展出，是电子高速公路概念的车型代表。在此之前，通用汽车与美国无线电公司（RCA）合作，持续推动"未来世界"落地。RCA着重于电子高速公路的研究，通用汽车则负责汽车的改造，这也是最早期的车路协同（图1-2）。RCA于1958年在内布拉斯加州林肯市完成了一条400ft（约122m）长的实验道路，并于1960年在新泽西RCA总部建设了一条可供体验的电子高速公路。通用也同步推出了火鸟Ⅰ、火鸟Ⅱ及火鸟Ⅲ车型。电子高速公路的原理是在车道中心纵向铺设一条电缆，汽车前端对称安装两个电磁线圈，用于产生感应电流。如果汽车偏离中心线，两个线圈产生的信号电流将出现差异。这时，可以通过闪光或声音提醒驾驶员，或者自动调整方向盘，使车辆保持在车道中间。比车辆稍短的矩形线圈首尾相连，遍布整个道路，用于侦测汽车位置。车辆经过线圈时，将产生电子信号，点亮路边照明灯，同时通过无线电反馈至控制塔。控制塔再通知附近车辆，提醒调整车距。

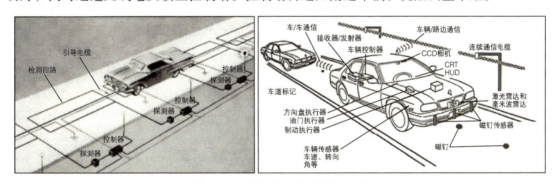

图1-2　早期电子高速公路示意图

14）1969年，人工智能创始人之一的约翰·麦卡锡（John McCarthy）在一篇名为《电脑控制汽车》（Computer Controlled Cars）的文章中描述了与现代自动驾驶汽车类似的想法。麦卡锡所提出的想法是一名"自动驾驶员"可以通过"电视摄像机输入数据，并使用与人类驾驶员相同的视觉输入"来帮助车辆进行道路导航。他在文章中写道，用户应该可以通过使用键盘输入目的地来驱使汽车能够立即自动前往目的地。同时也会存在额外的命令可以让用户改变目的地，例如在休息室或餐厅停留，可以放慢速度或者在紧急情况下加速。虽然没有这样的车辆存在，但麦卡锡的文章为其他研究人员的任务设计提供了帮助。麦卡锡讲述了该想法的两个好处：驾驶方便和驾驶安全。他的这篇前瞻性文章，启发了20世纪80年代的大部分研究。

RCA和通用汽车的方案基本上代表了20世纪五六十年代的自动驾驶技术思路，即通过车路协同、反馈引导来实现自动驾驶。但这套系统有个致命的缺点——贵，自然无法扩大建设。随着20世纪70年代美国开始控制燃油排放以及石油危机，像通用汽车这样的自动驾驶技术的领头羊转移了重心，聚焦于节能技术，电子高速公路也就此夭折。这50多年间，自动驾驶的先驱们利用如今看来十分原始的技术手段，构建了一个幻想中的世界。他们背负着解决交通拥堵、交通安全问题的责任，艰难地打开了自动驾驶的大门，也被称为自动驾驶的"石器时代"(图1-3)。

a) 无线电遥控小车(1921年，代顿)　　b) 无线电遥控汽车(1925年，纽约)　　c) 通用火鸟(1962年，西雅图)

图1-3　自动驾驶从功能幻想到现实尝试

（2）青铜时代　从学术研究到工业研发，重要事件包括：

1）20世纪70年代，现代计算机意义上的计算机诞生，每两年性能翻一倍，价格降一半，并推动了自动驾驶的两大技术基石——机器视觉和人工智能的进步。

2）1977年，日本通产省（现经产省，相当于我国的工业和信息化部）麾下的筑波大学机械工程实验室（Mechanical Engineering Lab at Tsukuba University）组装了一台具备环境感知及障碍躲避能力的自动驾驶试验车，命名为Automatically Operated Car（AOC）。这是现代意义上的第一辆自动驾驶乘用车。AOC道路识别单元和决策单元构成了整套自动驾驶系统。道路识别单元包括两个摄像头、一个信号处理器。两个摄像头对称放置在车头，采集的视频信息经过视频信号处理器处理后输出道路特征信息，以供后续决策单元使用。据相关论文介绍，摄像头的识别范围为5～10m，视角为40°，扫描一次时间为33ms，视频信号处理时间为2.3ms。这是机器视觉第一次用在了自动驾驶领域。决策单元本质上就是一台微型计算机，主要职责是根据输入的道路特征信息提供车辆控制策略（转向、制动、加速）。这台计算机内存只有8KB，ROM（存储器）只有3KB。决策算法很简单，ROM中预置256种场景，根据传入的信号值，像查字典一样查找控制策略。凭借摄像头与微型计算机，AOC可以在30km/h的速度下无人自动行驶。

3）1979年，卡内基梅隆大学的汉斯·莫拉维克（Hans Moravec）首次将双目视觉技术引入小车上实现自动巡航与避障，在没有人干预的情况下，花了大约5h成功穿过一个放满椅子的房间。同样在这一年，斯坦福大学Nils Nilsson教授团队在斯坦福国际研究所（Stanford Research Institute，SRI）研制了移动式机器人Shakey，这是首台采用了人工智能学的移动机器人。Shakey具备一定的人工智能，能够自主进行感知、环境建模、行为规划并执行任务（如寻找木箱并将其推到指定目的位置）。它装备了电视摄像机、三角法测距仪、碰撞传感器、驱动电机以及编码器，并通过无线通信系统由两台计算机控制。随着对机器视觉以及传感器技术的深入研究，人们开始从"视觉"角度思考无人驾驶汽车的前景。

4）1983年，美国国防部高级研究计划局（DARPA）宣布启动战略计算计划（Strategic Computing Initiative，SCI），预计投入10亿美元，以人工智能为核心，分别为海军、陆军、空军研发三套军用产品（图1-4）。其中，针对陆军的产品为自主陆行车（Autonomous Land Vehicle，ALV），即军用自动驾驶车辆。9个多月后，ALV项目交予马丁·玛丽埃塔公司推进，马里兰大学提供软件支持。2个月后，卡内基梅隆大学也加入进来。马丁·玛丽埃塔公司有远程控制技术的研发经验，马里兰大学当时正在开发机器视觉系统，而卡内基梅隆大学已经有自动驾驶测试车。这个组合目标性很明显,即基于视觉技术实现自动驾驶。

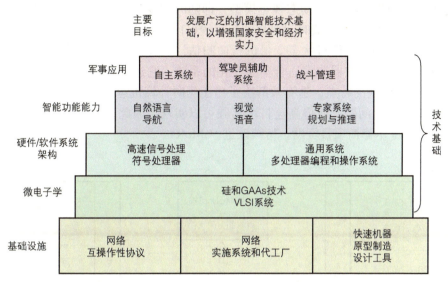

图 1-4 美国 DARPA 的战略计算计划

5)1985 年,ALV 点对点无人驾驶首演成功。车正面安装了一个采用 CCD 传感器的摄像头,用来采集视频信息;VICOM 图像处理器识别环境特征;车载英特尔(Intel)的单板机负责运算。该车平均速度 3.6km/h,总共行驶了 870m。演示成功后,ALV 项目开始加速,同年 11 月,激光雷达被引入 ALV 上,用于识别障碍物特征。

6)1986 年,卡内基梅隆大学逐步替代了马里兰大学,成为软件系统的主力。与此同时,他们也在独立发展自己的自动驾驶车辆 NAVlab。

7)1987 年,ALV 完成了越野测试,能够轻松绕过沟壑、灌木丛、石头和陡坡。道路测试中,ALV 最高车速达到了 20km/h,能以 8km/h 的速度绕过垃圾桶。然而 DARPA 专家组对 ALV 的实际用途产生了质疑,且军方认为 ALV 过于庞大且速度过慢,无法用于实战,随后 ALV 项目无疾而终。

8)1987 年,为应对日本和美国技术挑战,欧洲尤里卡计划⊖(EUREKA)投资 7.49 亿欧元,开启普罗米修斯(Programme for a European Traffic of Highest Efficiency and Unprecedented Safety,Prometheus 项目),涵盖了从辅助驾驶到智能交通的一系列子项目(图 1-5)。相比 DARPA 的 SCI,普罗米修斯项目目标清晰,慕尼黑联邦国防军大学(Bundeswehr University Munich)、戴姆勒奔驰、宝马、沃尔沃、大众、博世等超过 200 家机构及企业直接或间接参与了该项目。

9)1987 年,慕尼黑联邦国防军大学的恩斯特·迪克曼斯(Ernst Dickmanns)教授和他的团队利用一辆奔驰面包车改造了一辆无人驾驶车 VaMoRs。VaMoRs 为德语"Versuchsfahrzeug fuer autonome Mobilitaet und Rechnersehn"的缩写,意思是"用于自动驾驶和机器视觉的实验车辆"。VaMoRs 上配备了 2 个 CCD 摄像头、加速度计和角度变化等其他传感器,

---

⊖ 尤里卡计划(EUREKA)由德法两国于 1985 年牵头创立,旨在建立面向市场的产业技术开发共同体,目前共有 46 个国家参与。该计划是 20 世纪 70 年代中期西欧在面临美日巨大技术挑战和压力的情况下"觉醒"的产物。

多个 Intel 8086 处理器构成的计算系统和用于控制方向盘、加速和制动的底层控制执行器。他们构建了一种叫作"4D"的动态视觉模型，即随时间变化的三维观察对象（通过摄像头获得左右白色车道线），基于随时间变化的车道线可以推导出车辆相对道路的状态变量，然后应用卡尔曼滤波编写软件对状态变量进行递归估计，并转换成适当的驾驶指令对汽车进行自动控制。卡尔曼滤波器非常适合不断变化的系统，它还具备内存占用较小（只需保留前一个状态）、速度快的特点，这有效解决了由于当时计算机运算速度不够快而无法处理快速变化的视觉街景的问题，使得高速自动驾驶可以实现。因此，迪克曼斯与戴姆勒奔驰公司成功申请到普罗米修斯项目资助，持续改进 VaMoRs。

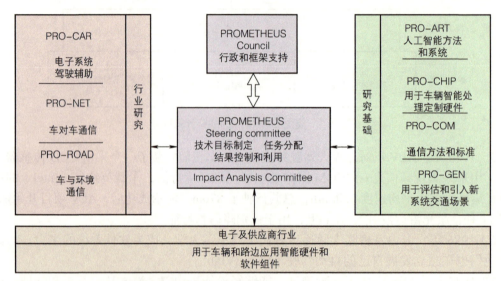

图 1-5　欧洲 EUREKA 的普罗米修斯（Prometheus）项目

自动驾驶从学术研究到商用化如图 1-6 所示。

a) AOC (1977年)　　b) ALV (1985年)　　c) NAVlab (1986年)　　d) VaMoRs (1987年)

图 1-6　自动驾驶从学术研究到商用化（图片来源：汽车 AB 面）

10）1987 年，以国防科技大学为首的众多中国高校启动自动驾驶汽车研发工作。在科研工作者的不断攻关下，国防科技大学研制出中国第一辆自动驾驶的原型车。虽然原型车在外观上与其他普通汽车并无太大差别，但是具备了一定的基本自动驾驶功能，也代表了中国高校在自动驾驶技术上的一次突破。

11）1988 年，作为国家"863 计划"中的重点任务之一，清华大学开始 THMR 系列自动驾驶汽车研发工作,其中 THMR-Ⅴ型汽车能够实现结构化环境下的车道线自动跟踪。

12)1989 年,卡内基梅隆大学教授迪恩·波美勒(Dean Pomerleau)用神经网络构建了一辆可以上路的自动驾驶汽车 ALVINN(Autonomous Land Vehicle In A Neural Network)。ALVINN 在校园内实现了在没有任何人工干预的情况下自主行驶,速度达到 70km/h,使得 ALVINN 成为首辆运用神经网络控制的自动驾驶汽车。ALVINN 基于一套深度学习算法,通过观察人如何驾驶并"学习"人的驾驶技能。它通过车前的摄像头和激光测距仪输入数据,并根据相应的道路类型选择最为可靠的神经网络,运算出结果并从而控制车辆。ALVINN 的计算系统拥有每秒百万级别的浮点运算能力,中央处理器(CPU)有一个冰箱那么大,依靠 5kW 的发电机进行供电,硬件在很大程度上限制了 ALVINN 的表现。

13)1993 年,在普罗米修斯项目的资助下,德国博世(BOSCH)开发并展示了一套基于机器视觉的车道线检测与导航系统。同时期,迪克曼斯教授和戴姆勒奔驰团队利用奔驰 500 SEL 和第二代动态视觉系统搭建了两台无人驾驶原型车 VaMP 和 VITA-2(图 1-7)。第二代动态视觉系统的特点是:车辆前后配备了由两组 CCD 摄像头构成的双目视觉系统,由 60 个晶片机(Transputer)构成计算单元(这在当时是超级计算机的配置),用于图像处理和场景理解。VaMP 和 VITA-2 系统在高速公路和普通标准公路上进行了大量实验,实验内容包括跟踪车道线、躲避障碍物以及自动超车等。车辆前进速度由驾驶员根据交通信号、环境条件和目标进行选择。

图 1-7　VaMP:CAM1 长焦、CAM2 超长焦、CAM3 及 CAM4 广角(图片来源:汽车 AB 面)

14)1994 年,日本丰田(Toyota)汽车开发了一套基于单摄像头的车道线检测系统,并搭载在一辆速度达 50km/h 的汽车上。同年,普罗米修斯项目在巴黎戴高乐机场附近的 1 号公路上进行了最后一次展示,迪克曼斯教授带着那两台银灰色的奔驰 500 SEL 去戴高乐机场接机,接上多名贵宾驶上 1 号高速路后,他们开启了车辆的自动驾驶模式。当时的情景与现在类似,车辆驾驶席上还坐着一名工程师,他的手会虚搭在方向盘上以防万一,而真正负责驾驶的是车辆自己。VaMP 和 VITA-2 在三车道高速公路上以高达 130km/h 的速度行驶了 1000 多 km,成功演示了在自由车道上驾驶、识别交通标志、车队根据车速保持距离驾驶、左右车道自动变换等功能。尽管过程不尽完善,如测试车辆前面有其他车辆遮住路标或者道路标线变模糊的时候,测试车的车道识别功能就会出现问题,但在那个时代已经实属不易。而视觉系统,成为普罗米修斯项目最大的亮点。

15)1995 年,普罗米修斯项目按计划终止,戴姆勒奔驰继续沿着这条路独立前进。

支撑 VaMP 背后的技术是 4D 模型，换句话说，就是动态 3D 对象分析技术。然而，视觉技术并非完美。迪克曼斯团队依靠视觉算法解决了很多问题，但面对负障碍物（如水坑）也束手无策。视觉系统无法分辨水坑深度是 10cm 还是 1m，此时需要激光雷达进行辅助。正如卡内基梅隆大学开发 NAVlab 那样，单一的感知系统无法识别所有的道路情况，也不存在完美通用的纯视觉驾驶方案。从日本的图形信号到 ALV 的图像识别，再到普罗米修斯的动态 3D，现代计算机诞生后，自动驾驶技术一路高歌。自动驾驶有了计算机，相当于人类学会了使用金属，属于自动驾驶的"青铜时代"。在此时代中，技术研究都有政府背景，目的更多的是技术储备而非商品化。技术成熟到一定程度，商品化是必然出路。于是，自动驾驶开始向"铁器时代"挺进。

（3）铁器时代　从落地到量产，重要事件包括：

1) 1999 年，以色列希伯来大学教授阿姆农·沙书亚（Amnon Shashua）和连续创业者齐夫·艾维瑞姆（Ziv Aviram）创办 Mobileye⊖，致力于用单目视觉技术提供包括行人检测、车道保持和自适应巡航等辅助驾驶技术。

2) 2000 年，美国将无人驾驶车辆列入了《2001 年国防授权法案》中。与战略计算计划（SCI）一样，DARPA 开始牵头推进。

3) 2001 年，911 事件爆发，美国发兵阿富汗和伊拉克，为有效降低海外战场伤亡率，美国军方开始向 DARPA 施压，加速无人驾驶车辆研发。

4) 2003 年，时任 DARPA 主任安东尼·特瑟（Anthony Tether）提交 DARPA 挑战赛方案。

5) 2004 年，首届 DARPA 无人驾驶车挑战赛（DARPA Grand Challenge）在美国莫哈维沙漠地区举行，比赛路线的地形地貌与阿富汗及伊拉克比较相近，奖金为 100 万美元。车辆比赛途中不但会遇到急弯、隧道、下坡、路口、沟壑和遍布全程的仙人掌，还要识别可能突然出现的动物和火车等。比赛要求参赛车辆必须是无人驾驶的自主地面车辆，不允许远程遥控，并对每辆赛车进行实车跟踪。此次比赛共收到了 106 个队伍的参赛报名表，在预选赛时有 25 个车队通过了安全和技术测试，在自主导航与障碍测试资格赛后共有 15 支车队参与最后的角逐。然而，15 支队伍没有一支完赛，参赛车辆遇到了迷路、被卡住、上坡动力不足、侧翻、撞墙等各种问题，场面很是尴尬。行驶最远的卡内基梅隆大学红队（Red Team）仅行进了 7.4mile（11.78km，不到全程的 5%）就撞到了防护墩，卡住了底盘。此时车载系统检测到车速为零，开始自动加速，接近悬空的车轮和沙子持续摩擦而起火。唯一的自动驾驶摩托车因为忘记启动陀螺仪倒在了起跑线。虽然第一次挑战赛以惨败告终，但因为这场比赛，科学家、学生、发明家、赛车手、机械家和梦想家凑到一起解决棘手的问题，他们给大赛带来的创意引发了新一轮关于无人驾驶汽车的研究，从这个角度来说，这次比赛无疑是成功的。

6) 2005 年，第二届 DARPA 挑战赛仍然在莫哈维沙漠举行，但环境相比于上届更加恶劣，道路更陡、更窄，曲线赛道的数量更多，其中包含 3 条狭窄隧道，100 多个急转弯，还有很多陡坡、山路等复杂的路况，最高奖的金额提升到了 200 万美元。赛前共有 195 支队

⊖ 2014 年 8 月，Mobileye 在美国纳斯达克上市，被称为以色列有史以来最成功的 IPO。2017 年 3 月，Mobileye 被芯片巨头英特尔以 153 亿美元的价格收购，成为以色列科技公司有史以来最大的一次收购。

伍报名，其中 43 支车队通过审核进入了资格赛，按照排名最终 23 支队伍进入了决赛。其中 4 辆车在规定时间跑完了 132mile（212km）的全程（表 1-1）。斯坦福团队的 Stanley 以不到 7h 的成绩获得冠军。斯坦福团队由斯坦福大学人工智能实验室主任塞巴斯蒂安·特伦（Sebastian Thrun）领衔，团队成员来自斯坦福大学人工智能实验室、美国大众电气研究实验室、英特尔研究中心和莫尔·戴维多（Mohr Davidow）风险投资公司等。如图 1-8 所示，Stanley 基于一辆大众途锐越野车改造而成，现收藏于美国国家博物馆。其配置的传感器有：5 个 Sick 单线激光雷达，负责车辆前方 25m 范围内近距离路面探测；一个彩色摄像头，用于 35m 范围中远程道路感知；两个 Smart Microwave Sensors 公司生产的 24GHz 毫米波雷达，覆盖车辆前方 200m 区域。激光雷达、摄像头和毫米波雷达系统构成了 Stanely 的环境感知传感器组合。GPS 信号接收器和一个惯性测量单元（IMU）一起构成 Stanley 的定位传感器组，用来估计车辆相对于外部坐标系的位置和速度。Stanley 的计算和网络系统位于汽车的行李舱中，由 6 台采用奔腾 M 处理器的计算机组成计算阵列，一个千兆以太网交换机以及各种与物理传感器和途锐执行器接口的设备构成；Stanley 还配备了带备用电池的定制电源系统和冷却系统。虽然 2005 年 DARPA 挑战赛是自动驾驶汽车探索的一个里程碑，但它也留下了一些重要的问题。其中最重要的是，比赛环境是静态的，Stanley 无法在交通环境中导航。自动驾驶要想成功，像 Stanley 这样的机器人必须能够感知移动的交通并与之互动。于是，DARPA 决定组织新的挑战。

表 1-1 2005 年 DARPA 挑战赛完成沙漠赛道团队列表

车辆	团队名称	团队主场	比赛用时	排名
Stanley	Stanford Racing Team	斯坦福大学（Stanford University）	6h54min	第一
Sandstorm	Red Team	卡内基梅隆大学（Carnegie Mellon University）	7h5min	第二
H1ghlander	Red Team Too		7h14min	第三
Kat-5	Team Gray	格雷保险公司（The Gray Insurance Company）	7h30min	第四
TerraMax	Team TerraMax	奥什科什货车公司（Oshkosh Truck Corporation）	12h51min	第五（超时）

数据来源：Wikipedia。

图 1-8 Stanley 设备示意图（图片来源：https://www.udacity.com/）

7）2007年，第三届挑战赛被称为"城市挑战赛"（Urban Challenge），于11月在美国西部加利福尼亚州维克多维尔的乔治空军基地举办，前三名的奖金分别为200万、100万和50万美元。此次比赛在全长96km的城市道路举行，需在6h之内完成，并且需要遵守所有的交通规则，同时与其他交通工具和障碍物进行协同和交互。比赛制定了严格的规则，要求参赛者设计出能够遵守所有交通规则的车辆，同时能够在赛道上检测和避开其他机器人。这对于车辆软件来说是一个特殊的挑战，因为车辆必须基于其他车辆的动作实时做出"智能"决策。与之前专注于高速公路驾驶等结构化情况的自动驾驶汽车不同，这次比赛在更杂乱的城市环境中进行，并且要求汽车之间进行复杂的互动，这更像人类的驾驶场景，无疑增加了挑战的难度。最终，53支报名队伍中，11支通过了资格测试，6支车队跑完了全程，卡内基梅隆大学的Boss、斯坦福大学的Junior和弗吉尼亚理工大学的Odin获得前三名，麻省理工学院获得第4名，宾夕法尼亚大学和康奈尔大学也完成了比赛，这6支队伍的成绩信息见表1-2。获得第一名的Boss基于一辆2007年雪佛兰Tahoe改装，集成了商用线控驱动系统，通过计算机控制，借助电机实现自动转向、制动和换档。同时Boss保留了正常的人类驾驶控制机构（方向盘、制动踏板和加速踏板），以便安全员在测试期间能够快速、轻松地控制车辆。为了实现高速计算，Boss使用具有10个2.16GHz Core2 Duo处理器的Compact PCI机箱，每个处理器具有2GB内存和一对千兆以太网端口。每台计算机均从4GB闪存驱动器启动，从而减少磁盘故障的可能性。Boss使用传感器组合来提供在城市环境中安全导航所需的冗余和覆盖范围。Boss周身配备了十几个传感器，包括激光雷达、摄像头和毫米波雷达，用于车辆实现感知、规划和决策。Boss的软件系统有50万行代码，采用分布式架构，主要由感知子系统、运动规划子系统、路径规划系统、行为规划系统组成。

表1-2　2007年DARPA城市挑战赛完成团队列表

车辆	团队名称	团队主场	比赛用时	排名
Boss	Tartan Racing	卡内基梅隆大学 （Carnegie Mellon University）	4h10min20s	第一 （时速22.5km）
Junior	Standford Racking	斯坦福大学 （Stanford University）	4h29min28s	第二 （时速22km）
Odin	Victor Tango	弗吉尼亚理工大学 （Virginia Tech）	4h36min38s	第三 （时速21km）
Talos	MIT	麻省理工学院 （MIT）	约6h	第四名
Little Ben	The Ben Franklin Racing Team	宾夕法尼亚大学 （University of Pennsylvania）	超过6h	完成比赛
Skynet	Cornell	康奈尔大学 （Cornell University）	超过6h	完成比赛

数据来源：Wikipedia。

2007年城市挑战赛之后，DARPA未再组织新的智能车挑战赛。但是通过这三次挑战赛，DARPA已经成功发掘了无人车研究者的潜力，也孵化了无人车的基础路线：由摄像头、激光雷达、毫米波雷达、线控系统、计算单元等构成无人车的硬件系统，由传感器融合、目标定位、识别、路径规划和行为规划等算法构成无人车的软件系统，软件和硬件结合构成自动驾驶系统。而后人所做的，无非是在这条基础路线上进行更加深入和精细化的技术迭代。

DARPA 发起的系列挑战赛，促生了一个由发明家、工程师、程序员、开发商等组成的无人驾驶生态圈，这一方面"孵化"了一系列无人驾驶团队，而这些团队成员已经成为目前无人驾驶大潮中的主力军，另一方面也促成了无人车技术创业和投资热潮的兴起。谷歌（Google）、特斯拉（Tesla）、优步、百度等陆续宣布研发无人车的计划，毫不掩饰自己在无人车领域的野心，同时，一大批无人驾驶创业公司如雨后春笋般创立了。在互联网企业的火热参与下，就连保守的传统汽车制造商和背后的供应链也"被迫"加入了"无人车军备赛"。

自动驾驶从落地到量产如图 1-9 所示。

a) Stanley（2005年）　　　b) Waymo（2015年）　　　c) 特斯拉 Model 3（2017年）

图 1-9　自动驾驶从落地到量产

8）2007 年，第二届 DARPA 挑战赛冠军车队（Stanley）负责人 Sebastian Thrun 加入 Google，出任副总裁，并作为负责人组建了 Google X 实验室。

9）2009 年，Google 正式启动自动驾驶项目 Project Chauffeur，负责人 Sebastian Thrun 邀请了一些参加过 DARPA 挑战赛的重量级人物：Chris Urmson（2007 年城市挑战赛 CMU 技术总监）负责软件、Mike Montemerlo（DARPA 挑战赛斯坦福软件负责人）负责电子地图、Anthony Levandowski 负责硬件、Hendrik Dahlkamp 负责雷达感知。Project Chauffeur 项目的第一代测试车是由丰田普锐斯（Prius）改造而来的。工程师们在丰田 Prius 车型上的前保险杠外壳和前翼子板上挖孔，安装了用于准确测距和测速的毫米波雷达；车顶上安装的是 Velodyne 64 线激光雷达；在左后轮上安装了外接的轮速传感器，以获取更高精度的轮速信息；在风窗玻璃下安装摄像头，用以识别交通信号灯。到 2009 年底，Google 的第一代自动驾驶汽车 Prius 完成了 100mile 的无人接管自动驾驶任务。该项目刚开始秘密进行，但随后遭遇泄密，开始引发世界关注。

10）2011 年，美国内华达州自动驾驶法案通过审批，成为美国第一个允许自动驾驶上路测试的州。

11）2012 年，Google 获得了内华达州颁发的第一张自动驾驶汽车测试牌照。同年，Google 第二代自动驾驶车型 Lexus RX450h 车队在高速公路上累计完成了超过 300000mile（约 480000km）的测试里程。

12）2013 年，美国高速公路安全管理局（National Highway Traffic Safety Administration，NHTSA）率先发布了自动驾驶汽车的分级标准，其对车辆自动化的描述共有 4 个级别，分别为 L1 特定功能的自动化（Specific Automation）、L2 组合功能（Combined Function Automation）、L3 有限度的自动驾驶（Limited Self-Driving Automation）及 L4 完全自动驾驶（Full Self-Driving Automation）。

13）2014 年，国际自动机工程师学会（Society of Automotive Engineers，SAE）也制定

了一套自动驾驶汽车分级标准 SAE J3016《标准道路机动车驾驶系统分类与定义》，将自动化描述为 5 个等级，这也是目前国际上最熟知的自动驾驶分类，下节详述。

14）2014 年，Google 推出了一款全新设计的，不带方向盘、制动踏板和加速踏板的纯电动全自动驾驶汽车，即"Firefly"。这款车借鉴 PodCar 原型，由 Google X 自动驾驶项目团队负责外观、结构和动力系统设计，由密歇根汽车制造商 Roush Enterprises 负责组装。Firefly 配备了摄像头、毫米波雷达、激光雷达和超声波传感器等装置，还整合了 Google 地图和云服务等优势资源，增强人机交互体验，更加关注行人安全，最高速度被限制在 25mile/h。

15）2014 年，Mobileye 推出 EyeQ3，可以同时识别 4 根以上车道线，包括车道线类型、颜色，车辆识别率达到 99%，这使得 L2 的智能驾驶技术的落地成为可能。随后，Tesla Autopilot 1.0 成为全球最早搭载 EyeQ3 的系统。具体来说，Mobileye 为 Tesla 提供 EyeQ3 芯片并完成视觉感知，Autopilot 团队完成传感器融合、行为决策、车辆控制以及辅助驾驶功能开发，两家公司通力合作，一起将最尖端的图像识别技术带给了消费者。

16）2014 年，基于 Mobileye EyeQ3 计算平台的 TeslaAutopilot Hardware 1.0（简称 HW 1.0）发布（图 1-10），包括 1 个前置单目摄像头（Mobileye），1 个 77GHz 毫米波雷达，最大探测距离 160m（Bosch），12 个超声波传感器，最大探测距离 5m。信息收集阶段主要依靠 Mobileye 的图像识别技术，数据来自于车顶的 Mobileye 摄像头，车首的雷达和周边雷达只是提供辅助信息。Mobile EyeQ3 可识别障碍物位置、可用空间、车辆形状、行人、路牌、交通信号灯，但由于特斯拉使用自己的 ADAS 软件，EyeQ3 的部分功能如交通信号识别、无中间黄线的双行道识别等功能未得到完全释放。HW 1.0 作为"技术包"选项的一部分提供，首先在 Model S 上可用，后来又扩展到 Model X 上。与 Google 研发无人驾驶技术一步到位的思路不同，Tesla 认为要加快无人驾驶技术的研发，就要走快速纠错、快速迭代的渐进式打法。因此 Autopilot 在设计之初就采用了硬件先行、软件更新的原则。硬件通常随着车辆的换代一两年更新一次，而软件更新的频率则要高得多，每一两个月更新一次，每次更新会包括整个车辆的新功能，而不仅仅是 Autopilot 功能（表 1-3）。换句话说，Tesla 车型虽然安装了具有自动驾驶功能的硬件，但是辅助驾驶功能并不是全部解锁的，这些功能是随着测试一步步逐渐推送给车主的。而促成这一切的关键是在线升级（Over The Air，OTA）——每一辆 Tesla 都拥有免费的无线 3G/4G LTE 网络，车辆通过 OTA 不断更新固件，获得更完善的驾驶辅助或自动驾驶功能。

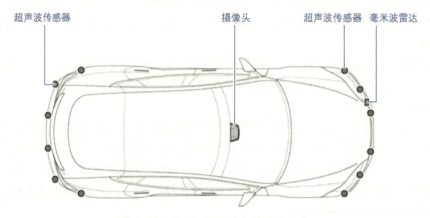

图 1-10　Tesla HW 1.0 传感器分布

表 1-3 Tesla Autopilot 快速迭代及推送（部分）

日期	内容
2014 年 10 月	所有 Tesla 车型上安装自动辅助驾驶硬件 AP 1.0（整车软件 6.0 版本）
2014 年 11 月	开启车道保持功能和速度提示功能（通过摄像头读取道路上速度限制的交通标志）
2014 年 12 月	开启自适应巡航和防碰撞预警功能
2015 年 3 月	开启紧急自动制动和盲点监测功能
2015 年 10 月	开启自动转向和侧方位泊车功能（整车软件 7.0 版本）
2016 年 1 月	开启倒车入库、自动出库和弯道速度控制功能（整车软件 7.1 版本）
2016 年 9 月	主传感器从摄像头更换为毫米波雷达（整车软件 8.0 版本）

17）2015 年，一位叫 Steve Mahan 的盲人乘客坐在没有人为干预控制以及安全员的 Firefly 中通过奥斯汀市区，这一真正意义上的无人驾驶也被认为是自动驾驶技术的一次里程碑事件。

18）2015 年，Tesla 组建基于视觉感知的软件算法小组 Vision，该小组隶属于 Auotopilot 软件团队下的一个分支，后与机器学习小组合并为 Autopilot AI 团队。Tesla Vision 是 Autopilot 团队抛开 Mobileye，从零搭建的一套视觉处理工具，背后是全新的底层软件技术架构和云端大数据基础设施。Tesla Vision 能够对行车环境进行专业的解构分析，相比传统视觉处理技术可靠性更高。借助 Tesla 售出的车辆搜集的大量数据，反过来又可以对 Tesla Vision 的神经网络进行训练和改进，进一步优化 Autopilot。

19）2016 年，大批参与 Google 无人驾驶项目的核心人员离职，时任 Google 地图负责人 Lior Ron、硬件研发主管 Bryan Salesky、机器视觉技术专家 Dave Ferguson 和首席工程师朱佳俊等十几位工程师也一起离开。这些人大都走上了创业道路，部分已是这一领域独角兽，包括 Aurora、Otto、Nuro、Argo 等。换个角度，Google 自动驾驶项目是自动驾驶界的"黄埔军校"，人才流动催生了整个行业的蓬勃发展。

20）2016 年，Google 母公司 Alphabet 宣布自动驾驶项目将作为公司内部一个名为"Waymo"的独立实体存在，Waymo 所代表的意思是"A new way forward in mobility（未来新的移动方式）"，这也代表着 Waymo 对未来出行的愿景。Waymo 成立以来，技术公司强势进入，车企纷纷跟进，自动驾驶开始进入商业化、产品化阶段。

21）2016 年，英伟达（NVIDIA）在 CES 上推出了增强版 Drive PX2 计算平台，在此平台上有三款产品，分别是配备单 GPU 和单摄像头及雷达输入端口的 Drive PX2 Autocruise（自动巡航）芯片、配备双 GPU 及多个摄像头及雷达输入端口的 Drive PX2 AutoChauffeur（自动私人驾驶员）芯片、配备多个 GPU 及多个摄像头及雷达输入端口的 Drive PX2 全自动驾驶（Fully Autonomous Driving）芯片。Drive PX2 属于具备深度学习优势的高性能超级计算平台，NVIDIA 率先将卷积神经网络（Convolutional Neural Network，CNN）应用于自动驾驶汽车领域，创建了一个基于监督学习的模型来模仿驾驶员在汽车中的行为，成功利用 Drive PX 计算平台训练 CNN 模型完成从单个前向摄像头的图像像素到车辆控制的映射，这就是端到端的无人驾驶模型。

22）2016 年，Tesla 在内部启动 FSD（Full Self-Driving Computer）计算平台研发。计算平台是无人驾驶硬件系统的重要组成部分，当硬件传感器接收到环境信息后，数据会被导入计算平台，由不同的芯片进行运算。芯片是无人驾驶的核心，其职能相当于无人驾驶的"大脑"，它需要满足高算力、高稳定性、高安全性、低功耗等相互之间很难平衡的特性要求。此时业内知名的供应商就只有 Mobileye 和 NVIDIA 两家。

23）2016 年，在 Tesla Autopilot 1.0 启用几个月后，发生了多起致命事故。1 月，中国京港澳高速河北邯郸段发生一起追尾事故，一辆 Tesla Model S 直接撞上一辆正在作业的道路清扫车，Model S 当场损坏，驾驶员不幸身亡，成为全球第一起因 Tesla Autopilot 导致的死亡事故。5 月，美国佛罗里达一段没有完全封闭的高速公路上，一辆 Tesla Model S 撞上了一辆转向中的货车，驾驶员 Joshua Brown 在这场车祸中丧生⊖。在中国发生的交通事故中，尽管 Tesla 做了免责声明，但在营销过程中，销售人员对 Autopilot 的能力可能有所夸大，造成一些驾驶员对系统过高信任。事后 Tesla 在其中国官网上删除了"自动驾驶""无人驾驶"等字眼，改称"Autopilot 自动辅助驾驶"，并要求销售人员严格将这一系统表述为驾驶辅助系统。在美国发生的事故中，Mobileye 急于撇清事故责任，Tesla 需要对事故原因给出令人信服的解释，最终在 7 月，Mobileye 宣布与 Tesla 终止合作⊖。随后在 9 月，Tesla 将 Autopilot 的主传感器从摄像头更换为毫米波雷达，并于 2019 年收购 DeepScale 公司，为多传感器融合补课。

24）2016 年，芯片架构师吉姆·凯勒（Jim Keller）加入 Tesla，并被任命为 Autopilot 硬件工程副总裁，在 Autopilot 硬件工程团队下开始组建机器学习小组，主要有两个目标：①搭建基于第二代自动驾驶硬件的 AI 算法和机器学习软件；②参与设计 FSD 芯片架构和上面的软件。Jim Keller 是芯片界的传奇人物，曾效力于 DEC、PA semi（后被 Apple 收购）、AMD、苹果（Apple），曾参与设计速龙（Athlon）K7 处理器和苹果 A4/A5/A6 处理器，是速龙 K8 处理器的总架构师，制定 X86-64 指令集者之一，还是 AMD 公司的 K12 处理器以及现在 ZEN 架构处理器（Ryzen）架构主导者。

25）2016 年，Tesla 推出 Autopilot Hardware 2.0（HW 2.0），这也标志着 Autopilot 2.0（AP 2.0）正式开始量产推广。如图 1-11 所示，HW2.0 增加了侧前侧后方摄像头，前置摄像头由单目进化为三目摄像头，可以实现车辆周围 360° 全视野探测，前方障碍物识别能力也得到了极大提升。辅助数据除毫米波雷达、超声波传感器之外还包括深度学习构建的高精度地图和白名单。HW2.0 套件详细组成如下：

① 1 个前视三目摄像头（供货商：Aptina AR0132。RCCC 滤镜，三个摄像头的感知范围由远及近：35° 窄视场角摄像头，最远感知 250m，高速行驶时聚焦远处特征；50° 主视场角摄像头，最远感知 150m，涵盖广泛的使用场景；120° 宽视场角鱼眼摄像头，最远感知 60m，城市低速行驶时捕获交通信号灯、切入行进路径的障碍物和近距离物体）。

② 2 个后视侧面摄像头（供货商：Aptina AR0132。RCCC 滤镜，60° 视场角，最远感知 100m，监控汽车两侧的后方盲点，这对于安全变道和融入车流非常重要）。

③ 2 个前视侧面摄像头（供货商：Aptina AR0132。RCCC 滤镜，90° 视场角，最远感知 80m，可以在高速公路上寻找意外进入车道的车辆，并在进入能见度有限的十字路口时提供额外的安全保障；其中，左右 B 柱的摄像头未来或用于人脸识别开门，但仍处于未激活状态。

⊖ 高速路段上蓝天白云，Autopilot 处于开启状态，货车正在转向，Autopilot 未识别出货车白色的挂车车厢，因此风窗玻璃首先撞上了车厢底部，随后 Model S 从车厢底部穿出，最后在高速公路边的草地中停了下来。

⊖ 表面原因是事故，但深层次原因在于：① Mobileye 与 Tesla 风格策略不同，Mobileye 相对保守，Tesla 比较激进；② 数据归属有争议，Mobileye 提出数据共享，而作为积累里程以及数据最多的 Tesla 并不愿意。

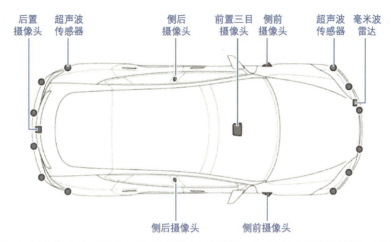

图 1-11　Tesla HW 2.0 传感器分布图（清晰地表明了 Tesla 的自动驾驶路线图：机器视觉感知）

④ 1 个后视摄像头（140° 视场角，最远感知约 50m，用于安全备份和执行复杂的停车动作）。

⑤ 1 个 77GHz 毫米波雷达，最大探测距离 160m（供货商：BOSCH。雷达波长可以穿透雾、灰尘、雨、雪和车下，在探测和响应前方目标方面至关重要）。

⑥ 12 个增强超声波传感器，最大探测距离 8m（检测附近的汽车以及停车辅助）。

⑦ NVIDIA DRIVE PX 2 AutoCruise 定制版计算平台（一颗 Parker CPU 和一颗 Pascal GPU），算力超过 10TOPS，是 Mobileye EyeQ3 的 40 倍以上（0.25TOPS）。

⑧ 高精度电子辅助制动和转向系统。

26）2016 年，国务院印发《中国制造 2025》发展纲要，汽车被列入"十大重点领域"，"智能网联汽车"首次在国家政策层面正式提出。

27）2017 年，美国 NHTSA 对 Joshua Brown 交通事故给出最终结论：没有足够有力的证据表明 Tesla 的自动驾驶系统直接导致了 Joshua Brown 的不幸。Tesla Autopilot 的推出与 Joshua Brown 事故，对整个汽车行业产生了深远的影响：①在短短 2 年内，Autopilot 在行业内第一次让全球数十万规模先富起来的人群体验到了自动驾驶系统的可用性，但 Joshua Brown 的事故暴露出 Autopilot 还远非完美的自动驾驶系统，自动驾驶功能至少在目前这一阶段不能百分百的信任。Tesla 也加强了对自动驾驶技术的限制，如果驾驶员没有对警告做出反应则暂时禁用自动驾驶。②美国 NHTSA 对 Tesla 做出"无罪判决"，修正自动驾驶分类标准，采用更细致的 SAE 0 ~ 5 级的分类，这对于汽车在目前高级辅助自动驾驶状态下，车企与驾驶员的责任可谓做了区分与明示，也对自动驾驶伦理的确立产生深远的影响，为车企在推动自动驾驶从低级别向高级别发展扫清了障碍。③Autopilot 先期对市场的教育以及监管部门的态度，鼓励了车企以及技术公司研发更好的自动驾驶技术。在世界范围内，大量的自动驾驶公司纷纷创立。在解决 Joshua Brown 事故中类似感知问题上，激光雷达、高分辨率的毫米波雷达、高精度地图在随后几年都得到了非常大的关注和资本投入。

28）2017 年，百度正式开放 Apollo 1.0 版本，可以依靠高精度地图和导航定位模块实现封闭场地的循迹自动驾驶。这是全球范围内自动驾驶技术第一次系统级的开放。

29）2018年，Tesla开始陆续向全球用户推送9.0版本软件更新包，这是自2016年推出8.0版本系统后，两年来Tesla在软件方面最重大的更新，基本实现了在高速/城际公路这种简单场景下对路况信息的感知和融合、路径规划和决策、控制与执行，首次真正意义上量产了L4级自动驾驶技术，重点包括：

① Navigate on Autopilot：在驾驶员的监督下，根据导航中设定的目的地，引导汽车驶入高速公路匝道，在高速公路上行驶，然后再驶出高速公路匝道。设计目的是在高速公路场景上使用Autopilot时，让用户更方便地找到前往目的地的最高效行驶路线，并导引用户到达目的地。

② DashCam：也被称为Tesla官方行车记录仪，用户只需要在USB闪存驱动器上添加一个名为TeslaCam的文件夹，就可以把汽车前视摄像头拍摄的视频记录并存储到闪存驱动器上。

③ 盲点警告：在车辆仪表盘中央，能够动态监测周围其他车辆，如摩托车、小轿车、公交车等都会以相应的模型显示。当需要变道时，传感器如果监测到目标车道上有可能与其他车辆或障碍物发生碰撞时，车道线会变成红色来提醒驾驶员，大幅度提高行车安全。

④ 障碍物感应限速：如果车辆在低速行驶时发现前方有障碍物，该功能会自动限制车辆加速，这一点对于行车安全来说，提升尤为有效。

30）2018年，小鹏汽车发布Xpilot2.0，从自适应巡航，逐步升级到遥控泊车高速领航辅助驾驶，以及后来的基于Xpilot 3.0的自动辅助导航驾驶（Navigation Guided Pilot，NGP）。小鹏的NGP与特斯拉的NOA所能实现的功能基本一致，最大的区别在于特斯拉的NOA没有高精地图的支持。

31）2019年，Tesla举行"自动驾驶投资者日"（Autonomy Investor Day）活动，发布搭载自研全自动驾驶芯片FSD的全自动驾驶计算平台（FSD Computer），并公布了新一代Autopilot硬件Hardware 3.0（HW3.0），最重要的区别是使用FSD Computer替代了定制版的NVIDIA PX2计算平台。FSD芯片及FSD Computer详细信息将在本书第3章介绍。在此次活动中，Tesla AI和Autopilot Vision总监Andrej Karpathy介绍了用于改进神经网络预测的迭代过程"Data Engine"，以及用于解决稀有场景问题的影子模式（Shadow Mode）等算法相关技术。详细信息将在本书第5章介绍。

32）2020年，国家发展改革委、工信部、科技部等11个部委联合发布《智能汽车创新发展战略》，到2025年，中国标准智能汽车的技术创新、产业生态、基础设施、法规标准、产品监管和网络安全体系基本形成；实现有条件自动驾驶的智能汽车达到规模化生产，实现高度自动驾驶的智能汽车在特定环境下市场化应用。

33）2020年，蔚来正式发布NIO Pilot的领航辅助（Navigate on Pilot，NOP）功能，它与小鹏的NGP及特斯拉的NOA所能实现的功能基本一致，可以基于导航规划的路线，在结构化道路（高架、高速公路）上实现自动变道超车、自动进出匝道。

34）2020年，搭载地平线征程2的长安UNI-T（紧凑型SUV）首发，成为首款搭载国产AI芯片的智能汽车。

35）2021年，国务院印发《国家综合立体交通网规划纲要》，推进智能网联汽车（智能汽车、自动驾驶、车路协同）应用，推动智能网联汽车与智慧城市协同发展。

36）2021年，地平线发布高等级智能驾驶芯片征程5，并在此基础上发布了全场景智能驾驶解决方案计算平台 Matrix 5 以及 Horizon Matrix SuperDrive 整车智能解决方案，详细信息将在本书第 3 章介绍。

37）2021 年，理想汽车发布了智能驾驶 1.0 系统（即 AD Max 1.0）并在 2021 款理想 ONE 上实现了量产，高速 NOA 逐步成为新能源汽车标配。

38）2022 年，理想智能驾驶 2.0 系统陆续在理想 L9、理想 L8 以及理想 L7 上落地，其中 AD Max 2.0 采用英伟达 Orin-X 芯片与车规级激光雷达的架构，AD Pro 2.0 采用了国产大算力的地平线征程 5。

39）2022 年，北京发放首批无人化示范应用道路测试通知书，百度和小马智行获批，北京成为国内首个开启乘用车无人化运营试点的城市。随后，《深圳经济特区智能网联汽车管理条例》正式实施，提出 L3 级自动驾驶在行政区全域开放道路测试、示范应用，探索开展商业化运营试点，标志着我国自动驾驶行业正式向 L3 级迈进。重庆、武汉两地也率先发布自动驾驶全无人商业化试点政策，并向百度发放全国首批无人化示范运营资格，允许车内无安全员的自动驾驶车辆在社会道路上开展商业化服务。

40）2022 年，ISO 34501 自动驾驶测试场景国际标准正式发布，规范了自动驾驶系统、动态驾驶任务、设计运行范围及条件等概念，并形成了包括功能场景、抽象场景、逻辑场景和具体场景在内的场景层次描述规则，是我国牵头的首个自动驾驶测试场景国际标准，将广泛应用于全球自动驾驶产品的研发、测试和管理。

41）2023 年，华为发布最新一代智能驾驶系统 ADS 2.0，可不依赖高精度地图就能实现城市 NCA 功能，该系统在问界 M5 华为高阶智能驾驶版首发。

42）2023 年，亿咖通科技发布了安托拉（Antora）系列计算平台，集成了 7nm 先进制程高性能车规级 SoC"龍鷹一号"。安托拉计算平台拥有安托拉 1000 和安托拉 1000 Pro 两款核心产品，分别用于智能座舱与舱泊一体。

43）2023 年，黑芝麻智能发布了全球首个智能汽车跨域计算芯片平台武当系列 C1200，可灵活支持双脑、智舱智驾、中央计算等各种架构方案。

44）2023 年 4 月，上海车展，智能电动已经成为几乎所有车企的发展核心（图 1-12），智能驾驶头部公司开始聚焦"城市 NOA"，推出高阶智能驾驶系统（表 1-4）。

a）小鹏G6

b）蔚来ES6

c）问界M5

d）阿维塔11

e）理想L7

f）智己LS7

图 1-12　上海车展智能电动汽车

表 1-4　2023 年上海车展前夕（或期间）发布的部分智能驾驶车型

车型	智驾系统	传感器	计算平台
小鹏 G6	XNGP·NGP 自研	激光雷达 2 颗，装在前照灯下方、保险杠的两侧。摄像头 10 颗，其中前视为双目摄像头，未采用立体视觉；侧视 4 个摄像头，两两一组；在前翼子板上还有 4 颗环视摄像头和 5 颗毫米波雷达，其中环视摄像头分别位于车头/车尾和外后视镜下方，主要用作 360° 影像功能，还可以与毫米波雷达共同起到近距离补盲的作用	双 Orin-X，总算力 508 TOPS
蔚来 ES6	NIO Pilot·NAD 自研	Aquila 蔚来超感系统，包含 1 颗激光雷达，采用瞭望塔方案及 1550nm 光源；摄像头 11 颗，其中感知 7 颗，均为 800 万像素，分为前视双目（非立体视觉）、顶置 2 颗侧前、翼子板 2 颗侧后、车位 1 颗后视；环视 4 颗，为 300 万像素，主要用作 360° 影像。在车辆的正前方和四周还搭载了 5 颗毫米波雷达，可以在雨雪雾等天气起到补充感知作用	4 颗 Orin-X，总算力 1016 TOPS
问界 M5	ADS 2.0·NCA 华为联合开发	顶部搭载 1 颗激光雷达；摄像头一共有 11 颗，其中用作感知的有 7 颗，包括前视 2 颗（800 万像素）、侧视 4 颗、后视 1 颗；还有环视 4 颗，用作 360° 环影；在车辆周围还搭载了 3 颗毫米波雷达，起到感知补充的作用	MDC 智能驾驶计算平台，总算力 400 或 200 TOPS
阿维塔 11	ADS 2.0·NCA 华为联合开发	AVATRUST 超感系统，包括 3 颗激光雷达（分别位于前保险杠和左右翼子板上）、6 颗毫米波雷达、13 颗摄像头；13 颗摄像头中主要用作感知的有 9 颗，其中前视为四目摄像头，侧前位于外后视镜支架上，侧后位于前翼子板上与激光雷达在一起，1 颗后视摄像头在车尾高位制动灯的位置，剩下的 2 颗在车内用作驾驶员感知	MDC 智能驾驶计算平台，总算力 400 TOPS
理想 L 系列	AD MAX 3.0·NOA 自研	搭载激光雷达 1 颗（禾赛 AT128），瞭望塔方案；毫米波雷达 1 颗，位于正前方；摄像头 11 颗，主要用作感知的有 7 颗，分别为前视双目（800 万）、侧前（800 万）位于外后视镜的立柱上、侧后（800 万）位于前翼子板上、后视（200 万）位于高位制动灯中部；另外 4 颗为环视摄像头分布于车身四周，用作 360° 环影	双 Orin-X，总算力 508 TOPS
智己 LS7	IMAD 2.0·NOA Momenta 联合开发	11 颗高清摄像头、5 颗毫米波雷达，以及 2 颗激光雷达；其中激光雷达采用瞭望塔方案，位于车顶两侧；11 颗摄像头中，主要用于感知的有 7 颗，其中前视 2 颗，分别位于前照灯下方；侧视 4 颗，分别位于 B 柱和前翼子板上；尾部 1 颗，位于车尾的小尾翼上；另外 4 颗为环视摄像头分布于车身四周，用作 360° 环影	单 Orin-X，总算力 254 TOPS

数据来源：https://baijiahao.baidu.com/s?id=1764323742333352577。

　　从中能看出一个趋势，那就是在相当长一段时间内，乘用车的智能驾驶还将以辅助驾驶为主。我们正在见证着自动驾驶"铁器时代"的演变，尽管历史的进程不一定符合我们的期望。但不可否认，未来自动驾驶技术一定会成为生活中的必需品。作为自动驾驶领域的另一个"黄埔军校"，Tesla Autopilot 短周期高强度迭代开发过程培养了一大批自动驾驶领域的实战人才：小鹏汽车自动驾驶副总裁谷俊丽就是前面提到的在 Autopilot 2.0 开发时期发挥关键作用的机器学习小组负责人，蔚来汽车负责 NIOPilot 的副总裁 Jamie Carlson、纽劢科技 CEO 徐雷、原 Roadstar 联合创始人衡亮以及 AutoBrain 联合创始人 Yolanda Du 悉数出自 Autopilot 团队。这些国内外人才及团队正在努力推动自动驾驶"铁器时代"向"白银时代""黄金时代"演变。有朝一日，民众不再担心自动驾驶安全问题，公共道路上有一定比例（如30%）的车辆在自动驾驶，就离"白银时代"不远了[⊖]。

2. 辅助驾驶

与拥有主动权的自动驾驶不同，辅助驾驶的目标是减少驾驶疲劳，提升驾驶安全与体验。因此，辅助驾驶是多种功能的组合，主要分为纵向功能和侧向功能。

（1）纵向功能　在执行过程中对车辆纵向速度进行控制，主要功能包括：

1）前向碰撞预警（FCW）：实时监测车辆前方行驶环境，并在可能发生前向碰撞危险时发出警告信息。

2）后向碰撞预警（RCW）：实时监测车辆后方环境，并在可能受到后方碰撞时发出警告信息。

3）自动紧急制动（AEB）：实时监测车辆前方行驶环境，并在可能发生碰撞危险时自动启动车辆制动系统使车辆减速，以避免碰撞或减轻碰撞后果。

4）自适应巡航控制（ACC）：实时监测车辆前方行驶环境，在设定的速度范围内自动调整行驶速度，以适应前方车辆和/或道路条件等引起的驾驶环境变化。

5）加速踏板防误踩（AMAP）：在车辆起步或低速行驶时，因驾驶员误踩加速踏板产生紧急加速而可能与周边障碍物发生碰撞时，自动抑制车辆加速。

（2）侧向功能　在执行过程中对车辆转向进行控制，主要功能包括：

1）车道偏离预警（LDW）：实时监测车辆在本车道的行驶状态，并在出现非驾驶意愿的车道偏离时发出警告信息。

2）变道碰撞预警（LCW）：在车辆变道过程中，实时监测相邻车道，并在车辆侧/后方出现可能与本车发生碰撞危险的其他道路使用者时发出警告信息。在部分车型中，该功能又被称为变道辅助（BSM）或并线辅助，提示驾驶员确保安全并线。

3）盲区监测（BSD）：实时监测驾驶员视野盲区，并在其盲区内出现其他道路使用者时发出提示或警告信息。

4）车道保持辅助（LKA）：实时监测车辆与车道线的相对位置，持续或在必要情况下介入车辆横向运动控制，使车辆保持在原车道内行驶。

通过上述功能的组合，可以解决日常生活中的多个痛点场景，例如：

1）"鬼探头"：前方有车辆或障碍物阻挡视线，也就是视野盲区，从路边突然蹿出一辆非机动车或行人，极易造成碰撞，俗称"鬼探头"。为了降低"鬼探头"引起的人身伤害，这时候就需要车上配备的自动紧急制动（AEB）系统进行自动制动，以降低碰撞速度或避免碰撞。除了行人和骑行人外，AEB系统也会实时监测前方车辆，当遇到前车静止或突然制动，而驾驶员没有及时做出反应时，会主动介入减速避免追尾前车。因此面对日常通勤中可能遇到的"鬼探头"和前车紧急制动问题，AEB系统是非常实用的驾驶辅助功能。

2）换道盲区：日常驾驶中，在执行换道或转弯动作前，驾驶员先观察后视镜里面有没有其他车辆，确认安全后再进行变道。但单纯通过后视镜观察车辆侧方和侧后方的情况，容易造成误判，当目标车道有快速来车，或有车在盲区内时，换道或转弯极有可能造成擦碰。BSD在面对换道或转弯的场景，当旁车道有其他车辆存在时，后视镜会通过亮灯来警示驾驶员不要并线，也不要轻易打方向盘，以此来保障驾驶安全。

⊖　自动驾驶的前世今生，https://baijiahao.baidu.com/s?id=1708854304331912768。

近些年，随着硬件传感器的升级、深度学习的引入、系统软件架构的调整，辅助驾驶开始向更高层级功能进发，甚至看到了自动驾驶的影子，常被统称为高级驾驶辅助系统（Advanced Driver Assistance System，ADAS）。具体来说，ADAS 是利用安装于车上的各式各样的传感器，在第一时间收集车内外的环境数据，进行静、动态物体的辨识、侦测与追踪等技术上的处理，从而提供信息辅助、预警、辅助控制及便利驾驶的主动安全技术。大类上可以将 ADAS 分成两类：信息辅助类以及控制辅助类。

（1）**信息辅助**（Information Assist，IA） 共有 21 项功能，按照使用场景又可分为行车监控、危险预警、驾驶便利 3 个子类。

1）行车监控类：在车辆的不同使用场景下，对道路信息如交通标志、道路限速、车辆周边影像等信息进行采集显示，方便驾驶员使用。具体功能包括：

① 交通标志识别（Traffic Signs Recognition，TSR）。
② 智能限速提示（Intelligent Speed Limit Information，ISLI）。
③ 全息影像监测（Around View Monitoring，AVM）。
④ 前车车距监测（Front Distance Monitoring，FDM）。
⑤ 盲区监测（Blind Spot Detection，BSD）。
⑥ 侧面盲区监测（Side Blind Spot Detection，SBSD）。
⑦ 转向盲区监测（Steering Blind Spot Detection，STBSD）。

2）危险预警类：通过获取车辆内部（驾驶员）、车辆外部（车辆、行人、障碍物碰撞、限速、道路状况）状态信息，判定或预测各种潜在危险事件并进行预警或提示。这里面的低速行车辅助（MALSO）是一个偏综合性的功能，车辆行驶时，探测其周围障碍物，并当车辆靠近障碍物时为驾驶员提供影像或警告信息。具体功能包括：

① 驾驶员疲劳驾驶监测（Driver Fatigue Monitoring，DFM）。
② 驾驶员注意力监测（Driver Attention Monitoring，DAM）。
③ 弯道速度预警（Curve Speed Limit Information，CSW）。
④ 前车碰撞预警（Front Collision Warning，FCW）。
⑤ 后向碰撞预警（Rear Collision Warning，RCW）。
⑥ 车辆偏离预警（Lane Departure Warning，LDW）。
⑦ 变道碰撞预警（Lane Changing Warning，LCW）。
⑧ 后方交通穿行提示（Rear Traffic Cross Alert，RTCA）。
⑨ 前方交通穿行提示（Front Traffic Cross Alert，FTCA）。
⑩ 车门开启预警（Door Open Waring，DOW）。
⑪ 低速行车辅助（Maneuvering Aid For Low Speed Operation，MALSO）。

3）驾驶便利类：这些功能可以在无光/暗光、减少驾驶员低头、倒车等特定场景下提升驾驶的便利性和安全性。具体功能包括：

① 抬头显示（Head Up Display，HUD）。
② 夜视（Night Vision，NV）。
③ 倒车辅助（Reversing Condition Assist，RCA）。

（2）**控制辅助**（Control Assist，CA） 共 15 项功能，与 IA 不同，CA 会在特定情况下介入车辆驾驶行为的控制，按照场景分为紧急应对、驾驶便利、车道保持以及智能灯光 4 个子类。

1）紧急应对类：主要是紧急情况下车辆会执行减速、制动、转向等动作以避免碰撞或其他危险行为。其中自动紧急制动（AEB）和紧急制动辅助（EBA）从字面上来看非常近似，但功能不同：AEB 实时监测前方行驶环境，并在可能发生碰撞危险时自动启动车辆制动系统使车辆减速，以避免碰撞或减轻碰撞后果；EBA 实时监测车辆前方行驶环境，在可能发生碰撞危险时提前采取措施以减少制动响应时间并在驾驶员采取制动操作时辅助增加制动压力，以避免碰撞或减轻碰撞后果。因此，AEB 是危险情况下自动触发制动功能的（重点在自动上），EBA 是在危险情况辅助减少人制动介入时间同时加强制动效果（重点在辅助上）。具体功能包括：

① 自动紧急制动（Automatic Emergency Braking，AEB）。
② 紧急制动辅助（Emergency Braking Assist，EBA）。
③ 自动紧急转向（Automatic Emergency Steering，AES）。
④ 紧急转向辅助（Emergency Steering Assist，ESA）。

2）驾驶便利类：通过辅助功能实现限速、泊车、巡航、拥堵路况、误踩等使用场景的便利，同时也部分提升了驾驶安全性。具体功能包括：

① 智能限速控制（Intelligent Speed Limit Control，ISLC）。
② 自适应巡航控制（Adaptive Cruise Control，ACC）。
③ 智能泊车辅助（Intelligent Parking Assist，IPA）。
④ 全速自适应巡航（Full Speed Range Adaptive Cruise Control，FSRA）。
⑤ 交通拥堵辅助（Traffic Jam Assist，TJA）。
⑥ 加速踏板防误踩（Anti-maloperation for Accelerator Pedal，AMAP）。

3）车道保持类：严格来讲也属于驾驶便利，这里单独列为一类，便于对比与理解。具体功能包括：

① 车道保持辅助（Lane Keeping Assist，LKA）。
② 车道居中控制（Lane Centering Control，LCC）。
③ 车道偏离控制（Lane Departure Prevention，LDP）。

4）智能灯光类：自适应的远光灯和前照灯就属于灯光类的辅助驾驶功能。具体来说包括：

① 自适应远光灯（Adaptive Driving Beam，ADB）。
② 自适应前照灯（Adaptive Front Light，AFL）。

与自动驾驶相比，辅助驾驶有明显的优缺点。在优点方面，首先是市场需求量大，不管是乘用车还是商用车，由于目前国家法规和客户的强烈需求，保证了市场规模，可快速实现商业化，虽然辅助驾驶功能比较复杂，但是只要开发完成就可以进行量产。在缺点方面，由于较为传统，项目前期融资较为困难。其次是技术难度大，作为一种主动安全功能，并且由于要实现商业落地，就必须解决漏触发和误触发的问题，但目前一些特殊场景依然无法实现。这里需要指出的是，随着硬件及智能化技术的进展，自动驾驶与辅助驾驶的边界越来越模糊，甚至会让用户感觉"明明是自动驾驶，却叫辅助驾驶"。而在研发侧，ADAS 与自动驾驶研发人员/研发团队/研发项目双向流动也成为业内普遍现象，在技术体系上，双方有诸多交叉点，特别是在感知层面，双方的感知目标基本一致，本书将在第 6 章详细讲解。

3. 泊车功能

泊车场景是用户使用频次高的场景,其用户痛点感受最深,技术实现难度中等,量产落地机会大,用户买单倾向性高,是主机厂和自动驾驶供应商兵家必争之地。图 1-13 展示了现在市场上 L0~L4 级典型的泊车功能,更加详细的解释及传感器配置分别见表 1-5 及图 1-14。

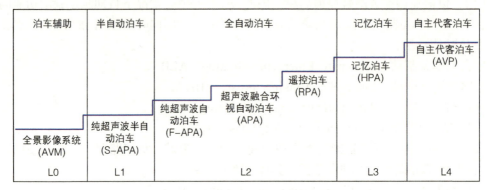

图 1-13　L0~L4 级典型泊车功能

表 1-5　部分泊车功能详解

功能	等级	驾驶员状态	传感器配置
全景影像系统 (Around View Monitor,AVM)	L0	在车内,主控泊车过程	环视摄像头 ×4 超声波传感器 ×12
自动泊车 (Auto Parking Assist,APA)	L2	在车内,随时准备接管	环视摄像头 ×4 超声波传感器 ×12
远程/遥控泊车 (Remote Parking Assist,RPA)	L2	在车外,保持对车辆的观察,随时准备通过手机接管	环视摄像头 ×4 超声波传感器 ×12 惯性导航 ×1
记忆泊车 (Home-zone Parking Assist,HPA)	L3	在车外,且不需要时刻看着车	环视摄像头 ×4 超声波传感器 ×12 惯性导航 ×1 前视摄像头 ×1 角毫米波雷达 ×4
自主代客泊车 (Automated Valet Parking,AVP)	L4	在车外,且不需要看着车	环视摄像头 ×4 超声波传感器 ×12 惯性导航 ×1 前视摄像头 ×1 角毫米波雷达 ×4 高精地图

(1)全景影像系统(Around View Monitor,AVM) L0 级别的泊车辅助功能,环视摄像头提供图像信息,超声波传感器提供距离信息。具体来说,4 个环视摄像头分别安装于前后保险杠和左右后视镜上,可以获得 180° 视野内的畸变图像。通过将 4 个环视摄像头获得的图像进行去畸变、拼接等处理,获得鸟瞰图并显示在人机界面(Human Machine Interface,HMI,俗称触摸屏或中控屏)上。同时在传感器探测范围内,对障碍物进行实时检测,并在 HMI 上显示。

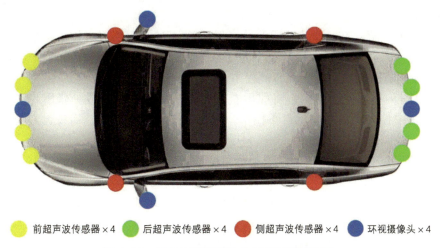

● 前超声波传感器×4　● 后超声波传感器×4　● 侧超声波传感器×4　● 环视摄像头×4

图 1-14　摄像头及超声波传感器配置示意图

在启动上，AVM 的激活方式有很多种，每种方式均需满足系统前提条件和触发条件，且每种方式显示的 AVM 界面不完全相同（表 1-6）。在退出上，AVM 可以通过驾驶员主动关闭，也可以在满足一定条件的情况下退出（表 1-7）。

表 1-6　AVM 触发方式、条件与显示界面

激活方式	触发条件	显示 AVM 界面
方向盘按键激活	挂 D 位，速度≤ 20km/h	鸟瞰图 + 前视图
中控按钮激活	挂 D 位，速度≤ 20km/h	鸟瞰图 + 前视图
语音激活	挂 D 位，速度≤ 20km/h	鸟瞰图 + 前视图
R 位激活	挂 R 位	鸟瞰图 + 前视图
转向灯激活	挂 D 位，速度≤ 20km/h，拨转向灯	鸟瞰图 + 左 / 右视图
方向盘转角激活	挂 D 位，速度≤ 20km/h，方向盘角度≥ 190°	鸟瞰图 + 左 / 右视图
障碍物激活	挂 D 位，速度≤ 20km/h，周边 50cm 内存在障碍物	鸟瞰图 + 前视图

表 1-7　AVM 退出条件

退出条件	备注
视图开启状态下点击泊车按键	软按键与硬按键均可，R 位时除外
视图开启状态下点击界面 X 按键	软按键与硬按键均可，R 位时除外
车速≥标定值	R 位激活时
挂 P 位	R 位激活时
车速≥标定值	仅限于驾驶员点击按键激活情况

AVM 激活后，实现的主要功能包括 3D 环视漫游、鸟瞰图 + 单侧视图切换、转向视图、3D 视图切换、广角视图、放大视图、虚拟开门视图、倒车辅助线、雷达报警、透明底盘

等，具体如下：

1）3D环视漫游：在一个点火循环内，第一次通过倒车档或者按下全景按键开关进入环视功能时显示，屏幕显示一段环绕车身360°的动画，模拟检查车身四周。3D环视漫游功能的持续时间有限制，而且在执行过程中，可以强制中断。

2）鸟瞰图+单侧视图切换：将前后左右四个视图融合拼接成一张图片，并以俯视图形方式显示在中控屏上，且显示自车模型。单侧视图切换有前视、后视、左视和右视4种视图。

3）转向视图：当方向盘转角大于某个角度或者转向灯激活时，会进入转向视图，有左前和右前两种视图。

4）3D视图切换：系统将车辆模型及周边环境以3D形式显示出来，有3D前视、3D后视、3D侧视和3D转向侧视4种视图。

5）广角视图：有前视广角和后视广角两种视图。

6）放大视图：有前视放大视图和后视放大视图两种视图。

7）虚拟开门视图：鸟瞰图上模拟车门的最大开度以保证空间满足驾驶员和乘员的开门需求。

8）倒车辅助线：有静态倒车辅助线和动态轨迹线两种。静态倒车辅助线衡量了障碍物或者车位线距保险杠的距离，动态轨迹线随着车轮的转动而变化。

9）雷达报警：当车辆距离障碍物较近时，显示与周边障碍物的距离信息，并以颜色标识以及声音区分。

10）透明底盘：环视摄像头捕捉道路视图，将前后左右视图拼接起来并以透明底盘效果显示。

（2）自动泊车（Auto Parking Assist，APA） L2级别的泊车辅助功能，通过精确的车辆定位和控制系统控制车辆按照选择的泊车轨迹完成泊车。在传感器配置上，4个环视摄像头主要用于采集周围原始图像信息，12个超声波传感器主要用于车位搜索及障碍物检测。APA系统的激活方式主要有屏幕按钮激活、方向盘物理按键激活、语音激活和AVM切换APA按钮。激活后的主要子功能包括车位搜索、车位泊入和车位泊出。

1）车位搜索：该功能在行车档/倒车档均可使用，在满足车速、光照、天气等条件时，可对搜索白名单（水平车位、垂直车位、斜列车位等）内的车位进行搜索并检测车位内的白名单障碍物（锥桶、他车、地锁等），然后将车位类型（可泊入、不可泊入等）进行分类并显示在HMI屏幕上。

2）车位泊入：该功能在检测到有可泊入车位的基础上，基于车位类型（水平车位、垂直车位、斜列车位等）和自车-车位位姿，决策车头/车尾泊入（平行车位仅支持车尾泊入）。用户通过HMI触发APA车位泊入功能。

3）车位泊出：该功能支持自车从不同方向泊出，垂直车位/斜列车位中，自车可从车头前、左、右方向泊出，水平车位中，自车可从车头左前/右前泊出。

为确保自动泊车上述功能在安全的条件下运行，工程师还专门为其定义了严格的运行条件。在智能驾驶领域，针对相关功能专门设计的运行条件被称为运行设计域（Operational Design Domain，ODD），自动泊车的ODD设计见表1-8。如果ODD条件满足，APA会开启车位泊入或泊出，具体流程见表1-9。

表 1-8　自动泊车运行设计域（Operational Design Domain，ODD）

类别		明确允许	明确不允许
静态条件	道路类型	室外停车场、室内停车场	—
	道路几何	直道、弯道、坡道	—
	路口特征	L 形、T 形、十字形 路口转弯半径 ≥ 7.5m	—
	道路表面	铺装路面	积雪、结冰等低附着系数路面
	车道特征	单车道：最小宽度 ≥ 车宽（含后视镜）+ 0.6m 多车道：单车道最小宽度 ≥（含后视镜）+ 0.3m	—
	车位类型	垂直车位、水平车位、斜列车位、弯道车位	非划线类车位
	车位线颜色	白色、黄色、蓝色、绿色	—
环境条件	光照	≥ 30lx	< 30lx
	连接性	支持 4G/5G 通信	—
动态条件	交通条件	前方不需要有车	—
	道路使用者	站立行人、奔跑行人，高度 ≥ 0.7m 着装与背景对比度 ≥ 21	行人蹲、躺或被遮挡
驾驶员状态	是否在场	在场	—
车速范围	巡航车速	0 ~ 15km/h	—
	泊车车速	0 ~ 15km/h	—
功能状态	—	功能状态正常	—

表 1-9　车辆泊入/泊出步骤及前提条件

功能	步骤	前提条件
泊入	进入 APA	1. 点击 HMI 按钮 2. 方向盘物理按键 3. 语音激活 4. AVM 切换 APA 按钮 5. 车辆后台搜索到车位后，用户从 D 位切换到 R 位
	泊入车位选择	1. 已搜索到可泊车位 2. 用户踩住制动踏板，车速为 0 3. 系统会预选一个可泊车位，用户可在点击"开始"按键前选择其他车位，车位选择好后，HMI 将显示全局泊车轨迹
	泊入方式切换	当已选择好车位且轨迹规划支持车头车尾两种泊入方式时，用户可以切换车位泊入方向，同时 HMI 更新泊车轨迹
	泊入开始	1. 车位选择好后，用户在 HMI 点击"开始"按钮 2. 显示提醒文字 3. 根据提示双手离开方向盘，松开制动踏板，开始自动泊车
	泊入过程	HMI 持续显示自车和车位相对位置，并显示与障碍物的距离，且根据不同距离有相应的颜色显示与声音提示
	泊入结束	1. 车辆已经进入车位，且泊车位置满足结束条件 2. 车辆挂 P 位 3. HMI 显示泊车完成

（续）

功能	步骤	前提条件
泊出	进入 APA	1. 点击 HMI 按钮 2. 方向盘物理按键 3. 语音激活 4. AVM 切换 APA 按钮 5. 用户从 D 位切换到 R 位
	泊出方向选择	1. 车辆检测到自车在车位内 2. 车速为 0 3. 有可泊出方向（系统会自动过滤掉不可泊出的方向，用户选中的泊出方向高亮显示）
	泊出开始	1. 泊出方向选择好后，用户在 HMI 点击"开始"按钮 2. 显示提醒文字 3. 根据提示双手离开方向盘，松开制动踏板，开始 APA 泊出
	泊出过程	HMI 持续显示自车和车位相对位置，并显示与障碍物的距离，且根据不同距离有相应的颜色显示与声音提示
	泊出结束	1. 车辆已经到达目标位置 2. 车辆挂 P 位 3. HMI 显示泊出已完成

当车辆遇到以下情况时，泊入/泊出过程会暂停，暂停时车辆会挂 P 位且中控屏 HMI 会出现"继续"按键，用户可点击"继续"按键恢复任务。具体情况包括：①驾驶员踩制动踏板；②驾驶员干预档位；③驾驶员解开安全带；④车辆被障碍物逼停超过一定时间；⑤外后视镜被折叠。

当车辆遇到以下情况时，APA 泊车任务会取消：①暂停状态超时；②暂停状态下切换档位；③驾驶员干预方向盘；④驾驶员干预加速踏板；⑤四门两盖开启；⑥ APA 系统故障或关联系统故障。

（3）远程/遥控泊车（Remote Parking Assist，RPA） 子功能包括遥控泊入及遥控泊出。RPA 同样是 L2 级别的泊车辅助功能。但是 RPA 相较于 APA 的区别在于：驾驶员可在车外进行泊车过程。RPA 针对驾驶员无法上车进行泊入泊出的场景，能很好地切入用户痛点并解决痛点，提升用户体验度，如停车场地狭窄或目标车辆两边紧挨着另外两辆车。在传感器配置上，4 个环视摄像头负责采集周围原始图像信息，12 个超声波传感器用于车位搜索及障碍物检测。RPA 基于手机蓝牙与车端蓝牙连接，通过手机 APP 端控制车辆进行遥控泊入泊出等操作。RPA 功能开启条件主要有两个：①在 HMI 或者手机 APP 选择 RPA 泊车模式；②手机蓝牙与车端蓝牙建立连接。为确保泊车安全，其 ODD 与 APA 一致（表 1-8）。具体功能及流程如下：

1）遥控泊入：在检测到有可泊入车位的基础上，用户在 HMI 选择目标泊入车位并启动 RPA 功能，将车辆挂入停车档，下车后用户在车旁，通过手机 APP/ 车钥匙控制车辆自动完成后续泊车过程。RPA 泊车过程中，用户可通过手机 APP 监测泊车过程，并通过按钮暂停/恢复/取消泊车，系统根据用户控制信息进行相应的处理。RPA 泊入过程中，若用户通过中控屏点击暂停/恢复/取消泊车，手机 APP 和系统退出 RPA，驾驶员可上车接管泊车，也可上车后通过 APA 继续自动泊车过程。RPA 泊入结束后，双闪/APP 提示用户泊入结束。

2）遥控泊出：用户通过手机 APP 与车辆蓝牙连接，实现远程唤醒车辆，并控制车辆自动泊出车位，系统提供可成功泊出的方向供用户选择。RPA 泊出过程中，用户可以通过手机 APP 监测泊车过程，并通过按钮暂停 / 恢复 / 取消泊车，系统根据用户控制信息进行相应的泊车处理。RPA 泊出结束后，双闪 /APP 提示用户泊出结束。

当车辆遇到以下情况时，RPA 泊入 / 泊出过程会暂停，暂停时车辆会挂 P 位且手机 APP 会出现"继续"和"退出"按键，用户可点击"继续"按键恢复任务或者点击"退出"RPA 功能。具体情况如下：①驾驶员点击"暂停"；②车端被干预（如制动踏板、外后视镜被折叠）；③蓝牙连接异常；④车辆被障碍物逼停超过一定时间；⑤ APP 泊车界面被切换（如接电话，打开其他 APP）。

当车辆遇到以下情况时，RPA 泊车任务会取消：①暂停状态超时；②驾驶员点击"退出"按键；③驾驶员接管；④ RPA 系统故障或关联系统故障。

（4）记忆泊车（Home-zone Parking Assist，HPA）　又叫记忆泊车辅助（Home-zone Parking Pilot，HPP），在某些特定场景下，可代替用户将车停入指定车位中。在泊车过程中，用户不需要停留在车内，出于安全考虑，用户需要停留在车辆一定距离范围内，通过手机 APP 监控车辆实时运行状态，以保证在必要的时候能采取制动等安全操作，确保车辆完成泊车操作。其主要子功能包括自建地图、车辆定位、记忆泊入和记忆泊出。用户初次驾驶车辆时，车辆通过自身传感器学习、记录并储存用户常用的下车位置、停车地点及泊车行进路径。然后当用户驾车再次到达记录的下车位置时，车辆自动提醒用户可以下车并由车辆自主泊入车位。用户在车内同意确认启用此功能后，用户下车并用手机 APP 触发车辆自主代客泊车功能，此时由车辆负责行车安全，车辆具有自己避障和绕行功能并实时反馈车辆运行状态和泊车状态到驾驶员遥控设备上。车辆完成泊车后，通过遥控设备通知驾驶员泊车结束。在传感器配置上，4 个环视摄像头提供图像信息，12 个超声波传感器提供距离信息，1 个惯性导航提供定位信息，1 个前视摄像头外加 1 个激光雷达用于车位搜索与障碍物检测。HPA 泊车过程主要分为两个阶段，即路线学习建图阶段和路线回放自主泊车阶段：

1）路线学习阶段：通过摄像头获取的图像信息，生成环境特征地图等相关信息。系统会提醒路线学习是否成功。

2）自主泊车阶段：车辆在起点范围内实现重定位。从 A 点规划一条到 B 点的路径，路径生成后提示用户，用户确认后，车辆自动驾驶至 B 点，到达 B 点后，车辆规划轨迹，泊车入位。召唤车辆时，可自主泊出并巡航至召唤点。

HPA 的主要功能模块执行步骤及其前提条件见表 1-10。

表 1-10　HPA 主要功能模块执行步骤及前提条件

模块	步骤	前提条件
建图模块	巡航泊入建图	1. 用户进入停车场，点击进入 HPA，选择建图功能 2. HMI 提示用户建图功能开启，并提示建图车速限制在 10km/h 之下（此时 AVM 系统进入功能开启状态） 3. 基于 VSLAM 及 IMU 进行建图，生成全局轨迹点，并基于 AVM/USS 进行车位搜索 4. 搜索到目标车位后，用户点击确认或手动选择车位，并确认 5. 用户确认建图完成，IHU 提示用户开启泊出建图
	巡航泊出建图	1. 用户确认泊出建图 2. 用户顺着行车方向回至起点，过程中完成轨迹地图的建立 3. 地图创建结果在 HMI 屏上提示用户

(续)

模块	步骤	前提条件
建图模块	地图上传	1. 用户点击建图完成后，建图数据自动通过车端网络上传至云端 2. 上传完成后，地图自动从云端下发
泊入巡航模块	功能激活	1. 通过 HMI 选择地图 2. 靠近地图区域，APP 提示完成定位初始化，提示用户下车 3. 定位信息和目标车位信息传送给自驾系统
泊入巡航模块	巡航（车位搜索）	1. 规控根据定位及感知进行局部规划及避障 2. 在车辆行驶过程中，实时进行车位检测，如非固定车位，检测到合适车位即可泊入，如为固定车位，则靠近目标点时开启车位搜索 3. 感知信息：更新的车位角点、障碍物信息、Freespace 信息
泊入巡航模块	泊入 APA	1. 规控根据更新的车位角点信息，完成 APA 轨迹规划 2. 将轨迹规划结果传给控制器，稳定跟随轨迹执行 3. 记录定位信息同时完成 APA 泊入
泊入巡航模块	泊出及巡航	1. 启动巡航泊出功能，根据定位信息，在轨迹地图中确定合适的出库目标点，同时完成全局路径的规划 2. 出库过程中，完成定位初始化，更新定位信息 3. 根据感知信息，进行局部路径规划和避障，回到接驳点

（5）**自主代客泊车（Automated Valet Parking，AVP）**：基于高精地图，通过车端传感器来感知周围环境和定位，在停车场内、停车场外以及园区自动规划行驶路径，进行自动搜索车位、自动泊入/泊出车库，以及远程接驾；同时可以通过手机 APP 端/钥匙端进行远程操控和实时监测。在传感器配置上，AVP 有多种配置方式，常见的一种为 4 个环视摄像头提供图像信息、12 个超声波传感器提供距离信息、1 个惯性导航提供定位信息、1 个前置摄像头 + 激光雷达进行车位搜索与障碍物检测，并通过高精地图提供详细地图信息。AVP 的基本功能包括：

1）构图：AVP 构图主要包括自构图创建及分享和自构图众包两种，具体来说：

① 自构图创建及分享：自构图信息包括停车场内道路信息和车位信息。在符合要求的停车场（表 1-11），车辆自动/用户通过 HMI 手动触发创建自构图。车端以停车场为单位保存/管理所创建的自构图，并在法律合规时，将车端自构图上传至云端共享。

表 1-11　AVP 功能适用范围（部分）

类别	范围
使用区域限制	1. 支持在名单内城市的白名单区域内使用 2. 禁止在公共道路上使用 3. 名单内的城市会不断增加，白名单区域会不断增大
停车场条件	1. 停车场应符合 JGJ 100—2015《车库建筑设计规范》的设计要求 2. 地下停车场且楼层≤标定值 3. 最小车道内半径、双向车道宽度、单向车道宽度 > 标定值 4. 停车场出入口直坡坡度、螺旋坡坡度≤标定值 5. 机动车出入口宽度双向行驶、单向行驶≥标定值 6. 红白相间闸机横杆 7. 如闸机未开启，AVP 功能开启时车辆会在横杆前停止

（续）

类别	范围
停车位条件	1. 地图中需标注停车位信息 2. 支持平面垂直车位、平面水平车位 3. 停车位颜色支持黄色、白色等常见颜色 4. 停车位线型支持实线、虚线等各种线型 5. 支持水泥、柏油、嵌草砖、普通砖、漆面等材质 6. 平面车位尺寸满足 JGJ 100—2015《车库建筑设计规范》的设计要求 7. 不支持空间车位
道路条件	1. 非公共道路且具有清晰的道路边界 2. 无积水、积雪等路面湿滑场景 3. 不支持维修施工场景 4. 车道宽度≥标定值，路面坡度＜标定值
路口条件	1. 支持 T 字形、十字形、U 形路口通行 2. 不支持红绿灯识别 3. 不支持原地换挡掉头
交通参与者	1. 支持机动车的识别 2. 支持两轮车的识别 3. 支持身高≥标定值行人的识别
静态障碍物	1. 支持地面上垃圾桶、电线杆、车位地锁等静止物体的识别 2. 支持符合 GB 5768《道路交通标志和标线》标准的锥形桶识别
天气	不支持大雾、中雪、沙尘暴、强风、大雨、冻雨等恶劣天气
光照	支持范围内光照强度

② 自构图众包：在法律合规时，车端自构图可被上传至云端进行共享，云端对各车辆上传的同一停车场自构图进行分析融合，生成云端自构图，可供初次驶入此停车场的车辆下载使用，在一定条件下会触发车端自构图更新。

2）泊入车位：在有自构图数据的停车场区域内，车辆低速自动驾驶到驾驶员选定的目标车位或者自己寻找空车位并自动泊入。

3）接驾：在有自构图数据的停车场区域内，车辆自动泊出车位并低速自动驾驶到驾驶员选定的目标位置。停车场自构图区域内的低速自动驾驶能完成低速巡航、跟停/起步、路口通行、上下坡道、停障/绕障、闸机通行等动作。

一般来说，在无自构图数据的停车场区域内通过车端传感器建图，在有停车场自构图的区域内，AVP 典型应用场景见表 1-12。

表 1-12　AVP 典型应用场景

场景	场景功能描述	功能限制
闸机通行	闸机横杆抬起，车辆低速通过；闸机横杆未抬起，车辆停车等待	闸机横杆离地高度；横杆截面高度尺寸；横杆颜色等
巡航	车辆在可行驶区域内低速自动驾驶	车速；弯道内半径
跟车	本车对前方相同路径上低速行驶的车辆保持安全距离并跟随行驶	车速

（续）

场景	场景功能描述	功能限制
行人横穿	车辆遇到行人横穿时，减速或停车	行人身高
静止障碍物绕行	遇到静止障碍物时，剩余可通行道路宽度≥标定值，车辆绕行，剩余可通行道路不满足条件时，车辆停车	动态障碍物不绕行
车辆 Cut in	当有其他车辆 Cut in 时，根据距离和相对车速关系，分别实施跟车行驶或者制动策略	Cut in 距离
路口通行	支持车辆直行、左转、右转通过路口，有其他交通参与者时减速或停车	不支持识别交通灯
连续转弯	在停车场自构图区域内，根据路径规划完成连续转弯	车速；不支持原地掉头；不支持倒车
坡道行驶	车辆可上下坡道行驶、停车、再起步，不允许出现溜坡现象	坡道符合 JGJ 100—2015《车库建筑设计规范》要求

AVP 功能在巡航阶段不支持暂停，在泊入/泊出车位时可以暂停，暂停条件参考 APA 及 RPA 的暂停条件。当车辆巡航时遇到以下情况时，AVP 任务会被取消：①车辆遇到障碍物车速降为零且超时；②驾驶员干预档位；③驾驶员干预加速踏板；④驾驶员干预方向盘；⑤驾驶员干预制动踏板；⑥驾驶员解开安全带；⑦外后视镜被折叠；⑧四门两盖被打开；⑨ AVP 界面被关闭。

1.2 智能驾驶分类

自动驾驶分级是对自动驾驶系统进行等级划分的方式。在实际研发与生活中，自动驾驶分级具有重要意义。首先是保证安全性，随着自动驾驶系统的功能越来越复杂，安全性也越来越受到关注。对不同等级的自动驾驶系统进行分类，可以帮助驾驶员更好地理解自动驾驶系统的功能和限制，从而更好地进行驾驶操作和监控车辆状况，保证驾驶安全。其次是确立监管标准，对不同等级的自动驾驶系统进行分类，可以帮助政府机构和监管部门制定适当的监管标准，保障不同等级的自动驾驶技术得到合理的推广和应用。最后是推动技术发展，对自动驾驶系统进行分类，可以帮助企业和科研机构更清晰地了解不同等级的自动驾驶技术的发展水平，促进技术的进一步创新和升级。目前全球汽车行业公认的两个分级制度分别是由美国高速公路安全管理局（National Highway Traffic Safety Administration，NHTSA）和国际自动机工程师学会（Society of Automotive Engineers，SAE）提出的。两种分级在具体级数划分方面存在差异（表 1-13），但是在特征描述方面存在共性，从 L3 级开始，驾驶主角均由驾驶员操作转换为车辆自主驾驶。由此，L3 级成为自动驾驶技术应用的重要分水岭。

（1）NHTSA 分级

1）等级 0（L0）：代表无自动化水平，此等级的特点是完全由驾驶员进行操作，属纯人工驾驶，方向盘、加减速一个都不能少。即使有环境感知，也是辅助增强驾驶员对环境和危险的感知能力，常见的有夜视（Night Vision）、行人检测（Pedestrian Detection）、交通标志识别（Traffic Sign Recognition）、车道偏离警告（Lane Departure Warning）、盲点监测（Blind Spot Monitoring）以及后方交叉路口交通警报（Rear-Cross Traffic Alert）。

表 1-13 两种分级的差异

自动驾驶分级		称呼（SAE）	SAE 定义	主体			系统作用域
NHTSA	SAE			驾驶操作	周边监控	支援	
0	0	无自动化	由人类驾驶员全权操作汽车，在行驶过程中可以得到警告和保护系统的辅助	人类驾驶员	人类驾驶员	人类驾驶员	无
1	1	驾驶支援	通过驾驶环境对方向盘和加减速中的一项操作提供驾驶支援，其他的驾驶动作都由人类驾驶员进行操作	人类驾驶员系统			部分
2	2	部分自动化	通过驾驶环境对方向盘和加减速中的多项操作提供驾驶支援，其他的驾驶动作都由人类驾驶员进行操作	系统			
3	3	有条件自动化	由无人驾驶系统完成所有的驾驶操作。根据系统请求，人类驾驶员提供适当的应答			系统	
4	4	高度自动化	由无人驾驶系统完成所有的驾驶操作。根据系统请求，人类驾驶员不一定需要对所有的系统请求做出应答，限定道路和环境条件等		系统		
	5	完全自动化	由无人驾驶系统完成所有的驾驶操作。人类驾驶员在可能的情况下接管。在所有的道路和环境条件下驾驶				全域

2）等级 1（L1）：代表特定功能的自动化，由驾驶员完全主导，车辆会介入控制 1 项或者多项，驾驶员可以放弃部分控制权（方向盘、加减速之一）给系统来接管。主要功能包括自适应巡航控制系统（Adaptive Cruise Control）和自动紧急制动（Automatic Emergency Braking）。因此，L1 和 L0 之间的区别，就是介入整车控制的过程，L0 只能感知给驾驶员报警，L1 需要帮助驾驶员进行一次横向或纵向驾驶。

3）等级 2（L2）：代表组合功能，驾驶员和汽车分享控制权。系统同时具有纵向和侧向的自动控制功能。驾驶员可以放弃主要控制权，但需要观察周围情况，并提供安全操作。驾驶员必须随时待命，在系统退出的时候随时接管。通俗来讲，大部分时候驾驶员只要用眼睛看就行，在某些时候车辆自己可以运行，但由于系统不够智能或没办法提前预知危险，退出警告的时间可能会非常短。因此，L2 和 L1 的区别主要就是系统工作，驾驶员在系统工作的时候，只要用眼睛就可以了。

4）等级 3（L3）：代表有限度的自动驾驶。在某些环境条件下，驾驶员可以完全放弃操控，交给系统进行自动化操控。如若系统需要，驾驶员会偶尔接管，其他时间可以放松，但总体来说，驾驶员不需要时刻全身心关注车外情况。因此，L3 和 L2 的区别就是不需要驾驶员时时刻刻盯着，系统需要高度的鲁棒性，在特定工作的情况下也不允许退出。

5）等级 4（L4）：代表全自动驾驶，只要输入出发地和目的地，责任完全交给车辆端。

（2）SAE 分级

1）L0（无自动化）：顾名思义，L0 级也就是没有自动化技术，车辆的驾驶完全靠驾驶员手工操作，一点都不能分心。

2）L1（驾驶辅助）：L1级的自动驾驶技术，其实在很多年前就已经出现在汽车上了，在这种级别的自动驾驶技术的支持下，车辆仍由驾驶员控制，但车辆会具备一些简单初级的驾驶辅助功能，比如常见的自适应巡航、自动泊车等。

3）L2（部分自动化）：L2级可以说是目前市面上大多数新车型所搭载的自动驾驶系统级别，在这种级别的自动驾驶技术下，车辆具备许多自动驾驶车辆的雏形功能，但驾驶员仍需主导车辆行驶。一般这种级别的自动驾驶技术拥有高速时的自动辅助驾驶、拥堵时的自动辅助驾驶、自动泊车和自动危险预警等功能。

4）L3（有条件自动化）：达到L3级的自动驾驶技术后，在特定的道路环境中驾驶员已经基本可以做到"脱手脱脚"了，不过仍然需要警惕地观察车辆以及道路的情况。不过在盯着车辆的时候，驾驶员的手脚已经可以放松了，但为了防止一些特殊情况，依然需要驾驶员做好随时接手车辆控制权的准备。到了这一级别，驾驶员的重要性已经明显降低了。

5）L4（高度自动化）：来到L4级别，车辆的自动化系统几乎已经能够替代驾驶员了，由车辆完成所有驾驶操作，人类驾驶员不需要集中注意力，但限定道路和环境条件。

6）L5（完全自动化）：这是工程师们心中对于自动驾驶技术的最终理想状态，这也意味着车辆的自动化系统已完全替代了人类驾驶员，任何情况都不需要驾驶员操心，车辆已达到完全自动化，不限定道路和环境。

（3）国内分级

在国内，我国《汽车驾驶自动化分级标准》中明确规定，基于驾驶自动化系统能够执行动态驾驶任务的程度，根据在执行动态驾驶任务中的角色分配以及有无设计运行条件限制（图1-15），将驾驶自动化分成0~5级，见表1-14。

1）0级：属于"应急辅助"，车载系统只是提供车道偏离预警、前碰撞预警、自动紧急制动等应急辅助功能，在该级别下，车辆更多的是提供一种安全保护的功能。

2）1级：是"部分驾驶辅助"，表示驾驶员和系统共同掌握驾驶权，系统能够在设计运行条件下对车辆横向或纵向运动进行控制。通常，我们认为如果车辆具备自适应巡航的功能，则其具有1级能力。

3）2级：是"组合驾驶辅助"，系统基本具有掌握驾驶权的能力，且系统能够在设计运行条件下对车辆横向和纵向运动进行控制。通常，我们认为如果车辆同时具有车道保持和自适应巡航的功能，则其具有2级能力。

4）3级：已经实现了"有条件自动驾驶"，在设计运行条件下，系统基本能够完成全部动态驾驶任务。这里最大的不同在于，"在设计运行条件下"这个用词限制了3级的运行区域，比如可以限制在高速等封闭路段，也可以限制在某个特殊情况下，这些都属于限制性条款。而且系统不能应对的情况下，车辆驾驶员或其他用户（比如安全员或远程控制员）可以发起控制。

5）4级：属于"高度自动驾驶"，在设计运行条件下，系统可以完成全部驾驶任务，且还能执行驾驶任务接管。在这种情况下，系统可以自行应对所有情况，基本上不需要驾驶员干预。但依然要注意，限制定语依然是"在设计运行条件下"。

6）5级：属于"完全自动驾驶"，表示系统可以在任何条件下完成全部动态驾驶任务和执行动态驾驶任务接管，去除了"在设计运行条件下"，也就是说车辆在法定行驶范围内，都可以实现自动驾驶，且不需要驾驶员干预和接管。

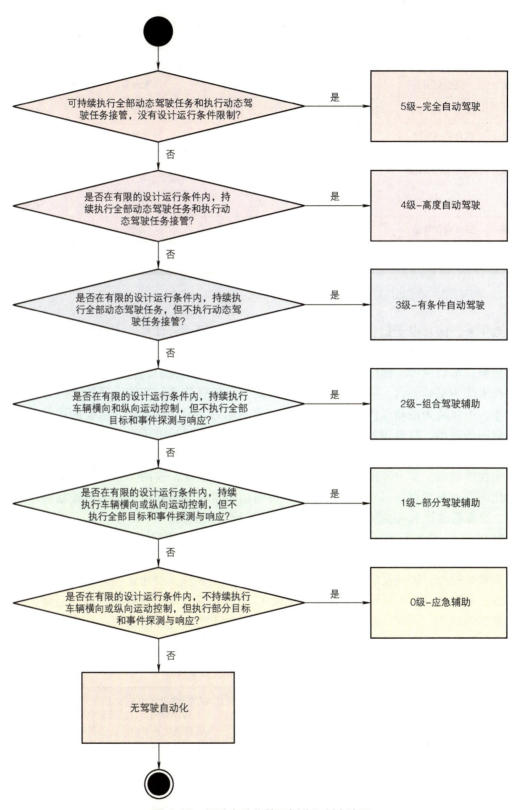

图 1-15 驾驶自动化等级划分和判定流程

表 1-14　驾驶自动化等级与划分要素的关系

分级	名称	车辆横向和纵向运动控制	目标和事件探测与响应	动态驾驶任务接管	设计运行条件
0 级	应急辅助	驾驶员	驾驶员及系统	驾驶员	有限制
1 级	部分驾驶辅助	驾驶员和系统	驾驶员及系统	驾驶员	有限制
2 级	组合驾驶辅助	系统	驾驶员及系统	驾驶员	有限制
3 级	有条件自动驾驶	系统	系统	动态驾驶任务接管用户（接管后成为驾驶员）	有限制
4 级	高度自动驾驶	系统	系统	系统	有限制
5 级	完全自动驾驶	系统	系统	系统	无限制

1.3　智能驾驶现状

近年来，随着电子信息领域新技术的发展，物联网、云计算、大数据、移动互联等新技术正在向传统行业渗透。在汽车行业，与此相关的智能汽车、车路协同、出行智能化、便捷服务、车联网等，都已成为当前的技术热点，并且正在引起行业的巨大变革。以传统汽车技术作为基础平台，将汽车电子技术、新一代信息技术和智能交通技术融合而成的智能汽车，正在成为推动现代交通运输发展的主要动力之一。汽车作为重要的运载工具，通过车载的传感器、红外设备、可视设备、控制器、执行器等电子设备，形成一种可以在任意地点、任意时刻、能够接入任意信息的模式，为汽车提供智能环境的支持，达到提高车辆安全性的目的。安全辅助驾驶系统、车载信息服务系统，这两个系统目前已经成为汽车智能化的亮点和卖点。另外，随着专用短程通信技术、传感器技术、车辆控制技术越来越成熟，智能驾驶技术从实验室走向实际应用的步伐正在加快。

我国近年来先后推出一系列支持政策，推动自动驾驶技术发展和商业化落地（表 1-15）。2020 年 2 月，国家发展改革委、工信部等 11 个部委联合下发的《智能汽车创新发展战略》提出，加速发展高级别自动驾驶。2022 年 8 月，交通运输部发布《自动驾驶汽车运输安全服务指南（试行）》（征求意见稿），旨在适应自动驾驶技术发展的趋势，鼓励自动驾驶车辆商用。同时，北京、深圳、重庆等多地陆续出台政策法规，推动自动驾驶车辆的商业化运营和上路。

表 1-15　智能驾驶行业相关政策梳理

时间	发布部门	文件名称	主要内容
2020 年 2 月	国家发展改革委、工信部、科技部等 11 个部委	《智能汽车创新发展战略》（发改产业〔2020〕202 号）	构建协同开放的智能汽车技术创新体系，突破智能计算平台、云控基础平台等关键基础技术，完善测试评价技术，开展应用示范试点；构建跨界融合的智能汽车产业生态体系，推进车载高精度传感器、车规级芯片等产品研发与产业化；推进智能化道路基础设施规划建设，建设广泛覆盖的车用无线通信网络等

(续)

时间	发布部门	文件名称	主要内容
2020年10月	国务院办公厅	《新能源汽车产业发展规划（2021—2025年）》（国办发〔2020〕39号）	发展一体化智慧出行服务。加快建设涵盖前端信息采集、边缘分布式计算、云端协同控制的新型智能交通管控系统；推进以数据为纽带的"人-车-路-云"高效协同；支持以智能网联汽车为载体的城市无人驾驶物流配送、市政环卫、快速公交系统（BRT）、自动代客泊车和特定场景示范应用
2021年9月	工信部、公安部、交通运输部	《智能网联汽车道路测试与示范应用管理规范（试行）》（工信部联装〔2021〕97号）	推动汽车智能化、网联化技术应用和产业发展，规范智能网联汽车自动驾驶功能测试与示范应用
2021年10月	城乡建设部、农业农村部等八部门	《物联网新型基础设施建设三年行动计划（2021—2023年）》（工信部联科〔2021〕130号）	打造车联网（智能网联汽车）协同服务综合监测平台，加快智慧停车管理、自动驾驶等应用场景建设，推动城市交通基础设施、交通运载工具、环境网联化和协同化发展
2022年8月	交通运输部	《自动驾驶汽车运输安全服务指南（试行）》（征求意见稿）	在保障运输安全的前提下，鼓励在封闭式快速公交系统等场景使用自动驾驶汽车从事城市公共汽（电）车客运经营活动，在交通状况简单、条件相对可控的场景使用自动驾驶汽车从事出租汽车客运经营活动，在点对点干线公路运输、具有相对封闭道路等场景使用自动驾驶汽车从事道路普通货物运输经营活动
2023年11月	工信部	《关于开展智能网联汽车准入和上路通信试点工作的通知》	工信部、公安部遴选符合条件的道路机动车辆生产企业和具备量产条件的搭载自动驾驶工程的智能网联汽车产品，开展准入试点；对通过准入试点的智能网联汽车产品，在试点城市的限定公共道路区域内开展上路通行试点

数据来源：36氪研究院。

图 1-16 展示了当前智能驾驶产业图谱。而在发展驱动力上，AI 技术的发展推动了智能驾驶技术迭代，芯片、算法、数据构建自动驾驶功能底座（图 1-17）。具体来说：

1）智能驾驶发展进程与 AI 技术发展高度相关。根据 Gartner 新兴技术成熟度曲线，2018 年以前，受益于深度学习技术在图像识别等感知领域的应用，自动驾驶开启产业化进程。但由于受成本和法规限制，彼时高级别自动驾驶的商业化落地遭遇瓶颈。经过三四年技术积累，感知和决策算法等核心技术的突破提高了 AI 模型鲁棒性、系统冗余性和测试完善性，助力自动驾驶加快商业落地。自 2020 年 7 月起，高级别自动驾驶迎来新的发展机遇。

2）算法、数据与芯片技术的发展为自动驾驶功能实现提供了坚实的底座。深度学习算法在感知层和决策层共同驱动自动驾驶发展，深度强化学习算法（DRL）的产生让更高维度的数据处理成为可能。海量优质路况数据是训练 AI 算法模型、提高感知精度的关键，路测里程和路测车辆数量增加带来的高质量数据给自动驾驶发展提供了必要支持。芯片为自动驾驶技术提供算力平台，随着汽车电子电气架构由域集中式向中央集中式演进，自动驾驶的主控芯片向中央计算芯片融合的方向发展，芯片集成度的提高可以有效提升计算效率，降低应用成本。

图 1-16　智能驾驶产业图谱（数据来源：36 氪研究院）

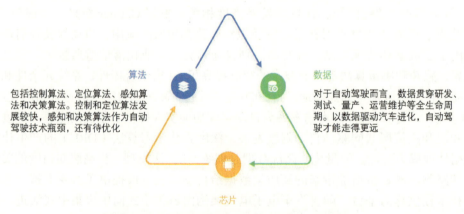

图 1-17　智能驾驶技术发展驱动力

在发展思路上,智能驾驶领域市场参与者众多,包括传统车企、造车新势力、互联网 / 科技公司等,各类玩家结合自身定位和能力优势,呈现出不同的发展思路。

1)主机厂方面,国际巨头多采取稳扎稳打的发展策略和渐进式技术路线,主要依赖传统 Tier1 方案,部分投资初创公司或组建内部团队。国内主机厂处于多方向探索阶段,强势主机厂在独立自研基础上采购供应商方案作为补充,并投资芯片和算法公司,与互联网巨头合作等;小型主机厂研发能力较弱,通常选择与大厂合作,以确保在自动驾驶领域不落人后。造车新势力则将自动驾驶视为核心技术优势,通过自研算法、芯片等掌握自动驾驶核心能力。

2)互联网 / 科技公司凭借人工智能算法和软件技术优势进入自动驾驶领域,与车企形成分庭抗礼之势。互联网巨头通过投资、孵化或直接组建团队而成立自动驾驶业务单元,跨界进入市场;部分科技公司以自研芯片为基础,向下游延伸,提供全套算法软件及硬件产品;部分科技公司以高阶自动驾驶解决方案和 Robotaxi 为主营业务场景,同时利用算法优势切入 L2 量产领域;亦有部分解决方案提供商聚焦于低速、封闭场地或干线物流等特定场景,或专攻政府车路协同示范区场景,寻求多种模式的商业化落地应用。

随着自动驾驶高速发展,传统汽车产业中的主机厂和 Tier1 之间的关系也在发生变化。"大包大揽"的传统 Tier1 受到造车新势力的冲击,新势力对自动驾驶相关软硬件技术有着强烈的垂直一体化预期。同时,在汽车缺芯、地缘政治等因素影响下,部分主机厂开始选择与芯片等核心零部件供应商建立直接合作关系,这一关系改变进一步加剧了 Tier1 的经营压力。与此同时,在 L1 向 L2 升级的辅助驾驶市场,本土 Tier1 供应商开始崛起。尽管外资 Tier1 巨头依旧是市场主力,但本土 Tier1 供应商份额合计占比已经达到了 8.89%,同比增加了近 3 个百分点。

在智能驾驶解决方案方面,存在单车智能和车路协同两种路线。单车智能通过摄像头、雷达等传感器和高效准确的算法,赋予车辆自动驾驶能力;车路协同通过对人、车、路信息的全面感知,发挥协同配合作用,让人车路云高度融合,打造"聪明的车 + 智慧的路"。两种路线并非二元对立,而是相辅相成,互为补充。单车智能是实现自动驾驶的基础,即使在以车路协同为主的技术方案中,单车智能也不可或缺。一方面,在路侧智能设施未覆盖或出现故障时,单车智能可以作为冗余与备份系统让车辆安全可靠地完成行驶任务;另一方面,单车智能也可以作为车路协同的终端触手,辅助进行系统升级和新功能开发。而在复杂的交通环境下,车路协同能够通过智能路侧设备为自动驾驶车辆提供具有完全独立性的数据冗余感知系统,增加感知视角,提升自动驾驶的安全性和可靠性。除技术可行性外,参与者话语权、准入门槛、商业化落地难度等也是市场参与者决定采取何种路线的重要考量因素。而在 2B 的部分封闭和半封闭场景,以及 2G 的城市公共服务场景,车路协同通过对规模化基建改造分摊感知和计算成本,并持续对城市基础设施进行投资和维护,依托经济优势和产业发展带动效应迎来商业化契机。目前,车路协同在城市公共服务场景的应用和价值,已有示范区的数据支撑。例如,在北京高级别自动驾驶示范区,通过对主城区路口进行智能化升级改造,自动驾驶在相关路口的问题发生频率降低 80% 以上。

在智能驾驶产业关键环节上,一共有五个方面需要重点进行分析,分别是芯片、传感器、线控底盘、高精度地图以及 V2X。下面逐一对发展现状进行分析。

1)芯片。自动驾驶芯片作为计算的载体,是自动驾驶实现的重要硬件支撑。在智能汽车快速发展带动下，汽车芯片结构由 MCU 进化至 SoC。SoC 是系统级别芯片，在 MCU 基础上增加了音频处理器（DSP）、图像处理器（GPU）、神经网络处理器（NPU）等计算单元，常用于 ADAS、座舱 IVI、域控制等功能复杂的领域。目前市场上主要有三种自动驾驶芯片 SoC 架构方案（表 1-16），从发展趋势来看，定制批量生产的低功耗、低成本的专用自动驾驶 AI 芯片（ASIC）将逐渐取代高功耗的 GPU，CPU+ASIC 方案有望成为未来主流架构。

表 1-16　目前主流的三种自动驾驶 SoC 架构方案及发展趋势

SoC 架构	代表企业	发展趋势
CPU+GPU+ASIC	英伟达、特斯拉、高通等	在自动驾驶算法尚未成熟之前，该架构仍然会是主流
CPU+ASIC	Mobileye、华为、地平线等	自动驾驶算法成熟后，定制批量生产的低功耗、低成本的专用自动驾驶 AI 芯片（ASIC）将逐渐取代高功耗的 GPU，该架构有望成为未来主流架构
CPU+FPGA	百度、赛灵思、Waymo 等	FPGA 适合进行算法的开发测试，在大规模量产方面不具备成本优势

随着自动驾驶等级提升、多传感器融合、感知数据处理量增加，同时上层软件性能持续迭代，应用功能不断丰富，汽车对算力的需求大幅提升，推动大算力芯片快速发展（图 1-18）。英伟达 Orin X 系统级芯片算力设计为 254TOPS；Mobileye 发布面向 L4/L5 级自动驾驶芯片 EyeQUltra，最高算力可达 176TOPS；地平线发布的最新征程 5 芯片算力达 128TOPS（表 1-17）。当高算力不再稀缺时，算力已不再成为决定芯片能力的唯一标准。对于车企来说，选用何种芯片，还需要综合考虑技术的稳定程度、易用程度、安全程度等。随着自动驾驶量产迈入深水区，L2+ 智能辅助驾驶成为标配，从泊车、座舱域控到更高集成度的行泊一体、舱泊一体域控，智能驾驶域控制器市场迎来爆发式增长。国产芯片凭借低功耗、低成本、性能稳定、量产快等特点，在智能驾驶域控制器领域的市场份额快速提升。

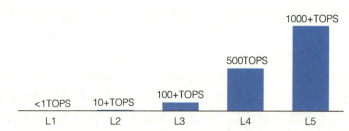

图 1-18　不同等级自动驾驶对算力的需求（数据来源：头豹研究院）

表 1-17　自动驾驶芯片市场主要大算力芯片产品对比

芯片商	芯片名称	最大算力 /TOPS	功耗 /W	制程 /nm	适用等级	量产上市时间
英伟达	Orin X	254	40	7	L2～L5	2022
Mobileye	EyeQ Ultra	176	< 100	5	L4～L5	2025
华为	Ascend910	512	310	7	L4	2022
地平线	征程 5	128	30	16	L2～L4	2022
高通	SA8540	360	—	5	L1～L5	2022

注：高通 SA8540 芯片算力为"SA8540P SoC+SA9000P 人工智能加速器"叠加的理论值。

2)传感器。传感器是自动驾驶感知层的核心硬件,主要利用车载摄像头、激光雷达、超声波传感器、毫米波雷达等对车辆周边的环境进行实时感知,获取周围物体的精确距离及轮廓信息。从技术发展路径来看,自动驾驶主要分为视觉派和雷达派两大路线。视觉派以摄像头为主,辅以毫米波雷达、超声波传感器等传感器,总体成本较低,以特斯拉为典型代表。但由于摄像头对物体及其距离的识别高度依赖深度学习算法,因此视觉方案对算法的要求极高,需要庞大的训练数据来持续支持算法改进。雷达派以激光雷达为核心,并配合摄像头、毫米波雷达、超声波传感器等传感器,以强感知和低算法为特点,典型代表是 Waymo。早期激光雷达成本较高,动辄上万美元的价格在一定程度上制约了方案推广,近年来在技术发展、量产规模提升、国产供应链切入等多种因素驱动下,目前整体价格已有所下降,越来越多的终端车厂导入激光雷达解决方案。随着高级别自动驾驶渗透率不断提升,视觉路线和雷达路线的单车搭载传感器数量均较以往大幅增长(表 1-18),其中 L3 传感器数量将达到 17～34 颗,比 L1 增加一倍以上,传感器需求有望持续扩大。

表 1-18　各级别自动驾驶所需车载传感器数量

传感器类型	自动驾驶等级				
	L1	L2	L3	L4	L5
摄像头	1～3	3～11	3～14	3～14	3～14
毫米波传感器	1～3	1～3	5～7	5～7	5～7
超声波传感器	4～8	8～12	8～12	8～12	8～12
激光雷达	0	0	1	2	4
合计	6～14	14～26	17～34	18～35	20～37

数据来源:奥迪威招股说明书,东莞证券研究所。

3)线控底盘。传统汽车底盘主要由传动系统、行驶系统、转向系统和制动系统四部分组成,这四部分相互连通、相辅相成。而线控底盘就是对汽车底盘信号的传导机制进行线控改造,以电信号传导替代机械信号传导,从而使其更加适用于自动驾驶车辆。具体来说,就是将驾驶员的操作命令传输给电子控制器,再由电子控制器将信号传输给相应的执行机构,最终由执行机构完成汽车转向、制动、驱动等各项功能。在这一过程中,线控结构替代了方向盘、制动踏板与底盘之间的机械连接,将人力直接控制的整体式机械系统转变为操作端和设备端两个相互独立的部分,实现多来源电信号操作,使得线控底盘具备高精度、高安全性、高响应速度等优势。可以说,线控底盘是智能汽车实现 L3 及以上高阶自动驾驶的必要条件。

4)高精度地图。高精度地图是面向自动驾驶汽车的一种地图数据范式,绝对位置精度接近 1m,相对位置精度在厘米级别,能够实时、准确、全面地表达道路特征。高精度地图信息包括道路信息、规则信息、实时信息三部分,其中道路信息由车道模型、道路部件和道路属性构成,为自动驾驶汽车提供决策基础;规则信息和实时信息则叠加于道路信息之上,获取驾驶行为限制和车联网相关数据,帮助车辆预判和调整操作策略。受国内地图测绘政策限制,并非所有厂商都有资质进行高精度地图数据采集,测绘资格成为高精度地图产业的重要壁垒。目前,拥有"导航电子地图制作(甲级)资质"的单位仅有二十余家,均为国内企事业单位。自身不具备资质的企业只能通过投资、合作等方式间接使用该测绘资质,例如吉利、东风等汽车厂商。由于高精度地图关系到自动驾驶安全,一般来说,高精度地图供应商一旦与整车厂形成封闭供应链,短时间内很难更换。除政策限制外,高精度地图数据的采集和维护需要大量固定成本投入,使得行业进入壁垒较高,市场内呈现垄断格局态势。

5)V2X。车联网(V2X)的概念源于物联网,即车辆物联网,是以行驶中的车辆为信息感知对象,借助新一代信息通信技术,实现车与车、车与人、车与路、车与服务平台等之间的网络连接。V2X 不是单纯的联网技术或智能产品应用,而是融合了网联化、智能化和服务新业态,具备跨界特征。V2X 主要有 DSRC 和 C-V2X 两个实现路线。DSRC 由 IEEE 提出,发展自 20 世纪末,由欧美主导,经过二十多年发展,技术已相对成熟;C-V2X 由 3GPP 提出,由中国主导,包括 LTE-V2X 和 5GNR-V2X 两种。目前,DSRC 路线已基本被淘汰,C-V2X 逐渐成为车联网主流技术。

C-V2X 技术基于蜂窝网通信技术演进形成,通过直连通信和蜂窝通信两种通信接口,相互配合,彼此支撑,形成有效冗余,支持各类车联网应用。此外,C-V2X 还具备未来可支持高级别自动驾驶的演进路线优势,即 5G-V2X。目前,我国已经明确选择 C-V2X 技术路线作为车联网的直连通信技术。随着政策的密集出台和大力扶持,V2X 产业环境逐渐成形,并在多场景得以应用。

总体来说,限定场景下的商用车自动驾驶率先进入商业化阶段。这主要由于商用车对价格的敏感度更低,B 端付费意愿更高,加之场景交通复杂程度较低以及政策鼓励与放开,使得商用车在成本、市场、技术、法规等方面具有更好的落地性。与此同时,在矿区、港口、干线物流、机场、物流园区等细分场景,高级别自动驾驶正在孕育新市场。其中,干线物流、矿区、港口三大场景因人力资源不足和安全事故频发的痛点明显,降本增效成果显著,商业化落地进程较快,头部企业已经基本进入商业化运营阶段。因此,本部分将介绍智能驾驶的多个应用场景,包括乘用车、货车、出租车、无人小车、公交车及类汽车智能驾驶等。

1.3.1 乘用车

乘用车是指在其设计和技术特性上主要用于载运乘客及其随身行李或临时物品的汽车,包括驾驶员座位在内最多不超过 9 个座位,涵盖了轿车、微型客车以及不超过 9 座的轻型客车。乘用车下细分为基本型乘用车(轿车)、多用途(MPV)、运动型多用途车(SUV)、专用乘用车和交叉型乘用车(图 1-19)。乘用车是道路上的主要交通工具,也是自动驾驶系统的重要载体。目前,主机厂和自动驾驶解决方案提供商多选择单车智能的技术路线。随着辅助驾驶功能逐步量产,乘用车中除了已大量普及的 L0 级辅助功能外,L1~L2 级高级辅助驾驶技术也逐步成为行业标配,渗透率逐年提升,智能驾驶有着较大的潜在市场空间(表 1-19)。目前,主机厂和自动驾驶解决方案提供商多选择单车智能的技术路线,通过自动泊车、自适应巡航等 L2+ 功能为人们带来人机共驾的体验感,如特斯拉的 FSD、小鹏的 NGP、蔚来的 NOA 等都是主机厂践行单车智能路线的代表。

图 1-19　各类乘用车:轿车、MPV 及 SUV

表 1-19 2020—2025 年中国乘用车辅助驾驶系统渗透率分析

分级	2020 年	2021 年	2022 年	2023 年	2024 年	2025 年
L1	20%	21%	22%	23%	25%	26%
L2	12%	18%	22%	26%	29%	33%
L3	0%	0%	0%	3%	4%	5.7%

数据来源：https：//www.sohu.com/a/663593648_120624718。

目前，全球汽车智能驾驶行业处于从 L1～L2 级向 L3 级演进的过程中。我国量产乘用车自动驾驶等级正在由 L2 向 L3+ 过渡。得益于硬件平台和软件算法逐步成熟，新车搭载 L2 功能正在逐渐成为前装标配。据统计，2022 年我国在售新车 L2 和 L3 的渗透率分别为 35% 和 9%，预计 2023 年将达到 51% 和 20%。部分科技公司直接研发 L4 级自动驾驶，并在部分城市路段或特定场景下进行测试。但目前高级别自动驾驶仍然面临着政策法规、安全性、技术成熟度等众多挑战亟待突破。据统计，2022 年我国 L4 渗透率为 2%，2023 年达到 11%（图 1-20）。

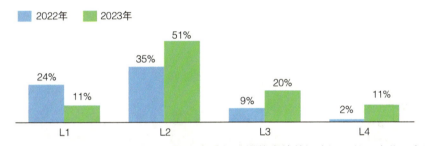

图 1-20 2022—2023 年中国在售新车自动驾驶搭载率（数据来源：共研产业研究院）

以智能泊车为例，智能泊车系统是乘用车智能驾驶的典型应用，它提高了车辆的智能化水平和安全性，进一步降低了新手驾驶车辆的难度，为推动智能驾驶的普及打下了基础。政策方面也对智能泊车辅助的发展给予了明确支持，《新能源汽车产业发展规划（2021—2035 年）》中提出引导汽车生产企业和出行服务企业共建"一站式"服务平台，推进自主代客泊车技术发展及应用。早期辅助泊车系统以单一倒车雷达形式为主，主要提供倒车预警功能；后逐渐发展为 AVM 系统，结合车载大屏为驾驶员提供 360° 全景影像。而随着技术的升级迭代，APA、RPA、HPP 和 AVP 逐渐量产装车，泊车系统的功能不断完善，逐步为驾驶员解决泊车痛点。目前 APA 泊车辅助功能可满足大部分消费者需求，其装机量不断提升，同时正在从高端车型向中低端车型渗透，未来有望成为智能驾驶汽车的标配。HPP 和 AVP 等 L3+ 泊车方案在使用层面减少了车主停车、取车的时间，常作为高端车型的选装配置或中低端车型的高配版配置。

1.3.2 货车

智能货车一般特指重卡，以高速公路为主，具有大批量、长距离、道路参与者相对简单的特点。长期以来，安全和成本问题是干线物流的两大痛点。在这一市场，60% 运力为个体车主或小型车队，市场竞争激烈且无序，超载、超速、疲劳驾驶等问题普遍存在。搭载 L3 及以上自动驾驶系统的货车可以实现高速上自动跟车、变道超车、主动避让、自动掉头等多项驾驶功能，在解决安全问题的同时，能替代一名安全员，降低用工需求，减少人力成本，提高运输效率。产业和学术界认为，随着自动驾驶技术的应用，重卡运营成本或可降低26%，事故率或可降低80%。由于商业模式更易落地，干线物流场景的自动驾驶玩家众多，主要有主机厂商、智驾技术型企业、互联网公司等，市场竞争激烈。

目前，智能驾驶货车已经被如谷歌、亚马逊、UPS等诸多物流企业投入使用。而对于货车等商用车来说，智能驾驶技术或将成为行业发展不可或缺的方向。2019年5月，智能驾驶公司图森未来（Tusimple）对外披露，与美国邮政（USPS）达成合作，为其提供智能驾驶运输服务，并在亚利桑那州凤凰城邮政服务中心和得克萨斯州达拉斯配送中心之间超过1600km的运输线路上往返运输货物，已经从技术到商业落地阶段（图1-21）。相比于乘用车，货车智能驾驶行业有一个典型的乘用车不具备的优势：以货车为代表的商用车经常出行的场景以高速、城市快速路为主，这一场景的环境因素少，实现智能驾驶的难度相比于城市路段更低，更适合智能驾驶技术的普及。现阶段国内也涌现出如KargoBot等主打智能驾驶的货车产品。从上述例子来看，智能驾驶货车已经成为汽车行业发展的一个趋势，并且已经给人们带来了一定的积极影响。

图1-21　智能驾驶货车：Tesla Semi、DeepWay、Tusimple

智能驾驶货车的应用前景广阔。首先，它将大幅提高运输效率和安全性。相比传统货车，智能驾驶货车能够更准确地感知环境，做出更快速和准确的决策，从而降低事故风险。其次，它可以实现24h不间断的运输服务。智能驾驶货车不受驾驶员疲劳和工作时间限制，可全天候地为物流行业提供服务，更好地满足市场需求。此外，智能驾驶货车还能降低运营成本。驾驶员是物流成本中的一个重要部分，而智能驾驶货车不需要驾驶员，可以节省人力成本，并且能够更高效地规划路径，减少能源消耗和排放。此外，在矿山、港口那些相对来说更为危险的作业区域，也大量需要无人驾驶技术进行介入，杜绝潜在的伤害事故的出现。

干线物流是最大的物流细分市场，市场规模每年逾万亿。国内很多智能驾驶货车企业都加大了与物流公司、园区的合作，首批交付数十台智能重卡，部分量产订单达数百、上千台。2022年6月，宏景智驾联手顺丰快递的主要供应商中昱物流，双方决定共建一支30～50辆规模的长途干线物流重卡车队，以此快速打通物流（快递）合作通道，验证智能驾驶技术市场化的商业模式。2022年8月，荣庆物流太仓智慧物流园举办智能驾驶重卡交付仪式，由智加科技联合挚途科技、助力一汽解放打造的J7超级货车首批5台交付给荣庆物流。交付的车辆订单规模达到100台，主要用于干线物流运输服务。2022年11月，一骥智卡生产的智能重卡首批车辆在长沙下线，并交付给青雅物流科技有限公司。首批交付规模为30辆，据了解，三年内，青雅物流将向一骥智卡采购500辆智卡。百度旗下智能驾驶重卡品牌 DeepWay 在 2022 年 10 月就与魏桥集团、狮桥集团签署战略合作框架协议，于 2023 年 6 月开启规模量产，预计年内交付 1000 台智能新能源重卡。国内各主流商用车主机厂，如解放、东风、陕汽、重汽等，通过跨界合作的产业融合模式，推动了智能驾驶的创新发展，目前，已基本达到 L1～L2 级智能货车的量产水平，且都在加速推进 L3～L4 级智能驾驶的模块化开发。一汽解放与挚途科技联合立项了前装车规级 L3 智能驾驶重卡，一汽解放 J7 L3 超级货车已于 2021 年 7 月小批量生产下线，交付上路运营。赢彻科技联合东风商用车和中国重汽推出了基于"轩辕"智驾系统的 L3 级重卡，并于 2021 年底交付，未来可通过 OTA 升级至 L4 级。

在关键技术的研发上，高科技企业如百度、主线科技、慧拓智能、希迪智驾、智加科技、西井科技等，成为主力军。2021 年 9 月 14 日，宏景智驾发布了全新一代 L3 智能驾驶重卡 Hyper Truck One，并将于 2022 年上半年正式量产下线。聚焦于商用车干线物流，百度生态公司 DeepWay 深耕于面向结构化场景的智能驾驶技术，也于 2021 年 9 月推出 L3 级智能重卡星途 1 代，并计划在未来 3～5 年实现高速 L4 级别智能驾驶。主线科技基于"L4 智能驾驶货车+全功能影子模式"，与德邦物流、福佑货车等展开货运业务合作，目前已经在国内 20 余条主干线进行运营测试，行驶里程累计超 100 万 km，为主线科技智能驾驶软硬件迭代升级及商业模式验证提供了海量数据支持。2022 年，主线科技在天津港智能驾驶二期示范区揭牌仪式上交付了 8 辆无人驾驶集卡，依托"Trunk Master"系统，无人驾驶集卡已经能够在社会集卡动态混行场景下，具备感知识别各类障碍物、预测交通参与者行为、自主避障、换道超车等功能，实现了集装箱装卸作业安全、稳定、高效运行。慧拓智能旗下的无人驾驶矿车搭载了机器视觉、激光雷达、毫米波雷达与 GPS 等感知设备，并依托感知融合和车路协同感知技术，实现了在沙尘、雨雪、碎石等恶劣工况下的自车定位与多目标检测跟踪，使车辆能够根据交通管控和高精地图进行实时决策、轨迹规划与精准停靠，具有遇见活物停车、其余绕行的避障功能。

1.3.3　出租车

自动驾驶出租车（Robotaxi）是自动驾驶技术落地的核心场景，通过全面升级共享出行服务体验，解决当前车辆安全隐患和用车痛点，其无人化和智能化优势将给出行方式带来巨大变革，推动市场空间走向万亿级规模（图 1-22）。业界认为，我国 Robotaxi 商业化发展可分为四个阶段（图 1-23）。商业化运营牌照的推出是拉开商业化序幕的标志；商业化 1.0 是运营政策赋能期，集中解决算法精进和长尾问题，为大规模商业化应用提供技术支持；商业化 2.0 是技术成熟期，技术得到市场验证，实现大规模量产和落地；商业化 3.0 是成本效率优势期，Robotaxi 的服务成本比人力更具竞争力，成为普遍出行方式。

图 1-22　智能驾驶出租车（Robotaxi）：Uber、萝卜快跑、Waymo

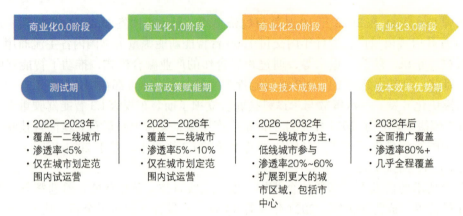

图 1-23　中国 Robotaxi 商业化发展阶段特征（数据来源：罗兰贝格）

目前，我国 Robotaxi 处于商业化测试阶段。面对技术和安全方面的长尾问题，获取数据以及通过数据迭代算法的能力成为各自动驾驶公司完善技术解决方案、实现商业化应用的核心竞争力。自动驾驶公司和出行服务运营商积极探索车队运营、算法降维以及场景开拓等多种商业化落地路径。国内代表性企业有百度、文远知行和小马智行等。百度作为国内最早布局智能驾驶的企业，Apollo 拥有业内领先的技术及成熟的智能驾驶解决方案，旗下的智能驾驶出行服务平台"萝卜快跑"于 2021 年 11 月在北京取得收费试点许可，成为国内最先实现商业化的智能驾驶出行服务提供商，目前已在北京、重庆、武汉、长沙、阳泉等城市开展智能驾驶商业化出行服务，总订单量超过 100 万单，其中重庆、武汉已实现车内无安全员的智能驾驶商业化出行服务。文远知行 WeRide 于 2017 年成立，2019 年 11 月在广州推出 Robotaxi 运营服务，2020 年 6 月文远知行 Robotaxi 服务上线高德打车平台，2021 年 2 月文远知行 WeRide 正式获得网约车运营许可，具备开展网约车业务的资质。小马智行 2021 年 10 月获得"北京市智能网联汽车政策先行区"首批无人化道路测试许可，2022 年 4 月中标广州市南沙区 2022 年出租车 100 辆运力指标，同月在北京获准向公众提供"主驾位无安全员、副驾有安全员"的智能驾驶出行服务，2022 年 8 月北京地区的用户可通过曹操出行 App 及小程序首页"自动驾驶"专属入口预约由小马智行提供的 Robotaxi 服务（PonyPilot+）。总的来说，智能驾驶出租车是一个前景广阔但仍然面临挑战的领域。随着技术的进步、法规的完善和社会对智能驾驶技术的接受度提高，可以预期这一领域将继续发展，并在未来为城市交通和出行提供更多的选择和便利。

1.3.4　无人小车

无人小车是智能驾驶技术在小型车辆和移动机器人领域的应用。这些小车通常被用于各种应用场景，包括末端物流、城市交通、仓储、制造业、农业和服务行业等（图 1-24）。例如，末端物流是连接终端用户的短距离快递配送，常发生在小区、园区等封闭或半封闭场景，具有高频分散、即时性强的特征，存在配送效率低、成本高的行业痛点。相比于载人级自动驾驶应用，末端物流场景的行驶速度低、路段封闭、场景复杂度低，自动驾驶技术的落地难度大大降低，因而能够更早实现规模化的商业应用，搭载自动驾驶系统的无人配送车成为解决方案。通过配备雷达、摄像头等高精传感器，无人驾驶配送车能够实时感知和识别周边环境变化，根据配送物体的数量和需求，自助规划最优配送路线，降低人力依赖，减少重复配送，提高配送效率。目前，我国已经基本实现无人配送车核心零部件的自研自产自用，极大降低了产品成本，为规模化应用奠定基础，扫清成本障碍，实现无人配送车的小规模量产。在制造业中，智能驾驶无人小车可以用于自动化生产线、材料运输和零部件运输。它们可以有效地优化生产流程，提高生产效率和安全性。农业领域也采用了智能驾驶无人小车，用于自动化农田管理、播种、喷洒农药、采摘和运输农产品。这有助于提高农业产量和减少劳动力成本。在酒店、医疗保健、商店和仓库等服务行业，智能驾驶无人小车被用作送货机器人、服务机器人或安全巡逻机器人，以提供各种服务和支持，同时在各种室内外环境的卫生监控和垃圾清理中也有广泛应用。

图 1-24　智能小车在仓储、清扫及酒店服务场景

除此之外，环卫自动驾驶领域市场参与者众多，技术、算法和数据积累以及运营能力成为竞争关键。环卫行业主要有高度人力依赖和人员老龄化两大痛点。一方面，环卫是典型的劳动密集型行业，依赖大量人力，人力成本占 60% 以上；另一方面，在老龄化背景下，环卫工人的平均年龄也偏高，多数人员年龄超过 50 岁。自动驾驶环卫车不仅能够节省人力，还可以提高环卫工作的智能化水平，提升环卫工作效率和安全性。随着智慧环卫被纳入政府部门和环卫服务公司的发展规划之中，环卫自动驾驶因其三千多亿元的潜在市场空间，以及低速、安全风险更小的技术可行性，成为自动驾驶率先实现商业落地的场景之一。目前，切入环卫自动驾驶领域的科技公司众多，包括自动驾驶公司、服务机器人公司、泛人工智能应用公司等。对于正向现金流的追求和商业化盈利能力的期待成为各类玩家的共识。想要在环卫市场突出重围，除了优秀的商业拓展能力，技术、算法和数据的积累以及深耕行业的运营能力成为市场竞争的关键。

1.3.5　公交车

在当今城市交通需求巨大、发展快速的形势下，公交智能驾驶技术的应用发展显得格外重要。公交具有固定的线路站点、车速不高、运行路况虽复杂但相对可控等特点，是智能驾驶技术较为理想的落地场景之一。相比于小汽车，公共交通更能惠及普通群众，让民众感受到人工智能、智能驾驶带来的技术革新和便利，这也是该项技术最初的出发点。从 2017 年至今，公交智能驾驶的测试和应用步伐在明显加快。据不完全统计，国内至少有 15 个城市开展了公交智能驾驶相关应用方面的探索，投入的车辆总数超过了 100 辆。长沙、郑州、苏州、深圳、重庆等地，已经开始了公交智能驾驶车辆和线路的常态化运行。除了 L3、L4 级别的智能驾驶项目以外，更多的城市和地方将 L2 级别的安全辅助驾驶技术进行应用落地，并大规模普及，取得了良好的应用效果，例如厦门的 BRT 和长沙的 315 智慧公交线路。

智能驾驶巴士被认为是解决城市"最后一公里"难题的有效方案，大多用于机场、旅游景区和办公园区等封闭场所。百度智能驾驶巴士"阿波龙"已经量产下线，其具备L4级别智能驾驶能力和车路协同能力，车内搭载百度先进的数字孪生、车载语音和数字人技术，打造沉浸式智能体验（图1-25）。阿波龙能够载客14人，没有驾驶员座位，也没有方向盘和制动踏板，最高速度可达70km/h，充电2h续驶里程达100km。该车被投放到北京、深圳、武汉等城市，在机场、工业园区、公园等行驶范围相对固定的场所开展商业化运营。在阿波龙之前，法国EasyMile的智能驾驶巴士EZ10成为首辆在加州道路上运营的完全没有驾驶员座驾的汽车。

图1-25　智能公交车：宇通、百度"阿波龙"、EasyMile

1.3.6　类汽车智能驾驶

智能驾驶技术在类汽车领域同样具有广泛的应用。例如在军事领域，智能驾驶技术可以用于自动化军用车辆，包括坦克、装甲车和无人驾驶的军用货车，这有助于减少军事行动中士兵的风险，提高机动性和反应速度。智能驾驶无人机和地面车辆可以执行战术侦察任务，收集情报，监视敌军活动，而无需军人直接参与。在外星探测中，智能驾驶技术可用于行星和卫星探测器，使它们能够自主导航、避开障碍物、执行科学实验，并传送数据。在工程装备领域，智能驾驶装载机、挖掘机和推土机可以用于开采和土方工程，通过配置合适的传感器和智能控制系统，可以自主进行开挖、平整和土方工作，提高施工速度和准确性。

以矿区自动驾驶为例，矿区工作存在安全性低和人力成本高两大痛点。一方面，矿区工作危险系数高，安全问题一直是行业的根本诉求；另一方面，矿山多在偏远地区，条件艰苦，危险系数高，即使提高工资也面临招工难的问题。自动驾驶能够减少作业人数，提升矿区工作安全性，降低人力成本，有效解决矿区痛点。因此，矿企对自动驾驶技术需求强烈。此外，矿山场景简单、道路封闭、整体条件较为有利，更利于自动驾驶技术落地。

与国外相比，我国矿区自动驾驶起步较晚，主要由希迪智驾、踏歌智行、慧拓智能等自动驾驶公司牵头落地。矿山开采分为露天开采和地下开采，目前国内的自动驾驶企业几乎都聚焦于露天矿的运输场景。矿区自动驾驶解决方案是一项综合工程，不仅需要无人驾驶改装、线控化设计和匹配、加装软件算法和多传感器融合方案，还需要搭建调度系统、高精地图和通信网络，最终实现最优路径规划和决策控制。近年来，国内企业加快矿山场景的技术方案研发和运营探索，多家公司已经开始小规模的车队测试运营。在政策支持、技术进步和市场需求驱动下，矿山自动驾驶商业化落地程度将逐步提升。据预测，到2025年中国矿山自动驾驶市场规模有望突破千亿元（图1-26）。

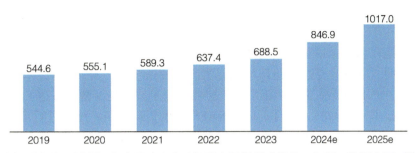

图 1-26　2019—2025e 年中国矿山自动驾驶市场规模（单位：亿元，数据来源：36氪）

除此之外，港口是自动驾驶率先实现商业化落地的场景之一，多地港口落地应用自动驾驶集卡试运营。港口自动驾驶是典型的封闭低速运营场景，速度在 30km/h 以下的自动驾驶集卡，能够行驶在塔吊和堆场之间，负责运输集装箱。加之港口基建完善度高，路线复杂程度低，行人和车辆干扰少，自动驾驶技术的落地难度相对较低，是自动驾驶率先实现商业化落地的场景之一。港口水平运输自动化共有自动导引运输车（AGV）、自动驾驶跨运车、自动驾驶集卡三种解决方案（表 1-20）。自 2018 年起，主线科技、西井科技、智加科技等国内多家自动驾驶技术解决方案提供商陆续进行自动驾驶集卡落地应用并逐步实现商业化试运营。目前国内已有十余个港口落地应用自动驾驶集卡，在北、中、南部沿海重要港口均有布局。据统计，预计 2025 年中国港口集卡 L4 自动驾驶渗透率将超过 20%，L4 港口自动驾驶集卡应用规模有望达到 6000～7000 辆，中国港口自动驾驶规模将超过 60 亿元，占全球市场约 30%。

表 1-20　港口自动驾驶运输解决方案对比

解决方案	AGV	自动驾驶跨运车	自动驾驶集卡
感知、定位、导航系统	道路预埋磁钉	车载传感器	车载传感器
基础设施改造	前期投入大、改造费用高	基本无需场地改造	基本无需场地改造
采购、维护、保养成本	单车成本高昂	单车成本较高	单车成本较低
运输能力	水平运输	水平及垂直运输	水平运输
使用区域限制	港内限定区域	港内限定区域	港内、港外、等级公路
使用便利性	仅能自动驾驶	同时支持自动驾驶和远程控制	同时支持自动驾驶和远程控制
调整作业区域	需重新铺磁钉	简单易行	简单易行
未来技术升级潜力	低	高	高
适用港口	大型新建港口	堆垛箱数较少的新旧港口	新旧港口

数据来源：亿欧智库，国信证券。

1.4　智能驾驶与机器视觉

本节将简述智能驾驶与机器视觉的关系及相关概念，为后续章节的展开打好基础。为此，我们将重点从两方面来学习：①视觉感知，了解在智能驾驶框架下如何利用机器视觉算法进行周围环境感知，并了解典型视觉感知架构。②视觉定位，了解什么是视觉定位，为什么要进行视觉定位，以及如何基于机器视觉算法获取车辆的准确位置与姿态。

1.4.1 视觉感知

环境感知是自动驾驶最重要的功能之一，环境感知的性能，如准确性、对光变化和阴影噪声的鲁棒性，以及对复杂道路环境和恶劣天气的适应性，直接影响自动驾驶技术的性能。自动驾驶中常用的传感器包括超声波传感器、毫米波雷达、激光雷达、视觉传感器等。尽管全球定位技术（如 GPS、北斗、GLONASS 等）相对成熟，能够进行全天候定位，但仍存在信号阻塞甚至丢失、更新频率低，以及在诸如城市建筑物和隧道的环境中定位精度差的问题。里程计定位具有更新频率快、短期精度高的优点，但长期累积误差较大。尽管激光雷达具有高精度，但也存在一些缺点，例如体积大、成本高和依赖天气。

特斯拉和几家公司，如 Mobileye、Apollo 和 MAXIEYE，使用视觉传感器进行环境感知。视觉传感器在自动驾驶中的应用有助于物体检测和图像处理，以分析障碍物和可驾驶区域，从而确保车辆安全到达目的地。与其他传感器相比，视觉图像尤其是彩色图像信息量极大，不仅包含物体的距离信息，还包含颜色、纹理和深度信息，从而能够通过信号检测同时进行车道线检测、车辆检测、行人检测、交通标志检测等。此外，不同车辆上的摄像头之间没有干扰。视觉传感器还可以实现即时定位和地图构建（SLAM）。视觉环境感知在自动驾驶中的主要应用是目标检测识别、深度估计和 SLAM。此外，视觉传感器与机器学习、深度学习和其他人工智能的集成可以获得更好的检测结果。

图 1-27 展示了一种典型的视觉感知框架，需要注意的是，我们将激光雷达感知作为一种特殊的视觉感知进行介绍。视觉感知系统主要以摄像头作为传感器输入，经过一系列的计算和处理，对自车周围的环境信息做精确感知，目的在于为融合模块提供准确丰富的信息，包括被检测物体的类别、距离信息、速度信息、朝向信息，同时也能够给出抽象层面的语义信息。所以道路交通的感知功能主要包括以下三个方面：①动态目标检测（车辆、

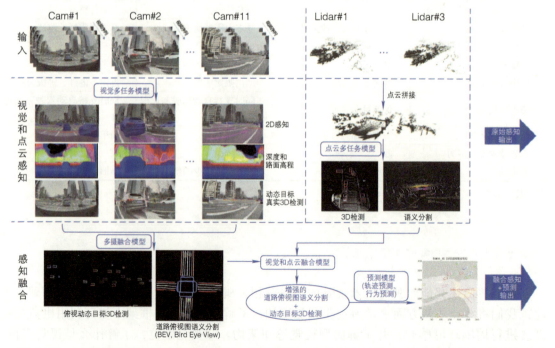

图 1-27　一种典型的视觉感知框架：基于 11 路摄像头 +3 路 Lidar 感知框架（数据来源：地平线）

行人和非机动车等）；②静态物体识别（交通标志和红绿灯等）；③可行驶区域的分割（道路区域和车道线等）。这三类任务如果通过一个深度神经网络的前向传播完成，不仅可以提高系统的检测速度，减少计算参数，而且可以通过增加主干网络层数的方式提高检测和分割精度。在真实场景中，可以将视觉感知任务分解成目标检测、图像分割、目标测量、图像分类等。具体的视觉感知任务，我们将在本书第 6 章及第 7 章进行详细介绍。

在实际开发中，大部分感知是集中在一个多任务算法架构中完成的。图 1-28 展示了一种基于多任务模型的行车视觉感知算法框图，模型输入是多视角前后两帧序列图像，输出 2D、2.5D、Real3D、BEV（Bird's Eye View，即鸟瞰视图）感知、在线建图、高度感知结果。输入两帧图像，通过前融合进入 Backbone 提取各个尺度的图像特征，再通过 Neck 进行特征融合，然后各个任务选择相应的特征计算得到各个任务的感知结果。其中，2D、2.5D、Real3D 任务直接在单视角下计算得到感知结果，对于 BEV 任务，需要融合各个视角的特征并经过一系列计算，得到最终的 BEV 视角下的感知结果。

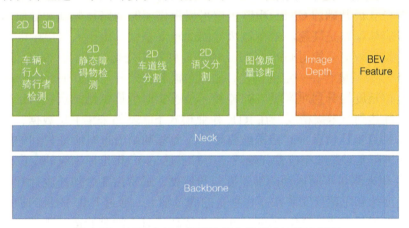

图 1-28　基于多任务模型的行车视觉感知算法框图

1.4.2　视觉定位

车辆定位技术主要是用于实时获取车辆的准确位置和姿态（简称位姿）。实时高精度的车辆定位对于实现辅助驾驶或者自动驾驶至关重要，比如车辆在进行预测规划的时候，需要高精度的定位信息，进而明确自车在地图中的位置。不同场景的智能驾驶对于定位精度的需求是不一样的，比如对于 L2 级别的车道保持功能，需要分米级的定位精度，业界常用的车辆定位方法主要有基于全球卫星定位系统、基于航迹递推等，这些方法在精度上目前都很难满足智能驾驶的需求。对于 L4 以上的高阶自动驾驶或者泊车场景，通常需要厘米级别的定位精度，比如基于高精地图匹配以及基于车路协同（如 V2X）等方法。由于驾驶环境的复杂性，单一的方法很难满足厘米级定位的需求，通常需要不同的方法融合使用。本书主要介绍以视觉为主的车辆定位方案，该方案利用摄像头的感知结果，结合高精地图匹配以获取厘米级别的定位精度。为了应为复杂的环境，视觉定位通常需要联合全球卫星定位系统以及航迹递推方案，以提升车辆定位的实时性和鲁棒性。

在智能驾驶出现之前，车辆导航一般只需要米级别的车道级的定位精度，车辆定位主要依赖全球卫星定位系统（Global Navigation Satellite System，GNSS）惯性测量单元和（Inertial Measurement Unit，IMU）等传感器构成的惯性导航系统（图1-29）。GNSS的基本原理是通过收集多颗卫星信号进行计算，提供分米级到米级别的定位。当前全球共有四大卫星定位系统，分别是美国的GPS、欧洲的"伽利略"（Galileo）、俄罗斯的"格洛纳斯"（GLONASS）以及中国的北斗系统。GNSS在导航、定位、授时以及通信等功能方面得到了广泛的应用，主要提供全天候、全球性、高精度的导航和定位服务。GNSS方便简单、用途广泛，从智能网联汽车到自动驾驶、无人机等，都依赖GNSS定位技术。在智

图1-29　IMU与GNSS传感器

能驾驶领域，从道路级别的全局路径规划，到更精确的车道级定位精度，都离不开GNSS提供的定位服务。最基础的GNSS粗略定位可以提供实时的路径规划和导航引导，而亚米级别的GNSS定位精度是高速场景车道级导航的重要基础。由于大气层中的电离层和对流层对电磁波的折射效应，使得GPS信号的传播速度发生变化，从而让GPS信号产生延迟，最终导致GPS定位精度存在一定的偏差，通过载波相位差分（Real Time Kinematic，RTK）技术可以将定位精度提升到厘米级。RTK技术能够实时地提供测站点在指定坐标系中的三维定位结果，并达到厘米级精度。在RTK作业模式下，基站采集卫星数据，并通过数据链将其观测值和站点坐标信息一起传送给移动站，而移动站通过对所采集到的卫星数据和接收到的数据链进行实时载波相位差分处理（历时不足1s），得出厘米级的定位结果。

　　IMU主要用来测量车辆运动的加速度与角速度，通常由3个加速度计和3个陀螺仪组成，其中加速度计和陀螺仪安装在互相垂直的测量轴上。通过IMU测量的加速度和角速度可以得到车辆的增量位姿。IMU的测量频率非常高且对于瞬时的运动测量非常准确，但是由于存在测量噪声以及本身的偏差，IMU的积分极易出现累积误差而造成漂移。IMU提供的是一个相对的定位信息，它的作用是测量相对于起点物体所运动的路线，所以它并不能提供所在的具体位置的信息。IMU技术的出现弥补了GPS定位的不足，两者相辅相成可以让自动驾驶汽车获得高频准确的定位信息。GPS可提供全局定位信息，用于修正IMU积分产生的漂移，同时IMU可提供高频的定位信息以弥补GPS的低频率问题，甚至可以应对GPS信号的短时丢失问题。

　　L2以上高级别辅助驾驶通常需要车道级别的定位精度，车道级别的定位需要有分米级的定位精度，且需要有车道级警告地图的配合，常规的惯导系统无法满足精度需求，通常需要利用地图匹配技术进行更高精度的定位。目前智能驾驶场景最常用的地图是高精地图（图1-30）。高精地图包含了丰富的路网信息数据，包括物理层和逻辑层，智能驾驶汽车可以通过传感器对道路周边情况进行感知，提取相应的要素并与高精地图中的对象进行匹配，从而得到车道级别精度的定位信息（图1-31）。高精地图的构建有着较为成熟的流程，主要是通过专用数据采集车对道路环境进行数据采集，之后进行定位建图、地图制作、人工质检、地图发版等。高精地图的制作和维护成本高，地图更新频率低，目前主要是覆盖了全国的高速路段，城区场景高精地图仅仅集中在北京、上海、广州等几座大城市。随着越来越多的智能驾驶汽车上路行驶，人们开始尝试采用众包的方式来降低高精地图的制作成本。

众包地图的构建分为车端和云端两套系统，车端主要是获取车辆实时感知结果，并进行单次重建获取道路矢量结构并且实时回传。云端主要进行全局聚合以获取统一的高精地图。目前众包地图的技术和商业模式仍然在探索当中。

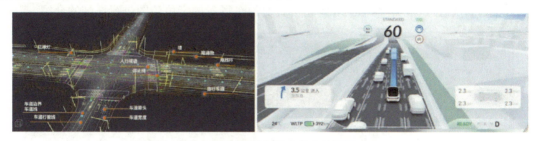

图 1-30　智能驾驶中的高精地图

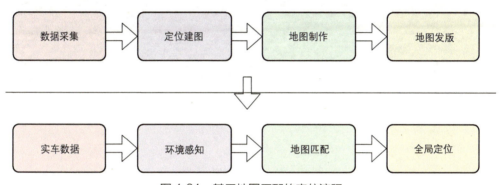

图 1-31　基于地图匹配的定位流程

智能驾驶的环境非常复杂，例如城区 GPS 信号丢失、车道线磨损、雨雪等极端天气等，仅仅依赖单一的传感器很难提供高精度且稳定可靠的定位方案。这时就需要利用多种传感器的优势，通过多传感器融合的方式进行定位。图 1-32 展示了一个基于多传感器融合的视觉定位框架，相较于通常意义上的视觉定位方案，该框架还融合了 IMU、GPS 及轮式里程计等传感器信息。高精地图主要用于保证当前帧的感知和地图的一致性，IMU 及轮式里程计用于保持时序上姿态的连续性，GPS 主要用于提供全局的定位。此外一些定位框架也会考虑车辆的运动学约束。目前业界常用的融合框架主要是基于滤波的方法和基于滑窗优化的方法。

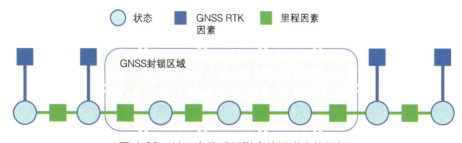

图 1-32　基于多传感器融合的视觉定位框架

此外，泊车场景也是视觉定位的一个重要的应用场景，自主泊车需要的定位精度为厘米级别。相较于行车场景，泊车场景在地下车库因此 GPS 信号丢失，同时还面临环境光照弱、大量重复纹理以及相似场景等。这些都给视觉定位带来了非常大的挑战。泊车场景的定位流程也包含地图创建和地图匹配两个流程，区别在于地图的创建形式内容以及定位的地图匹配过程（图 1-33）。本书第 8 章将会针对泊车场景的定位建图进行详细的介绍。

图 1-33　泊车场景下的高精地图

练 习 题

一、选择题

1. 【多选】下列属于智能驾驶的有（　　）。
A. 自动驾驶　　B. 智能座舱　　C. 自动泊车　　D. 辅助驾驶

2. 【单选】下列关于 ADAS 说法错误的是（　　）。
A. ADAS 可分为控制辅助类及信息辅助类
B. ADAS 是一种被动安全技术
C. ADAS 信息辅助按照使用场景又可分为行车监控、危险预警、驾驶遍历
D. ADAS 控制辅助按照场景分为紧急应对、驾驶便利、车道保持以及智能灯光

3. 【多选】下列属于 L2 及以上泊车场景的是（　　）。
A. 记忆泊车　　B. 遥控泊车　　C. 自主代客泊车　　D. 全景影像系统

4. 【单选】下列关于高精度地图说法错误的是（　　）。
A. 高精度地图是面向自动驾驶汽车的一种地图数据范式，绝对位置精度接近 1m，相对位置精度在厘米级别，能够实时、准确、全面地表达道路特征
B. 高精地图信息包括道路信息、规则信息、实时信息三部分
C. 道路信息由车道模型、道路部件和道路属性构成，为自动驾驶汽车提供决策基础
D. 规则信息叠加于实时信息之上，获取驾驶行为限制和车联网相关数据，帮助车辆预判和调整操作策略

5.【单选】下列关于 SAE 定义下的 L4 级说法错误的是（　　）。
A. 车辆的自动化系统已完全替代了人类驾驶员
B. 由车辆完成所有驾驶操作
C. 人类驾驶员不需要集中注意力
D. 限定道路和环境条件

二、填空题

1. _____ 级车辆的驾驶完全靠驾驶员手工操作，一点都不能分心。
2. _____ 主要子功能包括自建地图、车辆定位、记忆泊入和记忆泊出。
3. _____ 实时监测车辆前方行驶环境，在设定的速度范围内自动调整行驶速度，以适应前方车辆和/或道路条件等引起的驾驶环境变化。
4. 列举三个智能驾驶常见的传感器_____，_____，_____。
5. 在智能驾驶发展驱动力上，人工智能技术发展推动智能驾驶技术迭代，芯片、算法、_____ 构建自动驾驶功能底座。

三、判断题

1. 随着硬件及智能化技术的进展，自动驾驶与辅助驾驶的边界越来越模糊，甚至会让用户感觉"明明是自动驾驶，却叫辅助驾驶"。（　　）
2. 无论是 NHTSA 还是 SAE 分级，从 L3 级开始，驾驶主角均由驾驶员操作转换为车辆自主驾驶，由此，L3 级成为自动驾驶技术应用的重要分水岭。（　　）
3. 按照我国《汽车驾驶自动化分级标准》，2 级指已经实现了有"条件自动驾驶"，在设计运行条件下，系统基本能够完成全部动态驾驶任务。（　　）
4. 自动驾驶芯片作为计算的载体，是自动驾驶实现的重要硬件支撑。（　　）
5. 线控底盘就是对汽车底盘信号的传导机制进行线控改造，以电信号传导替代机械信号传导，从而使其更加适用于自动驾驶车辆。（　　）

四、简答题

1. 请简述 SAE 对于自动驾驶的 5 个分级及核心要点。
2. 请简述自动驾驶发展的三个阶段及其特点。
3. 请简述辅助驾驶中的纵向和侧向功能。

五、实训题

1. 请调研并整理我国第一辆自动驾驶汽车的相关资料。
2. 请调研我国目前在智能驾驶领域中的独角兽企业及其代表产品。

第 2 章　智能驾驶场景

本章根据落地场景对智能驾驶进行划分，主要包括高速公路、城市区域、园区以及其他特殊场景，对应不同的感知对象及系统架构。对于高速公路场景，因其通常具有明确的车道标线和较少的复杂交通情况，因此实现智能驾驶相对较简单；城市区域通常拥有复杂的道路结构、大量交通信号、行人和自行车，因此智能驾驶在城市区域需要更高级的感知、决策和控制系统，以适应各种交通情况和行人行为；工业园区通常是封闭的或半封闭的环境，用于制造、仓储和物流，智能驾驶汽车或装备工作环境相对固定。除此之外，还有一些特殊场景需要智能驾驶技术，如农业、矿山、室内等环境。这些场景通常需要针对特定任务和环境设计相应的自动化解决方案。

2.1　高速场景

高速场景虽然车速较快，但交通环境较为封闭，车辆较少，车道线较城区道路更加完好，更易识别，因此现有技术、法规条件下的辅助驾驶功能在高速公路场景下更易落地。驾驶员可通过 ACC、HWA、NGP 等功能引导车辆到达目的地，大幅度降低驾驶员在长途驾驶中的疲劳感，降低交通事故的发生率。2020 年，为了更好地支撑辅助/自动驾驶在高速公路和一级公路场景下的落地，交通运输部发布了《公路工程适应自动驾驶附属设施总体技术规范》并公开征求意见。同时，车联网、高精度地图、5G 等技术的快速发展也会与高速场景不断协同，促进辅助驾驶功能在高速场景下的不断完善，同时促进辅助驾驶向智能驾驶的不断演变。从智能驾驶的级别和应用场景来看，高速场景有如下几类基本的行车场景：①本车道内行驶；②变道；③匝道。在不同场景下，影响用户体验的因素各不相同。如在本车道内行驶时，车辆的加减速响应和舒适度会显著影响驾驶员的体验；而变道时，变道成功率和变道时机则更为重要；匝道场景下，进出策略和匝道行驶稳定性的影响程度更高。因此，需要基于不同的场景，分析显著影响用户体验的各项因素，并在开发过程中，重点考虑这些因素，并转化成智驾系统的性能指标。

1. 本车道内行驶

车辆在本车道内行驶，且不涉及变道，是最基本的行车场景。根据在本车道内行驶可能遇到的情况，可以再细分为 4 个子场景：直道行驶、弯道行驶、跟车行驶，以及前方有车切入和切出，即 Cut-In/Out。除了这 4 种基本和典型的子场景外，还包括一些特殊场景，如车道线合并、分叉、消失，车道内有障碍物，施工引导变道，收费站通行，路权决策等，也是需要考虑的。另外，系统对交通标志和周围障碍物如行人等的识别能力，也影响智驾系统的性能，从而影响到用户体验。在 4 个子场景下，显著影响用户体验的因素，以及对应的智驾性能指标见表 2-1。

表 2-1 本车道行驶场景的用户体验影响因素

子场景	影响因素	性能指标
直道行驶	智驾功能开启条件	功能开启时的车速要求，可以设定的车速范围
	舒适性	车速变化时的加减速度
	车道保持效果	居中性（车辆与两侧车道线的距离）
弯道行驶	通过能力	弯道半径
	舒适性	过弯时的横摆角、侧倾角及对应的角速度、侧向加速度
	车道保持效果	居中性（车辆与两侧车道线的距离）
跟车行驶	安全感	跟车时距
	舒适性	跟车的加减速度
	响应度	前车车速变化时，自车的响应时间
Cut-In/Out	识别能力	可识别的前车 Cut-In/Out 的距离和时机
	舒适性	前车 Cut-In/Out 时，自车的加减速度
	响应度	前车 Cut-In/Out 时，自车的响应时间

（1）**直道行驶** 直道行驶时的智驾功能开启条件是影响用户体验的一项因素，需要有明确、易记、方便的开启条件，用户才会乐于使用。对应的性能指标主要是车速，如 ACC 功能开启时，需要有合理的初始车速要求和车速范围限定，过高或过低的车速限制都会影响使用体验。当前主流的做法是将开启车速限定在 30km/h 以上，但随着算法的进步和对自家技术的自信，蔚小理等新势力也在逐渐降低车速要求，速度为 10km/h 甚至更低都可能实现。在任何场景下，舒适性都是影响用户体验的直接因素。在直道行驶时，舒适性主要体现在车速增加时的加速度，以及车速降低时的减速度；过大的加减速度会让用户感觉到危险，过小的加减速度则显得系统反应迟钝，引起抱怨。此外，直道行驶时，车道保持的效果也很重要，平稳地保持在本车道内行驶，是驾驶员和乘客的基本需求。车道保持效果可以通过车辆居中度体现，即车辆与两侧车道线的距离。

（2）**弯道行驶** 弯道场景与直道场景有着共同的影响因素：舒适性和车道保持效果。弯道行驶时的舒适性，主要通过车辆的横向状态参数体现，如横摆角、侧倾角及侧向加速度等。当然，用户的主观感受也是舒适性的重要指标。

（3）**跟车行驶** 跟车场景下，由于涉及外部车辆，因此安全感非常重要，此时的跟车时距与安全感紧密相关。适当的跟车时距能避免被频繁加塞，也让驾驶员感觉不到碰撞风险，没有压抑感。另外，舒适性和响应情况也是需要考虑的因素。前车车速发生变化时，自车的响应时间、加减速度等，都会影响功能使用体验。

（4）**Cut-In/Out** 本属于本车道内行驶的一种紧急场景，能提前识别的距离越远、时机越早，就越能避免危险，保证安全，因此智驾系统的识别能力尤为重要。另外，与跟车场景一样，Cut-In/Out 场景下的舒适性和响应度也直接影响用户体验。

2. 变道

变道在出行场景中出现频率极高。在超车、地形变化、车道封闭等状况时，都会发生变道动作。变道能力体现了智驾系统在变道场景下的边界能力。变道成功率、变道的车速范围要求、道路曲率范围、车道宽度范围以及极限的变道距离等，都是反映系统变道能力的指标，汇总后见表 2-2。

表 2-2 变道场景的用户体验影响因素

影响因素	性能指标
变道能力	变道成功率、车速范围、道路曲率、车道宽度、极限变道距离
危险预判能力	提示相邻车道危险车辆和障碍物的准确率、相邻车道危险源的距离和速度
合规性	能否按虚实线正确变道、是否影响相邻车道通行
舒适性	变道决策时间和完成时间、变道时的车速变化、加减速度、横摆角速度、侧向加速度
可控感	变道时驾驶员转动方向盘或拨转向灯的影响

（1）**变道能力** 其中变道成功率是一个统计数据，需要基于大量的测试结果，才能得出相对准确的结论。目前量产的智驾功能，对于变道时的车速范围，都有一定要求，常见如最低 45km/h、最低 60km/h 等。随着算法能力的提升，对于车速和道路曲率、宽度等条件的要求，正在逐渐放宽。

（2）**危险预判能力** 危险预判能力是用户安全感和信赖感的保证，只有系统能够及时预判出风险并提示用户，用户才会对系统逐渐产生信任和安全感。试想，如果用户自己能够发现相邻车道有车辆快速接近，不能变道，但系统却没有识别出来，用户怎么可能信任这套智驾系统呢？变道时的危险预判能力主要体现在系统对危险源的识别率，以及危险源的判定条件如距离、相对速度等方面。识别率越高，提前识别的距离越远，则危险预判能力越强。

（3）**合规性** 合规合法也是不可或缺的因素，尤其在变道场景时，更容易出现违规操作。能否准确识别虚、实线，能否正确地按车道线变道，是考量变道合规性的重要因素。

（4）**舒适性** 在变道场景中，系统的决策时间和完成时间会影响用户对系统能力的评价，而变道时的车速变化策略、加减速度、横摆角速度、侧向加速度等车辆状态参数，则直接影响用户的舒适体验。

（5）**可控感** 可控感是人机共驾的重要因素，无论何种功能，只要不是完全的自动驾驶，就要保证驾驶员对车辆的可控感。在变道场景中，驾驶员如转动方向盘或反向拨转向灯，车辆对驾驶员操作的响应情况，是评估可控感的主要指标。

3. 匝道

匝道是高速公路和城市立交所特有的场景。作为不同主干道之间的连接部分，在匝道场景下的体验，是评估智驾系统的重要内容。匝道场景具体可以细分为匝道内行驶、进入匝道和驶出匝道 3 个子场景。由于目前匝道基本上都是弯道，因此在匝道行驶的用户体验影响因素和指标，可以参考前文弯道场景的内容。而在进入匝道和驶出匝道的场景中，重点需要考虑进、出匝道的策略和车速变化。例如，进入匝道时，需要提前向右侧车道变道，并提前减速，那么提前变道和减速的时机就很重要；驶出匝道时，车速如何变化，能否自动加速到道路限速等，都是影响使用体验的因素。此外，进入匝道和驶出匝道进入主路的成功率，也是评价系统性能和用户体验的重要指标。

除了单车智能外，基于车路协同的架构也是目前高速场景的发展方向之一。智慧高速是我国高速公路建设的热点之一，车路协同又是未来智慧高速建设的核心内容。高速公路运行环境相对简单、主体权责清晰、路侧机电设施齐全，具备开展车路协同创新示范的良好条件。目前，全国有超 4000km 高速公路已经或即将开展车路协同创新示范工作。建设内容分布在车端、路端和云端，主要实现"感知、通信、计算"三大功能，用于提供面向 C/B 端的主动安全类、提升效率类、信息服务类业务，以及面向 G 端的监管控制类业务等。

2.2 城区场景

对于乘用车来说，城市地区驾驶占据了 90% 的行驶时间，驾驶里程占比也高达 90%。此外，国内城市道路路况复杂，包括行人、电瓶车甚至是动物等各种复杂情形，导致城区智能驾驶难度高于海外道路以及高速场景。这也就意味着自动驾驶核心的场景在于国内城区，城区导航辅助驾驶（Navigate on Autopilot，NOA）能力是未来车企核心竞争点之一。在实际开发中，城区行车场景与高速类似，包含本车道内行驶、变道、十字路口、匝道四个子场景，并在高速驾驶能力的基础上，更好地处理十字路口、环岛、斑马线等道路场景，实现如弱势道路使用者（Vulnerable Road User，VRU）、动物、特殊车辆等复杂目标的目标和事件探测与响应（Object and Event Detection and Response，OEDR）能力。

车道内行驶、变道、匝道场景在 2.1 节已作介绍，另外十字路口是城区行驶的特有场景，也是较为复杂的场景。车道线、斑马线、箭头、引导线等多种交通静态要素，以及车辆、行人、两轮车、动物等多种交通动态参与者，再加上实时变化的红绿灯，共同组成了十字路口这一经典的城区场景。车辆在十字路口的行为主要有停车、直行、转弯、掉头等，因此需要考虑的用户体验影响因素，可以部分借鉴前文提到的直行、弯道和跟车行驶场景的各项因素。此外，车辆识别红绿灯，以及自动按红绿灯行驶的能力，是在十字路口场景需要重点考虑的因素。智能驾驶中详细城市场景功能集（含高速场景）见表 2-3。

表 2-3 智能驾驶行车功能集合（含高速与城区）

分类	功能集	功能集描述	简称	功能描述
主动安全类	前向碰撞避免	前向碰撞避免功能，包括前碰撞预警（FCW）、自动紧急制动（AEB）、自动紧急制动辅助（EBA）。AEB 系统通过前视摄像头以及前向毫米波雷达，基于当前整体道路环境感知、车辆驾驶状态及驾驶员行为、整体 ADAS 状态，通过 ESC、EPB、HMI 来控制车辆纵向速度以及其他交互状态，避免或减缓碰撞事故，应用于车辆目标以及行人目标紧急碰撞风险的特定场景	FCW	前向碰撞预警
			FCW-VRU	行人/骑车人碰撞预警
			AEB	自动紧急制动
			AEB-VRU	自动紧急制动
			AEB-Junction	自动紧急制动-十字路口
	后向碰撞避免	包括后向碰撞预警（RCW）功能、后向自动紧急制动（AEB-R）等功能	RCW	后向碰预警
			AEB-R	后向 AEB

（续）

分类	功能集	功能集描述	简称	功能描述
主动安全类	车道辅助	车道辅助功能可降低车辆无意识偏离车道时带来的风险。当车辆无意识偏离行进道路时，车道辅助可以通过视觉、听觉或者触觉警告信号提醒驾驶员，或者帮助驾驶员保持车辆行驶在车道线内。该功能不能完全取代驾驶员的观察和识别能力，而仅限于驾驶员驾驶车辆时的辅助功能。该功能主要包含如下子功能：车道偏离报警（Lane Departure Warning，LDW）、车道偏离纠正（Lane Departure Prevention，LDP）和紧急车道保持（Emergency Lane Keeping，ELK）	LDW	车道偏离报警
			LDP	车道偏离纠正
			ELK	紧急车道保持
	转向避让辅助	转向避让辅助包括转向避让辅助（Evasive Steering Assist，ESA）和自动转向避让系统（Auto Evasive Steering，AES）。ESA是一种驾驶员转向辅助系统，它通过前视摄像头、周视摄像头、前雷达、角雷达、盲点雷达、EPS等相关系统融合实现，当前方存在碰撞风险且驾驶员主动转向时辅助驾驶员转向，避让前方目标从而避免事故的发生。AES是在ESA的基础上不用考虑驾驶员转向触发就能自动转向，避让前方目标，避免事故发生	ESA	转向避让辅助
			AES	自动转向避让
前向辅助类	交通辅助	交通辅助包括交通标识识别（Traffic Sign Recognition、TSR）、红绿灯检测（Traffic Light Detection，TLD）、限速提醒（Speed Limit Informative Function，SLIF）等子功能	TSR	交通标识识别
			SLIF	限速提醒
			TLD	红绿灯识别
	智能前照灯控制	智能前照灯控制根据车灯类型分为智能远近光控制（Intelligent High-beam Control，IHC）和自适应矩阵前照灯控制（Adaptive Driving Beam，ADB）	IHC	智能远近光灯控制
			ADB	自适应行车灯
侧后辅助类	侧后辅助	侧方辅助功能包括以下子功能：开门预警、盲区监测、变道辅助、后方十字交通辅助（RCTA/RCTB，包括报警和制动两级功能）、前方十字路口辅助（FCTA/FCTB）、紧急车道保持辅助等 后方辅助功能包括后方碰撞预警	DOW	开门报警
			BSW	盲点报警
			LCA	变道辅助报警
			RCTA/RCTB	后方十字交通辅助
			FCTA/FCTB	前方十字路口辅助
舒适性辅助驾驶类	纵向控制辅助	自适应巡航功能可以设置本车需要的间隔以跟随最近的运动车辆行驶；也可以根据本车道前方车辆停止来启动制动和提醒功能。该功能可以工作在各种道路，适应各种天气条件	ACC	自适应巡航控制
	横向控制辅助	车道居中控制功能可帮助驾驶员保持车辆在车道线内进行居中行驶。该系统不能完全取代驾驶员的观察和识别能力，而仅限于驾驶员驾驶车辆时的辅助功能	LCC	车道居中控制
	自动变道辅助	自动变道辅助（ALC）必须在车道居中控制（LCC）开启时使用，完成变道后，车辆将在新的车道重新进入居中辅助模式	ALC	自动变道辅助

（续）

分类	功能集	功能集描述	简称	功能描述
舒适性辅助驾驶类	单车道驾驶辅助	智能巡航控制包括两个子功能：集成式巡航辅助（ICA）以及交通拥堵辅助（TJA）。ICA 在车速较高时（一般大于60km/h）为驾驶员提供横向和纵向的辅助驾驶功能。ICA 基本上可以看作是 ACC 和 LCC 功能的组合，控制车辆以一定的车速在车道线内行驶。ICA 和 TJA 功能不同的是，ICA 工作车速更高，而且 ICA 始终把车辆维持在车道中心附近行驶，不具备无车道线时的跟车行驶功能	IACC（ICA/TJA）	智能巡航控制
高速导航智能驾驶	运行设计域	高精地图支持下，针对高速智能驾驶功能设置的电子围栏，用于限定车辆在高速场景下的激活控制前提条件	Highway Geo-Fencing	高速地理围栏
	横向控制	高精地图支持下，可识别连续锥桶，并在车道内避障	Advanced LCC	高级车道保持
		高速拥堵场景下（0～60km/h），支持脱手驾驶	Highway TJP	高速拥堵领航
	纵向控制	保证前车安全距离情况下，尽可能调整车速至驾驶员期望车速，并根据弯道曲率自动减速，防止加塞	Advanced ACC	高级自适应巡航
	变道	根据前车/车流不同状态，执行智能的超车操作	Overtaking	自动超车
		根据导航信息，自动上下匝道	Ramp on/off	自动上下匝道
	导航	基于高精地图的导航和定位功能	Navigation&Localization	基于高精地图导航定位
	接管	系统因故无法正常运行时，通过多级提醒（蜂鸣声、安全带预紧、方向盘振动、紧急点制动等）方式，提醒驾驶员接管车辆	EDA	紧急驾驶辅助
		系统因故无法正常运行时，支持自车道紧急制动，使车辆达到最小风险状态	Safety-stop	自车道紧急停车
		系统因故无法正常运行时，支持路边停车，使车辆达到最小风险状态	Pull-Over	路边停车
城区导航智能驾驶	运行设计域	高精地图支持下，针对城区智能驾驶功能设置的电子围栏，用于限定车辆在城区场景下的激活控制前提条件	Urban Geo-Fencing	城区地理围栏
	复杂道路拓扑行驶能力	城市场景下，支持博弈逻辑，在一定条件下避免车辆加塞	Anti-Cut-In	防加塞辅助/博弈逻辑
		在高精地图支持下，支持城市环岛路段通行	Navigate Roundabout	环岛通行
		在十字路口场景下，支持车辆停车线停车，并实时检测红绿灯状态，自动实施路口通行（支持跟车模式和巡航模式）	Navigate Intersection	路口通行
		在十字路口，支持掉头	U-Turn	路口掉头
		在左转与直行同时进行的十字路口，支持无保护左转	Unprotected Intersection Left Turn	无保护路口左转
		在没有交通信号灯控制的十字路口，支持路口直行、右转、左转和掉头	Navigate Intersection with Non-Traffic Light	无交通灯路口通行

（续）

分类	功能集	功能集描述	简称	功能描述
城区导航智能驾驶	复杂道路拓扑行驶能力	在无车道线的小型街道，支持路沿检测，并靠右侧行驶。支持对向来车避让	Navigate Non-lane Road	无车道线道路通行
		在无高精地图支持的情况下，支持经用户选定行车线路的路线记忆功能，并在多次记忆且完成该路段的地图重建后（如8~10次），推送该路段的导航智能驾驶功能	Memery Road	路线记忆
	接管	系统因故无法正常运行时，通过多级提醒（蜂鸣声、安全带预紧、方向盘振动、紧急点制动等）方式，提醒驾驶员接管车辆	EDA	紧急驾驶辅助
		系统因故无法正常运行时，支持自车道紧急制动，使车辆达到最小风险状态	Safety-stop	自车道紧急停车
		系统因故无法正常运行时，支持路边停车，使车辆达到最小风险状态	Pul-Over	路边停车
车云类	车联网	车载系统空中升级功能	OTA	OTA升级
		车端数据回传功能，包括事件数据记录系统（Events Data Recorder，EDR，俗称"汽车黑匣子"）、监控及结构化数据上传	EDR_Uploader	事件数据记录与上传
	影子模式	影子模式主要是将历史预测值或者规控输出值，与当前实际值的差距作为回传信号	Shadow_Mode	影子模式
	众源数据地图云服务	自动标注：量产传感数据（片段），通过离线大模型、其他约束及先验信息，生成位姿、静态动态的高精度结果，用于评测和标注	GT	云端建图
		地图学习：自动学习和构建静态环境地图，包括地图匹配、地图聚合、地图推理三个方面	MAP	云端聚合
交互类	驾驶员监控	实时监控驾驶员在环状态	DMS	驾驶员监控

城市NOA被认为是通往自动驾驶的最后一块拼图，也是智能汽车技术与商业的高地。技术上，足够难的城市场景能够倒逼智驾能力进步，赋能其他场景；商业上，能解放大部分行车时间的功能，将会成为车主愿意付费的刚需，让智能驾驶商业闭环成立。这种兵家必争之地，势必吸引来各方势力向其发起冲锋。而在行业内，城市NOA的"暗战"已经开启，包括华为、小鹏在内的多个国内团队立项，尝试将其落地成一个可以交付的产品。近年来，造车新势力、传统车企的智能电动汽车品牌、智能驾驶供应商，不断加入战局。尽管如此，目前城区场景仍然面临着不小的挑战，主要包括：

1）复杂的城市交通环境。城市道路通常比高速公路复杂得多，包括更多的道路标志、信号灯、交叉口、人行道等。这些因素可能增加了智能驾驶系统需要理解和处理的信息量。

2）行人和非机动车辆。城市中行人、自行车、摩托车等非机动车辆的存在使得驾驶更具挑战性。智能驾驶系统需要能够识别和预测这些非机动车辆的行为，以确保安全驾驶。

3）复杂的交叉口和转弯。城市道路上的交叉口、环岛和复杂转弯需要车辆能够做出准确的决策，遵循交通规则并与其他车辆协同。

4）地图数据更新。城市中的道路和交通规则可能频繁变化，需要实时的地图数据更新以保持导航系统的准确性和可靠性。

5）人工建筑和道路工程。城市中常常有建筑工地、道路施工等情况，这可能导致道路临时关闭或交通限制。智能驾驶系统需要能够适应这些变化并做出合适的反应。

6）不同的城市规划。不同城市可能有不同的道路规划和交通习惯，智能驾驶系统需要能够适应这些不同的情况。

7）法律和监管问题。城市中的法律和监管环境可能对自动驾驶技术的部署和使用提出挑战，需要符合各种地方和国家的法规要求。

2.3 泊车场景

泊车场景主要发生在停车场，因此与行车场景相比较为简单。泊车场景的相关细节已在本书第 1 章中详解。按泊车的完整流程，泊车场景包括停车场内自动行驶、搜索车位、泊入和泊出车位等。当前的停车场类型主要可以分为以下 4 种：地下停车库、停车楼、露天停车场和路边临时停车位。不同类型停车场的基础设施、路面状况、光照条件等都各不相同，因此车辆在不同停车场内行驶的表现也会有差异。在停车场内自动行驶与低速的行车场景类似，用户体验的影响因素和指标项可以参考低速的行车场景。表 2-4 汇总了停车场内常见的静态特征和动态障碍物，智驾系统需要准确识别这些特征和障碍，才能做到安全高效地在停车场内行驶。

表 2-4 停车场内常见的动、静态物体

序号	类别	内容
1	静态特征	立柱
2	静态特征	限位柱
3	静态特征	轮挡
4	静态特征	雪糕筒
5	静态特征	标志牌
6	静态特征	地锁
7	静态特征	路沿石
8	静态特征	墙体
9	静态特征	树木
10	静态特征	绿化带
11	动态障碍物	行人
12	动态障碍物	动物
13	动态障碍物	两轮车
14	动态障碍物	四轮车

搜索车位的用户体验，主要考察车辆对车位的识别能力。车位识别的准确率越高，说明车位识别能力越强，用户的体验也会越好。停车位的类型多种多样，按车位线情况可分为标线车位与非标线车位，按车位方向可分为垂直车位、水平车位与斜列车位等，详见表 2-5。

表 2-5　常见车位分类依据和具体类型

序号	分类依据	具体内容
1	车位相对自车位置	左、右
2	车位标线	有标线、无标线
2.1	标线层数	单、双、多
2.2	标线类型	全封闭、半封闭、开口、角点
2.3	标线虚实	虚、实、混合
2.4	标线颜色	白、黄、蓝
2.5	空间车位（无标线）的参照物	车-车、车-立柱、车-墙体、车-隔离带、立柱-立柱、单车
3	车位标识	有标识、无标识
3.1	标识类型	数字、文字、字母、图案
3.2	标识内容	车位号、定向车位、充电车位、VIP车位、女士车位、出租车位、专用车位
4	车位方向	垂直、水平、斜列

泊入车位是泊车过程的最后一步，也是智能泊车的最初应用场景。当搜索到适合的车位时，智能驾驶系统便控制车辆自动泊入车位，期间的横纵向控制和档位切换等操作，都由系统自动完成。表 2-6 列举了泊入车位的用户体验影响因素，泊出车位是泊入车位的相反过程，其影响因素与泊入场景基本一致。泊入能力是影响泊入体验的首要因素，体现了系统的泊车能力。泊入能力的指标包括成功率、可泊入的车位尺寸范围、车速范围等，需要综合考虑车辆状态参数和车位参数等。舒适性同样是重要的影响因素。对于驾驶员在车上的智能泊车系统，舒适性直接影响用户的体验。车辆在泊车过程中的加减速度和系统完成泊车的时间等指标，可以体现舒适性。泊车的规范性是另一项影响因素，停放规范整齐的车辆，会增加用户的好感和信任。是否停放端正、位置是否居中、与车位线或相邻车辆的距离如何，都反映了系统泊车的规范性。

表 2-6　泊入车位的用户体验影响因素

序号	影响因素	性能指标
1	泊入能力	泊入成功率、车位尺寸、场地空间、车辆初始姿态车速、挡位调整次数
2	舒适性	加减速度、完成时间
3	规范性	泊车完成后，车辆相对车位的位置和姿态，如与车位线的距离、角度等

泊车相关场景已在本书第 1 章中详细介绍，这里重点介绍在不同场景下的子功能场景，详见表 2-7。需要注意的是，此处忽略了车辆从车主下车点到停车场的这段距离，由于这段场景在停车场外，并且存在不确定性，本书不再展开。

表 2-7　本车道行驶场景的用户体验影响因素

分类	功能	描述
驻车辅助	防撞雷达	显示前方/后方障碍物区域、最近障碍物距离值、报警提示音
	侧翼保护	显示侧方障碍物区域、最近障碍物距离值、报警提示音
	前雷达自动激活	D 位且 $V \leq 10km/h$ 接近障碍物时自动激活前雷达
	轮防撞预警	侧翼雷达检测到接近障碍物时，相应车轮显示红色

（续）

分类	功能	描述
环视泊车辅助	智能视角开启判断	结合当前场景智能判断是否开启对应视角，如近距离障碍物判断、倒车判断、左/右转判断、停车场判断和哨兵模式判断
	摄像头脏污检测	通过算法检测到摄像头脏污后对用户进行提示
	道路自标定	可以在常规道路上对相关传感器进行标定
融合泊车	车位识别	系统在自动寻找车位时，可以识别前后方的垂直、水平斜向车位，并对识别到的车位进行编号，并保存20m范围内车位信息
	后台车位识别	车位后台自动识别功能，即使用户未开启自动泊车，在挂入倒档时，周围有可用车位，也可在HMI通过"P"字提示，主动推荐使用APA系统泊入
	窄车位提醒	车位过窄提醒用户下车使用RPA
	自选车位	用户自选拖动框作为车位进行泊车
	泊入	人在车上负责安全监控，系统后台识别周边可泊车位并结合最短路径和泊入时间，将推荐车位高亮显示，当收到用户车位确认后，锁定可泊车位，由系统将车辆泊入车位，如泊车过程系统中断，则驻车并请求用户接管
	泊出	用户选择进入自动泊出界面时，车辆依据当前车位情况障碍物信息，推荐相应的泊出方式，自动泊出车位平行于道路
	语音控制及播报	泊车域相关提示交互均可通过语音控制
	泊车紧急制动	结合超声波、视觉信息，泊车时，有其他车辆或行人靠近时，暂停泊车，避免发生刮蹭：多传感器信号，紧急刹停
遥控泊车	遥控泊入	系统后台识别周边可泊车位，结合最短路径和泊入时间推荐车位，高亮显示，收到用户车位确认后，锁定可泊车位，用户可以选择远程泊入方式，提前下车，通过车钥匙/手机按键确认开始泊车，泊车自动进行，结束后自动锁车。期间用户可以通过车钥匙/手机随时中断/暂停泊车，如泊车过程系统中断，则驻车并请求用户接管
	遥控泊出	用户通过手机实现前、后、左前、右前、前方左侧、前方右侧泊出，通过车钥匙可以实现前、后泊出
	泊车紧急制动	结合超声波、视觉信息，泊车时，有其他车辆或行人靠近时，暂停泊车，避免发生刮蹭：多传感器信号，紧急刹停
低速辅助	低速紧急制动（MEB）	当车辆运行速度小于10km/h时，MEB通过前后超声波传感器识别车辆前后方障碍物，当距离障碍物过近时（20～30cm），请求ESP及时制动避免误碰撞
	循迹倒车	系统记录车辆最后一次前进的路线，在功能激活时，控制车辆按照记录的路线退回。路线长度：最长50m
	探索通行	狭窄路况时，系统可控制车辆低速自动前进，并避开行人、车辆等非固定障碍物

（续）

分类	功能	描述
记忆泊车	路线学习	支持1km地下单层记忆路线，同一个停车场1条路径存储，最高支持100个停车场，学习速度：0～15km/h。学习车位阶段，用户可以选择车位由系统泊入或手动泊入。路径学习完成后，可以生成全局图，包括车位、减速带、立柱
	定位匹配	1. 车辆以记忆路线起始点/记忆路径经过的任何一点为中心，在半径2m、前后5m内即可完成定位 2. 系统后台自动定位，定位成功后通过"V"标识在HMI提示用户定位成功
	固定车位记忆泊车	用户将车辆驾驶到记忆路线起点，车辆定位成功并与用户确认后，由系统进行车辆接管，将车辆自动巡航至记忆路线终止点，并泊入终止点车位
	随机车位记忆泊车	用户将车辆驾驶到记忆路线起点，车辆定位成功并与用户确认后，由系统进行车辆接管，车辆按记忆路径自动巡航，并实时显示可用车位，用户可以随时中止巡航，选择中止位置附近的车位，由系统或手动泊入相应车位
	直路/弯路巡航	系统按记忆路径进行巡航，最高支持15km/h的车速
	避障绕行	包括自主会车、障碍物绕行（静态障碍物和车辆）、行人制动/减速和出入库车辆制动/减速
	泊车远程同步信息	用户可通过手机APP远程查看当前车辆在停车场地图中的全局位置，同时也可查看车辆周围的实时环境，可以随时暂停/终止泊车操作
	排队过闸机	进入停车场，车辆可根据环境感知结果，在闸机前排队等待，自动通过闸机
	远程泊入（人下车，视线脱离）	记忆泊车完成学习后，可以实现人在车外最远1000m远程泊入，在远程模式下，车速为7km/h
	远程召唤（人下车，视线脱离）	记忆泊车完成学习后，无需用户操作车辆重新学习反向路径，可以实现人在车外最远1000m远程召唤，在远程模式下，车速为7km/h
代客泊车	代客泊入	用户在支持高精地图的停车场内下车，激活车辆到停车场内寻找车位，在有场端接入的情况，能直接驶向规划车位
	泊出接驾	用户在支持高精地图的停车场内激活车辆，车辆自主巡航到乘客设定的位置
	电子围栏	用户通过手机端在地图上设置电子围栏，可以限定代客泊入目标范围
	停车便捷支付（视觉+二维码）	通过周视及前视摄像头识别停车场过闸机时的付费二维码并向手机端发起支付

2.4 园区场景

　　园区场景智能驾驶是指在封闭或半封闭的特定区域内，利用智能驾驶技术来实现车辆自主导航和运输，汽车速度一般在30km/h以下。这种场景通常出现在工业园区、物流中心、大型商业综合体、农业领域、矿山、大型制造工厂、大学校园和机场等地方，涉及范围非常广泛（图2-1）。面向复杂园区场景的智能驾驶车辆属于L3～L4级别。该级别的车辆在限定区域或限定环境下，可以始终处于自己完全控制的状态，L3级与L4级的区别是在紧急情况下L4级别车辆能自行解决问题，而L3级别车辆此时需要驾驶员介入操作。园区智能驾驶车辆可针对具体的应用场景定制化设计，可减少人力成本、极大地提升工作效率。例如，在大型工业园区中，智能驾驶AGV可以用于物料搬运和仓储操作。它们能够根据预定路线和任务，自主运送原材料或成品，提高了生产线的效率；在农业领域，智能驾驶农用车辆可以用于播种、喷洒农药、采摘和运输农产品，这有助于提高农业产量和减少人力成本；在矿山领域，智能驾驶车辆能够用于装备、矿石、人员的运输，采矿智能化作业、矿山巡检等，可提高采矿运营的效率、安全性和生产率，同时减少劳动力需求。这里以矿区无人驾驶车辆为例进行详细说明。在矿山或采矿工业中，其工作环境为相对封闭或半封闭的采矿区域，通常不直接与公共道路交通系统相连，因此，其中的智能驾驶一般被看作是一种园区内的智能驾驶场景。

图2-1展示了一个露天矿无人化解决方案，其基于"云-边-端"协同一体化架构研发整套矿山无人化技术，实现露天矿货车的无人驾驶运输，并与矿山相关设备协同，实现全机型、多矿种、全场景的智能化、无人化作业，提高生产效率与安全性，降低成本。为了提高矿车无人驾驶系统的可靠性，无人驾驶矿车还使用V2X智能路侧协同系统，包括多源融合感知技术、高精度时空同步技术、路口决策调度技术、矿区智能监测技术及V2X标准化通信协议等，具备全息目标感知、路口智能调度及道路环境智能管理等核心功能，可应用于露天矿山的交汇路口、装卸载区、山体遮挡盲区、停车区和破碎站等场景，能够解决单车环境感知局限、复杂路况混编行驶及动态环境实时监管等痛点。

图2-1　露天矿无人化解决方案（数据来源：中科慧拓）

2.5　其他场景

除了高速公路、城区、园区等主要场景，智能驾驶技术还可以应用于多种其他场景，包括军事应用、地外探索、农业应用、室内和封闭环境等。它们通常要求根据具体场景的需求和环境特点，进行定制化的开发和测试，以确保系统的可靠性和安全性。这些不同场景的应用表明，智能驾驶技术具有广泛的潜力，可以提高相关领域的效率、安全性和可持续性。

2.5.1 地外场景

随着航天技术的迅速发展,智能驾驶技术逐渐被用于地外场景,探索和研究地外星球,如火星和月球。无人探测器和漫游器能够自主导航、探测地质、采集样本等,以支持科学研究和探险任务。20 世纪末至今,世界上主要的航天大国出于航天科技发展和国家战略的考虑,纷纷提出月球、火星、小行星和其他类地行星的探测计划并积极实施,掀起新一轮深空探测热潮。相比于轨道器探测,着陆巡视探测能够对行星表面和次表层开展更高分辨率的原位探测,是开展类地行星表面探测和科学研究的重要手段。迄今为止,国际国内成功执行的无人驾驶巡视器,探测任务集中在月球和火星,例如我国的玉兔二号月球车,美国的好奇号、毅力号火星车及我国的祝融号火星车等(图 2-2)。

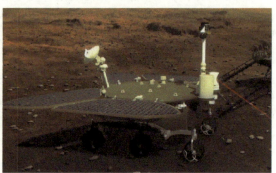

图 2-2　玉兔二号月球车与祝融号火星车(图片来源:中国国家航天局)

在安全着陆以后,探测车巡视探测和科学研究的前提条件是安全移动,以及有效获取科学载荷数据,因此环境感知与导航定位是深空探测车智能驾驶的核心技术。美国的 Mars Exploration Rover(MER)勇气号和机遇号采用遥控操作及半自主的控制方式,长距离行驶一般由盲行驶和自主行驶两种模式混合实现。我国嫦娥三号和嫦娥四号月面巡视探测任务中,月球车采用了遥控操作及半自主的控制方式,地面飞控人员可以通过回传图像进行大范围地形重建、定位和探测目标选取;月球车可通过盲行驶、自主避障规划移动、激光探测避障移动和地面直接驱动等多种移动模式实现不同地形下的自主安全巡视,其中自主避障规划移动和激光探测避障移动模式能够自主进行环境感知和避障。

深空探测车的智能驾驶与地球上的汽车智能驾驶相比,在环境感知与导航定位中的导航基础设施及数据支持、传感器配置、计算机性能等多方面有明显的不同。深空探测车的行驶探测过程中,并没有现成的道路和高精度道路地图,更没有 GNSS 定位设施,受限于重量和功耗,所使用的环境感知传感器主要为相机,探测车的计算机性能较低。所有这些差异使得深空探测车环境感知与导航定位有其独特的挑战。2021 年 5 月 22 日,由中国航天科技集团有限公司五院研制的祝融号火星车安全驶离着陆平台,到达火星表面,开始巡视探测。火面工作期间,火星车按计划开展巡视区环境感知、火面移动和科学探测,通过配置的地形相机、多光谱相机、次表层探测雷达、表面成分探测仪等 6 台载荷,对巡视区开展详细探测。同时,环绕器将运行在中继轨道,为火星车巡视探测提供稳定的中继通信,兼顾开展环绕探测。

2.5.2　农用场景

智能驾驶技术是农业自动化、智能化的核心技术之一，部分智能农机产品体现为无人驾驶，在农业领域的应用具有广阔的前景及社会效益，能在一定程度上提升农业的现代化水平。无人驾驶技术之所以能在农业领域"大显身手"，主要是由于其技术本身具有如下优点：

1）无人驾驶是解决未来农业劳动力不足的重要选择。从近年来我国城镇化的态势来看，未来我国城镇化率还将稳步上升。同时，随着我国人口老龄化趋势的上升，特别是农业从业者老龄化的现象愈加严重，实现智能化的动态管理，可在减轻农业劳动强度和提高农业劳动效率方面展示出巨大的潜力。

2）无人驾驶技术也是提升农产品质量与效益的有效途径。随着我国经济的发展迈向新高度，居民的生活水平也随之提高，农民从原来满足于温饱，转变为追求生活品质。将无人驾驶技术深度应用于农业生产领域，能够有效实现精细化的农产品生产与管理，大幅提升现有农产品的质量以及农产品的生产效益。

3）通过无人驾驶技术改造传统农业是时代发展的必然要求。传统农业依靠粗放式的生产要素投入已然在部分地区造成了资源浪费、环境污染和生态破坏。为了节约资源以及保护环境，通过新技术来改造传统农业生产方式是一个重要的发展方向。而无人驾驶作为高新技术的典范，如果能将其与生物、机械工程、节水浇灌等方面结合应用于农业生产中，不但能极大地激发农业生产效率，还能够为节约资源、改善生态环境做出贡献。

虽然智能驾驶在农业应用中具有潜力，可以提高农业生产的效率和可持续性。然而，这一领域也面临一些挑战。农业智能驾驶系统需要能够精确感知周围的农田环境，包括作物、土壤、障碍物等，这要求高度精确的传感器技术，以确保正确的决策和操作；农田条件复杂多变，包括不同类型的土壤、坡度、湿度、杂草和植被，智能驾驶系统需要适应这些变化，以确保适当的操作。此外，智能驾驶的农机作业需要依靠网络、卫星定位等多重技术，而农田作业常存在网络信号不良或无信号、卫星定位精度不高等问题。现阶段，我国农机智能驾驶控制系统产品主要包括收割机无人驾驶控制系统、植保机械无人驾驶控制系统、插秧机无人驾驶控制系统、拖拉机无人驾驶控制系统、田间运输车无人驾驶控制系统等。我国农机无人驾驶控制系统生产企业经过不懈的技术攻关，研发能力得到较大的提升，已打破了国外技术垄断，进入自主研发的发展阶段，实现了"弯道超车"。华测导航、上海联适、黑龙江惠达、丰疆智能等企业自行设计和研制的农机智能驾驶系统所需要的GNSS 接收机，集成 GNSS 高精度板卡、IMU、多制式通信模组、主控 MCU 技术，以及复杂受力状态的横向滑移补偿技术、车轮角度传感器免安装技术、复杂地形农机位姿补偿技术、农机转向自由间隙补偿控制技术、农机运动控制技术、对角耙地全覆盖路径规划技术、基于自我归纳模型的控制参数自适应技术、智能驾驶系统参数相关性建模与自动调整技术，代表了我国农业智驾技术研发水平。

极飞 R150 农业无人车是全球首个量产的农业无人车平台，其中极飞 R150 2022 款农业无人车具有很强的续航能力和高阶智能驾驶能力，能够实现在农田中的精准巡垄作业（图 2-3）。新一代 R150 可以搭载睿割、睿播、睿喷以及弥雾喷杆式的喷洒系统，满足割草、精准撒肥、精准喷洒、防疫消杀等多元作业需求，用户可以通过自动驾驶来遥控作业。

图 2-3 智能驾驶收割机与极飞 R150 农业无人车（图片来源：极飞）

2.5.3 室内场景

室内服务机器人主要应用于室内环境中的导航服务、商业清洁、餐饮配送、无人售货、无人餐厅、家庭等服务场景。室内场景中的智能驾驶技术在多个领域中都取得了显著进展，例如，在自动化仓储和物流领域，智能驾驶 AGV 和机器人被用于自动化仓库中的货物搬运、分拣和库存管理；在医疗保健领域，智能驾驶机器人可在医院自主工作，用于药物分发、病房巡逻、病人服务和手术室中的辅助操作；在清洁和维护方面，智能驾驶机器人被用于室内环境的清洁和维护，如自动吸尘器和自动洗地机；在工程与工业领域，智能驾驶机器人可实现工厂或车间的巡检与维护工作；智能驾驶机器人被用于学校和博物馆等室内场景中，提供导览、教育和娱乐服务。除此之外，室内服务机器人近年来得到广泛关注，可用于家庭等室内环境的服务作业。

与高速公路、城市街道等室外环境相比，智能驾驶技术在室内场景应用具有一定的挑战。在环境感知方面，室内环境通常比室外复杂多变，智能驾驶技术需要能够识别和适应各种室内障碍物、人员和变化的环境条件。在安全性方面，室内场景中，智能驾驶设备必须与人员互动，因此安全性是一个关键挑战，防止与人员发生碰撞以及应对突发情况是必要的。在地图构建与定位方面，由于室内环境的动态开放性与人机共融性，其环境复杂多变，室内地图的维护和更新较为困难，同时由于室内环境一般没有 GPS 信号，其定位问题与室外环境相比也具有一定的独特性。以 TN 70 大型商用清洁机器人为例（图 2-4），它能够自主规划工作路径和避障、自动清扫、消毒；配备自主研发的智能控制系统，实时控制、实时显示，能够在 20ms 内对障碍物做出反应，更好地规避障碍物，有效提升工作效率。

图 2-4 室内智能清洁机器人（图片来源：汤恩智能科技有限公司）

练 习 题

一、选择题

1.【单选】下列哪些不属于当前L2/L2+智能驾驶的场景（　　）。
A. 高速公路　　B. 城区道路　　C. 工业园区　　D. 乡村小路

2.【单选】下列哪种不属于高速公路场景（　　）。
A. 本车道内行驶　　B. 变道　　C. 十字路口　　D. 上下匝道

3.【多选】哪些情况属于本车道内行驶的场景（　　）。
A. 直道行驶　　B. 弯道行驶　　C. 跟车行驶　　D. 前车切入/切出

4.【单选】在泊车场景中，哪些不属于动态障碍物（　　）。
A. 行人　　B. 雪糕筒　　C. 电动车　　D. 四轮车

5.【多选】下列哪些属于在十字路口行驶中，需要处理的行为（　　）。
A. 停车　　B. 直行　　C. 转弯　　D. 掉头

二、填空题

1. 在直道内行驶时，车道保持效果可以使用_____指标来体现。

2. 在弯道内行驶时，主要通过车辆的横向状态参数体现，如_____、_____、侧向加速度等。

3. 智能驾驶车辆变道时的车速范围从最低要求60km/h降到最低45km/h，主要的原因是_____。

4. 目前城区场景的智能驾驶仍然面临着较大挑战，主要包括_____、行人和非机动车辆、复杂的交叉口和转弯、地图数据更新、人工建筑和道路工程等影响因素。

5. 车路协同工作建设内容分布在车端、路端和云端，分别实现_____、_____、_____三大功能。

三、判断题

1. 城市NOA被认为是通往自动驾驶的最后一块拼图，也是智能汽车技术与商业的高地。（　　）

2. 智能驾驶系统控制车辆自动泊入车位的过程中，舒适性不是重要的影响因素。（　　）

3. 当前智能驾驶技术不可用于封闭环境。（　　）

4. 工业园区智能驾驶场景通常属于L3~L4级别。（　　）

5. 在高速智能驾驶中，车速变化时的加减速度影响到用户舒适性体验。（　　）

四、简答题

1. 请简述智能驾驶涉及的主要场景及特点。

2. 请简述高速功能智能驾驶，在本车道行驶时的主要细分场景及涉及的智能驾驶系统影响因素。

3. 请简述城区智能驾驶中十字路口场景特点及重点需考虑的因素。
4. 简述目前城区 NOA 智能驾驶面临的主要挑战。
5. 简述遥控泊车场景下需解决的主要车辆功能及特点。

五、实训题

1. 2024 年初，工信部等五部门联合部署智能网联汽车"车-路-云一体化"应用试点工作，结合智能驾驶调研相关内容。

2. 调研我国的玉兔二号月球车、祝融号火星车与智能驾驶相关的功能材料。

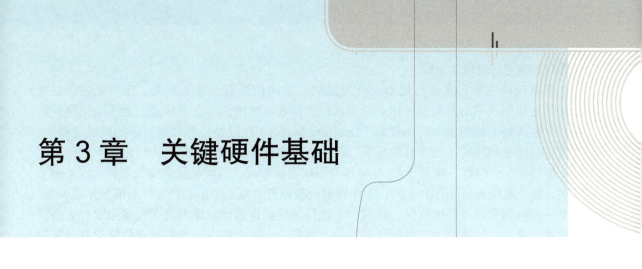

第 3 章　关键硬件基础

本章将着重介绍智能驾驶相关的硬件基础知识。智能驾驶是多种硬件技术及模块的集成，例如各类传感器及计算平台。对于开发者来说，需要重点掌握计算模块（芯片）和传感器模块（视觉）的相关基础知识。本章先介绍智能驾驶的整体硬件架构，之后分别介绍视觉及其他传感器模组，包括相关类型及安装方式。最后，我们将介绍面向各类传感器的计算平台，特别是 AI 芯片技术的演化与发展历程。

3.1　整体架构

智能驾驶汽车作为一个可被控制的人工系统，大致包含以下部分。
1）硬件：传感器、V2V 通信、执行器（发动机、方向盘等）。
2）软件：车载系统，感知、规划和控制软件，以及其他支撑软件。
3）算法与模型：算法和模型都是以软件的形式存在，但是这些算法涉及传感器融合、地图搜索、路径规划、运动规划、运动控制、深度学习、态势评估等。

在详细介绍整体架构前，我们先简要回顾一下硬件、软件、算法与模型三方面的核心知识⊖。在硬件方面，一般选择电动汽车，因为其空间大，电机底层控制要比燃油车底层控制更为简单；在控制器方面，通常选择工控机，根据技术需求选择工控机配置 GPU 等（详见本章计算平台部分）；在通信上，通常使用 CAN 卡，汽车各子系统之间的通信基本上都通过 CAN 协议进行；在定位上，通常使用 GPS+IMU，GPS 用于为车辆提供全球位置信息，惯性测量单元（IMU）提供车体的加速度、角速度、航向等信息；在环境感知上，主要包括摄像头、激光雷达、毫米波雷达、超声波传感器等，用于感知道路信息、交通状况、行人信息，为车辆规划提供大量的信息。

在软件方面，感知模块主要是利用各种传感器数据进行信息融合，进而得到汽车完成任务所需要的信息、保证安全所需要的信息，具体包括障碍物位置、速度，以及行为预测、汽车可行驶的路径、实时交通状况、交通信号与指示信息等（见本书第 6 章）。具体来说，对激光雷达点云图数据进行处理得到行人、车辆、障碍物信息，将图像进行处理得到车道线、可行驶区域、其他车辆、行人、交通标志和信号灯信息。另外，感知模块基于 GPS 和 IMU 系统对无人车进行定位，并利用 SLAM、基于激光点云数据匹配定位的高精度地图等

⊖ 数据来源：https://zhuanlan.zhihu.com/c_147309339。

软件对车辆进行高精度定位。

规划模块主要包含任务规划、行为规划以及动作规划。具体来说，任务规划会根据道路信息规划汽车出发点到目标点应该遵循的路线，解决汽车去去哪儿、走哪条路线的问题，一般规划一到两次；行为规划（Decision Maker）在跟踪任务规划给定的路线过程中，根据实时路况和环境（包含其他车辆、行人、交通信号标志灯）信息，给出汽车的行为序列（比如停车、绕行、超车等），可通过有限状态机实现，通常某段路线规划数十次甚至上百次，整个路线规划成百上千次；动作规划会根据行为规划给定的行为、当前汽车的位置、速度、方向信息以及环境信息，根据汽车执行器的操作范围，规划汽车完成给定行为所需的位置、速度、加速度、方向等状态序列。通常一个模态中，汽车需要迭代优化其动作序列，一个动作对应的轨迹可能不同，比如超车怎么超、绕行绕多远，都得根据实时态势来决定，因此汽车需要实时根据自身状态和环境信息进行动作规划，每次间隔时间在0.1s，可以更小，也可以稍大。最后，控制模块会根据动作规划给定的状态序列、当前汽车的状态，利用反馈控制思路，给出汽车加速、转向、制动等执行器的指令，控制量的改变间隔在10ms左右即可，当然考虑到汽车本身的特性，这个间隔量可以根据性能需求来确定。

在算法与模型方面，每个软件模块的核心是算法，具体来说，感知模块涉及多传感器信息融合技术（卡尔曼滤波等）、模式识别技术、图像处理技术、深度学习技术、SLAM技术、高精地图构建技术等；规划模块涉及地图搜索技术、有限状态机、路径规划算法、轨迹规划算法等；控制模块涉及PID（比例-积分-微分）控制技术、MPC模型预测控制技术等。

下面以百度无人车为例对智能驾驶硬件系统进行讲解。如图3-1（左）所示，该车是百度向AutonomouStuff（简称AS）公司定制的一辆改装车。正如本书第1章所述，自动驾驶创业团队在初期大都找AS购买无人驾驶改装车，且大都基于Linclon MKZ进行自动驾驶研究，这是因为汽车的底层线控系统一般都是封闭的，而福特向AS开放了Linclon MKZ底层线控系统的控制权。其传感器布局如图3-1（右）所示。在控制器方面，Apollo 1.5采用了Nuvo-6108GC控制器，这是因为Apollo 1.5不仅加入了64线激光雷达感知模块，还加入了高精度电子地图引擎，因此无论是完成基于深度学习的障碍物检测、识别功能，还是驱动高精度电子地图引擎，都需要较为强劲的控制器。在惯导方面，Apollo提供了两种方案，包括NovAtel SPAN-IGM-A1及NovAtel SPAN ProPak6 and NovAtel IMU-IGM-A1。在GPS天线方面，Apollo采用NovAtel GPS-703-GGG-HV。在通信方面，Apollo用的CAN卡为ESD CAN-PCIe/402。在激光雷达方面，Apollo用的是64线Velodyne HDL-64E S3。上述硬件外观如图3-2所示。通过这部分的学习，我们也可以了解到，要实现的功能越复杂，所需要的传感器越多，对控制器的性能要求也越高。

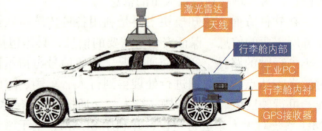

图3-1　百度Apollo无人驾驶汽车及其硬件布局

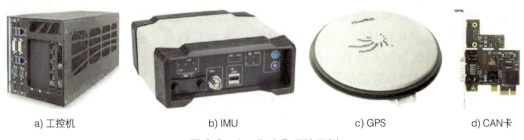

a) 工控机　　　　　b) IMU　　　　　c) GPS　　　　　d) CAN卡

图 3-2　Apollo1.5 硬件示例

图 3-3 展示了 Apollo 技术框架图，从中可以更加宏观地看到硬件部分在整个架构体系中的位置。具体来说，除了第一层在云服务平台（Cloud Service Platform）外，剩下的模块都是需要实时在车上运行的。第二层为自动驾驶系统最为重要的开放软件平台（Open Software Platform），自下而上包含实时操作系统（Real Time Operation System，RTOS）和运行软件所需的框架环境（Runtime Framework），再到上面的各个子模块（地图引擎、定位、感知、规划、控制、端到端、人机界面）。第三层为自动驾驶系统所依赖的硬件平台（Reference Hardware Platform），下面子章节将会详细讲到。最下面一层为车辆平台（Reference Vehicle Platform），不开放这个接口，就无法控制汽车。这里需要指出的是，不同智能驾驶公司所设计的框架图会略有不同，特别是在云端与软件层的差异化设计，硬件上的选型也会考虑更多冗余，但万变不离其宗，基本上都是按照上述层级来组织的。

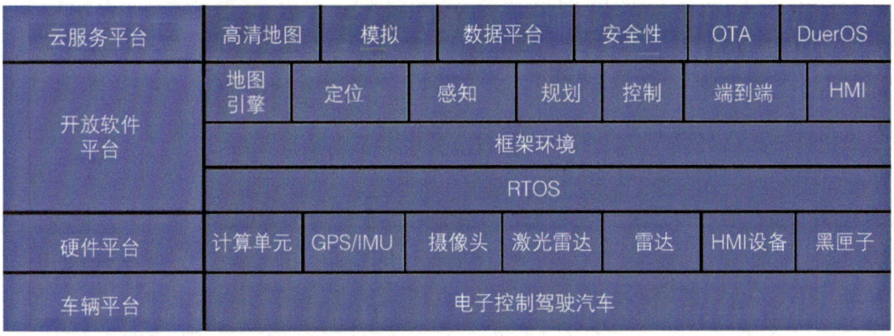

云服务平台	高清地图	模拟	数据平台	安全性	OTA	DuerOS
开放软件平台	地图引擎	定位	感知	规划	控制	端到端	HMI
	框架环境					
	RTOS					
硬件平台	计算单元	GPS/IMU	摄像头	激光雷达	雷达	HMI设备	黑匣子
车辆平台	电子控制驾驶汽车					

图 3-3　Apollo 技术框架

在深入介绍视觉传感器及其计算平台之前，我们先简要了解一下无人驾驶车辆中的 GPS、IMU、VCU 以及 CAN 消息解析中的基础知识。

1. GPS

GPS 是全球定位系统（Global Position System）的简称，常见于汽车及手机等终端设备中。GPS 定位的原理很简单，叫作三角定位法（Triangulation），原理如图 3-4（左）所示。装在无人车上的 GPS 接收机，首先测量无线电信号到达卫星的传播时间，再将传播时间乘以光速，即可得到当前 GPS 接收机到达卫星的距离，有了距离，就可以根据几何原理求得位置了。在空旷且云层稀薄的情况下，无线电信号的传播时间乘以光速与实际的距离接近。但无线电信号的传播时间多少会受到传播介质的影响，诸如云层的稀薄情况、天气好坏等都会影响传播时间，进而影响到距离的计算。距离不准，得到的定位精度就会降低。为了降低天气、云层对定位的影响，工程师们引入了差分 GPS 的技术，如图 3-4（右）所示。

在地面上建基站（Base Station），基站在建立时可以得到基站的精确位置信息（经纬度），同时基站具有接收卫星信号的功能。当基站的 GPS 接收机与车载 GPS 接收机相距较近时（如 <30km），可以认为两者的 GPS 信号通过的是同一片大气区域，即两者的信号误差基本一致。根据基站的精确位置和信号传播的时间，反推此时因天气原因导致的信号传播误差，之后利用该误差修正车载 GPS 信号，即可降低云层、天气等对信号传输的影响。使用差分 GPS 技术，可以使无人车的定位精度从 10m 级别提升至米级。

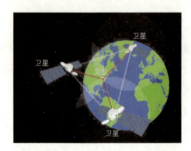 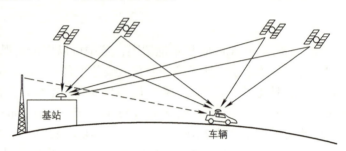

图 3-4　三角定位法原理及差分 GPS 技术

然而，当无人车在高楼林立的环境中行驶时，会出现遮挡和反射问题。具体来说，GPS 接收机在高楼周围，很容易失去某一方向、所有的卫星信号，仅依靠另外三面的卫星信号求得的定位结果，在精度上很难满足无人驾驶的需求。另外，在高楼周围也可能导致原本收不到的卫星信号经过大楼楼体的镜面反射被接收到，这种信号被称为多路径信号（Multi-Path Signal）。根据多路径信号计算得到的距离会明显大于实际距离。而无人车是很难判断当前接收到的信号是单路径还是多路径的。除此之外，GPS 定位频率并不高，只有 10Hz，即 100ms 才能定位一次。假设一辆汽车正以 72km/h（20m/s）的速度在路上直线行驶，GPS 定位的周期为 100ms，则一个周期后，汽车相对于前一次定位的结果移动了 20m/s × 0.1s = 2m，即两次的定位结果相距 2m。如果无人车行驶在一条有曲率的路上，那就意味着，每隔 2m，才能根据自车所在的位置进行一次控制（方向盘转角、节气门开度等）的计算。这种控制频率下的无人车在实际轨迹两侧忽左忽右，无法精确地沿着轨迹行驶。鉴于以上各种原因，可以看出，单靠 GPS 这一种传感器，无人车在复杂场景中很难实现精确及高频定位。为了解决以上问题，工程师引入了其他传感器信号（IMU、激光、视觉），以提高无人车的定位频率和精度。

2. IMU

IMU 是惯性测量单元（Inertial Measurement Unit）的简称，小到每天使用的手机，大到导弹、宇宙飞船都会用到 IMU，区别在于成本和精度。IMU 的原理可以用一个简单的例子来说明：当我们晚上回到家，发现家里停电，眼睛在黑暗中什么都看不见的情况下，只能根据自己的经验，极为谨慎地走小碎步，并不断用手摸周围的东西（比如冰箱），用以确定自己所在的位置，IMU 的定位原理和黑暗中走小碎步很相似。然而，由于自己对步长的估计和实际走的距离存在误差，走的步数越来越多时，自己估计的位置与实际的位置相差会越来越远。如图 3-5a 所示：走第一步时，估计位置（黑人所在位置）与实际位置（白人所在位置）还比较接近；但随着步数增多，估计位置与实际位置的差别越来越大。图中的小人只朝一个方向移动，是一维的，根据此方法推广到三维，就是 IMU 的原理。学术上的描述是，以牛顿力学定律为基础，通过测量载体在惯性参考系的加速度，将它对时间进行积分，且把它变换到导航坐标系中，就能够得到在导航坐标系中的速度、偏航角和位置等信息。

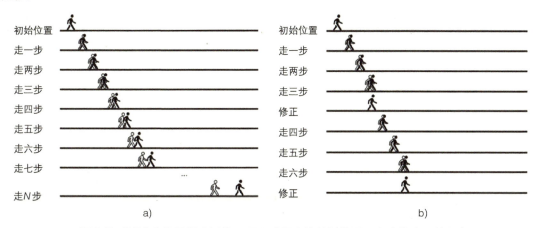

图 3-5　IMU 定位误差及其修正原理（黑人为估计位置，白人为实际位置）

根据不同的使用场景，对 IMU 的精度有不同的要求。精度高，也意味着成本高，图 3-6 展示了 IMU 的精度、价格和使用场景。从图中可以看出，普通的消费级电子产品所使用的 IMU 都是低精度且十分廉价的，这种 IMU 普遍应用于手机、运动手表中，常用于记录行走的步数。而无人驾驶所使用的 IMU，价格从几百元到几万元不等，取决于该无人驾驶汽车对定位精度的要求。精度更高的 IMU 则用于导弹或航天飞机。以导弹为例，从导弹发射到击中目标，宇航级的 IMU 可以达到极高精度的推算，误差甚至可以小于 1m。

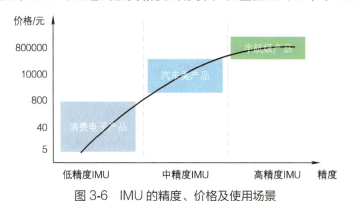

图 3-6　IMU 的精度、价格及使用场景

除了精度和成本特性外，IMU 还有两个十分关键的特性。一是更新频率高，工作频率可以达到 100Hz 以上。二是短时间内的推算精度高，不会有太大的误差。为了弥补累计误差缺陷，一个容易想到的方案就是走到一定步数以后进行一次修正，如图 3-5b 所示。具体来说，可以使用 GPS 对 IMU 误差进行修正，而 IMU 的两个特性又刚好可以弥补 GPS 在定位频率上的劣势，于是 GPS+IMU 成为自动驾驶领域的黄金搭档。回到上面的故事中，GPS 的作用就类似于摸到东西之后对自己的位置进行的修正，IMU 的作用就类似于小碎步，不断地对自己的位置进行推算。于是在不断的推算和修正中，就能保证自己的定位相对稳定，如图 3-5b 所示。

在无人驾驶系统中，GPS 的更新频率一般为 10Hz，IMU 的更新频率一般为 100Hz。换句话说，两个传感器共同工作时，每 100ms 用 GPS 修正汽车的实际位置，两个 100ms 之间用 IMU 预测 9 次，就可以给出频率 100Hz 的定位输出。运行在控制器上的软件对信息的处理流程在时间维度上类似图 3-7：在 0～100ms 的周期中，使用 IMU 进行 9 次位置的估计，待得到新的 GPS 定位数据时，则进行修正，以此实现高频率的定位结果输出，GPS 与 IMU 便相辅相成地实现了无人车的稳定定位。

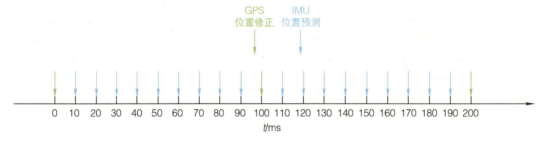

图 3-7　GPS+IMU 信号处理时序图

3. VCU

VCU（Vehicle Control Unit）被称为汽车控制单元，它通过 CAN 总线与汽车的发动机、变速器、加速踏板、制动踏板、车身控制器等各种电子设备通信，读取各个控制单元的工作状态，并在需要时对它们进行控制。如果把汽车比作人，那么 VCU 就是人的大脑。这里记载了汽车底盘的状态（车速、加速踏板开度、制动踏板状态、方向盘转角等）、汽车车身的状态（车门状态、车窗状态、前照灯状态、转向灯状态等）以及发动机的状态（转速、输出转矩、燃油消耗等）。VCU 作为上层算法和底盘控制的接口，不仅承担着控制汽车加减速、转向的工作，还承担着将底盘信息精确且及时传递到算法层的工作。下面从 VCU 信号的类型和 VCU 信号的应用两方面进行讲解。

表 3-1 列出了大部分 VCU 所监控的信号。VCU 监控的信号因车而异，越豪华的汽车，其具备的传感器越丰富，所能提供的 VCU 信号也越丰富。在 VCU 信号应用方面，这里主要介绍两大类应用方式：障碍物运动状态计算和航位推算。

表 3-1　百度 Apollo 2.5 中提供的 VCU 信息

名称	缩写	内容
汽车类型	Type	如奇瑞 EQ 和长安睿骋。由于不同车型的动力系统、尺寸、功能配置都不尽相同，而且安装各种传感器的位置、角度也会存在差异，因此需要根据 Type 值向无人驾驶系统中导入不同的参数，这样才能保证计算的准确性
基本信号	BasicInfo	包括当前的车辆驾驶状态、发动机状态、安全气囊状态、里程数、ACC 按钮状态、LKA 按钮状态、GPS 信息
安全相关	Safety	包括车门、发动机舱盖、行李舱是否关闭，驾驶员和乘客的安全带是否系上，四个轮胎的胎压是否正常，电池是否有电，车辆的驾驶模式。值得一提的是车辆驾驶模式。BasicInfo 中已经有了车辆驾驶状态，分为自动驾驶和人为驾驶。这里的驾驶模式还有一个中间状态，即半自动驾驶模式，无人驾驶系统只控制方向盘或只控制加速和制动踏板。比如自适应巡航（ACC）功能，就是一种半自动驾驶模式。半自动驾驶模式能够将汽车的横向控制（转弯、换道）和纵向控制（加速、减速）解耦，即单独地进行一个维度的调试，这样可以提升工程师的调试效率

(续)

名称	缩写	内容
变速器状态	Gear	变速器状态直接影响车辆的行驶。例如车辆停车时，需要给变速器置于 P 位的消息；当汽车泊车时，需要在 D 位、R 位之间来回切换
发动机管理系统	EMS	用于查看当前发动机的状态，比如发动机的转速
车辆电子稳定系统	ESP	用于查看和控制车辆电子稳定系统的状态
加速踏板开度	GAS	通过控制加速踏板的开度，可以实现加减速。同时可以反馈无人驾驶状态下，测试员是否接管了加速踏板
电子驻车制动	EPB	用于查看电子驻车制动状态。一般在控制车辆运动时，查看电子驻车制动器是否释放
制动踏板开度	Brake	用于查看和控制制动踏板的开度。同时可以反馈无人驾驶状态下，测试员是否接管了制动踏板
制动压力	Deceleration	用于查看当前制动器制动压力的大小
汽车速度	VehicleSpd	汽车速度信号除了包含速度数值外，还包含当前汽车的行驶方向、四个轮胎的速度、偏航角的变化率（YawRate）等
电动助力转向	EPS	包含当前方向盘的转角、转角的变化率和驾驶员施加的力矩。当处于无人驾驶状态时，控制器需给 EPS 系统输入转动方向和转动角度
信号灯	Light	描述车身电器设备信号，如前照灯、左右转向灯、刮水器档位开关、喇叭开关。特斯拉就是通过读取拨杆（左右转向灯）状态获取驾驶员换道意图的
电池状态	Battery	用于查看电池电量或燃油量信息
周边环境状态	Surround	某些具备 ADAS 功能（如盲点辅助预警，偏离车道预警）的车型会将部分预警信息存于该信号中。安装在车身上的超声波传感器的消息也存在该信号中

1）障碍物运动状态计算：车载传感器（激光雷达、毫米波雷达、摄像机）检测的障碍物速度都是相对速度，因此需要结合自车车速才能确定障碍物的绝对速度，进而根据绝对速度确定障碍物的运动状态（静止、靠近、远离）。以毫米波雷达为例，如图 3-8 所示，在自车坐标系下自车的车速用蓝色的箭头和字母表示，障碍物位置和障碍物速度在 x 方向与 y 方向的分量用绿色表示。将自车车速 v 和障碍物速度在 x 方向上的分量进行叠加，即可得到障碍物在 x 方向上速度量的绝对值，用 v_a 表示。接下来可以通过判断 v_a 的大小和方向，进而得到当前障碍物在实际的交通场景中的运动趋势。

2）航位推算：航位推算（Dead Reckoning, DR）是指在丢失定位的情况下，使用自车传感器的信息，推测当前时刻，以及自车所在位置与上一时刻所在位置的相对关系。在介绍航位推算时，首先需要了解汽车的运动学模型。汽车的运动学模型一般是四轮模型，不过为了计算方便，很多情况下，工程师会将四轮模型简化成两轮模型，即自行车模型（图 3-9）。由图可知，汽车的车轮转角为 δ_f，但这并不意味着汽车的运动角度为 δ_f。

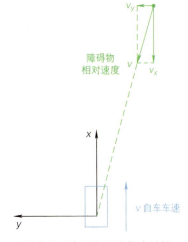

图 3-8 障碍物运动状态计算

分别做垂直于后轮和前轮的射线，这两条射线会交于 O 点，两轮模型会绕 O 点进行运动，在短时间 dt 内，可以认为 O 点不动。连接 O 点和汽车的质心成一条线段，实际汽车的

运动方向 v 将垂直于该线段。运动方向 v 与车身方向所成的夹角 β，这个角度一般称为偏航角。基于先前的假设可以推导出 β 和 δ_f 的近似关系如下：

$$\beta = \arctan\left(\frac{l_r}{l_f + l_r}\tan\delta_f\right)$$

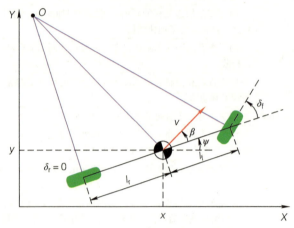

图 3-9 用于航位推算的自行车模型

假设 t 时刻的汽车状态为 x_t，y_t，经过 dt 时间后的 $t+1$ 时刻，状态为 x_t+1，y_t+1，则他们之间的关系为

$$x_{t+1} = x_t + v_t \cos(\psi_t + \beta)dt$$

$$y_{t+1} = y_t + v_t \sin(\psi_t + \beta)dt$$

根据以上理论，即可在丢失定位信息后的短时间内，依靠自身的传感器信息，进行位置和位姿估计。

4. CAN

控制器局域网（Controller Area Network，CAN）总线在整个无人驾驶系统中有着十分重要的作用。除了 VCU 信号需要通过 CAN 总线进行传输外，无人车上的某些传感器的信号传递也是通过 CAN 实现的。CAN 通信是一套高性能、高可靠性的通信机制，目前已广泛应用在汽车电子领域。本节的重点在于无人驾驶系统获取到 CAN 消息后，如何根据 CAN 协议，解析出想要的数据。从 CAN 总线中解析出传感器的信息，可以说是每个自动驾驶工程师，甚至每个汽车电子工程师必备的技能。依然以 Apollo 为例，每一帧 CAN 消息（命名为 CanFrame）的结构中包含 4 个关键信息，分别是：

1）CAN 消息 ID 号（id）：类型为 uint32_t，由于 CAN 总线上存在大量 CAN 消息，因此两个节点进行通信时，会先看 id 号，以确保这是节点想要的 CAN 消息。最初的 CAN 消息 ID 号的范围是 000～7FF（16 进制数），但随着汽车电控信号的增多，需要传递的消息变多，消息 ID 号不太够用了。工程师在 CAN 消息基础上，扩展了 ID 号的范围，大大增加了 ID 号的上限，并将改进后的 CAN 消息称为"扩展帧"，旧版 CAN 消息称为"普通帧"。

2）CAN 消息的有效长度（len）：类型为 uint8_t，即每一帧 CAN 消息能够传递最多 8 个无符号整形数据，或者说能够传递 8×8 个 bool 类型的数据。这里的 len 最大值为 8，如果该帧 CAN 消息中有些位没有数据，则 len 就会小于 8。

3）CAN 消息实际数据（data）：类型为 uint8_t，每一帧 CAN 消息都包含至多 8×8 个 bool 类型的数据。在没有 CAN 协议帮助解析的情况下，这里的数据无异于乱码，根本无法得到有用的消息，这也是 CAN 消息难以破解的原因之一。

4）CAN 消息的时间戳（timestamp）：时间戳表示的是收到该 CAN 消息的时刻。通过连续多帧的时间戳，可以计算出 CAN 消息的发送周期，也可以判断 CAN 消息是否被持续收到。

综上，每帧 CAN 消息中最重要的部分其实是 data，即 8×8 的 bool 值。所谓解析 CAN 消息，其实就是解析这 8×8 个 bool 类型的值。目前业界的 CAN 协议，都是以扩展名为 dbc 的文件进行存储的。德国 Vector 公司提供的 CANdb++ Editor 是一款专门用于阅读 dbc 文件的软件。图 3-10 所示为 Mobileye 提供的车道线的 dbc 文件。以 ID 号为 0x766 的 LKA_Left_Lane_A 为例，这是 Mobileye 检测无人车左侧车道线的部分信息，包括左侧车道线的偏移量、曲率等。该帧 CAN 消息（Message）中的六个信号（Signal），分别是 Lane_Type、Quality、Curvature、Curvature_Derivative、Width_left_marking、Position。与此类似，VCU、雷达等也通过 CAN 总线传递信号，但随着 CAN 的负载越来越高，很多传感器选择了其他通信方式。比如激光雷达的点云数据量太过庞大，使用局域网的方式进行传递；GPS 和惯导使用串口进行通信。虽然通信方式和通信协议千差万别，但解析的方法都是一样的。有了上面的基础知识，接下来详细了解视觉相关硬件。

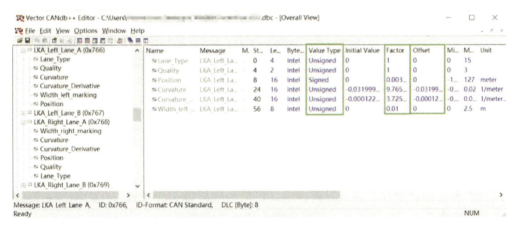

图 3-10　CANdb++ Editor 操作界面

3.2　视觉传感器

为了能让无人车像人一样，遇到障碍物或红灯就减速，直到停止；遇到绿灯或前方无障碍物的情况，进行加速等操作，这就需要车载传感器去感知周围的环境。应用于智能驾驶车辆上的视觉传感器目前有四大类，分别是摄像头、激光雷达、毫米波雷达和超声波传感器。不同的传感器根据其传感特性，布置在车身的不同位置。图 3-11 展示了一种常见的视觉类传感器布局图，每个编号的传感器具体信息见表 3-2。

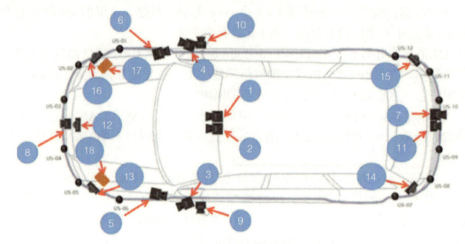

图 3-11　智能驾驶视觉传感器布局图

表 3-2　视觉类传感器列表

编号	类型	标准名称	编号	类型	标准名称
1	前向双焦距摄像头	Main Camera	10	泊车摄像头	Right Fisheye
2	前向双焦距摄像头	Narrow Camera	11	泊车摄像头	Rear Fisheye
3	侧前摄像头	Left Corner Camera	12	毫米波雷达	Front Main Radar
4	侧前摄像头	Right Corner Camera	13	毫米波雷达	Front Left Radar
5	侧后摄像头	Left Wing Camera	14	毫米波雷达	Rear Left Radar
6	侧后摄像头	Right Wing Camera	15	毫米波雷达	Rear Right Radar
7	后向摄像头	Rear Camera	16	毫米波雷达	Front Right Radar
8	泊车摄像头	Front Fisheye	17	激光雷达	Front Left Lidar
9	泊车摄像头	Left Fisheye	18	激光雷达	Front Right Lidar

3.2.1　摄像头类型

如图 3-12 所示，传感器的搭配是有一定规律的，并且随着传感器的增多，对芯片处理能力的要求也会随之增加。在实际搭建中，摄像头根据镜头和布置方式的不同主要有以下四种：单目摄像头、双目摄像头、三目摄像头和环视摄像头。

1）单目摄像头：单目摄像头模组只包含一个摄像头和一个镜头。由于很多图像算法都是基于单目摄像头开发的，因此相对于其他类别的摄像头，单目摄像头的算法成熟度更高。但是单目有着两个先天的缺陷。一是它的视野完全取决于镜头，焦距短的镜头视野广，但缺失远处的信息，反之亦然。因此单目摄像头一般选用适中焦距的镜头。二是单目测距的精度较低，摄像头的成像图是透视图，即越远的物体成像越小。近处的物体，需要用几百甚至上千个像素点描述；而处于远处的同一物体，可能只需要几个像素点即可描述出来。这种特性会导致越远的地方，一个像素点代表的距离越远，因此对于单目摄像头来说物体越远，测距的精度越低。

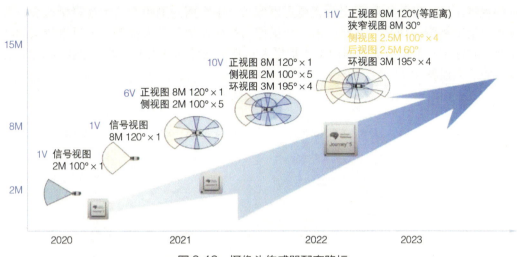

图 3-12 摄像头传感器配套路标

注:"M"表示"百万像素"。

2)双目摄像头:由于单目测距存在缺陷,双目摄像头应运而生。相近的两个摄像头拍摄物体时,会得到同一物体在摄像头的成像平面的像素偏移量。有了像素偏移量、相机焦距和两个摄像头的实际距离这些信息,根据数学换算即可得到物体的距离。双目测距原理应用在图像上的每一个像素点时,即可得到图像的深度信息。深度信息的加入,不仅能便于障碍物的分类,更能提高高精度地图定位匹配的精度。虽然双目摄像头能得到较高精度的测距结果并提供图像分割的能力,但是它与单目摄像头一样,其视野完全依赖于镜头。而且双目测距原理对两个镜头的安装位置和距离要求较高,这会给相机的标定带来麻烦。

3)三目摄像头:由于单目和双目都存在某些缺陷,因此广泛应用于无人驾驶的摄像头方案为三目摄像头。三目摄像头其实就是三个不同焦距单目摄像头的组合。图 3-13 为特斯拉 AutoPilot 2.0 安装在风窗玻璃下方的三目摄像头。根据焦距不同,每个摄像头所感知的范围也不尽相同。如图 3-14 所示,三个摄像头的感知范围由远及近,分别为前视窄视野摄像头(最远感知 250m)、前视主视野摄像头(最远感知 150m)及前视宽视野摄像头(最远感知 60m)。对摄像头来说,感知的范围要么损失视野,要么损失距离。三目摄像头能较好地弥补感知范围的问题,因此在业界被广泛应用。在测距精度上,由于三目摄像头每个

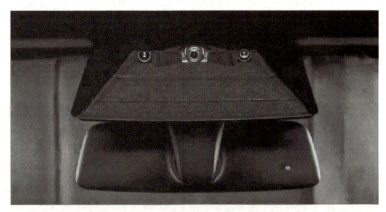

图 3-13 部分车型上使用的三目摄像头(图片来源:特斯拉 AutoPilot 2.0)

相机的视野不同,近处的测距交给宽视野摄像头,中距离的测距交给主视野摄像头,更远的测距交给窄视野摄像头。这样一来每个摄像头都能发挥其最大优势。三目摄像头的缺点是需要同时标定三个摄像头,因而工作量更大;其次软件部分需要关联三个摄像头的数据,对算法要求也很高。

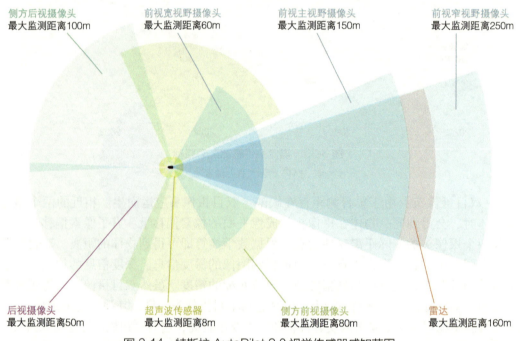

图 3-14 特斯拉 AutoPilot 2.0 视觉传感器感知范围

4)环视摄像头:上面提到的三款摄像头所用的镜头都是非鱼眼的,环视摄像头的镜头是鱼眼镜头,而且安装位置是朝向地面的。某些高配车型上会有"360° 全景显示"功能,所用到的就是环视摄像头。图 3-15 所示为安装于车辆前方、车辆左右后视镜下和车辆后方的四个鱼眼镜头采集的图像。在真实场景中,四个环视摄像头有严格的安装要求,表 3-3 展示了真实操作中的一个示例。鱼眼摄像头为了获取足够大的视野,代价是图像的畸变严重。通过标定值进行图像的投影变换,可将图像还原成俯视图的样子。之后对四个方向的图像进行拼接,再在四幅图像的中间放上一张车的俯视图,即可实现从车顶往下看的效果(图 3-16)。环视摄像头的感知范围并不大,主要用于车身 5~10m 内的障碍物检测、自主泊车时的库位线识别等。

图 3-15 四个鱼眼镜头示例(图片来源:Aliexpress)

表 3-3 环视摄像头安装要求

名称	大概位置	具体位置	误差
前环视	进气格栅、前保险杠上方	安装高度：0.4～0.8m	安装误差：±0.01m
		与后轮车轴水平距离：3～4.2m	安装误差：±0.01m
		与车中轴线水平距离：0～0.2m	安装误差：±0.01m
		俯仰角：−15°	俯仰角：±1°
		旋转角：0°	旋转角：±1°
		横摆角：0°	横摆角：±1°
右环视	右后视镜最外侧下方	安装高度：0.8～1.2m	安装误差：±0.01m
		与后轮车轴水平距离：1.5～3m	安装误差：±0.01m
		与车中轴线水平距离：0.8～1.1m	安装误差：±0.01m
		俯仰角：−25°	俯仰角：±1°
		旋转角：0°	旋转角：±1°
		横摆角：−90°±1°	横摆角：±1°
左环视	左后视镜最外侧下方	安装高度：0.8～1.2m	安装误差：±0.01m
		与后轮车轴水平距离：1.5～3m	安装误差：±0.01m
		与车中轴线水平距离：0.8～1.1m	安装误差：±0.01m
		俯仰角：−25°	俯仰角：±1°
		旋转角：0°	旋转角：±1°
		横摆角：90°±1°	横摆角：±1°
后环视	牌照灯、后保险杠上方	安装高度：0.6～1.2m	安装误差：±0.01m
		与后轮车轴水平距离：0.6～1.2m	安装误差：±0.01m
		与车中轴线水平距离：0～0.2m	安装误差：±0.01m
		俯仰角：−15°	俯仰角：±1°
		旋转角：0°	旋转角：±1°
		横摆角：180°±1°	横摆角：±1°

图 3-16 拼接后的俯视图示例

3.2.2 摄像头布局

传感器的布局与智能驾驶的功能等级是密切相关的,在真实开发中,视觉传感器的布局一般会按照场景需求来设计,换句话说,图 3-11 中的传感器布局会进行相应调整,进而节省开支。

1. 不同场景的传感器布局

(1) L2 L2 级别的智能驾驶是面向高速场景的辅助驾驶,主要关注区域是车辆前方,因此传感器的布局以朝前为主,包括摄像头、毫米波雷达以及固态激光雷达都是覆盖前视的一定范围,如图 3-17 所示。

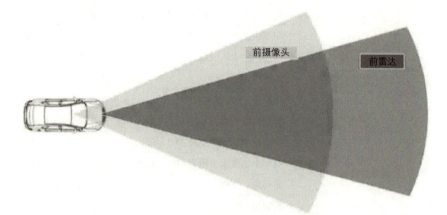

图 3-17 L2 级别自动驾驶的传感器一般布局方式

(2) L2+ L2+ 以上面向城区的高级驾驶辅助系统面临的场景更加复杂。为满足车身 360° 的感知需求,需要通过不同传感器之间的合理组合布置,实现对车体周围 360° 的覆盖以增加安全冗余。不同传感器的感知范围均有各自的优势和局限性,当前发展的趋势是通过信息融合技术弥补单个传感器的缺陷,从而提高整个智能驾驶系统的安全性和可靠性。L2+ 以上的智能驾驶系统传感器布局的主要特点是(图 3-18):

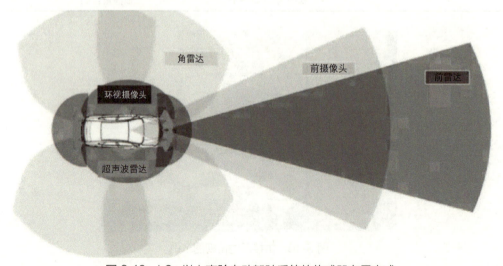

图 3-18 L2+ 以上高阶自动驾驶系统的传感器布局方式

1)前视通常采用中远近三种不同的焦距的摄像头(俗称大小眼),以满足远中近距离的感知需求,最远可以观测到250m。

2)车周身采用多个窄角摄像头构成360°的范围覆盖,保证车身无死角,可以观测各个方向的场景情况。

(3)自主泊车 自主泊车功能通常需要对20m及以内的近距离环境进行360°的观测,窄角摄像头由于安装高度和角度的原因无法对近距离形成有效观测。目前业界主流的做法是在车身前后左后安装总共4颗鱼眼摄像头,形成360°的观测,安装位置和角度相较于窄角更低,以便更清晰地对近距离场景进行观测(图3-19)。除此之外,还会安装多颗超声波传感器和角雷达进行障碍物探测。

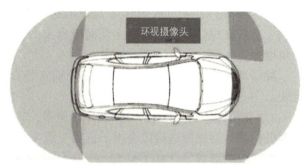

图3-19 泊车场景的传感器布局示意图

2. 真实案例

基于上述理论,在真实操作中,不同的厂商对于前视摄像头的配置以及周视的重合(Overlap)程度会略有不同,但是整体上都遵循满足车身360°感知需求以及前视中近远距离感知的准则。这种摄像头布局方式可以同时满足高速、城区、泊车3大场景的感知需求。下面举三个例子。

图3-20展示了小鹏汽车XPilot 3.0传感器布局方案,配备了13个摄像头(前三目、4颗ADAS摄像头、4颗泊车360°环视摄像头、1颗车内人脸识别摄像头、1颗行车记录仪摄像头)、5颗毫米波雷达、12颗超声波传感器,以及特斯拉不具备的双频高精度GPS、高精度地图定位和V2X技术。特别是在视觉感知方面,小鹏XPilot 3.0和与特斯拉Autopilot 3.0有很多相似之处,首先是正前方的三目摄像头(安装在前风窗玻璃上的3颗摄像头)均

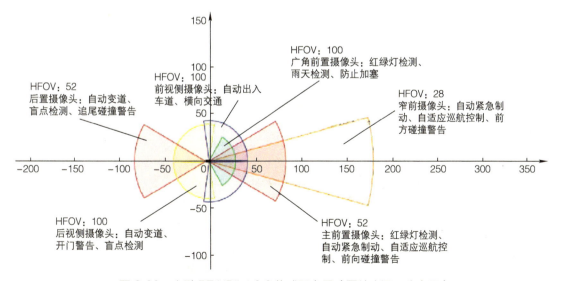

图3-20 小鹏P7 XPilot 3.0传感器布局(图片来源:牛车网)

为 2M 像素，帧率 15/60fps，按水平视场角（Horizon Field of View，HFOV）分为：

1）远距感知（HFOV 28）：窄视角的前向摄像头，分辨率 1828×948，15fps，可感知 150m 以上的路面情况，用于自动紧急制动（AEB）、自适应巡航（ACC）和前向碰撞预警。

2）中距感知（HFOV 52）：主前向摄像头，有效距离 30～70m，用于交通信号灯检测（会看红绿灯）、AEB、ACC、前向碰撞预警和车道感知。

3）近距感知（HFOV 100）：宽视角的前向摄像头，有效范围 40m 内，用于交通信号灯检测（会看红绿灯，用于辅助主前向摄像头）、雨量检测（自动刮水要靠它）和防加塞（看的角度更广）。

除了前向三目之外，其左右车身分别安装有 1 颗侧视摄像头，尾部安装有 1 颗后视摄像头。

1）侧视摄像头（HFOV 100）：1M 像素，30fps，分辨率 457×237，用于防加塞和侧向车辆的检测；后视侧边摄像头用于自动变道（ALC）、开门预警和盲区检测。

2）后视摄像头（HFOV 52）：与主前向摄像头一致，2M 像素，帧率 30fps，用于 ALC、盲区检测和追尾预警。

图 3-21 展示了小马智行第六代自动驾驶系统传感器布局，具体包含 4 个位于车顶的固

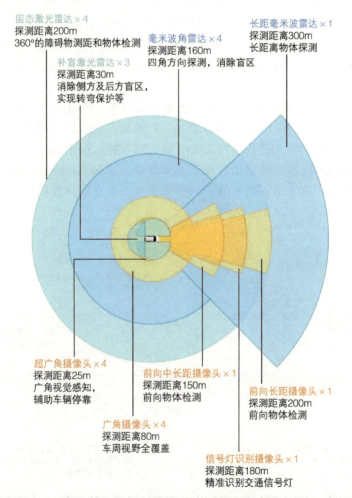

图 3-21　小马智行第六代自动驾驶系统传感器布局（图片来源：创氪）

态激光雷达（首次采用），3 个分布在左右两侧和后向的补盲激光雷达，4 个位于车顶四角的毫米波角雷达，1 个前向长距毫米波雷达，以及 11 个分布在车顶和车身四周的摄像头，总数量达 23 个。而在地平线的高阶自动驾驶方案（SuperDrive）中（图 3-11），涉及 11 颗摄像头、5 颗毫米波雷达，同时还可选配 3 颗固态激光雷达。其中周视传感器方案涉及 7 颗摄像头：前向 2 颗双焦距摄像头，主相机负责中距离感知，窄角摄像头负责远距离感知；侧视包含 2 颗侧前摄像头，负责左前和右前中距离感知，2 颗侧后摄像头，负责左后和右后中距离感知；后视包含 1 颗后向摄像头，负责后视中距离感知。环视传感器方案涉及 4 颗摄像头，安装在前后左右四个方位，负责环视近距离的感知，有利于泊车场景近距离感知。除此之外，SuperDrive 的传感器方案还配备了 5 颗毫米波雷达，前视毫米波雷达负责车前感知，左前右前 2 个毫米波雷达负责左前和右前的近处感知；左后右后 2 个毫米波雷达负责左后和右后的近处感知；同时，还包含可选配的 3 个固态激光雷达，针对车前区域 180° 设置了 3M1 感知方案，大大增强了车辆前视的环境感知能力。

3.2.3 摄像头标定

传感器安装完成之后，数据都是在各自传感器的坐标系下生成，要实现不同传感器之间的数据关联和融合，还需要对不同的传感器进行内外参标定以及时间同步操作。

1. 内外参标定

传感器的标定分为内参标定和外参标定。内参标定主要是与传感器自身相关的参数，常见的如相机的焦距、镜像畸变系数、IMU 的 Bias 协方差等。每个传感器都有自己的安装位置和角度，安装角度和位置决定了传感器的自身坐标系。如图 3-22 所示，不同的传感器

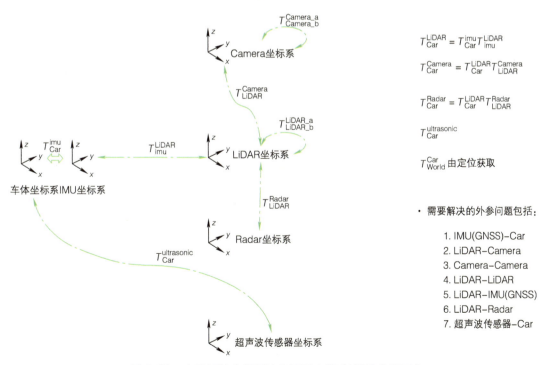

图 3-22　自动驾驶中常用的坐标系介绍（VCS 坐标系）

都位于一个统一的车体坐标系（即 VCS 坐标系）。外参标定的最终目的是获取不同传感器相对于 VCS 坐标系的变换，通常表示为一个 6 自由度的刚体变换。

表 3-4 展示了常见内外参标定方法，下面介绍部分内容。

表 3-4 常用内外参标定方法

传感器	参数名	类型	标定方法文章名
Camera	K, d, c	内参	A Flexible New Technique for Camera Calibration（即张正友标定法）
IMU	Bias, Scale, Misalignment	内参	A Robust and Easy to Implement Method for IMU Calibration without External Equipments
Camera-Camera	R, t	外参	Rolling Shutter Camera Calibration
Lidar-Camera	R, t	外参	Fast Extrinsic Calibration of a Laser Rangefinder to a Camera
Lidar-Lidar⊖	R, t	外参	Automatic Calibration of Multiple 3D LiDARs in Urban Environments
Lidar-Radar	R, t	外参	Extrinsic 6DoF Calibration of 3D LiDAR and Radar
Lidar-IMU	R, t	外参	1. A Novel Multifeature Based On-Site Calibration Method for LiDAR-IMU System 2. 3D Lidar-IMU Calibration based on Upsampled Preintegrated Measurements for Motion Distortion Correction 3. Balm：Bundle adjustment for lidar mapping
IMU-GNSS	R, t	外参	Robust Accurate LiDAR-GNSS/IMU Self-Calibration based on Iterative Refinement
Camera-IMU	R, t	外参	Online temporal calibration for camera–IMU systems：Theory and algorithms

注：上述标定方法为经典方法，可在搜索引擎中按名搜到。

（1）**相机内参** 相机内参主要是与相机本身性质相关的参数，包括相机的焦距、光心以及畸变系数。相机内参模型使用最广泛的是针孔模型，而视野广、畸变大的相机则会选择鱼眼模型或者全景模型。内参的物理意义与相机模型强相关，我们常用小孔相机模型进行介绍。相机的等效焦距与光心可表示为一个矩阵 K：

$$K = \begin{pmatrix} f_x & 0 & c_x \\ 0 & f_y & c_y \\ 0 & 0 & 1 \end{pmatrix}$$

式中，f_x、f_y 为相机的焦距，即相机镜头光心到成像平面的距离，一般情况下两者相等；c_x、c_y 则是光心（即主点坐标，相对于成像平面）。

畸变系数 d 由径向畸变系数（k_1, k_2, k_3）和切向畸变系数（p_1, p_2）两部分组成，其中径向畸变发生在相机坐标系转图像物理坐标系的过程中，而切向畸变则发生在相机制作

⊖ Lidar 与 Lidar 的标定其实就是两个点云校准配对的方式，一般使用 PCL 库即可。

过程中。常用的标定库或工具有 OpenCV、calibtoolkit、cam_lidar_calib 等㊀。

（2）IMU 内参　IMU 内参有 3 个主要影响因素：Bias、Scale、Misalignment。Bias 零偏是 IMU 传感器生产出来后就存在的偏移值，但在实际使用中零偏很容易补偿，例如在初始启动过程中利用几秒钟的静态数据求平均即可消除大部分。Scale 可以看成是实际值和输入值之间的比值。Misalignment 则要解决陀螺仪和加速度计的相对旋转及轴正交问题。IMU 的 Scale/Misalignment/Bias 对于每个硬件都不相同，因此在数据手册中一般没有这些数据，而且 Scale/Misalignment/Bias 的建模方法也有很多，常用的建模方法有 IMU_TK。

（3）相机外参　相机外参标定方法可以分为离线标定和在线标定两种。离线标定又称工厂标定，主要采用高精度标定板辅以高精度转台进行标定（图 3-23）。该方法标注精度高，但是受限于标定设备只能定期进行线下标注，无法实时对因车辆抖动或者变形而造成的外参偏差进行标定。在线标定，顾名思义就是在车端实时试运行的标定算法，这种算法精度比离线标定低，但是能够捕捉传感器的实时变化。传感器的内参一经标定之后，在较长时间内变化较小，因此一般采用离线标定法，而传感器外参则可以根据实际需求选择离线标定或者在线标定。标定车间是一个高度定制化的场地，主要由标定标志物、标定平台以及照明设备组成。标定标志物目前主要指标定板，包括棋盘格标定板、ArUco 标定板、圆形网格标定板以及 ChArUco 标定板等（图 3-24）。

图 3-23　工厂标定厂间示意图

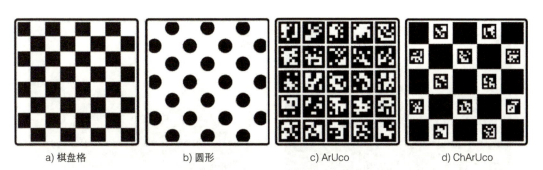

图 3-24　常用标定板示意图

㊀　详见 https://bbs.huaweicloud.com/blogs/358368。

相机外参标定的关键在于特征点的提取和匹配，获取特征点及匹配关系之后通过 3D 几何即可求解坐标系之间的刚体变换。离线标定和在线标定的主要区别在于特征的形式以及提取的方式。在线标定使用特定的标定板，以便于稳定地提取高精度的特征点。标定板通常具有固定的设计好的图像模式，一旦识别出关键点就能同时获取关键点的匹配关系。常用的标定板有棋盘格、不对称的圆、ChArUco 三类，其中棋盘格标定板是业界最流行、最常见的。

棋盘格标定板的格子一黑一白，横竖阵列排列，主要应用在线阵 / 线扫相机。为了保持旋转不变，棋盘格行数必须是偶数，列数必须是奇数，或者相反。棋盘格检测精度相对圆形标定板低一些，可能是因为实际的棋盘格标定板的边缘存在过渡带，不是直接地由白瞬间变黑，但不存在偏心误差，这是由于空间中两条相交直线的交点，投影到二维图像上仍然是这两条投影直线的交点，故棋盘格检测不存在偏心误差。棋盘格标定原理是基于灰度图像、二值图像或轮廓曲线的角点检测，利用最大似然估计求得相机内参，接着再求解畸变参数。

圆形标定板也是一种流行且非常常见的标定板，它基于排列的圆形构成，或者是黑色背景上的白色圆形，或者是白色背景上的黑色（黑色）圆形。圆形标定板的精度会好一些，原因是圆的特征检测（提取圆心坐标）的鲁棒性要比正方形的特征检测（检测边缘的交点作为角点）好。但是圆形标定具有偏心误差，主要是因为空间中圆的圆心投影不等于投影出的椭圆的圆心。圆形标定板标定原理是基于标定图进行圆形中心点检测。

ChArUco 标定板克服了传统棋盘格的一些限制，然而，它的检测算法有点复杂。ChArUco 的主要优点是所有光检查器字段都是唯一编码和可识别的，这意味着即使是部分遮挡或非理想的相机图像也可以用于校准。例如，强烈的环形光可能会对标定目标产生不均匀的光照（半镜面反射区域），这将导致普通棋盘格检测失败。使用 ChArUco，剩余的（好的）鞍点检测仍然可以使用。鞍点定位可以像棋盘一样使用亚像素检测来细化。对于接近图像角落的观察区域，这是一个非常有用的属性。由于目标的定位使得相机只能看到它的一部分，所以可以从相机图像的边缘和角落收集信息。这通常会带来确定镜头失真参数时非常好的鲁棒性。

（4）Camera-Camera 外参　Camera-Camera 外参标定是利用图像间的角特征，通过最近邻搜索的方式匹配图像间的线特征，然后求解最优相机间的外参，迭代优化后得到外参。例如在图 3-25 中，对于左图中的每一个特征，在右图中寻找匹配，当相似度达到最大时的偏移量就是视差。

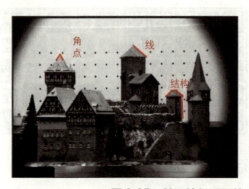

图 3-25　基于特征匹配的 Camera-Camera 外参标定

（5）Lidar-Camera 外参　Lidar-Camera 外参标定利用激光雷达和相机采集一组标定场景数据，然后分别从图像和点云中提取场景中的边缘及线性特征（图 3-26）。随后设计一个成本函数来优化初始标定外参，并确保误差在可接受的范围内，从而优化得到外参。

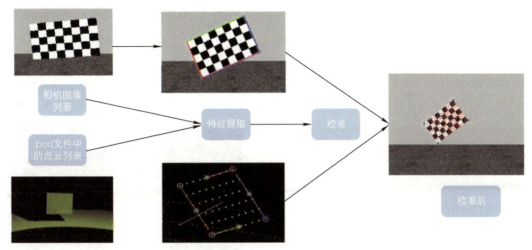

图 3-26　Lidar-Camera 外参标定（离线标定）

（6）Lidar-IMU 外参　Lidar-IMU 外参标定通过最小化协方差矩阵的特征值来最小化特征点到特征平面或边线的距离和，并进行优化达到从激光雷达到 IMU 的外参标定目的。

（7）Lidar-Lidar 外参　Lidar-Lidar 外参标定首先从地面和非地面点云中提取并分割点云，利用地面法线进行地面配准，得到转角（Roll）、俯仰角（Pitch）和 z 轴平移作为初始外参；然后遍历变换后非地面点云的偏航角（Yaw），计算两个激光雷达的最近点距离，得到最小距离的偏航角。随后通过常规 ICP（NICP）算法和基于八叉树（Octree）的优化，继续提高标定精度。

（8）Camera-IMU 外参　Camera-IMU 外参标定首先粗略估计 Camera 与 IMU 之间的时间延时，然后获取 Camera-IMU 之间的初始旋转，还有一些必要的初始值，如重力加速度、陀螺仪偏置，随后优化所有角点重投影误差、IMU 加速度计与陀螺仪测量误差、偏置随机游走噪声，最终得到 Camera-IMU 间的外参。

2. 在线标定

下面简要介绍在线标定方法。相较于离线标定，在线标定通常直接使用环境中的结构特征来提取，并通过跟踪算法完成特征匹配。在线标定的优势在于不受设备限制，能够在车辆运行期间动态修正传感器之间的位姿。如图 3-27 所示，环境中的特征通常通过感知的方法进行提取，常用的特征有点、车道线、灯牌锥杆等。在线标定最常用的是针对 IMU-Camera 以及 Lidar-Camera 之间的外参标定，以及 Camera 和地面之间的外参标定。

Lidar 和 Camera 在线标定的核心思路是对 Lidar 和图像共视区域内的点云和图像进行特征提取和匹配，常用的特征如牌杆灯。获取这些特征之后，通过构建 PnP 优化问题求解激光雷达到相机的外参。Lidar 和 Camera 在线联合标定的方法大致上可以分为两大类：基于非深度学习的方法和基于深度学习的方法。基于非深度学习的方法主要包含特征提取和特征关联两个模块。特征提取模块主要是从 Lidar 和图像中提取显著的特征，如语义特征、边

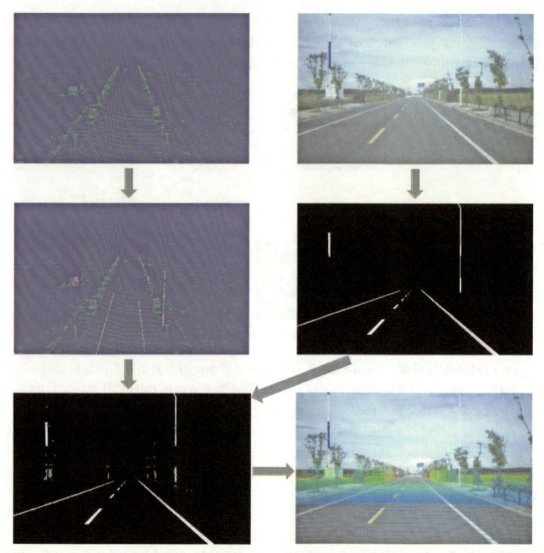

图 3-27 Lidar-Camera 外参标定（在线标定）

缘特征等，之后利用初始外参将 Lidar 的特征投影到图像上进行特征之间的关联。最后通过优化等方法不断更新初始外参，逐步迭代改善匹配效果，取匹配效果最好的那一组外参作为标定结果。外参标定的精度受到特征提取精度和关联鲁棒性的影响，有些方法提取出来的特征在不同的环境中可能会失效，鲁棒性不够强。

基于深度学习的方法主要有两种，一种是端到端的输出标定外参。该方法直接输入图像和点云，分别提取特征之后进行特征融合，之后将融合后的特征解码得到外参。该方法简单直接，但是缺少可解释性，导致算法泛化性不高，实用性不强。另一种方法主要是利用神经网络提取 Lidar 点云和图像中的特征并且进行特征之间的关联，即利用特征工程上的优势，将"特征提取"+"特征匹配"过程交由神经网络来替代（图 3-28），之后利用传统的方法通过优化得到外参。相对于第一种方法，该方法的可解释性更强，泛化性能更优，也是领域内研究热点之一。

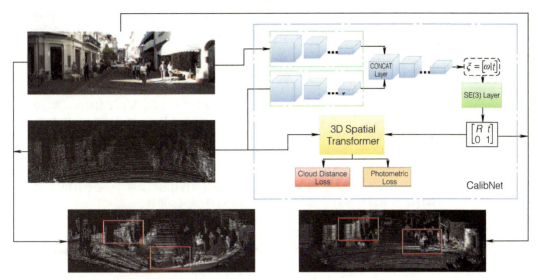

图 3-28　一种基于深度学习的 Lidar-Camera 外参估计方法（图片来源：CalibNet）

3. 时间同步

智能驾驶系统是一个对时间高度敏感的测量感知系统，各个传感器只有统一在一个精确的时间体系下，才能保证系统准确运转。智能驾驶数据采集过程中，如果计算单元接收到的各传感器的数据时间不统一，会导致传感器之间的感知结果难以融合。智能驾驶的时间同步可以分为统一时钟源、硬件同步、软件同步。

（1）统一时钟源　每个传感器都有自己的内部时钟，但由于不同的时钟之间存在"钟漂"，会导致时钟之间的频率存在差异，且这个差异值会随着时间随机漂移。统一时钟源就是为了解决不同传感器之间的"钟漂"问题。GPS 能够从卫星获得高精度的时钟信号，因此常被用作整个系统的时钟源。各传感器时间戳见表 3-5。通过 GPS 给各个传感器提供基准时间，各传感器根据该基准时间校准各自的时钟。在数据采集过程中，各传感器根据各自的时钟为采集的数据打上时间戳，从而实现不同传感器之间的时间同步。统一时钟源的常见实现方式有两种，一种是基于 GPS 的"PPS+NMEA"，另一种是基于以太网的 IEEE 1588（或 IEEE 802.1AS）"PTP"时钟同步协议。两种方法优缺点见表 3-6。简单来说：

1）PPS+NMEA：常规的 GPS 单元都支持输出精确到毫秒的秒脉冲信号 PPS 和包含年月日时分秒信息的 NMEA 指令，通过 PPS 和 NMEA 的组合就能够实现对激光雷达或主机的毫秒级时钟同步。PPS+NMEA 的优点是协议简单，容易实现；缺点是必须基于 RS232，RS232 是一种 1 对 1 的全双工通信形式，这会导致多个设备之间实现同步比较困难。业界也有通过主从形式实现 1 对几传输，但实现困难，存在风险且代价很大。

2）PTP（IEEE 1588 或 IEEE 802.1AS）：PTP（Precision Time Protocol）是基于以太网的高精度时钟同步协议，它可以实现以太网中多个从节点（各种传感器）与主节点（主机）之间的亚微秒级时钟同步。PTP 能实现的前提是所有节点之间都通过以太网互联，交换机支持 PTP 协议，并且每个节点都支持 PTP 协议。与 PTP 同时出现的还有一种 NTP，即网络时间协议（Network Time Protocol），不同的是 PTP 是在硬件级实现的，而 NTP 是在软件层级别实现的。

表 3-5　传感器时间戳

传感器	内　　容
GPS/GNSS 时间戳	GPS 时间指的是 GPS 原子时，是以 UTC 时间 1980 年 1 月 6 日 0 时 0 分 0 秒为时间基准，以后按照 TAI 秒长累计计时
相机时间戳	自动驾驶中使用的 rolling shutter 相机是支持外部触发曝光的，但由于相机帧周期包括曝光时间和 readout 时间（整帧像素点读出），所以需要关注曝光时间，对于相同 CMOS 芯片的相机，其 readout 时间是固定的，可以反推图像真实时间戳（一般采用曝光中间时间）
激光雷达时间戳	目前自动驾驶中所使用的激光雷达，从硬件层面上就支持授时，即有硬件 Trigger 触发 Lidar 的数据，并给这一帧数据打上时间戳。Lidar 通常有两种时间同步接口：基于 IEEE 1588 的以太网时间同步机制和 PPS+NMEA 协议（基于 GPS 的时间同步机制）
毫米波雷达时间戳	目前主流的车载毫米波雷达采用 FMCW 调制方式，其上电后开始进行信号的发送和接收，内部有专门的时间机制，无法接收外部的时间。另外毫米波雷达周期性发送 CAN 信号，所以可以从 CAN 信号中获取数据时间
IMU 时间戳	一般 IMU 与 GPS 是集成在一起的，假设集成在 FPGA 上，那么接收 FPGA 输出的高精度时间脉冲，从而将传感器信号打上高精度时间戳

表 3-6　两种统一时钟源方法优缺点对比

统一时钟源	优点	缺点
PPS+NMEA	协议简单，容易实现	1. 必须基于 RS232（1 对 1 全双工通信形式），也可以通过主从形式实现 1 对几数据传输，但多个设备之间实现同步比较困难 2. PPS 是无屏蔽的单线脉冲信号，十几根 PPS 线穿梭在车内，极易受到车内恶劣电磁环境的干扰 3. 一旦钟源丢失，所有需要时间同步的设备无法正常工作
PTP	1. 提供了准确的时间戳记 2. 具备更低的建设和维护成本，并且由于可以摆脱对 GPS 的依赖，在国家安全方面也具备特殊的意义 3. 相比 NTP，PTP 能够满足更高精度的时间同步要求	1. 如果主时钟发生故障，整个通信系统将停止 2. 想要获得理想的精度需要专业的 PTP 授时服务器，同时服务器能接收卫星信号，会提高使用成本 3. 依赖授时服务器本地晶振来保持系统时间的稳定，晶振的不同会影响授时精度 4. 要实现高精度时钟同步系统的运行，网络设备和客户端设备都需要支持 IEEE 1588 协议，可能会增加整体系统的成本

（2）硬件同步　硬件同步主要用来解决不同传感器之间的频率差异导致的时间戳不同步的问题。每种传感器的采样频率不一致，如 Lidar 通常为 10Hz，Camera 通常为 15/20/25/30Hz，而且不同传感器之间的数据传输还存在一定的延迟，即使可以通过寻找相邻时间戳的方法找到最近邻帧，但如果两个时间戳相差较大，且传感器或障碍物又在运动，那么最终会得到较大的同步误差。这种情况可以采用硬件同步触发的方法（即用一个硬件触发器，直接通过物理信号触发多个传感器同时记录一个 dataframe）来缓解查找时间戳造成的误差现象，也可以调整传感器的固有频率，如将 Camera 调整为 20Hz，以减少时间差问题。

（3）软件同步　仅靠硬件同步无法弥补各个传感器的频率在几个周期内无法重叠的事实，例如 Camera 每 33ms 曝光一次，Lidar 每 100ms 扫描一次，那只需要每 3 次 Camera 周期和每 1 次 Lidar 周期硬同步一次就够了。但有些传感器周期可能是 27ms，那么它们之间的重合周期很长，无法通过硬件方式进行同步，此时就需要用到软件同步了。软件同步就是在原本的传感器固有采集频率的基础上进行算法推算形成虚拟帧。软件同步有时间索引、时间插值、内插外推三种方式。

1）时间索引：时间索引为直接配准法，适合帧率具有整数倍数关系的传感器，以频率低的为基准，找出时间戳对应的数据即可。但这种方法误差比较大，而且要求传感器之间的帧率是整数倍。

2）时间插值：时间插值则是将其中一个传感器的观测数据通过某种特定的拟合原则得到一个关于时间的曲线，然后通过该曲线得到与另一个传感器对应时刻的数值，即可得到同一时刻两种传感器的数据配准。

3）内插外推：内插外推就是利用两个传感器帧上的时间标签，计算出时间差，然后通过包含运动信息的目标帧与时间差结合，对帧中每一个目标的位置进行推算，推算出新的帧时各个目标的位置，并于原有的两帧之间建立新的帧。例如激光雷达的周期是 100ms，可以在此基础之上建立一个模型，推算出激光雷达在 100ms 之间任意时刻的物体状态。同样摄像头的周期是 33ms，也可以建立一个模型，推算出摄像头在 50ms 时刻的物体状态。这样就可以强行把激光雷达和摄像头的采集输出都变成 50ms，只不过这些帧是处理过的，一般需要再加上一个状态位，表示是虚拟帧。内插外推法对算力要求很高，仅适用于传感器间帧率不存在倍数关系的情况，或者传感器有帧率不稳定的情况，因此在实际中采用较少。

图 3-29 展示了一种工程化自动驾驶系统的时间同步方案，首先通过 GPS 获取统一时间源，接着利用 NTP Server 给 Lidar 和 Camera 传感器所在的芯片触发 1Hz 的 PPS 信号以实现 Lidar 和 Camera 的同步曝光，这种方式可称之为硬件同步。同一时间 NTP Server 会给

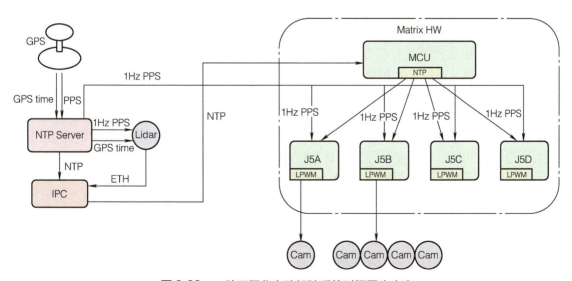

图 3-29　一种工程化自动驾驶系统时间同步方案

Lidar 提供从 GPS 获取的毫秒级时间信息并进行时钟同步矫正，NTP Server 则将 NTP 信号给 IPC，接着 IPC 通过 NTP 信号将时间信息同步给 MCU，MCU 再将矫正过的系统时间同步给到 Camera 所在的芯片模块中。因此，该方法实现了 Lidar 和 Camera 的毫秒级同步。对于其他传感器如 IMU/Radar/GNSS，因为无倍数触发频率，在多传感器融合中需要利用软件同步的方式进行时间同步，常用时间插值的方式。

3.3 其他传感器

本部分我们详细介绍其他与视觉相关的传感器，包括激光雷达、毫米波雷达及超声波传感器。这些传感器的安装方式、标定方式、时间同步方式已在上一节中做了介绍，这里不再赘述。

3.3.1 激光雷达

激光雷达（Lidar）是一种主动探测式传感器。如图 3-30 所示，其工作原理是向目标环境发射激光脉冲信号（Pulsed Laser），然后利用接收器（Receiver）将从目标反射回的信号与发射信号进行处理，获取目标环境的距离、方位、高度、速度、姿态，甚至形状等参数信息。激光雷达具有测距精度高、范围较广的特点，其精度可达毫米级别，探测距离最远可达 300m。但激光雷达容易受到雨雪、大雾等天气影响，并且设备成本高、易损耗。

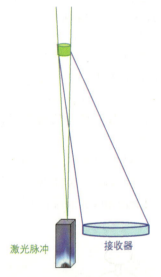

图 3-30　激光雷达工作原理

按照扫描原理不同，激光雷达可以分为机械式和固态式。机械激光雷达主要由光电二极管、MEMS 反射镜、激光发射接收装置等组成，带有可 360° 控制激光发射角度的机械旋转部件，其原理是在垂直方向上排布多束激光器、通过电机带动光电结构 360° 旋转，从而化点为线形成三维点云。其线数与分辨率成正比，具有高分辨率、测距范围广的特点。固态激光雷达则是通过光学相控阵列、光子集成电路以及远场辐射方向图等电子部件代替机械旋转部件实现发射激光角度的调整，其原理为光学相控阵技术，即通过施加电压调节每个相控单元的相位关系，利用相干原理，实现发射光束的偏转，从而完成系统对空间一定范围的扫描测量。由于内部结构有所差别，两种激光雷达的大小也不尽相同，机械式激光雷达体积更大，价格更为昂贵，但测量精度相对较高。而固态激光雷达尺寸较小，成本低，测量精度则相对会低一些。

按照安装位置不同，激光雷达可以分为两大类：一类安装在无人车的四周，另一类安装在无人车的车顶。如图 3-31 所示，安装在无人车四周的激光雷达，其激光线束一般小于 8，常见的有单线激光雷达和四线激光雷达。安装在无人车车顶的激光雷达，其激光线束一般不小于 16，常见的有 16/32/64 线激光雷达。

a) 单线　　　　b) 四线　　　　c) 16线　　　　d) 32线　　　　e) 64线

图 3-31　激光雷达

（1）单线　单线激光雷达是目前成本最低的激光雷达，成本低，意味着量产的可能性大。单线激光雷达的原理可以用图 3-32 理解：单束激光发射器在激光雷达内部进行匀速的旋转，每旋转一个小角度即发射一次激光，轮巡一定的角度后，就生成了一帧完整的数据。因此，单线激光雷达的数据可以看作是同一高度的一排点阵。单线激光雷达的数据缺少一个维度，只能描述线状信息，无法描述面。如图 3-32 所示，可以知道激光雷达的面前有一块纸板，并且知道这块纸板相对激光雷达的距离，但是这块纸板的高度信息无从得知。

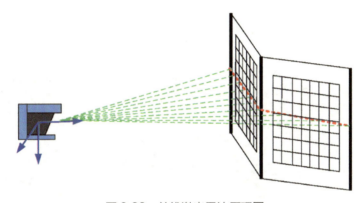

图 3-32　单线激光雷达原理图

（2）四线　四线激光雷达将 4 个激光发射器进行轮询，一个轮询周期后，得到一帧的激光点云数据。4 条点云数据可以组成面状信息，这样就能够获取障碍物的高度信息。根据单帧的点云坐标可得到障碍物的距离信息。根据多帧的点云坐标，对距离信息做微分处理，可得到障碍物的速度信息。全新的奥迪 A8 为了实现 L3 级别的自动驾驶，在汽车的进气格栅下布置了四线激光雷达 ScaLa。实际应用时，在购买激光雷达产品后，其供应商会提供配套的软件开发套件（Software Development Kit，SDK），这些软件开发套件能很方便地让使用者得到精准的点云数据（图 3-33），而且为了方便自动驾驶的开发，甚至会直接输出已经处理好的障碍物结果。

（3）16/32/64 线　16/32/64 线激光雷达的感知范围为 360°，为了最大化地发挥它们的优势，常被安装在无人车的顶部。360° 的激光数据可视化后，就是大家经常在各种宣传图上看到的效果，如图 3-34 所示。图中的每一个圆圈都是一个激光束产生的数据，激光雷达的线束越多，对物体的检测效果越好。比如 64 线激光雷达产生的数据，会更容易检测到路肩。16/32/64 线激光雷达只能提供原始的点云信号，没有对应的 SDK 直接输出障碍物结

图 3-33 四线激光雷达示例（不同的颜色代表不同的激光发射器）

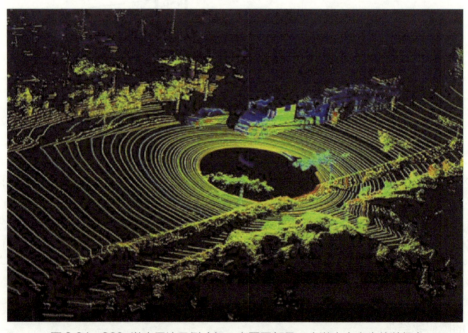

图 3-34 360° 激光雷达示例（每一个圆圈都是一个激光束产生的数据）

果。因此各大自动驾驶公司都在点云数据基础上，自行研究算法完成无人车的感知工作。目前在量产车辆上配置的主要是固态激光雷达，而机械激光雷达多用于测试或者数据采集。常见的激光雷达厂商有美国老牌 Velodyne、硅谷新锐 Quanergy、德国 IBEO、以色列 Innoviz，国内主要有禾赛科技、速腾聚创、镭神智能等。相关竞品见表 3-7。

表 3-7 固态激光雷达竞品情况（部分）

公司名称	禾赛科技	速腾聚创	Velodyne	大疆		华为
产品型号	PandarGT	RS-LIDAR-M1	Velarray	Tele-15	Horizon	—
技术路线	MEMS	MEMS	MEMS	OPA	OPA	MEMS
探测距离	300m（10%反射率）	180m 120m（10%NIST）	200m	320m（10%反射率） 500m（50%反射率）	260m	短距：80m（10%反射率） 中距：150m（10%反射率） 长距：220m（10%反射率）
测量准度	±12cm	±5cm	3cm（典型值）	2cm	2cm	—
扫描频率	10Hz, 20Hz	15Hz	10Hz、20Hz、25Hz	—	—	—
垂直视场角	20°（-10°~+10°，偏置±5°可调）	25°（-12.5°~+12.5°）	35°	16.2°	25.1°	短距：25° 中距：38°
重直角分辨率	最小0.16°（10Hz，普通模式）	平均0.2°	0.05°~0.5°	0.12°	0.28°	0.07°
水平视场角	60°	120°（-60.0°~+60.0°）	120°	14.5°	81.7°	短距：140° 中距：130°
水平角分辨率	0.1°	平均0.2°	0.12°~0.2°	0.02°	0.03°	—
点云密度	945000pts/s（典型值）	1125000pts/s（单回波模式）	单次回波：200万点/s，两次回波：400万次/s，三次回波：600万点/s，四次回波：800万点/s	240000点/s 480000点/s（双回波）	240000pts/s 480000pts/s（双回波）	—

激光雷达的点云数据结构比较简单，每一线点云的数据是由点云的数量和每一个点云的数据结构组成的。由于激光雷达的数据采集频率和单线的点云数量都是可以设置的，因此1线点云数据中需要包含点云数量这个信息。最底层的是单个点云的数据结构，点的表达既可以使用极坐标表示，也可以使用三维坐标表示。每个点云除了坐标外，还有一个很重要的元素，那就是激光的反射强度。激光在不同材料上的反射强度是不一样的。整体表示如下：

激光雷达点云数据的一般处理方式是：数据预处理（坐标转换、去噪声等），聚类（根据点云距离或反射强度），提取聚类后的特征，根据特征进行分类等后处理工作。在智能驾驶中，激光雷达可以完成多项工作（图3-35）：

1）障碍物检测与分割：基于全卷积深度神经网络学习点云特征并预测障碍物的相关属性，得到前景障碍物检测与分割。

图 3-35 激光雷达应用示例

2)可通行空间检测:利用高精度地图限定 ROI 后,可以对 ROI 内部(比如可行驶道路和交叉口)的点云高度及连续性信息进行判断,以确定点云处是否可通行。

3)高精度电子地图制图与定位:利用多线激光雷达的点云信息与地图采集车载组合惯导的信息,进行高精地图制作。自动驾驶汽车利用激光点云信息与高精度地图匹配,以此实现高精度定位。

4)障碍物轨迹预测:根据激光雷达的感知数据与障碍物所在车道的拓扑关系(道路连接关系)进行障碍物的轨迹预测,以此作为无人车规划(避障、换道、超车等)的判断依据。

当前人工智能算法还不够成熟,纯视觉传感器的无人驾驶方案(特斯拉方案)在安全性上还存在较多问题,因此现阶段无人车的开发还离不开激光雷达,不过成本是激光雷达普及所面临的最大问题。我们将在第 7 章详细介绍基于激光雷达的相关感知算法。

3.3.2 毫米波雷达

激光雷达的普及所面临的最大挑战是成本较高,为了推进自动驾驶技术的发展,同时解决摄像头测距、测速不够精确的问题,工程师们选择了性价比更高的毫米波雷达作为测距和测速的传感器。毫米波雷达不仅拥有成本适中的优点,而且能够完美适应激光雷达所处理不了的沙尘天气。具体来说,毫米波雷达的测距测速原理与激光雷达相似,它发射无线电波即毫米雷达波,然后接收到目标反射的回波,根据收发之间的时间差测得目标的位置、方位及速度等数据信息。由于发射的是频率在 10~200GHz 的电磁波,其波长在毫米量级,因此处于该频率范围的电磁波也被工程师们称为毫米波。毫米波雷达可有效提取目标的距离及速度信息,探测距离可达 200m。毫米波雷达的优势是对雾、烟和灰尘有很强的穿透能力,可以全天候工作。毫米波雷达的主要缺陷是对金属非常敏感,容易出现噪声,难以识别静态物体,探测到的数据信息中缺少高度的信息。

图 3-36 展示了奥迪 A8 的传感器布局,应用在自动驾驶领域的毫米波雷达主要有 3 个频段,分别是 24GHz、77GHz 和 79GHz,不同频段的毫米波雷达有着不同的性能和成本。

1)短距离雷达(24GHz 频段):图 3-36 中标注为橙色框的雷达,就是频段在 24GHz 左右的雷达。处在该频段上的雷达的检测距离有限,因此常用于检测近处的障碍物(车辆)。图中的这 4 个雷达,能够实现的 ADAS 功能有盲点检测、变道辅助等;在自动驾驶系统中常用于感知车辆近处的障碍物,为换道决策提供感知信息。

2)长距离雷达(77GHz 频段):图 3-36 中标注为绿色框的远程雷达,即为频段在 77GHz 左右的雷达。性能良好的 77GHz 雷达的最大检测距离可以达到 160m 以上,因此常被安装在前保险杠上,正对汽车的行驶方向。长距离雷达能够用于实现紧急制动、高速公路跟车等 ADAS 功能;同时也能满足自动驾驶领域,对障碍物距离、速度和角度的测量需求。

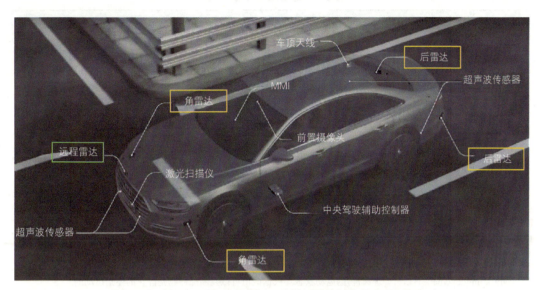

图 3-36 奥迪 A8 的传感器布局（带颜色矩形框为毫米波雷达）

3）长距离雷达（79GHz 频段）：该频段的传感器能够实现的功能和 77GHz 一样，也是用于长距离的测量。根据公式光速 = 波长 × 频率，频率更高的毫米波雷达，其波长越短。波长越短，意味着分辨率越高；而分辨率越高，意味着在距离、速度、角度上的测量精度更高。因此 79GHz 的毫米波雷达必然是未来的发展趋势。

毫米波雷达相较于激光雷达有更强的穿透性，能够轻松地穿透保险杠的塑料材质，因此常被安装在汽车的保险杠内。这也是为什么很多具备自适应巡航（ACC）功能的车上明明有毫米波雷达，却很难从外观上发现它们的原因。由于毫米波的测距和测速原理都是基于多普勒效应，因此与激光雷达的笛卡儿坐标系不同，毫米波雷达的原始数据是基于（距离+角度）极坐标系。当然，两种坐标系可以根据三角函数相互转换。如图 3-37 所示，安装有毫米波雷达的自车前方有迎面驶来的蓝色小车和同向行驶的绿色小车。毫米波雷达发射的电磁波会穿透汽车的前后保险杠，但是无法穿透汽车底盘的金属，因此在遇到金属这类毫米波雷达无法穿透的物体时，电磁波就会返回。在数据组成上，以德尔福的前向毫米波雷达 ESR 为例，该雷达每帧最多能够返回 64 个目标的数据，每个目标的数据组成见表 3-8。

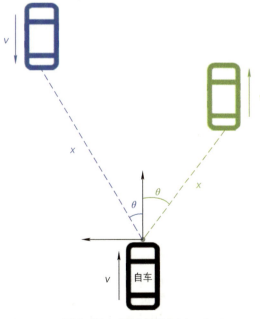

图 3-37 毫米波雷达坐标系

表 3-8　毫米波雷达数据组成

名称	内容
power	回波强度，单位为 dB。不同类型的障碍物（汽车、铁护栏、摩托车等）在不同距离下的回波强度也会有所变化，如果回波强度太低可以认定该信号为噪声
track_bridge_objectType	所检测到的障碍物是否为桥。城市道路中会遇到立交桥的场景，从 ESR 中获取的该信号，可以用于判断所检测到的障碍物是否为桥
track_oncoming	障碍物是否在靠近的标志位。该标志位多用于主动安全的自动紧急制动（AEB）
track_id	障碍物的"身份证"。每个障碍物都会有一个固定的 ID，ID 范围是 0~63
track_status	障碍物的跟踪状态
track_theta	障碍物与毫米波雷达所成的夹角，即图 3-37 中的 θ 角。由于每个雷达都有极限探测范围，以 ESR 为例，图中 θ 的范围在 $-45°$ 和 $45°$ 之间
track_distance	障碍物距离毫米波雷达的距离。该距离是极坐标系下的距离，也就是图 3-37 中的 x。根据 x 和 θ，即可计算出自车笛卡儿坐标系下的坐标
track_relative_radial_velocity	障碍物与自车的径向相对速度。由于多普勒效应，雷达在测量中只能提供极坐标系下的径向速度，切向速度的测量置信度很低，因此雷达不会提供障碍物的切向速度
track_relative_radial_acceleration	障碍物与自车的径向相对加速度。该值是通过对径向相对速度进行微分得到的
track_mode_type	障碍物的运动状态。根据该值可以判断障碍物是静止的还是运动的
track_width	障碍物的宽度。将原始的雷达数据点通过聚类后，会得到一个区域，该区域的范围即认为是障碍物的宽度

目前国际上主流的毫米波雷达供应商有四家，分别是 Autoliv（奥托立夫）、Bosch（博世）、Continental（大陆）、Delphi（德尔福），业界简称 ABCD。各家的毫米波雷达产品提供的功能大同小异，大部分功能都是通过障碍物的回波能量、距离、角度信息推算而来的。在实际开发的过程中，毫米波雷达有三个挑战，首先是数据稳定性差，这对后续的算法提出了较高要求。其次是对金属敏感，由于毫米波雷达发出的电磁波对金属极为敏感，在实际测试过程中会发现近处路面上突然出现的钉子、远距离外的金属广告牌都会被认为是障碍物。一旦车辆高速行驶，被这些突然跳出的障碍物干扰时，会造成连续制动，导致汽车的舒适性下降。最后是高度信息缺失，毫米波雷达的数据只能提供距离和角度信息，不能像激光雷达那样提供高度信息，没有高度信息的障碍物点会给技术开发带来很多挑战。

3.3.3　超声波传感器

超声波传感器的工作原理与激光雷达及毫米波雷达近似，都是通过发射电磁波（超声波）接收回波，根据收发之间的时间差来测算距离。超声波传感器一个更通俗的名字就是"倒车雷达"，在倒车入库，慢慢挪动车辆的过程中，在驾驶室内能听到"嘀嘀嘀"的声音，这些声音就是根据超声波传感器的检测距离给驾驶员的反馈信息。如图 3-38a 所示，车载超声波传感器一般安装在汽车的保险杠上方，隐藏在保险杠的某个位置。常见的超声波传感器有两种：第一种是安装在汽车前后保险杠上的，也就是用于测量汽车前后障碍物的倒车雷达，这种雷达业内称为 UPA；第二种是安装在汽车侧面的，用于测量侧方障碍物距离的超声波传感器，业内称为 APA。UPA 和 APA 的探测范围和探测区域不太相同，如图 3-38b 所示，图中的汽车配备了前后向共 8 个 UPA，左右侧共 4 个 APA。

在特性上，常用超声波传感器的工作频率有 40kHz、48kHz 和 58kHz 三种，频率越高灵敏度越高，但水平与垂直方向的探测角度就越小，故业界一般采用 40kHz。超声波传感器有较强的鲁棒性,既能防水和防尘,又能在设备有少量的泥沙遮挡下性能也不受影响,其探测范围在 0.1～3m 之间且精度较高,因此常被用于泊车场景下的障碍物识别。超声波传感器对光照和色彩不敏感,可以用于识别透明以及反射性差的物体,同时不容易受环境电磁场的干扰。超声波传感器的缺点是测距和测速精度不如激光雷达和毫米波雷达,同时超声波传感器有一定的扩散角,只能测量距离,无法测量方位。

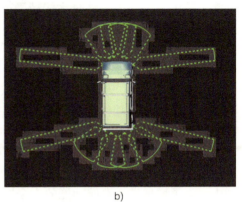

图 3-38 超声波雷达安装及作用范围

图 3-39a 展示了一个超声波传感器的数学模型,其状态需要如下 4 个参数:

1)参数 1:α,代表超声波传感器的探测角,一般 UPA 的探测角为 120° 左右,APA 的探测角比 UPA 小,大概为 80°。

2)参数 2:β,是超声波传感器检测宽度范围的影响因素之一,该角度一般较小。UPA 的 β 角为 20° 左右,APA 的 β 角比较特殊,为 0°。

3)参数 3:R,是超声波传感器检测宽度范围的影响因素之一,UPA 和 APA 的 R 值差别不大,都在 0.6m 左右。

4)参数 4:D,是超声波传感器的最大量程。UPA 的最大量程为 2～2.5m,APA 的最大量程至少是 5m,目前已有超过 7m 的 APA 在业内使用。

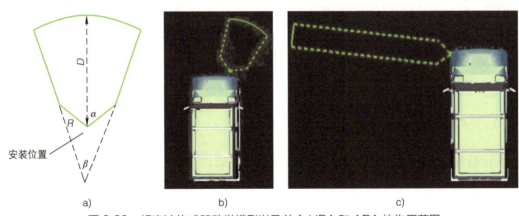

图 3-39 超声波传感器数学模型以及单个 UPA 和 APA 的作用范围

UPA 的探测距离一般在 15～250cm 之间,主要用于测量汽车前后方的障碍物,APA 的探测距离一般在 30～500cm 之间。APA 的探测范围更远,因此相比于 UPA 成本更高,功率也更大。

超声波传感器有两个明显特性。首先是对温度敏感，例如温度在 0℃时，超声波的传播速度为 332m/s；温度在 30℃时，超声波的传播速度为 350m/s，这样会导致相同相对位置的障碍物，在不同温度的情况下测量的距离不同。对传感器精度要求极高的自动驾驶系统来说，要么选择将超声波传感器的测距进行保守计算，要么将温度信息引入自动驾驶系统，提升测量精度。第二个特性是无法精确描述障碍物位置，超声波传感器在工作时会返回一个探测距离的值，但当 A 与 B 障碍物处于同一水平面的不同位置时，都会返回相同的探测距离 d。所以在仅知道探测距离 d 的情况下，通过单个传感器的信息是无法确定障碍物是在 A 处还是在 B 处的。

虽然有上述问题，但超声波传感器依然在智能驾驶中发挥了重要作用，例如在泊车库位检测中，识别库位功能就是依赖安装在车辆侧方的 APA。汽车缓缓驶过库位时，汽车右前方的 APA 传感器返回的探测距离与时间的关系大致如图 3-40 所示。将 t_1 时刻到 t_2 时刻的车速做积分即可得到库位的近似长度，如果近似认为汽车匀速行驶，直接用车速乘以（t_2-t_1）即可。当检测的长度超过车辆泊入所需的最短长度时则认为当前空间有车位。在高速横向辅助中，为了增加高速巡航功能的安全性和舒适性，特斯拉将用于泊车的 APA 也用在了高速巡航上。例如当左侧驶过的汽车离自车较近时，自车在确保右侧有足够空间的情况下，自主地向右微调，以降低与左侧车辆的碰撞风险。当然，超声波传感器还有更多潜力需要汽车工程师们不断挖掘。

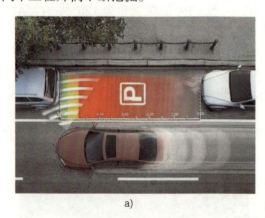 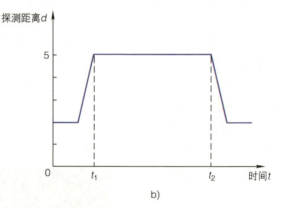

a)　　　　　　　　　　　　　　　　b)

图 3-40　基于 APA 的库位检测原理

3.4　计算平台

无论是何种传感器，最终的数据处理及相关感知算法都要在计算平台中完成。特别是随着深度神经网络的大量使用，AI 芯片推理能力在一定程度上决定了算法的丰富度感知的精度。本节我们重点学习 AI 芯片的相关知识。

首先简要回顾一下芯片的发展历程。1947 年，贝尔实验室的约翰·巴丁（John Bardeen）、沃特·布拉顿（Walter Brattan）和团队主管威廉·肖克利（William Shockley）等人发明了晶体管，这也标志着整个半导体行业的开端。1958 年，来自仙童公司的诺伊斯（Robert

Noyce）与德州仪器公司的基尔比（Jacky Kilby）间隔数月分别发明了集成电路，开创了世界微电子学的历史（图 3-41）。1968 年，诺伊斯和摩尔从仙童公司离职，创办了我们所熟知的英特尔（Intel）。紧随其后，同样来自仙童的销售高管杰里·桑德斯（Jerry Sanders）则在 1969 年成立了我们所熟知的 AMD。或许是因为创始人背景的不同，从而导致后来的 Intel 与 AMD 分别走上技术驱动和市场驱动的道路。

a) 早期晶体管

b) 诺伊斯(1927—1990)

c) 基尔比(1923—2005)

图 3-41　早期晶体管及集成电路发明人

1965 年，摩尔（Gordon Moore）提出了摩尔定律（Moore's Law），预测晶体管集成度将会每 18 个月增加一倍，而 Intel 不断推出的芯片（图 3-42）也证明了这一点：1971 年 Intel 推出了世界上第一块商用微处理器 4004（10μm，2250 个晶体管），2013 年推出了酷睿 i7（22nm，18.6 亿个晶体管）。到今天，我们耳熟能详的麒麟手机芯片包含几十亿个晶体管。而智能汽车所需要的芯片将会突破数百亿个晶体管。2021 年末，三星率先推出 3nm 芯片。

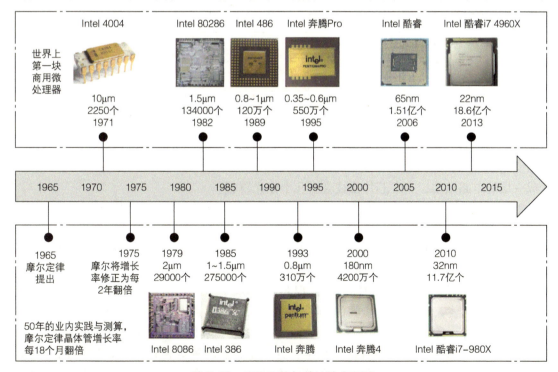

图 3-42　摩尔定律与芯片技术发展

芯片行业的摩尔定律到今天依然有效。作为智能驾驶的核心部件之一，芯片是驾驶智能化的重中之重。当硬件传感器接收到信息后，数据会被导入计算平台，由不同的芯片进行运算。特别是在软件定义汽车的趋势下，汽车智能化的实现与功能迭代对汽车智能芯片不断提出了更高的性能需求。一直以来全球车载芯片市场由高通、TI、NXP、瑞萨等头部企业主导。随着智驾对于视觉感知、语音交互、网联通信等功能需求的提升，AI发挥着越来越重要的作用，于是AI芯片新势力和消费领域半导体巨头纷纷进入这一赛道。下面将会重点围绕芯片制造、片上系统（System on a Chip，SoC），以及域控制器等AI芯片相关的基础知识进行展开。

3.4.1 芯片制造

图3-43展示了芯片制造的大概流程。

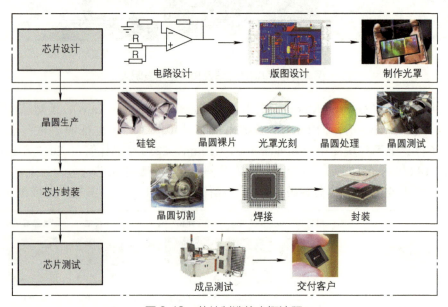

图3-43 芯片制造的大概流程

1）芯片设计：首先进行前端电路设计，之后进行后端设计把电路实现成版图（GDSII），最后交给晶圆厂制造光罩板，这个光罩板可以理解成底片，学名叫Mask，一张光罩板用来生成一层的电路结构，一个芯片往往会有几十张光罩板。

2）晶圆生产：首先从单晶硅（硅锭）切片成晶圆（Wafer），之后进入到光刻流程，即使用波长极小的紫外光（极紫外光）透过Mask，对涂有光刻胶的Wafer进行照射，致使光刻胶的溶解性产生变化，随后通过显影、腐蚀等操作，在Wafer上形成与Mask相同的电路结构（图3-44）。再经过离子注入等工艺，让电路结构具备半导体的特性。至此，Wafer上就已经形成了一颗颗具有完整电路结构的裸芯片（Die）。

3）芯片封装：经过上述步骤的Die还不是真正的芯片，晶圆厂商对Wafer上的所有Die进行测试后，会转移到芯片封装厂进行芯片的封装。具体说，就是将Wafer上面的每一颗Die切开，安放在为芯片设计的基板上，并用塑料、陶瓷等材料把Die密封住，起到固定、保护Die和增强电热性能的作用。基板可以理解成一个小的PCB，一面与Die上的电

图 3-44 光刻机原理图及光刻后电路

路相连,并将 Die 电路信号引导到基板另一面的芯片引脚上。

4)芯片测试:完成封装后的芯片,进入到 FT(Final Test)流程。在测试机台上,通过运行预先设计好的测试 pattern,验证每一颗芯片是否有功能缺陷,以及是否满足特定客户要求,比如说特定的工作温度和功耗等。

可以看到,上述过程中非常重要的一个环节就是光刻,而光刻机就是光刻过程的执行平台(图 3-45a)。阿斯麦尔(ASML)公司是全球最大的量产商用光刻机供应商,目前全球绝大多数芯片生产厂商都向 ASML 采购,比如英特尔(Intel)、三星(Samsung)、海力士(Hynix)、台积电(TSMC)、中芯国际(SMIC)等。

一般来说,芯片的制程越小,其性能就越高,这是因为单位面积内容纳的晶体管数量越多,半导体器件的功耗也会越低。但并不是所有的芯片都一定要采用最高的工艺,随着芯片性能优势的提升,其研发成本也就越高,因此要根据不同的场景来选择不同制程的芯片(图 3-46)。例如汽车中的 MCU 主要关心的是可靠性,其制程工艺并不需要太高。一些家用设备如蓝牙音箱、数字机顶盒等基本会选择 22nm 或 28nm,以满足最好的性价比。高端手机,为追求极致的性能和功耗基本上已经进入 10nm 以下,如荣耀 X20SE 搭载的是 7nm 制程的天玑 700,小米 11 搭载的是 5nm 制程的骁龙 888 等。在国内,目前中芯国际(SMIC)代工的芯片制程可以实现 14nm 左右稳定量产,而台积电(TSMC)可以代工更高制程的芯片。例如 2018 年寒武纪发布的 MLU100 芯片(Cambricon-MLU100)为 16nm 制程(图 3-45b),适用于视觉、语音、自然语言处理等多种类型的云端人工智能应用场景。地平线 2020 年发布并量产的车规级芯片征程 3(Journey 3)是 16nm 制程(图 3-45c),在 2021 款理想 ONE 上首发。这是因为在车载芯片领域,随着车内外场景的迅速增加,对于芯片算力的需求也会越来越高,因此车规级芯片一般都会倾向于选择最先进的工艺。

a)　　　　　　　　　　　b)　　　　　　c)

图 3-45 ASML 光刻机、寒武纪 MLU100 芯片与地平线征程 AI 芯片

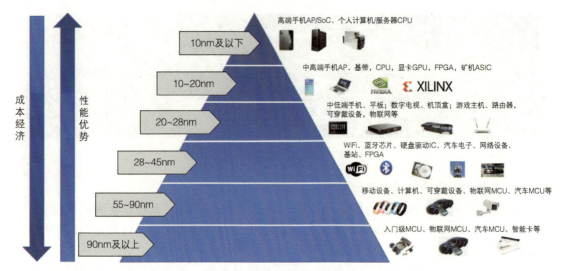

图 3-46 芯片制程与关键节点

在芯片开发模式上,如图 3-47 所示,早期的半导体制造企业为整合器件制造商(Integrated Device Manufacture,IDM)模式:一家企业同时完成设计、制造、封测和销售四个环节。例如英特尔为 IDM 模式的代表,其自建产线,自建晶圆厂,自建封测厂。这样做的优点在于规模经济性以及对内部全流程的掌握和整合优化,产品开发时间短、厂商具备技术优势,多适用于大型企业。然而 IDM 模式长期发展带来的问题是投资规模巨大、沉没成本高,随着制程发展需不断投入新产能,对中小型公司不太适用。因此后面就逐步形成了设计与制造分离的模式 Fabless+Foundry+OSAT(Outsourced Assembly and Test):其中设计公司叫 Fabless(如高通、地平线、寒武纪等大多数半导体公司),晶圆制造厂叫 Foundry(如中芯国际、台积电),完成整个 Wafer 的生产,封测厂叫 OSAT(如台湾日月光公司),完成 Wafer 的切片、封装及测试,并最终交付给 Fabless 企业。芯片设计极为复杂,如果芯

图 3-47 芯片开发模式的变化

片中的每个模块都由一家公司从头开始设计，势必会减缓芯片演进的速度。因此又诞生了IP（知识产权）公司，并继续演进到现在的IP+Fabless+Foundry+OSAT模式：其中的IP公司（如ARM、SYNOPSYS）专门提供一些成熟的，并且在各类工艺下验证过的IP核，典型的如ARM公司提供的CPU及GPU，SYNOPSYS公司提供的DSP，DDR的Controller和PHY。Fabless公司会从IP公司采购这些IP，并且与自己设计的IP（如地平线的BPU）集成在一起，完成整个SoC的设计。虽然IDM模式与其他模式目前在市场上占有率各为一半，但趋势是从IDM模式转为分离模式，例如台积电于1987年开创晶圆代工的商业模式，推进制造与设计、封装相分离。随着制程更细微的发展趋势拉动研发、建厂开支急剧增长，推动IDM公司持续扩大委外释单，向Fab-lite（部分IDM+部分委外）、Fabless模式转移。AMD公司之前为IDM模式，但现在把很多设计与制造外包给了台积电。

汽车智能芯片处于人工智能、智能汽车与集成电路三大战略性产业的交汇点，是当代硬件科技的"珠穆朗玛"。图3-48a展示的是近几年车载芯片与手机芯片在晶体管数量上的对比，可以明显看到，车载芯片已经超越手机芯片，成为半导体技术引领者。如非常复杂的华为麒麟980手机芯片大约有不到100亿个晶体管，而英伟达的Xavier已经突破了100亿个，Orin已经达到了200亿个。图3-48b展示的是车载AI芯片从设计到量产的全流程，可以清楚地看到车载AI芯片开发周期长、难度大、是硬科技、长跑道的创新。

表3-9从多方面对比了消费级、工业级以及车规级芯片的标准要求，可以看到车规级芯片的标准远高于消费级芯片，这对从事智能汽车芯片研发的企业提出了很高的要求。例如AECQ是国际汽车电子协会车规验证标准（Automotive Electronics Council qualification），是AEC组织专门制定的车规芯片的可靠性测试标准，由克莱斯勒、福特、通用等主要汽车制造商在1994年发起，目的是针对车载应用、汽车零部件、汽车车载电子实施标准规范，建立车载电子部件的可靠性及认定标准规格化质量控制标准，提高车载电子的稳定性和标准化。表3-9中的AEC-Q100是专门针对集成电路提出的标准。目前智能座舱控制器芯片市场的主要参与者包括NXP（恩智浦）、TI（德州仪器）、Renesas（瑞萨电子）等传统汽车芯片厂商，主要面向中低端市场；此外手机领域的厂商如MTK（联发科）、Samsung（三星）、Qualcomm（高通）等也加入市场竞争中，主要面向高端市场；国内的车规芯片厂家主要有华为、芯驰、地平线等。

如图3-49所示，在传统半导体上，PPA（功耗Power、性能Performance、面积Area）常被用来标定一个芯片的质量：功耗越低越好，性能越高越好，面积越小越好，其中面积带来的是芯片的成本。可是在AI时代，这个逻辑有所变化，其中较为常见的是TOPS（Tera Operations Per Second的缩写，1TOPS代表处理器每秒可进行一万亿次操作，也就是10^{12}），用于描述AI芯片的算力。而TOPS并不能反映最终客户感受到的AI性能，也就是DPS（Data Processing Per Second），它们中间还有两个系数：

1）Utilization，也就是芯片的有效利用率。这是因为AI计算不光是强计算，还是强带宽吞吐的，而AI芯片中的乘法器阵列是否可以最大限度用满，这也是各家芯片设计公司中差别较大的地方。

2）DPS/TOPS，也就是每TOPS可以有效处理多少数据。这部分得益于算法的演进与优化。随着学术界中越来越优秀算法的提出，可以用更小的模型更快、更准确地处理数据，芯片在相关AI任务中的处理精度也会随之提升。

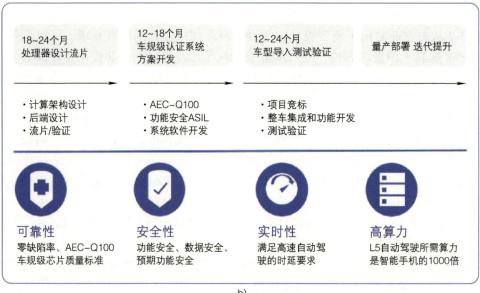

图 3-48 车载 AI 芯片开发周期长、难度大,是硬科技、长跑道的创新

表 3-9 不同等级芯片的参数要求

芯片等级	消费级	工业级	车规级
温度	0~40℃	-10~70℃	-40~155℃
湿度	低	根据使用环境而定	0~100%
验证	JESD47(Chips) ISO 16750(Modules)	JESD47(Chips) ISO 16750(Modules)	AEC-Q100(Chips) ISO 16750(Modules)
出错率	<3%	<1%	0
使用时间	1~3 年	5~10 年	15 年

图 3-49　AI 芯片性能评估方法

综上，一个 AI 芯片的性能由 TOPS × 利用率 × 每 TOPS 所完成的工作决定，最终才能反映出 AI 芯片的真实性能。因此可以看到，一个好的 AI 芯片需要硬件 + 软件 + 算法一同发力，特别是要用算法的演化来指导 AI 芯片的设计。在业界，这种模式被称为软硬联合设计。

3.4.2　AI 芯片

进入 AI 时代，图形处理器（Graphics Processing Unit，GPU）的重要性不言而喻，无论是美国的谷歌和亚马逊，还是中国互联网巨头百度和阿里巴巴，他们都在依靠 GPU 加速来推动其基于 AI 服务的关键应用。为什么要使用 GPU 来进行模型训练与推理？CPU 与 GPU 的工作原理有何异同？在智能驾驶中，我们又会使用什么处理器？本节将会简单做以说明。

CPU 和 GPU 因为最初用来处理的任务不同，所以设计上有较大的区别，图 3-50 展示了它们的架构对比图：其中绿色的是算术运算单元（Arithmetic Logic Unit，ALU），橙红色的是存储单元（包含缓存与存储器），橙黄色的是控制单元。

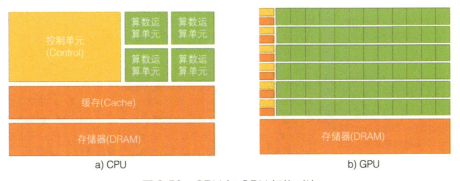

图 3-50　CPU 与 GPU 架构对比

我们可以看到两者有相同之处：两者都有总线和外界联系，有自己的缓存体系，以及算数运算单元。一句话，两者都是为了完成计算任务而设计。然而它们的不同之处更加明显：

1）缓存体系上，CPU 的缓存远大于 GPU。

2）控制单元上，CPU 拥有复杂的控制单元，而 GPU 的控制单元非常简单。

3）计算单元上，CPU 虽然有多核，但总数没有超过两位数。GPU 的核数远超 CPU，被称为众核（NVIDIA Fermi 有 512 个核）。

因此 CPU 擅长处理具有复杂计算步骤和复杂数据依赖的计算任务，如分布式计算、数据压缩、人工智能、物理模拟等。GPU 擅长处理计算量大、复杂度低、重复性高的大规模并发计算，如游戏中的大规模多边形运算、颜色渲染等。简而言之，当程序员为 CPU 编写程序时，他们倾向于利用复杂的逻辑结构优化算法从而减少计算任务的运行时间，即 Latency。当程序员为 GPU 编写程序时，则利用其处理海量数据的优势，通过提高总的数据吞吐量（Throughput）来掩盖 Latency。

有了以上知识的铺垫，就容易理解为什么 GPU 适合做模型训练（Training）与推理（Inference）。这是因为模型通常具有许多参数。例如，流行的 VGG 图像分类模型有 16 层，大约 1.4 亿个参数。在运行推理时，需要将输入数据（如图像）传递到每个图层，通常将该数据乘以图层参数。在训练期间，还必须稍微调整每个参数以更好地拟合数据。这是很大的计算量。GPU 的多核结构刚好可以同时并行完成以上的简单拟合运算，虽然单个核相对于 CPU 来说较慢，但在大规模的并行下，依然比 CPU 的整体性能高出一个数量级。例如 Macbook 拥有运行速度为 3.1GHz 且 4 个内核的 CPU，NVidia K80 GPU 拥有近 5000 个内核，尽管单核运行速度要慢得多（562MHz，时钟速度大约慢了 6 倍），但是并行速度提高了 1250 倍。在现实场景中，GPU 大部分在云端使用，而对于像智驾这样的端侧推理来说，往往需要更加小型化、低功耗的芯片来做网络模型推理。特别是随着深度学习（Deep Learning）技术的深入研究与广泛应用，做 AI 芯片的公司也越来越多，很多公司都采用了"xPU"的命名方式，因此名字非常相似，表 3-10 对此加以区分并做了简要介绍。需要注意的是，大部分缩写可能有多个来源，这里只选取与芯片相关的含义。

表 3-10 常见 "xPU" 列表

简称	全称	简 介
TPU	Tensor Processing Unit 张量处理单元	是一款谷歌为机器学习而定制的芯片。因为 TPU 是专为深度神经网络量身定做的，执行每个操作所需的晶体管数量更少，因此它有更高效能（每瓦计算能力）。TPU 与同期的 CPU 和 GPU 相比，在效能上有大幅度的提升。目前一代 TPU 面向推理，二代面向训练
NPU	Neural-network Processing Unit 嵌入式神经网络处理器	专门为物联网人工智能而设计，用于加速神经网络的运算，解决传统芯片在神经网络运算时效率低下的问题。例如在 GX8010 中，CPU 和 MCU 各有一个 NPU。NPU 包括了乘加、激活函数、二维数据运算、解压缩等模块
APU	Accelerated Processing Unit 加速处理单元	AMD 公司推出的加速图像处理芯片产品。AMD 在一颗芯片上集成了传统的 CPU 和 GPU，这样主板上将不再需要北桥，任务可以灵活地在 CPU 和 GPU 间分配。AMD 将这种异构结构称为加速处理单元，即 APU
	Audio Processing Unit 声音处理器	顾名思义，处理声音数据的专用处理器，大部分声卡里都有
BPU	Brain Processing Unit	地平线公司主导的处理器架构。目前已经推出了征程 2/3/5/6 代等系列车规级芯片
DPU	Deep learning Processing Unit 深度学习处理器	最早由国内深鉴科技提出

（续）

简称	全称	简介
DPU	Dataflow Processing Unit 数据流处理器	Wave Computing 公司提出的 AI 架构
	Data storage Processing Unit 数据存储处理器	深圳大普微的智能固态硬盘处理器
FPU	Floating Processing Unit 浮点计算单元	通用处理器中的浮点运算模块
HPU	Holographics Processing Unit 全息图像处理器	微软出品的全息计算芯片与设备
IPU	Intelligence Processing Unit 智能处理器	DeepMind 投资的 Graphcore 公司出品的 AI 处理器产品
RPU	Radio Processing Unit 无线电处理器	Imagination Technologies 推出的低功耗无线电处理器，含 Wifi、蓝牙及 FM 处理器
VPU	Vector Processing Unit 矢量处理器	Intel 收购的 Movidius 公司推出的图像处理与人工智能专用芯片的加速计算核心
WPU	Wearable Processing Unit 可穿戴处理器	Ineda Systems 公司推出的可穿戴片上系统产品，包含 GPU/MIPS CPU 等 IP
XPU	Processing Unit for Diverse Workloads	百度与赛思灵（Xilinx）公司在 2017 年 Hotchips 大会上发布的一款 256 核、基于 FPGA 的云计算加速芯片。XPU 的目标是在性能和效率之间实现平衡，并处理多样化的计算任务。基于该架构，百度推出了昆仑 818-100 推理芯片和昆仑 818-300 训练芯片
ZPU	Zylin Processing Unit	挪威 Zylin 公司推出的一款 32 位开源处理器，相关的代码可在开源托管平台 Github（https://github.com/zylin/zpu）中查看

3.4.3 片上系统（SoC）

图 3-51 展示的是半导体的分类，可以看到半导体器件主要分为四大类，包括传感器、光电器件、分立器件以及大家最为熟知的集成电路芯片（Integrated Circuit，IC）。而集成电路芯片又分为两大类：模拟集成电路和数字集成电路。模拟集成电路主要包含电源管理芯片（如过压保芯片、快充芯片等）以及信号链芯片（又被称为线性芯片，如滤波器）。数字集成电路在日常生活中用得比较多，如处理器芯片、存储芯片，以及执行特定任务的 ASIC 芯片（如视频编解码、音乐播放器等使用的芯片）等。图 3-51 中的绿色部分是一个特殊的领域，叫功率半导体（或功率芯片），由各类模拟器件和高集成度的电源管理集成电路（Power Management IC，PMIC）构成，主要具有电源管理、给系统提供电源保护等功能。

可以看到，每颗芯片都有一定的功能，它们组合在一起，才是一个电路。随着半导体技术的发展，虽然每个功能的芯片集成度会变得更高、更复杂，但每个独立功能的芯片所构成的电路依然会占用很大的面积且经济性较差，所以就出现了 SoC（System on Chip，翻译为系统级芯片或片上系统），其将特定功能的器件在一颗芯片上实现。在 SoC 出现之前，图 3-52a 中的可编程核、IP、定制逻辑、CPU 等都在一个 PCB 上。这些分离的芯片需要通过 PCB 进行互连，其可靠性、功耗以及效率等方面均不是最优。随着半导体工艺技术的发展，SoC 技术将上述这些芯片的功能完全做在一颗芯片上（图 3-52b），而集成度变高会让整个芯片的性价比和可靠性也变高。这是因为在 SoC 中完全基于芯片内部总线的互连，这会让可靠性和功耗等各方面变得最优。在设计层面，SoC 有两个显著的特点：

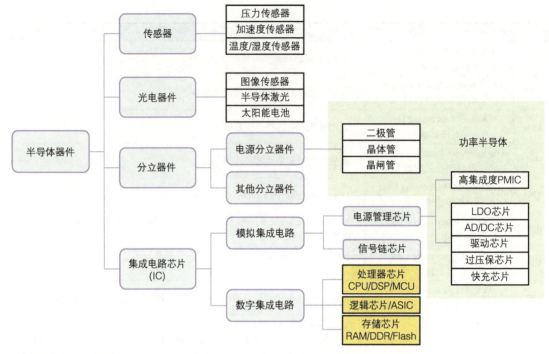

图 3-51 半导体分类

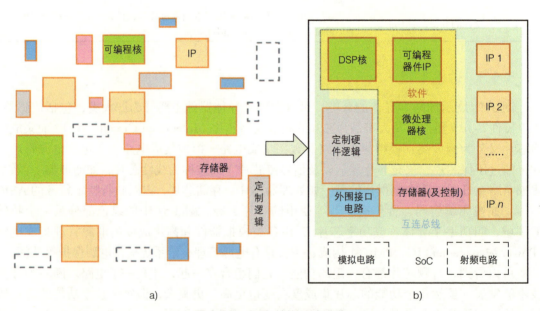

图 3-52 SoC 结构理论演进

1）硬件规模庞大，通常基于 IP 设计模式。

2）软件比重大，需要进行软硬件协同设计。

由于 SoC 可以充分利用已有的设计积累，显著地提高了 ASIC 的设计能力。SoC 在性能、成本、功耗、可靠性，以及生命周期与适用范围等方面都有明显的优势，是集成电路设计发展的必然趋势。例如百度昆仑芯片是一款高性能的 AI SoC 芯片，支持推理（818-100）

和训练（818-300）。

图 3-53 展示了一个 SoC 结构演进案例：图 3-53a 是一颗 PC（Personal Computer）架构图，一共有两颗芯片：Intel 的 CPU 处理器（Intel Core processors）和桥接芯片（Intel HSS Express Chipset）。可以看到处理器上通过高速接口连接着 DDR，集成 GPU 等。桥接芯片上主要连接了如 USB、网络、BIOS、HDMI 等外设。虽然 PC 的这种方式直观上比较复杂，但好处是上面的处理器和桥接芯片有更多的独立性，可以采用各自的工艺（其中 CPU 的工艺更高一些），并且可以分离演进。所以到现在 PC 依然沿用主处理器和桥接芯片这样的架构。但是在手机端，这样的设计就显得过于冗余，而且面积过大，无法适用。因此就自然过渡到图 3-53b 的 SoC 架构（高通发布的骁龙 845 版图）：其中左下部分是 Adreno 630 GPU，中部是 Hexagon 685 DSP（协处理器），右下部是 X20 LTE Modem（千兆级调制解调器）等。高通在一颗芯片上把左侧所有的这些功能都做进去了，显而易见，这样性能会更好，成本会更低，也更可靠。综上所述，可以看到 SoC 强调的是一个整体。用"麻雀虽小五脏俱全"来形容，再确切不过了。

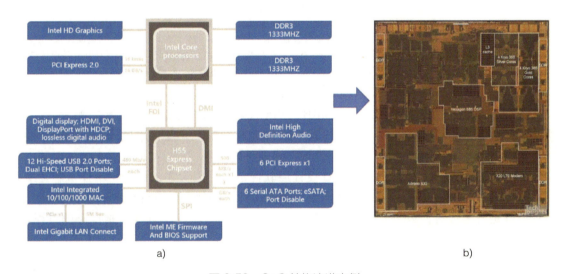

图 3-53 SoC 结构演进案例

在实际开发过程中，我们发现刚进入智能驾驶领域的研发人员容易对以下几个名词与 SoC 混淆，表 3-11 简要做一下对比及说明。

表 3-11 常见混淆名词对比

简称	全称	简介
MPU	Micro-Processor Unit 微处理器	通常代表一个功能强大的 CPU（暂理解为增强版的 CPU），但不是为任何已有特定计算目的而设计的芯片。这种芯片往往是个人计算机和高端工作站的核心 CPU。Intel X86、全志 A20、TI AM335X 等都属于 MPU
MCU	Micro-Controller Unit 微控制器	又称单片机。是把 CPU 的频率与规格做适当缩减，并将内存（Memory）、计数器（Timer）、USB、A/D 转换等周边接口都整合在单一芯片上，形成芯片级的计算机，为不同的应用场合做不同组合控制。因此，在 MCU 的基础上直接加简单的外围元件（电阻、电容）就可以运行代码了。而 MPU 不能直接放代码，它只不过是增强版的 CPU

（续）

简称	全称	简介
DSP	Digital Signal Processo 数字信号处理器	一种专用于实时的数字信号处理的微处理器。DSP 是一种特殊的 CPU，特别适合信号的处理，这是因为经过 ADC（模拟数字转换器）转化好的数字信号，数据量往往很庞大，直接交由 CPU 处理的效率是不高的，并且 CPU 还要进行更多的通用计算任务。因此，常常采用专用的电路来处理数字信号，如数字滤波、快速傅里叶变换、时频分析、语音信号和图像信号的处理加工等。这些运算往往很复杂，很多涉及复数的累加、累乘运算，举个例子：离散傅里叶变换的计算就十分复杂，但是运用时域抽取或频域抽取的快速傅里叶变换算法后就可以大大减少运算量，但是电路较为复杂。将能完成这些复杂运算的电路集成在一块芯片上，能在一个时钟周期完成一次乘加运算，使其能完成如音频滤波、图像处理等复杂运算，这样的芯片叫作 DSP。DSP 对于流媒体的处理能力远优于 CPU，现在手机上的语音信号都是由 DSP 处理的。现阶段 DSP 的概念正在变得模糊，如 ARM9 的架构就不像是一颗 CPU，更像是一颗 DSP。现在有很多芯片，其上都集成了 DSP、GPU、基带处理器等，越来越多的传统上分立的芯片被集成到一起，协同工作以提高效率，降低能耗。因此，DSP 在有些情况下作为协处理器内核，是 SoC 的一部分
FPGA	Field-Programmable Gate Array 现场可编程门阵列	是 Xilinx 公司 1985 年首家推出的一种新型的高密度可编程逻辑器件（Programmable Logic Device，PLD）。FPGA 作为专门集成电路（ASIC）领域中的一种半定制电路，既解决了定制电路的不足，又克服了原有可编程器件门电路数有限的缺点。现在，随着超大规模 FPGA 以及包含 SoC 内核 FPGA 芯片的出现，软硬件协调设计和系统设计变得越来越重要。传统意义上的硬件设计越来越倾向于与系统设计和软件设计结合。综上，FPGA 可以被理解为用来设计芯片的芯片，采用 FPGA 设计 ASIC 电路，用户不需要投片生产，就能得到合用的芯片

这里特别需要指出的是，与 SoC 相比，FPGA 内部结构复杂，有丰富的触发器和 I/O 引脚，可包含 SoC 内核，它是 ASIC 电路中设计周期最短、开发费用最低、风险最小的器件之一。FPGA 和 MCU 相比，本质上是软件和硬件的区别，FPGA 更偏向于硬件电路，而 MCU 更偏向于软件。具体来说，MCU 设计属软件范畴，因为它的硬件（单片机芯片）是固定的，通过软件编程语言描述软件指令在硬件芯片上的执行。FPGA 设计属于硬件范畴，它的硬件是可编程的，是一个通过硬件描述语言在 FPGA 芯片上自定义集成电路的过程。

3.4.4 域控制器（DCU）

在学习域控制器（Domain Controller，DCU）之前，我们需要先了解电子控制单元（Electronic Control Unit，ECU）。随着车辆的电子化程度逐渐提高，ECU 占领了整个汽车。从防抱死制动系统、四轮驱动系统、电控自动变速器、主动悬架系统、安全气囊系统，逐渐延伸到了车身安全、网络、娱乐、传感控制系统等。Strategy Analytics 统计数据显示，各级别汽车 ECU 数量都在逐年递增，尽管目前的汽车平均约采用 25 个 ECU，但一些高端车型却已突破百个。汽车电子软件的爆炸式增长，给电子电气构架带来了巨大的挑战。如图 3-54a 所示，这些控制器遍布车身各个区域，导致线束的布置会遍布整个车身，如同人体的血管一样。

如何在愈发复杂的线路中，保证数据处理以及网络安全的最优化成为难题，而用一个或几个"大脑"来操控全车的 ECU 与传感器正逐渐成为汽车电子电气架构公认的未来。图 3-55 展示了博世在 2017 年公布的其在整车电子电气架构方面的战略图。他们将整车电子电气架构的发展分为三大类六个节点，分别是模块化和集成化架构方案（分布式）、集中式域融合架构方案和车载电脑云计算架构方案。我们可以看到，伴随汽车自动化程度的逐级提升，传统车企电子电气架构从分布式向域集中式过渡。分布式的电子电气架构主要用在 L0~L2 级别车型，此时车辆主要由硬件定义，采用分布式的控制单元、专用传感器、专用 ECU 及算法，资源协同性不高，有一定程度的浪费；从 L3 级别开始，域集中电子电气架构登上舞台，DCU 在这里发挥着重要作用，通过 DCU 的整合，分散的车辆硬件之间可以实现信息互联互通和资源共享，软件可升级，硬件和传感器可以更换和进行功能扩展。再往后发展，以特斯拉 Model 3 领衔开发的集中式电子电气架构基本达到了车辆终极理想：车载电脑级别的中央控制架构。

图 3-54　连接 ECU 的线束与 DCU

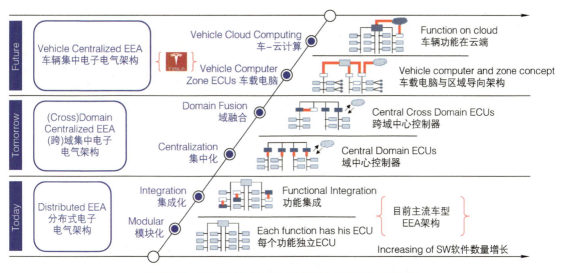

图 3-55　电子电气（EEA）架构技术战略图（博世）

目前市面上大多数车型的架构方案都是模块化和集成化架构方案，在这个大背景下，DCU 的出现将大大优化整车电子电气线路。当前，随着 DCU 算力的提升，车载电子电气主要形成了功能"域"的架构，即 Domain 架构，典型的是动力总成、底盘控制、车身控制、ADAS、娱乐系统这 5 个主要的 Domain。智能座舱大部分属于娱乐系统 Domain，或与其他 Domain 进行结合形成新的 Domain。例如威马汽车搭载高通骁龙 SA8155，将娱乐系统 Domain 和车身控制 Domain 结合，形成了整车智能座舱 Domain。图 3-54b 展示了英博超算发布的"悟空二号"双 J3（地平线）+ X9H（芯驰）高性能多域控制器，实现 ADAS Domain 和智能座舱 Domain 的融合。综上，DCU 可以将汽车电子各部分功能划分成几个 Domain，然后利用处理能力强大的多核 CPU/GPU 芯片相对集中地控制域内原本归属各个 ECU 的大部分功能，以此来取代传统的分布式架构。

3.4.5 计算平台示例

征程 5 搭载先进的 BPU 贝叶斯智能加速引擎，兼具高性能和大算力，其架构如图 3-56 所示。单颗芯片算力高达 128TOPS，具备领先于同级竞品的真实计算性能，适用于最先进的图像感知算法加速。征程 5 单芯片至多支持 16 路摄像头感知计算，同时开放支持包括毫米波雷达、激光雷达等多传感器感知、融合、预测与规划控制需求。

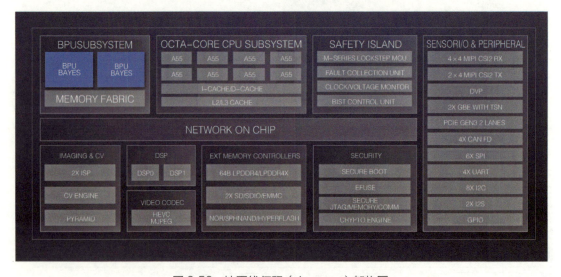

图 3-56　地平线征程（Journey）架构图

得益于软硬协同的前瞻性设计，征程 5 能够高效支持如 BEV 等领先智能驾驶算法模型的应用部署。基于征程 5 打造的地平线 Matrix 5 全场景整车智能计算平台，能够支持实现领先的高阶智能驾驶功能，同时支持上层应用的差异化开发和软件 OTA 升级，助力车企打造更领先、更具差异化的人机共驾产品，如图 3-57 所示。该平台有以下四个特点。

图 3-57　地平线 Matrix 5 全场景整车智能计算平台

1）高阶自动驾驶专用芯片：搭载地平线最新一代 BPU 贝叶斯深度学习加速引擎，BPU 计算架构设计与领先深度神经网络协同优化，能够高效支持领先的自动驾驶算法应用。

2）高性价比实现卓越效能：极致优化计算密度和能量效率，提供 128 TOPS 超强算力，30Watt 超低功耗，以超高性价比、极致能效比，发挥领先于同级竞品的强劲计算性能。征程 5 针对实际工况优化，可实现 60ms 超低延迟感知能力，实时视觉感知处理更迅捷。

3）支持高阶智驾量产需求：开放支持包括摄像头、毫米波雷达、激光雷达等多传感器感知、融合、预测与规划控制需求，并高效支持如 BEV 和 Transfromer 等领先智能驾驶算法模型的应用部署，全方位满足各类自动驾驶场景需求，助力车企打造更领先、更具差异化的智能驾驶产品。

4）安全可靠性领跑行业：中国首颗完全遵循 ISO 26262 功能安全流程开发的车载智能芯片，高质量完成 AEC-Q100 车规测试验证和全部功能安全产品认证工作，也是首款通过 CCRC 与 CATARC 两大权威机构信息安全认证的车载智能芯片，产品认证完整性领跑行业，为智能汽车规模化应用保驾护航。

从行业整体来说，中央计算平台作为汽车 E/E 架构发展的最终目标已成为共识，但其实现过程中，依然面临众多技术层的挑战，例如需要建立行业标准加速产业协同发展，持续开放软件生态等。2020 年至今，汽车智能化聚焦于"细分赛道"的比拼，由于品牌、车型定位不同，导致在不同价位区间、不同品牌、不同车型之间，舱内舱外智能化功能组合并不一致。而随着跨域融合、中央计算平台带动汽车行业进入新的增长周期，智能驾驶 + 智能座舱 + 智能化车身控制的同时标配将成为智能电动汽车市场竞争的关键要素。伴随跨域融合 + 中央计算式发展趋势，支持"智能驾驶 + 智能座舱"的舱驾一体多域融合架构以及进一步的中央计算平台架构成为最终的需求。在智能驾驶进入下半场竞赛的关键时期，中央计算平台架构可有效降低开发成本和通信延时、优化算力利用率和功能体验，推动智能电动汽车应用不断升级优化。

练 习 题

一、选择题

1.【单选】下列关于 IMU（惯性测量单元）说法错误的是（　　）。

A. 以牛顿力学定律为基础，通过测量载体在惯性参考系的加速度，将它对时间进行积分，且把它变换到导航坐标系中，就能够得到在导航坐标系中的速度、偏航角和位置等信息

B. 更新频率高，工作频率可以达到 100Hz 以上

C. 长时间内的推算精度高，不会有太大的误差

D. 可以使用 GPS 对 IMU 误差进行修正

2.【单选】下列关于 VCU（汽车控制单元）说法错误的是（　　）。

A. 通过 CAN 总线与汽车的发动机、变速器、加速踏板、制动踏板等各种电子设备通信

B. 读取各个控制单元的工作状态，并在需要时对它们进行控制

C. 作为上层算法和底盘控制的接口，承担着控制汽车加减速、转向的工作，以及将底盘信息精确且及时传递到算法层的工作

D. VCU 的信号较为标准且固定，不会因车而异

3.【单选】下列关于 CAN（控制器局域网）说法错误的是（   ）。

A. CAN 通信是一套高性能、高可靠性的通信机制，目前已广泛应用在汽车电子领域

B. 所有传感器都通过 CAN 进行消息传递

C. 激光雷达使用局域网的方式进行消息传递

D. GPS 和惯导使用串口进行通信

4.【多选】下列关于摄像头布局说法正确的是（   ）。

A. L2 级别的智能驾驶是面向高速场景的辅助驾驶，主要关注区域是在车辆前方，因此传感器的布局以朝前为主

B. L2+ 以上面向城区的高级驾驶辅助系统，前视通常采用中远近三种不同的焦距的相机

C. L2+ 以上车周身采用多个窄角相机构成 360° 的范围覆盖，保证车身无死角，可以观测各个方向的场景情况

D. 不同传感器的感知范围均有各自的优势和局限性，当前发展的趋势是通过信息融合技术弥补单个传感器的缺陷

5.【单选】下面关于相机标定说法错误的是（   ）。

A. 相机标定分为内参标定和外参标定

B. 相机外参标定分为离线标定和在线标定两种。离线标定主要采用高精度标定板辅以高精度转台进行标定；在线标定，顾名思义是在车端实时试运行的标定算法

C. 相机外参标定的核心思路是特征区域的匹配

D. Lidar-Camera 在线标定的核心思路是 Lidar 和图像共视区域内点云和图像进行特征提取和匹配

二、填空题

1. 在传感器布局中，前视通常采用_____、_____、_____三种不同焦距相机满足不同距离的感知需求。

2. _____提供车体的加速度、角速度、航向等信息。

3. 一般来说，芯片的制程_____，芯片的性能就_____，这是因为单位面积内容纳的晶体管数量越多，半导体器件的功耗也会越低。

4. 通过_____，分散的车辆硬件之间可以实现信息互联互通和资源共享，软件可升级，硬件和传感器可以更换和进行功能扩展。

5. GPS 的定位的原理为_____。

三、判断题

1. 要实现不同传感器之间的数据关联和融合，还需要对不同的传感器进行内外参标定以及时间同步操作。（   ）

2. 标定完成后，不同的传感器都是位于一个统一的车体坐标系（即 VCS 坐标系）。（   ）

3. IMU 内参有 3 个主要影响因素：Bias，Scale，Misalignment。　　　　（　　）
4. 棋盘格标定板的格子一黑一白，横竖阵列排列，主要应用在线阵 / 线扫相机。
（　　）
5. 硬件同步主要用来解决不同传感之间的时间差异导致的频率不同步的问题。
（　　）

四、简答题
1. 请简述相机外参标定基本思路。
2. 请简述激光雷达工作原理。
3. 请简述毫米波雷达工作原理。
4. 请简述超声波雷达特性。
5. 请简述为什么 GPU 适合做模型训练与推理。

五、实训题
1. 请简述芯片关键制造流程，并整理每个关键环节中我国代表性企业及其产品。
2. 请结合本章内容简述智能驾驶的几个重要硬件，并整理每个中的国内代表性企业及其产品。

第 4 章 关键算法基础

第 3 章主要介绍了智能驾驶相关的硬件基础知识,包括整体架构、多模态传感器及计算平台等。本章开始介绍智能驾驶相关的算法基础。这是因为智能驾驶的感知层面主要是通过各类算法实现的。为此,本章首先介绍深度学习相关的理论基础,以及基于深度学习及机器视觉的相关感知与定位基础算法,最后介绍智能驾驶算法开发的相关框架与工具链。通过第 3 章及本章的学习,读者可以基本了解智能驾驶的软硬件理论基础。

4.1 深度学习

21 世纪后,得益于数字化变革和相关技术的发展,人工智能(Artificial Intelligence,AI)发展迅速,其应用场景变得十分广泛。人工智能的表面含义是人类通过技术为机器赋予人的智能。其中的关键领域——机器学习则是让机器拥有学习的能力从而实现机器的智能化。机器中的深度学习则是让机器进行学习的一种重要技术,使得机器学习的应用更加宽广,能够满足更多的任务要求。上面三个名词的关系如图 4-1 所示。

图 4-1 三个名词的包含关系

2016 年 3 月,随着谷歌的 AlphaGo 以 4∶1 的大比分战胜韩国围棋高手李世石九段,深度学习这一未来人工智能领域最重要、最核心的科技立刻成为人们关注的焦点。传统的机器学习算法和深度学习算法的大致流程如图 4-2 所示,两者都需要对数据进行预处理。传统的机器学习算法通过人工设计特征提取器,在复杂任务下人工设计的特征提取器效果不佳,将提取到的特征传输到训练好的分类器中进行预测;深度学习的算法则是在数据预处理后，根据任务的复杂性设计模型，然后对模型进行训练，将用于特征提取和分类预测的模块联系起来进行"端到端"的训练。虽然深度学习的算法在复杂任务中仍然拥有较好的效果，但该类算法也拥有模型可解释性差等缺点，比如无法解释模型中的各个模块分别提取什么样的具体特征。

图 4-2　传统机器学习算法与深度学习算法流程对比图

随着算法突破、数据爆发以及算力增长，深度神经网络作为深度学习的一类实例化结构逐渐被广泛应用。其中在视觉感知场景，针对图像数据量较大的特点，通常采用卷积神经网络（Convolutional Neural Network，CNN）这一结构对图像数据进行处理。深度学习算法通常由三部分组成，包括神经网络模型、损失函数和优化方式。深度神经网络模型本质就是一个复杂的函数，这个函数将输入映射到输出值，该函数由许多个简单函数复合而成。卷积神经网络就是一个拥有大量可训练参数的复杂函数，其中参数可训练意味着：通过参数的更改，模型的预测能力越来越强，预测值与真实值之间的差距越来越小。衡量模型输出值与预测值之间差距的方式就是通过设计的损失函数。优化方式的选择意味着模型通过怎样的方式进行参数的优化，从而实现损失函数的最小化，一般的优化方式为反向传播算法加上梯度下降。

4.1.1　卷积神经网络

卷积神经网络在机器视觉中应用广泛，常见的应用任务为图像分类识别、目标检测追踪、图像分割等。自从 2012 年，AlexNet 在 ImageNet 数据集上取得了不错的效果后，大量的 CNN 模型被提出，广泛使用的 CNN 模型有 VGG、ResNet、DenseNet、MobileNet、ResNeXt 等。根据"端到端"的设计思路，网络结构大致分为输入层、隐藏层和输出层，其中隐藏层主要完成对输入数据进行特征提取和对提取到的特征进行信息整合，用于预测。结构中用于特征提取的层包括卷积层、池化层、激活函数层等，用于分类识别的包括全连接层等。其中，用于特征提取的模块，一般被称为 backbone，其基本模块结构如图 4-3 所示。输入图像传入网络中后，通常由卷积层对输入进行卷积，实现特征提取；批量归一化层对卷积后的操作进行处理，统一数据分布；激活层通过激活函数实现数据的非线性转换，增加网络表达能力，从功能上模拟生物神经元的激活和抑制状态；池化层降低特征图的尺寸，使得图像特征凸显。由多个基本模块搭建而成的 backbone 对输入图像进行特征提取，在提取过程中，数据以一定数量的特征图方式进行传输。

基于以上模块，在 1998 年，Y. LeCun 等人提出了通过反向传播算法（Back Propagation，BP）进行训练的卷积神经网络模型 LeNet-5，结构如图 4-4 所示。LeNet-5 通过包括卷积层、池化层、激活函数层和全连接层在内的不同模块层层堆叠，使得模型可以直接从图片中提取特征信息并进行分类识别。具体来说，在模型中的最后几层以全连接层为基础，根据模型前面部分得到的特征信息进行预测，输出 10 分类上每类的预测值，一般选取预测值中的最大值为模型对输入数据的最终预测结果。在模型推理过程中，卷积计算后的高层的特征信息被输入全连接层，全连接层利用这些特征信息进行分类识别，同时通过反向传播算法指导卷积层进行更好的特征提取。同时，从其结构图中可以看出，随着网络层次的加深，特征图的尺寸逐渐降低，特征图通道的数量会逐渐增多，后续大多数模型的结构都参考了这种设计思想。LeNet-5 模型采用的设计结构成为一种经典的卷积神经网络基本结构，是大量卷积神经网络结构的起点。下面将依次介绍基本结构中的各个计算层的原理和作用。

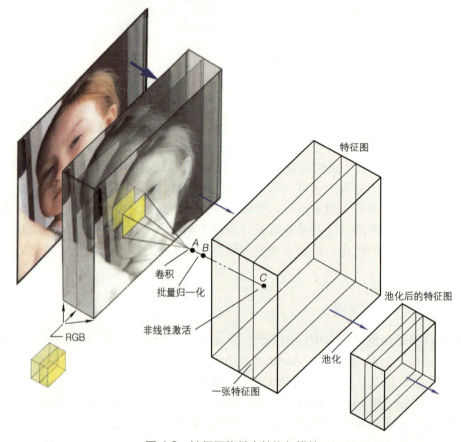

图 4-3 神经网络基本结构与模块

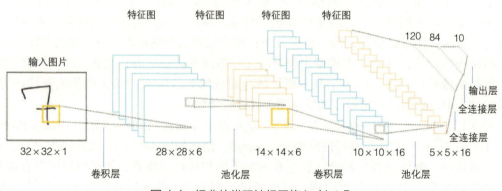

图 4-4 经典的卷积神经网络 LeNet-5

4.1.2 卷积层

卷积层是卷积神经网络中的核心结构之一，它使用一定数量的过滤器对数据进行特征提取。针对输入数据维度较大的情况，得益于局部感知和权值共享，卷积神经网络中的参数数量被有效减少。局部感知即是卷积层中的每个神经元仅与输入图像的一块区域像素连接，如图 4-5 所示，Layer2 中的一个神经元只与 Layer1 中的一块区域有连接。由于图像的局部像素关联较强，局部连接保证了经过训练后的过滤器能够对图像的局部特征有很好的感知能力。同时，在网络结构中靠前的卷积层提取一些低级的局部语义特征如边缘、线条等，靠后的卷积层从这些特征中不断提取更高级的语义特征，感知的区域更大。

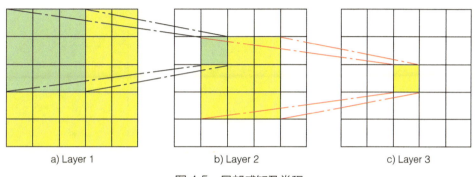

a) Layer 1　　　　　b) Layer 2　　　　　c) Layer 3

图 4-5　局部感知及卷积

权值共享则是指卷积核中的权重被整张特征图所共享。每一层卷积层中存在许多用于提取不同类型特征的过滤器，每个过滤器含有的卷积核的数量与输入特征图的通道数量相同，即过滤器中的每个卷积核与输入中的一张特征图相对应，并不会因为卷积核在该特征图上移动到不同的位置而改变权值。接下来，通过一个简单的例子来讲述如何计算卷积：假设对一张 5×5 的二维图像数据使用一个 3×3 的 filter 进行卷积，卷积时的 bias 为 0，将得到一个 3×3 的特征图。如图 4-6a 所示，从输入图像的左上角进行卷积操作，即输入图像上的像素值与相对应的 filter 上的参数值进行相乘，然后进行累加，得到的特征图上的第一个输出值为

$$f_{0,0} = 1\times1+1\times0+1\times1+0\times0+1\times1+1\times0+0\times1+0\times0+1\times1 = 4$$

得到第一个卷积操作输出值后，向右滑动 filter，假设此处的步长 stride 为 1，滑动后的结果如图 4-6b 所示，则第二个输出值为

$$f_{0,1} = 1\times1+1\times0+0\times1+1\times0+1\times1+1\times0+0\times1+1\times0+1\times1 = 3$$

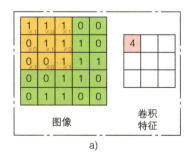
a)

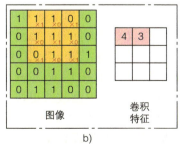
b)

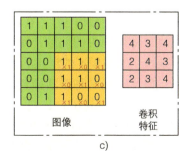
c)

图 4-6　卷积计算示例

依此类推，将 filter 在输入图像上进行从左到右及自上而下滑动，并与输入图像进行卷积操作，提取图像中的特征，最终卷积输出如图 4-6c 所示。

4.1.3 激活函数

由于卷积层中只提供线性的表达能力，即卷积层中的计算可以简化为 $f(x)=wx+b$，这样在数据是线性可分时是没有问题的，线性可分即一条 $f(x)=wx+b$ 的直线就可以区分数据，如图 4-7a 所示。但数据并非都是线性可分的，特别是复杂场景下的数据，比如图 4-7b 所示的数据，并不是一条线性直线就可以划分。模型如果只拥有区分线性数据的能力，则该模型不足以区分复杂的非线性可分的数据。

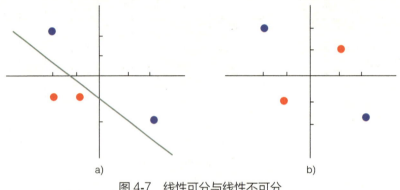

图 4-7 线性可分与线性不可分

因此，引入非线性函数使得网络非线性表达能力增强，网络可以胜任更为复杂的任务。同时，这也构建了稀疏性，模拟了生物大脑中神经元具有激活和抑制两种状态，且只使用部分神经元进行推理的过程。常见的非线性函数为 Sigmoid 函数和 ReLU 函数。Sigmoid 函数在早期的神经网络研究应用中被广泛使用，其数学表达式为

$$\sigma(x)=\frac{1}{1+e^{-x}}$$

图 4-8a 展示了 Sigmoid 函数及其导数，可以看到在饱和区域无论输入值多大或多小，输出值变化都微乎其微且趋近于 1 或 0，使得导数值趋于 0。为了避免梯度消失的情况发生，ReLU 函数成为目前使用最多的激活函数之一。其定义公式如下：

$$R(x)=\max(0,x)$$

图 4-8b 展示了 ReLU 函数及其导数图像。ReLU 函数在输入值为非负时，输出值与输入值相等且导数恒为 1，在输入值为负数时，输出值则为 0 且导数恒为 0。这样的函数有效解决了梯度消失的问题，使得模型收敛加快。同时，该函数计算简单，且可以增大网络的稀疏性，增强模型的泛化能力，即在同样的输出下，ReLU 网络使用的神经元比 Sigmoid 少。

除了上述两种激活函数以外，还有 Tanh 和 Leaky ReLU 等几十种函数及其变种。例如 Tanh 将输出控制在 [-1, 1]，均值接近 0，使模型收敛更快，但仍然存在容易导致梯度消失的问题。Leaky ReLU 函数解决了 ReLU 函数在输入为负的情况下产生的梯度消失问题。与网络模型一样，目前新的激活函数还在不断被设计出来，相关的资料可以在网络上非常方便找到，这里不再展开介绍。

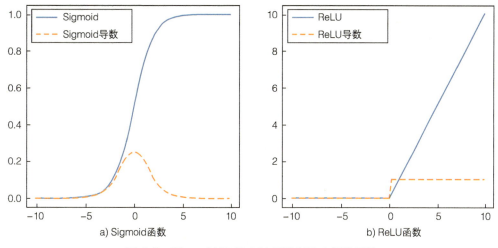

图 4-8　Sigmoid 和 ReLU 函数以及它们的导数

4.1.4　池化层

在网络设计时，通常按照一定间隔设置一个池化层（pooling）。设置池化层的主要作用是逐渐地降低特征图的尺寸，使得图像特征凸显的同时在一定程度上减少网络中用于卷积的参数和计算，有效提高所提取的特征的鲁棒性。池化的方法很多，最常用的是 Max Pooling、Mean Pooling、Global Average Pooling（GAP）等。如图 4-9 所示，假设池化的 filter 大小为 2×2，Max Pooling 实际上就是在这 2×2 的区域内取最大值，作为采样后的值。Mean Pooling 是在这 2×2 的区域内取各样本的平均值。GAP 则在每个特征图上求全局平均值，输出值的数量与特征图数量相同。

图 4-9　Max Pooling、Mean Pooling 以及 GAP 示意图

4.1.5　全连接层

在常见的卷积神经网络中，使用一层或多层全连接层来对卷积后提取到的特征进行分类识别。如果说卷积层、池化层和激活函数等操作是将原始数据中进行特征提取和特征凸显的话，通常使用"展平"（flatten）的方式将数据转换为一维向量输入全连接层后，全连接层则将这些特征信息整合到一起（高度提纯特征），然后根据类别输出每个类别的预测值。全连接层即为传统的多层感知机（Multi-Layer Perceptron，MLP），每一个神经元节点的输入都来自于上一层的每一个神经元的输出。如图 4-10 所示，假设在二分类任务中，输入全连接层的特征有 x_1、x_2 和 x_3，经过两层全连接层后，将特征 x_1、x_2 和 x_3 整合为 y_1 和 y_2，即二分类中，对每个类别的预测概率值。

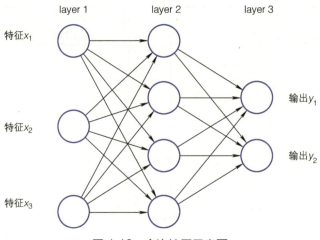

图 4-10 全连接层示意图

全连接层的输出通常被认为是网络预测输入为每个类别的概率。二分类任务通过 Sigmoid 将全连接层输出转换为类别概率，即将图 4-10 中的 y_1 和 y_2 转换为（0，1）之间的值。在多分类的任务中，最后一层全连接层的输出会通过 Softmax 函数进行转换，保证最终的输出全部在（0，1）之间，且和为 1，因此，经过 Softmax 函数处理的最终输出才能被视为网络预测输入为每个类别的概率。Softmax 的函数定义公式如下：

$$y_i = \frac{e^{z_i}}{\sum_j e^{z_j}}$$

式中，z_i 为网络的最终输出数组 z 中的第 i 个元素；y_i 为该元素的 Softmax 值。

从它的连接方式上看，全连接网络的优点是每个输入特征的信息都会传播到其后任何一个节点中去，这样会最大限度地让整个网络中的节点都不会"漏掉"这个输入特征的信息。不过它的缺点更为明显，由于稠密连接的方式，连接上的权重数量巨大，使得全连接层是整个网络中参数量最多的层。在输入数据量巨大的图像任务中，如果只使用全连接层，会使得模型参数量十分巨大。因此，研究人员才提出了具有权值共享特性的卷积层，从而减少权重的数量。除了上述提到的参数冗余的问题以外，全连接层还要求固定的输入维度（如 4096），使得整个卷积神经网络模型无法接受可变化尺寸输入，因此通常使用全局平均池化层或卷积层替换全连接层。

4.1.6 批量归一化层

假定输入某一层网络的数据分布如图 4-11a 所示，通过 H1 将数据进行了划分。但由于模型在训练阶段，每层的权重值都可能在发生变化，在迭代一次后，传输到该层的数据分布可能如图 4-11b 所示，因此本层的权重将从直线 H1 更新为 H2，模型中的权重需要去适应学习不同的数据分布。同样，在训练阶段，输入模型中不同批次的数据的分布也可能存在着较大的差异，同样可能造成在每次迭代中网络都要去适应学习不同的数据分布，这个现象被称为 Internal Covariate Shift。该现象容易导致网络在训练过程中的收敛速度变慢，即需要更多次的迭代，模型输出才会收敛。特别是在较深的网络中，这种现象会更加严重。

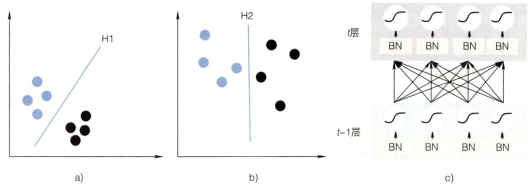

图 4-11　迭代前后的数据分布（左、中）与批量归一化层（右）

为了解决以上问题，研究人员提出了在网络中添加批量归一化层（Batch Normalization），从而加快模型的收敛，使得较深的网络也能够很快得到收敛。将数据输入网络中的某一层之前，对数据进行批量归一化的处理，如图 4-11c 所示，使得每一层接收到的数据都处于同一分布，对每一层的输入进行归一化至均值 0、方差 1 的预处理，避免了权重去适应不同分布输入数据的问题。批量归一化层具有许多优点，几个主要的优点总结如下：

1）批量归一化层使得网络中每层输入数据的分布相对稳定，加速模型学习速度。

2）批量归一化层使得模型对训练中的超参数不那么敏感，简化调参过程，使得网络学习更加稳定。比如经常会谨慎地采用一些权重初始化方法（例如 Xavier）或者合适的学习率来保证网络稳定训练，在网络中添加批量归一化层后，使得网络对数据不敏感，进而使得网络对影响每层输出的超参数不敏感。

3）BN 缓解梯度消失问题，使得可以在网络中使用饱和性激活函数，例如 sigmoid、tanh 等。在不使用 BN 层的时候，由于网络的深度与复杂性，很容易使得底层网络变化累积到上层网络中，导致模型的训练很容易进入到激活函数的梯度饱和区。通过归一化操作可以让激活函数的输入数据落在梯度非饱和区，缓解梯度消失的问题。

BN 具有一定的正则化效果。由于我们使用 mini-batch 的均值与方差作为对整体训练样本均值与方差的估计，尽管每一个 batch 中的数据都是从总体样本中抽样得到的，但不同 mini-batch 的均值与方差会有所不同，这就在网络的学习过程中增加了随机噪声，与 Dropout 通过关闭神经元给网络训练带来噪声类似，在一定程度上对模型起到了正则化的效果。

4.1.7　损失函数

在网络的训练过程中，需要通过损失函数来评估模型对输入数据的最终预测和真实标签之间的误差，在深度学习中的损失函数需要根据当前的应用场景进行相应的设计，但不管是哪种损失函数，都可以总结出以下几个特征。

1）恒非负。损失函数计算的是模型预测值与真实值之间的差距，模型根据损失函数优化后，最好的情况是损失函数的值为 0，即模型的预测输出完美拟合真实值，只要有一点拟合的偏差那就会让损失增加。

2）模型预测值与真实值之间的误差越小，函数值越小。这个性质也是非常重要的，如果损失函数定义得不好，优化起来没有方向或者逻辑过于复杂，对于问题处理显然是不利的。

3) 损失函数收敛快。收敛快的意思就是指在迭代优化这个损失函数的过程中,需要让它比较快地逼近函数的极小值,逼近函数值的低点。

损失函数最小化是神经网络迭代学习训练的目标,实现损失函数最小化意味着让神经网络拥有了更好的预测能力,预测和真实标签之间的差异在不断减少。最小化的过程可以总结为

$$W^* = \min_W \left\{ \lambda \frac{1}{m} \sum_{i=1}^{m} L[y_i, f(x_i;W)] + (1-\lambda)\Omega(W) \right\}$$

式中,函数 $f(x_i;W)$ 代表这个模型;$L[y_i, f(x_i;W)]$ 代表模型对于一个样本的预测的误差;$\frac{1}{m}\sum_{i=1}^{m} L(y_i, f(x_i;W))$ 为 m 个输入样本的平均训练误差;W 代表网络中的可训练参数集合;$\Omega(W)$ 即正则化项,用来描述网络的复杂度,常为参数 W 的 L1 范数或者 L2 范数,在损失函数中添加该项可以有效降低模型的复杂度,防止过拟合,通常设置参数 $\lambda \in (0,1)$ 是为了平衡训练误差和网络的复杂度。

最小化损失函数的过程其实是对网络中可训练参数的最优解搜索过程。

针对不同类型的预测任务,一般选择不同的损失函数。根据任务的特点,通常将任务的类型大致分为分类和回归这两类。分类任务即根据预先设置的类别,网络对输入数据进行每个类别上的概率预测,其最终的预测结果是离散的。回归任务即是对连续值的预测,如某地区房价的预测、坐标的预测。因此,回归任务主要使用基于距离度量的损失函数,分类主要使用基于概率分布度量的损失函数。基于距离度量的损失函数主要包括均方误差损失函数(MSE)、L2 损失函数、Smooth L1 损失函数、huber 损失函数等。基于概率分布度量的损失函数包括 KL 散度函数(相对熵)、交叉熵损失、Focal Loss 等。例如在图像识别分类任务中,通常采用的分类损失函数为交叉熵损失函数。在实际中,会针对不同的需求、模型或项目设计不同的损失函数。

4.1.8 模型训练

卷积神经网络的训练过程即为模型通过对训练数据的迭代学习,不断对网络中可训练参数进行优化直到损失函数最小化的过程。训练即是模型的多次迭代,每次迭代涉及两个过程,即前向传播和反向传播。而模型测试即是在模型没有学习过的测试数据集上进行前向传播。前向传播中,数据根据网络中的计算图从输入层到输出层进行计算。具体来说,当图像输入后,经过网络中的卷积层和池化层的运算,抽象出图像中的高级特征,然后将特征图展平后传输到全连接层等 head,完成模型的预测。反向传播中,根据链式法则,推理误差对于网络中所有可训练参数的偏导数依次从输出层向输入层被求解,存储下来的梯度被用来优化参数。

与许多其他机器学习模型相同,卷积神经网络同样是通过梯度下降来优化模型的参数的。根据凸优化理论可知,由于神经网络模型复杂度较高,同时其损失函数一般为非凸(non-convex)函数,最小化损失函数时存在着局部最优解,使得非凸优化实现全局最优的难度增加。因此,在深度神经网络模型的反向传播中,一般采用小批量随机梯度下降(Mini-

Batch Stochastic Gradient Descent，MBSGD）。具体来说，小批量随机梯度下降其思想是在每一次迭代中随机选择 n 个作为一个批次（batch），然后用一个批次的输入的推理误差来优化参数，而不是使用全体样本或者随机选择一个样本。一个批次的样本输入神经网络中，网络进行一次前向传播和后向传播，这个过程被称为一个"迭代过程"（iteration），一个批次选择的样本数量 n 被称为"批次大小"（batch size），网络对全体样本进行迭代的过程被称为一个"轮次"（epoch）。

下面总结一些深度学习调参技巧，使用这些技巧，可以有效提高训练后的模型性能。

1）激活函数选择：常用的激活函数有 ReLU、leaky-ReLU、sigmoid、tanh 等。对于输出层，多分类任务选用 softmax 输出，二分类任务选用 sigmoid 输出，回归任务选用线性输出。而对于中间隐层，则优先选择 ReLU 激活函数（ReLU 激活函数可以有效地解决 sigmoid 和 tanh 出现的梯度弥散问题，同时它的计算更加简单）。

2）初始学习率设定和训练中学习率的衰减策略：一般学习率从 0.1 或 0.01 开始尝试。学习率设置太大会导致训练十分不稳定，甚至出现 Nan，设置太小会导致损失下降太慢。学习率一般要随着训练进行衰减，衰减策略包括阶段下降、指数下降、预选下降、warmup 等。

3）防止过拟合：在对模型进行训练时，有可能遇到模型相对复杂性较高，训练数据较少无法代表该任务真实的数据分布等问题，导致模型的过拟合（overfitting）。即导致模型能完美地预测训练集，但对新数据的测试集预测结果较差，没有考虑到泛化能力。因此，过拟合主要是由训练数据太少和模型太复杂两个原因造成的。减少过拟合的方法可以大致总结为：

① 获取更多数据：从数据源头获取更多数据。
② 使用合适的模型：减少网络的层数、神经元个数等均可以限制网络的拟合能力。
③ 在损失函数中添加正则化项，在训练的时候限制权值的更新。
④ Dropout：训练时以一定的概率（通常是 50%）关闭隐藏层神经元的输出，即输出为 0。
⑤ 避免过度训练，避免训练迭代的次数过多。
⑥ 数据增强：常见的数据增强方式有旋转、缩放、平移、裁剪、改变视角、随机遮挡、添加噪声等。
⑦ 数据清洗（data cleaning/Pruning）：将错误的 label 纠正或者删除错误的数据。
⑧ Bagging 等方法结合多种模型：用不同的模型拟合不同部分的训练集，将多个模型进行集成。

4）优化策略的选择：SGD 虽然能达到极小值，但是比其他算法用的时间长，而且可能会被困在鞍点。如果需要更快的收敛，或者是训练更深更复杂的神经网络，需要用一种自适应的算法，即 Adagrad、Adadelta、RMSprop、Adam，整体来讲，Adam 是最好的选择。

5）残差块与 BN 层：如果希望训练一个更深更复杂的网络，那么残差块绝对是一个重要的组件，它可以让网络训练得更深。BN 层可以加速训练速度，有效防止梯度消失与梯度爆炸，具有防止过拟合的效果，所以构建网络时最好加上这个组件。

4.1.9　模型压缩

在智能驾驶中，训练好的感知模型往往要经过压缩再运行在相应的计算平台上。卷积神经网络中的模块根据是否含有可训练参数可以大致分为两类：一类是含有权重和阈值的卷积层、全连接层等，且权重和阈值的数量在具体任务下有优化的空间；另一类是非线性激活层、池化层等，这类模块不含有任何可训练参数。在一定程度上，模型参数量决定着模型对设备的存储消耗，该模型的计算量决定着模型运行时的实时性。模型压缩和加速则是针对具体任务，在保持模型性能的同时，降低模型的复杂度和计算量的一种方法。对模型进行压缩加速的主要原因，大致可以总结为以下几点。

1）模型性能提升的同时，模型对平台的资源消耗变得巨大。从开始的应用在手写字符数据集上进行10分类任务的LetNet-5模型，到后面的应用在ImageNet数据集上进行1000分类的VGG/ResNet/DenseNet，模型的性能得到了极大的提升，同时意味着模型变得更加复杂，对平台的资源消耗变得十分巨大。

2）针对具体任务，常见模型结构本身存在冗余。模型可训练参数数量和结构大小经过反复试验后得出，作为先验知识引入模型中，虽然这样设置让模型应对各种类似任务时的兼容性较好，但在具体任务中，直接采用常见模型结构设置并不能实现最优的部署效果，模型结构存在着可以针对具体任务进一步优化的空间。

3）针对某些任务，在边缘端部署模型具有极大的收益。对于实时性具有高要求的任务，例如自动驾驶等，将模型部署在边缘端可以使得实时性得到极大的提高，避免了和云端进行实时数据交互带来的时延。同时，边缘端部署模型也可以保护数据的私密性、相应功能的稳定性和可靠性（表4-1）。因此，为了将CNN模型很好地应用到端设备上，对模型进行压缩和加速的相关研究便受到了广泛的关注。

表 4-1 云端与边缘端部署对比

部署方式	云端部署	边缘端部署
部署地点	模型主要部署在云端服务器上	模型主要部署在嵌入式设备上
常见模式	通过向云端服务器发送相关请求和数据，云端收到请求后处理并返回结果给用户	主要通过将模型打包封装到SDK，集成到嵌入式设备，数据的处理和模型推理都在终端设备上执行
优化关键点	多路的吞吐量优化	功耗、内存、计算资源消耗
部署环境	训练框架提供推理服务	SDK 高效推理引擎库
主要优点	计算、内存等平台资源丰富	实时性、数据安全性、功能稳定性和可靠性有一定保障
主要痛点	实时性、数据安全性、功能稳定性和可靠性在一些场景中无法保障	由于模型自身和边缘平台资源受限，存在高存储、高功耗、高计算等问题

模型压缩和加速是一个庞大的领域，为了实现算法及软硬件协同优化，将该领域的研究总结为三个层次：硬件层压缩加速、框架层压缩加速、算法层压缩加速。下面依次进行介绍。

（1）硬件层压缩加速 相关工作主要是根据模型存储计算的特点设计硬件芯片。目前，已有一些针对人工智能应用而设计的芯片方案，如图像处理器（GPU）、现场可编程逻辑门阵列（FPGA）、特殊应用集成电路（Application Specific Integrated Circuit，ASIC）等，其中ASIC包含BPU（地平线）、NPU、TPU等不同芯片方案，总之，相关研究主要根据深度学习模型存储计算的特点进行硬件设计，通过底层硬件的优化实现压缩加速模型。表4-2为GPU、FPGA、ASIC芯片的对比。

表 4-2 三种芯片对比

芯片	GPU	FPGA	ASIC
定制化程度	通用型	半定制化	定制化
成本	单价成本高	较低的试错成本	成本高、可复制、量产规模量产后成本可有效降低
编程语言/架构	CUDA、OpenCL	Verilog/VHDL 等硬件描述语言、OpenCL、HLS	—
算力和能效	算力高、能效比重	算力中、能效比优	算力高、能效比优
主要应用场景	云端训练、云端推理	云端推理、边缘推理	边缘推理

（2）框架层压缩加速　相关工作主要是针对边缘端设计端侧推理框架。此类框架主要针对资源受限的移动边缘平台，对模型存储和计算进行了一定的优化，例如 Horizon 异构编译器、TF-lite（谷歌）、NCNN（腾讯）、MNN（阿里）、PaddleLite（百度）、TensorRT、MACE（小米）等。主要的存储计算优化包括编译优化、缓存优化、稀疏存储和计算、算子支持等。其中的算子支持需要重新开发端侧的算子，并同时对算子进行比如支持定点化等优化。

（3）算法层压缩加速　相关研究主要是设计实现压缩加速算法，通过减少模型对平台的存储和计算的资源消耗，从而实现模型压缩和加速，主要包括轻量化结构设计、低秩分解、知识蒸馏、参数量化和模型剪枝等（图 4-12）。实现算法层次的压缩加速效果在成本上是最低的，实现的效果也是最为明显的。在三个层次的压缩加速研究中，算法层面的方法由于其高收益、低成本和易实现等特点被广泛用于对模型的压缩和加速，下面重点进行介绍。

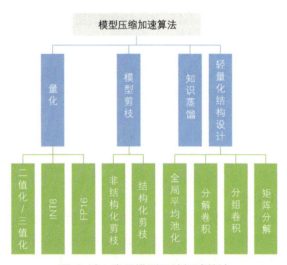

图 4-12　常见模型压缩加速算法

1）轻量化结构设计：由于传统的卷积结构设计容易造成权重冗余，目前，研究人员通过经验和技巧设计出一些轻量化的结构，大致总结为以下思路。

① 矩阵分解：将 $M \times N$ 的矩阵（M 远大于 N）分解为 $M \times K \sim K \times N$ 两层，只要让 $K \ll M$ 且 $K \ll N$，就可以大大降低模型体积。分解前，矩阵参数量为 $(M \times N)$，分解后，参数量为 $(M \times K + K \times N)$。

② 分组卷积：比如 ShuffleNet、MobileNet 等。以 MobileNet 的 Depthwise Separable Convolution 为例，该卷积由 Depthwise Convolution 和 Pointwise Convolution 构成。一般卷积核采用 3×3，而 $N\gg9$，因此深度可分离卷积的参数量和计算量都是标准卷积的 $1/9\sim1/8$。

③ 分解卷积：使用两层小卷积核的卷积层来代替一层使用大卷积核的卷积层。比如 VGGNet 中使用两个 3×3 的卷积核代替一个 5×5 的卷积核。在输出特征图相同大小的情况下，参数量仅为原先的 $3\times3\times2/5\times5=18/25$，加速效果近似。

④ 全局平均池化：全局平均池化代替全连接层，在 AlexNet 和 VGGNet 等模型中，全连接层参数量相对巨大，NIN 创新性地使用全局平均池化代替全连接层，取得了类似 Alexnet 的效果，Alexnet 参数大小为 230M，而 NIN 仅为 29M。

2）知识蒸馏：通常，大型深度模型相对于轻量化的模型会获得更好的性能，但大模型的自身参数量、计算量巨大，部署在边缘端的难度较大，轻量化模型的部署难度低，但性能往往不能达到要求。为了提高轻量化网络的性能，基于知识蒸馏的方法被提出。在知识蒸馏中，小模型（学生模型）在一个大模型（教师模型）的监督下学习（训练）。如图 4-13 所示，一个知识蒸馏系统由三个主要部分组成：知识、蒸馏算法和师生架构。

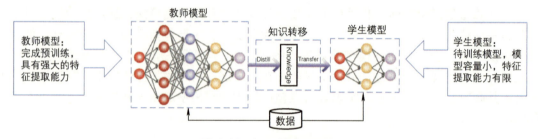

图 4-13　知识蒸馏原理图

知识蒸馏受到越来越多的关注，方法已扩展到师生学习、相互学习、终身学习和自监督学习。对于"知识"的定义可以概括为两种思路：基于目标的蒸馏方式、基于特征的蒸馏方式。具体来说，基于目标蒸馏的本质是让学生模型去学习教师模型的泛化能力，将教师模型中 Softmax 层输出的类别的概率作为"Soft-target"，让学生模型去拟合。与目标蒸馏中的学生只学习教师的关于预测输出的知识不同，基于特征的蒸馏是学习教师中的中间层输出特征。

3）模型剪枝：模型剪枝用于修剪掉重要性较低的参数，根据修剪的粒度大小，可以分为非结构化剪枝和结构化剪枝。

非结构化剪枝是一种细粒度剪枝方法，剪枝对象是模型中的神经元之间的单个权重连接。Han 等人提出的非结构化剪枝方法认为低于阈值的权重连接是冗余的。该剪枝方法包括 3 个阶段，即正常训练连接、置零冗余连接、重新训练剩下权值。在存储网络时，该方法通过压缩稀疏矩阵存储和参数量化来实现真正的网络"瘦身"。值得注意的是，非结构化剪枝的方法通常会引入非结构化稀疏，需要对稀疏矩阵存储和计算具有一定优化的平台才能实现压缩加速效果，该类方法对平台环境有特定的要求，方法的普适性较差。

结构化剪枝的核心思想是通过删除那些冗余的、贡献度低的结构化权重（例如过滤器）来减少模型权重的数量，实现模型的压缩加速。对权值的重要性定义是剪枝的关键点，目前提出的针对结构化权值的评判标准如下：

① 基于结构化权值范数值的评判标准，其认为范数值越大的结构化权重，包含的信息越多，也越重要。

② 基于结构化权值之间欧式距离或相似性的评判标准，其认为结构化权值的可替代性越高，也越冗余。

③ 基于通道信息评判标准，将输出通道的相关信息看作结构化权重的重要性。如Network Slimming方法将BN层的γ系数作为通道的重要性，该方法简单高效，被广泛应用。

4）参数量化：量化的过程主要是将原始浮点FP32的参数映射成定点INT8（或者INT4/INT1）的参数，量化后带来的收益包括：

① 量化后模型规模理论上可以直接降为原来的1/4，直接降低内存带宽需求和存储空间。

② 一个寄存器为128位的SIMD指令（单指令多数据流），可以处理4个float数值或16个int8数值，在这种情况下，可以让芯片的理论计算峰值增加4倍。

一般将量化分为量化感知训练（Quantization Aware Training，QAT）和训练后量化（Post-Training Quantization，PTQ）。具体来说量化感知训练需要在量化时的训练阶段对量化误差进行建模，这种方法一般能够获得较低的精度损失。训练后量化直接对普通训练后的模型进行量化，不需要在量化时训练，因此，训练后量化方法相对高效，但是在精度上一般要稍微逊色于QAT。以线性量化将FP32权重转化为INT8权重为例，量化浮点值可以分为以下两个步骤。

① 通过在权重张量（Tensor）中找到min和max值从而确定x_{scale}和$x_{zero-point}$。

② 通过以下公式将权重张量的每个值从FP32（x_{float}）转换为INT8（$x_{quantized}$）：

$$x_{float} \in \left[x_{float}^{min}, x_{float}^{max} \right]$$

$$x_{scale} = \frac{x_{float}^{max} - x_{float}^{min}}{x_{quantized}^{max} - x_{quantized}^{min}}$$

$$x_{zero-point} = x_{quantized}^{max} - x_{float}^{max} \div x_{scale}$$

$$x_{quantized} = x_{float} \div x_{scale} + x_{zero-point}$$

需要注意的是，当浮点运算结果不等于整数时，需要额外的舍入步骤。计算scale和zero_point，一般通过校准数据来对FP32的权值和激活进行范围采样。如图4-14a所示，量化方法的关键之一在于剔除离群点的影响，使量化损失最小化。图4-14b为确定scale后，在线性量化中将离群点量化为最大值。在实际情况中，可以根据图4-15所展示的逻辑来选择合适的量化方法。

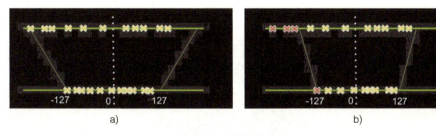

图4-14 剔除离群点

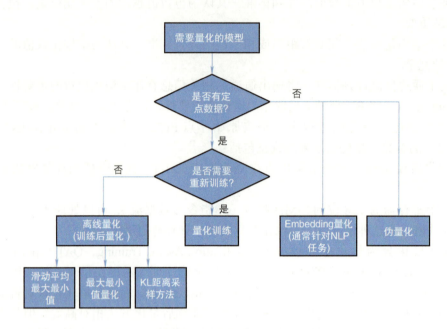

图 4-15　量化方法选择

例如，根据部署平台可以选择两种方案：第一种方案如图 4-16a 所示，在低精度模式下，计算过程是两个量化数据乘加之后通过 Dequantize 还原到 FP32 高精度，然后再量化成低精度。深度学习框架加载模型时，需要重写网络以插入 Quantize 和 Dequantize 层，也被称为伪量化。第二种方案如图 4-16b 所示，直接将网络整体转换为 INT8 格式，因此在推理期间没有格式转换，该方法要求几乎所有算子（Operator）都支持量化，因为运算符之间的数据流是 INT8。

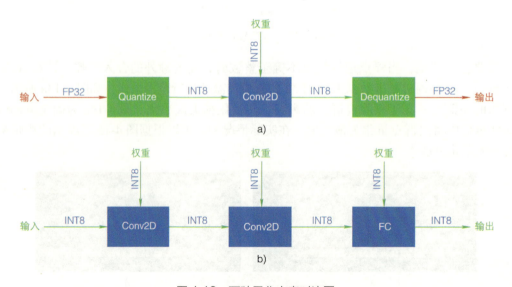

图 4-16　两种量化方案对比图

4.2 视觉感知

随着智能驾驶技术的发展,视觉感知的应用需求也逐步扩大,包括场景识别、静态动态感知、轨迹预测等。机器视觉通过机器来模拟生物视觉,代替人眼对目标进行分类、识别、跟踪等。机器视觉目前是人工智能领域应用最广的方向之一,在智能驾驶研发中发挥着重要作用。

4.2.1 分类

图像分类是指输入一张图片,通过分类算法可以输出图片所属类别。它是机器视觉领域的热门研究方向之一,是检测、分割、关键点等技术的重要基础。图像分类过程主要包括图像预处理、特征提取和分类器的设计。图像预处理包括图像归一化、图像滤波等,作用是去除图像中的噪声和其他无用信息,增强有用信息,提高分类的准确率。特征提取是图像分类核心,是将图像中的高维空间信息转换成低维特征表示。最后分类器对提取的低维特征进行分类决策,从而得到图像所属类别。传统的人工特征提取和分类器无法满足复杂图片分类的需求,因此引入了基于深度学习的图像分类技术,其简化了图像预处理的步骤,一般对图片进行归一化即可;并且能通过深层网络结构自动抽取图像特征,显著提高了图像分类的准确率。卷积神经网络作为深度学习领域的代表研究算法,在图像分类里也被广泛应用,而卷积神经网络也在朝着更深、更宽、更多支路、更轻便以及更高效的卷积方法等多个方向同时发展。经典的卷积神经网络模型包括VGG、ResNet、DenseNet、GoogLeNet、MobileNet等,下面一一进行介绍。

(1)VGG VGG网络使用很多3×3小卷积核代替了一个大卷积核,该操作减少了参数量,例如连续使用3组3×3的卷积核,步长为1,和使用1个7×7的卷积核产生的感受野是相同的,但对于一个有C个卷积核的卷积层来说,3组3×3的卷积核的参数量是3×(3×3×C),而1个7×7卷积核的参数量是7×7×C。另外,更深的网络结构可以学习更复杂的非线性关系,提取到更高层的语义特征,使得其只需要较少的迭代次数就能获得更好的模型效果。VGG网络在图像分类任务上取得了很好的效果,且VGG网络的泛化性很好,但网络深度的增加,使得整个模型计算量很庞大,需要消耗不少计算资源;另外深层网络也带来了梯度消失和过拟合等问题,因此VGG网络的最佳深度受限于16~19层。

(2)ResNet ResNet的提出解决了深度CNN模型难训练的问题,其深度达到了152层,"残差块"的设计是为了避免模型越深的情况下其识别准确率反而会降低。如图4-17所示,残差块主要思想可以概括为特征复现,即前面层提取出的特征可以通过快捷连接传递到除下一层以外更靠后的层,与那一层的输出直接相加,特别地,如果两者的维度不匹配,在快捷连接中通过额外的卷积层等操作进行转换。

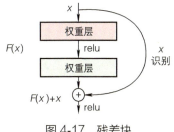

图4-17 残差块

(3)DenseNet DenseNet脱离了加深网络层数和加宽网络结构来提升性能,通过特征重用和旁路设置,减少了网络的参数量,也部分缓解了梯度消失的问题。包括ResNet、DenseNet在内的这类模型有一个明显的共有特点,即缩短前面层的输出到后面层的路径,其主要目的是为了增加不同层之间的信息流动。基于信息流动的方式，DenseNet 采取了"稠密块"（dense block）的结构，其结构如图 4-18 所示。这种稠密连接的结构使得每一层的输入来自于前面所有层的输出，在前向传播中加强了特征传播，实现了特征图的复用，在反向传播中，避免了更深的模型中传递到前层的梯度消失。

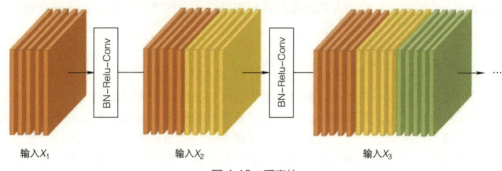

图 4-18　稠密块

（4）GoogLeNet　上面的网络基本都是从网络深度上进行改进的，而 GoogLeNet 是从网络结构上进行优化的，提出了 Inception 模块（图 4-19）。整个 GoogLeNet 网络是由多个 Inception 结构组成的，核心思想是将全连接以及一般的卷积转成稀疏连接，通过构建密集的块结构来近似最优的稀疏结构，从而达到在增加网络深度、宽度的同时，不过多增加计算资源。该结构的亮点主要包括如下几点。

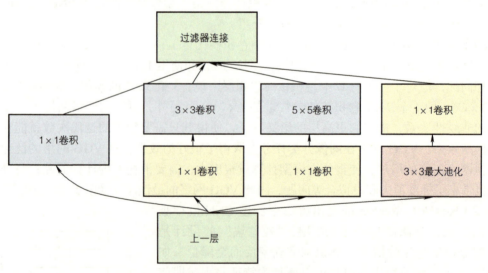

图 4-19　Inception 模块

1）多个 1×1 卷积的使用，一方面在相同尺寸的感受野中增加更多卷积，能够提取更丰富的特征；另一方面减少了维度，降低了计算量。如图 4-20 所示，当输入都是 32×32×192，都需要经过 3×3 的卷积计算时，不加 1×1 卷积，需要进行 32×32×192×3×3×256 = 452984832 次乘法；如果在中间加上 1×1 卷积，可以先将特征图维度降到 96，再用 3×3 卷积增加到 256 维，需要 32×32×192×1×1×96+32×32×96×3×3×256 = 245366784 次乘法，减少了一半的计算量。

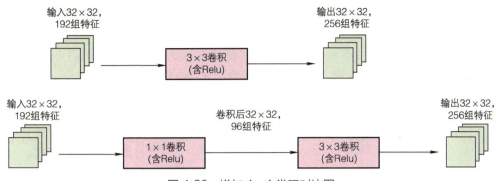

图 4-20 增加 1×1 卷积对比图

2）inception 结构有 4 个分支，分别用 4 种不同的结构，通过这 4 种结构，得到 4 个并行输入，在 channel 维度上进行拼接得到输出。在不同尺度上同时进行卷积，可以提取不同的特征，融合这些特征，可以在最后分类判断时更加准确。而且不需要人工选择使用 1×1 卷积、3×3 卷积还是池化，网络会学习到不同结构权值的最优解。

3）网络额外增加了 2 个辅助分类器用于向前传导梯度。辅助分类器是将中间某一层的输出用作分类，并按一个较小的权重（0.3）加到最终分类结果中，即利用了网络中间层产生的特征，同时给网络增加了反向传播的梯度信号，在提供额外正则化的同时，也能在一定程度上克服梯度消失问题，对网络的训练是有益的。在模型推理时，这两个辅助分类器会被丢弃。

（5）MobileNet　传统卷积神经网络计算量大，内存需求大，无法在移动设备以及嵌入式设备上运行。MobileNet 网络就是因此提出来的轻量级网络，可在准确率小幅下降的前提下大幅降低模型参数和计算量。MobileNetV1 是轻量级网络，使用深度可分离卷积进行堆叠。如图 4-21 所示，输入数据的维度为 $M \times D_F \times D_F$，该层过滤器数量为 N，卷积核大小为 $D_K \times D_K$，标准卷积和深度可分离卷积相比，输出的特征图维度相同的。计算量的比较为

$$\frac{MD_FD_FD_KD_K + ND_FD_FM}{ND_FD_FMD_KD_K} = \frac{1}{N} + \frac{1}{D_K^2}$$

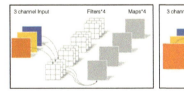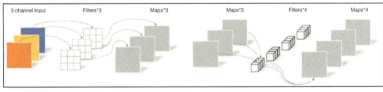

图 4-21 标准卷积与深度可分离卷积对比图

也就是说，假设当卷积核的尺寸为 3×3 时，与标准卷积相比，深度可分离卷积可以减少 8～9 倍的计算量，仅仅有很小的准确率损失。同时压缩效果类似。MobileNet V2 沿用了 V1 的深度可分离卷积，主要创新点是线性瓶颈层（Linear Bottlenecks）和反转残差块（Inverted Residuals）。具体来说，线性瓶颈层指的是在 bottleneck 模块的最后使用的是线性转换而不是 ReLU，这是因为设计者分析认为 ReLU 破坏了特征图的通道，导致丢失了信息。如图 4-22a 所示，传统的残差块将高维特征先使用 1×1 conv 降维，然后再使用 3×3 conv

进行滤波,并使用 1×1conv 进行升维(这些卷积中均包含 ReLU),得到输出特征,并进行 element wise 的相加。如图 4-22b 所示,反转残差块则是将低维特征使用 1×1 conv 升维(不含 ReLU),而后使用 3×3 Dwiseconv+ReLU 对特征进行滤波,并使用 1×1 conv+ReLU 对特征再降维,得到本层特征的输出,并进行 element wise 的相加。

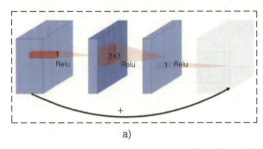 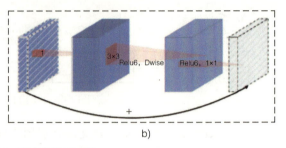

图 4-22 残差块与反转残差块对比

4.2.2 检测

目标检测是机器视觉领域最具挑战的方向之一,它涉及物体的分类和定位。简而言之,检测的目的是得到目标在图像中的定位,并且判断物体的类别。图 4-23 是一张在目标检测中的常用图像,可以看到图像里的每个目标,包括人和风筝,都可以精确地定位和识别。

图 4-23 目标检测示意图

随着人工智能技术的发展,目标检测在智能驾驶感知中的作用在不断扩大,通过深度学习方法,可以检测到车辆周围的人和物体,为后续的目标跟踪、行为判断等打好基础。

图 4-24 展示了一个经典的目标检测算法流程图,大部分检测算法也是在这个流程图的基础上进行删减或改进的。其主要包含如下步骤:

1)候选框:通常采用滑动窗口的方法提取。

2)特征提取:基于颜色、基于纹理、基于形状的方法,以及一些中层次或高层次语义特征的方法来提取。

3）目标判别：对候选区域提取出的特征进行分类判定，如单类别（区别背景、目标）或多类别（区分当前窗口中对象的类别）。

4）NMS（非极大值抑制）：解决候选框重叠问题，NMS 对候选框进行合并。

图 4-24　经典目标检测算法流程图

在上述流程中，非极大值抑制（Non Maximum Suppression，NMS）是目标检测常用的后处理算法，用于剔除模型预测结果中的冗余检测框。其大致原理如图 4-25 所示，具体流程如下：

1）将所有框的得分排序，选中最高分及其对应的框。

2）遍历其余的框，如果和当前最高分框的重叠面积（IoU）大于一定阈值，就将框删除。

3）从未处理的框中继续选一个得分最高的，重复上述过程。

如图 4-25 所示，IoU（Intersection over Union）即是两部分面积的交并比，用来衡量两个框之间的重合度。如图 4-25b 所示，area1 和 area2 的 IoU 值为

$$\text{IoU}(area1, area2) = \frac{area}{(area1 + area2 - area)}$$

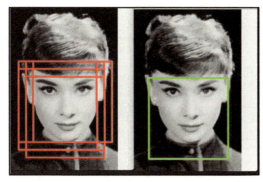
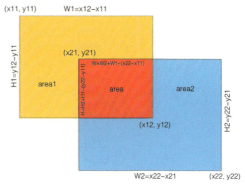

a）非极大值抑制(NMS)　　　　　b）IoU计算

图 4-25　NMS 与 IoU

下面列举一些基于深度学习的常见检测算法。

（1）Faster RCNN　图 4-26 展示了 Faster RCNN 的原理图。其算法流程如下：首先将图像输入网络得到相应的特征图。在特征图上使用 RPN（Region Proposal Network）生成候选框（300 个），将 RPN 生成的候选框投影到特征图上获得相应的 RoI（Region of Interests，兴趣区域）。之后将每个 RoI 通过 RoI pooling 层缩放到 7×7 大小的特征图，接着将特征图展平通过全连接层得到分类概率和回归偏移量。

具体来说，RPN 生成候选框是通过锚框（Anchor Box）来实现的。锚框是人们假想出来的一种框。先设定好锚框的大小和形状，然后通过某种规则在图片上生成一系列锚框，这些锚框被当成可能的候选区域。如图 4-27 所示，在 16×16×256 的特征图上，一共有

16×16 个"位置",每个位置都负责原图中对应位置的锚框的预测。在 Faster RCNN 中,一共有 9 种尺寸的锚框,然后分别经过两个 1×1 的卷积,得到 16×16×(2×9) 和 16×16×(4×9) 特征图,表示 16×16×9 个候选框,每个候选框包含 2 个分数(属于背景/目标)以及坐标偏移量(边界框回归参数,不是实际候选框的坐标);最后采用非极大值抑制,去除重叠候选框,每张图只剩下 2k 个候选框。虽然 Faster RCNN 在实时性以及计算量方面有改进的空间,但依然是基于深度学习的目标检测最经典、使用范围最广的网络。其提出无论在学术界还是在工业界都具有里程碑式的意义。作为种子模型,在其基础上产生了大量的变种。

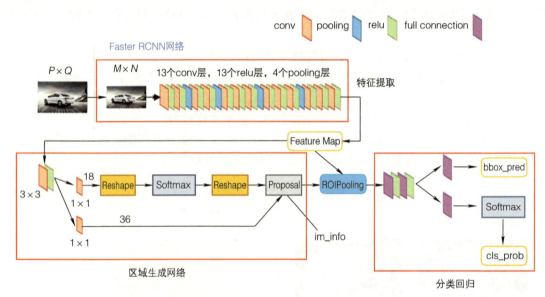

图 4-26 Faster RCNN 原理图

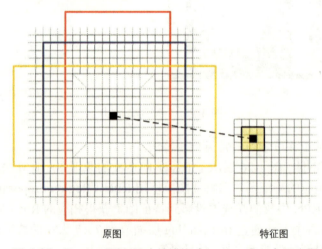

图 4-27 Faster RCNN 中的锚框(Anchor Box)示意图

(2)YOLO 系列 YOLO 最大的特点是运行速度快,并且可以运用于实时系统。这里主要介绍 v1、v2 以及 v3 三个版本。

对于 YOLO v1，如图 4-28 所示，其流程如下：给一个输入图像，首先将图像划分成 $S \times S$ 个网格，如果某个 object（物体）的中心落在这个网格中，则这个网格就负责预测这个 object；每个网格同时需要预测多个 BBox（bounding box，检测框），一个 BBox 对应着四个位置信息和一个 confidence 信息，这里的 confidence 代表了所预测的框中含有 object 的置信度和这个 box 预测的有多准两重信息；根据上一步可以预测出的 BBox，根据阈值去除可能性比较低的 BBox，最后用 NMS 去除冗余 BBox。

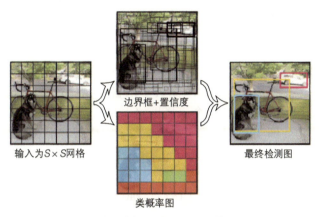

图 4-28　YOLO 原理图

虽然 YOLO v1 有速度快、流程简单、泛化能力强等优点，但也有多个缺点，如对拥挤物体检测不太好，每个格子包含多个物体，但却只能检测出其中一个；对小物体检测不太好，大物体 IoU 误差和小物体 IoU 误差对网络训练中 loss 贡献值接近（虽然采用求平方根方式，但没有根本解决问题）；由于输出层为全连接层，因此在检测时，YOLO 训练模型只支持与训练图像相同的输入分辨率；没有 Batch Normalization 等。

YOLO v2 相对 v1 版本，在继续保持处理速度的基础上，从预测更准确（Better）、速度更快（Faster）、识别对象更多（Stronger）这几个方面进行了改进。具体来说：

1）Batch Normalization（批量归一化）。Batch Normalization 有助于解决反向传播过程中的梯度消失和梯度爆炸问题，降低对一些超参数（比如学习率、网络参数的大小范围、激活函数的选择）的敏感性，并且每个 batch 分别进行归一化的时候，起到了一定的正则化效果（YOLO v2 不再使用 dropout），从而能够获得更好的收敛速度和收敛效果。

2）更高精度的 classifier。采用 224×224 图像进行分类模型预训练后，再采用 448×448 的高分辨率样本对分类模型进行微调（10 个 epoch，v1 中没有），使网络特征逐渐适应 448×448 的分辨率，然后再使用 448×448 的检测样本进行训练，缓解了分辨率突然切换造成的影响。

3）引入 anchor（先验框）。YOLO v1 直接预测 Bounding Boxes 的坐标值，借鉴 Faster RCNN 的方法，使 YOLO v2 预测 Anchor Box 的偏移值，而不是直接预测坐标值，同时借鉴 Faster RCNN 的做法，YOLO v2 也尝试采用先验框（anchor）。在每个 grid 预先设定一组不同大小和宽高比的边框，来覆盖整个图像的不同位置和多种尺度，这些先验框作为预定义的候选框在神经网络中将检测其中是否存在对象，并以此为基础来微调预测边框的位置。在设置 anchor 的尺寸时采用在训练集上聚类标注边框来获得 anchor 的尺度信息，而不是手动设置。

4）细粒度（fine-grained）特征。包括浅层特征直连（concatenate）高层特征，浅层的物理信息和高层的语义信息都重要；引入新层 reorg，即是大图变小图，相比 pooling 层，reorg 能更好地保留细节信息。

5）多尺度输入。包括移除 FC 层，使得网络能够承接任意尺寸的输入（实现跨尺度），提升模型鲁棒性。训练时每 10 个 epoch 改一下输入尺寸，从 {320, 352, …, 608} 中，网络会随机地选择一个新的图片尺寸。

YOLO v3 模型相比之前的模型复杂了不少，可以通过改变模型结构的大小来权衡速度与精度。具体来说，做了如下改进：

1）新的结构：采用 ResNet 残差结构，更好地获取物体特征。

2）真正多尺度预测：更好地应对不同大小的目标物体，如图 4-29b 所示，通过引入 FPN（Feature Pyramid Network，特征金字塔网络）来实现，让网络必须具备能够"看到"不同大小的物体的能力。图 4-29a 展示的是传统的金字塔型特征级（Pyramidal feature hierarchy）结构。这种结构在不同深度的 feature map 获得后，直接进行目标检测，但是实际上精度并没有期待得那么高。与之不同的是，FPN 方式是当前层的 feature map 会对未来层的 feature map 进行上采样，并加以利用。当前的 feature map 就可以获得"未来"层的信息，这样低阶特征与高阶特征就有机融合起来了，提升了检测精度。YOLO v3 在这三种尺度的特征图上对 anchor 进行回归，从而生成框。

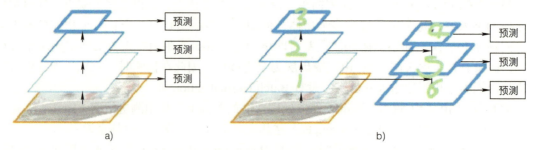

图 4-29 金字塔型特征层级与特征金字塔网络

3）更新分类方式：Softmax 层被替换为一个 1×1 的卷积层+多个 logistic 激活函数的结构。使用 Softmax 层的时候其实已经假设每个输出仅对应某个单一的 class，但是在某些 class 存在重叠情况（例如 woman 和 person）的数据集中，使用 Softmax 就不能使网络对数据进行很好的拟合。

（3）FCOS 网络　前面介绍的 anchor box 机制虽然检测精度很高，但是其也有很多缺点：①检测性能对 anchor 尺寸、长宽比、数量很敏感，要精调 anchor box 超参；②anchor box 尺度是固定的，很难适应较大形变的目标；③训练时生成的 anchor boxes 大部分都是负样本，导致正负样本不均衡；④anchor box 包含了复杂的计算，比如计算 IoU。因此 anchor free 的检测方法就被提了出来，这里主要介绍 FCOS 网络。

FCOS v1 采用的 FPN 网络架构如图 4-30 所示，每个特征图后是检测器，检测器包含 3 个分支：classification（分类）、regression（回归）和 center-ness（中心度）。FCOS v1 网络的亮点主要包括以下几部分。

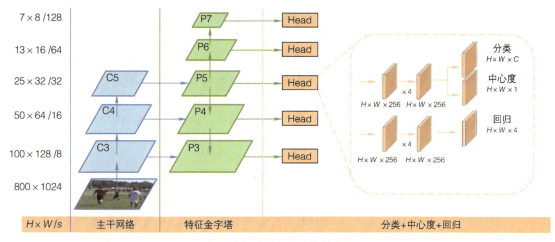

图 4-30 FCOS 网络结构图

1）用逐像素的方式实现目标检测：首先是正样本匹配策略，对于特征图 P_{i} 的某个位置 (x,y)，使用下面的亚像素公式去计算特征图上的这个位置在输入图像上的位置：

$$x_{img} = (x+0.5)s$$
$$y_{img} = (y+0.5)s$$

式中，s 是特征图的下采样倍数。如果 (x_{img}, y_{img}) 在 GT 框内，GT 框坐标是 (x_1, y_1, x_2, y_2)，则视为正样本，并计算这一位置到 GT 框的上下左右四个距离：

$$l^* = x_{img} - x_1, \quad t^* = y_{img} - y_1$$
$$r^* = x_2 - x_{img}, \quad b^* = y_2 - y_{img}$$

图片输入网络，经过图 4-30 所示的网络结构，输出 $H \times W$ 的 feature map 上每个点的类别概率，有 C 个值；输出回归预测值 (l, t, r, b)，即每个点到 GT 框四周距离的预测值。

2）使用 FPN，提高召回率，解决重叠框引起的歧义：如图 4-31 所示，一个点可以匹配两个 GT 框，这种重叠区域不可避免，大部分重叠区域的 GT box 之间的尺度变化非常大，如一个人和一个球拍，很容易就会形成包含关系，而基于 FPN 的多尺度检测可以很好地减少这种情况的出现。通过图 4-30 所示的网络结构可以看出，目标是在 P3，P4，P5，P6，

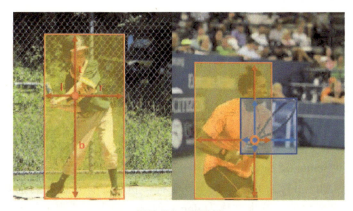

图 4-31 重叠框

P7 进行检测的，神经网络的浅层更多的是细节特征，对小目标检测有利，高层更多的是语义特征，用于检测大目标。

3）center-ness 层抑制低质量检测框：远离目标中心点的低质量预测框，导致 FCOS 的性能低于 anchor box 方案，所以设计者增加了 center-ness 层（图 4-30），用于计算 center-ness，下面公式是 centerness 的 target 值，训练时使用二元交叉熵（Binary Cross Entropy，BCE）损失函数；测试时最终类别得分会乘以 centerness，去除一些远离中心点的框：

$$\text{centerness}^* = \sqrt{\frac{\min(l^*, r^*)}{\max(l^*, r^*)} \times \frac{\min(t^*, b^*)}{\max(t^*, b^*)}}$$

FCOS v2 在 FCOS v1 的基础上进行了多项改进，主要包括：

1）正样本匹配策略的变更：假设 GT 框中心点坐标是（c_x, c_y），定义一个次级框（$c_x-rs, c_y-rs, c_x+rs, c_y+rs$），$s$ 是下采样的倍数，r 是超参，在 COCO 数据集上取 1.5，将次级框映射到特征图上就是（$c_x/s-1.5, c_y/s-1.5, c_x/s+1.5, c_y/s+1.5$），再对坐标向下取整后就是（$g_x-1, g_y-1, g_x+1, g_y+1$），（$g_x, g_y$）是 GT 框中心点坐标（$c_x, c_y$）映射到特征图上的坐标。因此，FCOS v2 其实就相当于只考虑边界框中心点在特征图上的 3×3 邻域，相较于 FCOS v1，正样本数量会减少很多，但这种减少并不会损害模型的性能，反倒剔除了很多不好的正样本，有助于稳定模型的学习。

2）回归目标修改：FCOS v1 的回归目标直接是特征点到目标边界的距离，由于 head 是共用的，所以在预测时为每个 level 预设一个可学习的尺度因子，而 FCOS v2 中回归分支的预测则是相对于特征图的，随后再乘以特征图自身的 s，如 P3 是 8、P4 是 16 等，得到相对输入图像的距离，再去解算预测框，这种学习方式更合适。当然，FCOS v2 也考虑用尺度因子，毕竟 head 部分是在所有特征图上共享的，不同特征图所学习的目标大小也不一样，因此仍旧采用这一尺度因子。

3）center-ness 预测的位置：FCOS v1 的 center-ness 预测与分类预测放到了一起，而 FCOS v2 则将其与回归预测放到了一起。

4）回归损失函数修改：FCOS v1 使用 IoU 损失进行回归的学习，而 FCOS v2 则采用了 GIoU 损失进行回归的学习。

5）最终分数的计算：FCOS v1 采用分类分数以及 center-ness 之积，FCOS v2 则采用分类分数以及 center-ness 之积的平方根。

4.2.3 分割

许多机器视觉任务需要对图像中的内容进行理解，需要对图像进行分割，并使每个部分的分析更加容易。目前图像分割技术主要通过深度学习模型来理解图像的每个像素所代表的真实物体，进行"像素级别"的分类。图像分割，顾名思义就是根据某些规则将图片分成若干特定的、具有独特性质的区域，并抽取出感兴趣的目标。图 4-32 展示了图像分割领域的几种子领域：

1）语义分割（Semantic Segmentation）：对于一张图像，分割出所有的目标（包括背景），但对于同一类别的目标，无法区别不同个体。例如，你可以将与猫相关的所有像素分离出来，并将它们涂成绿色。这也被称为 dense 预测，因为它预测了每个像素的含义。

2）实例分割（Instance Segmentation）：将图像中除背景之外的所有目标分割出来，并且可以区分同一类别下的不同个体。例如图 4-32c 中每个人每辆车都用不同的颜色表示。

3）全景分割（Panoptic Segmentation）：在实例分割的基础上，可以分割出背景目标。

a) 图像　　　　　　　b) 语义分割　　　　　　c) 实例分割　　　　　　d) 全景分割

图 4-32　分割的几个子领域

传统的图像分割在效率上不如深度学习技术，因为它们使用严格的算法，需要人工干预和专业知识。这些包括：

1）基于阈值：将图像分割为前景和背景。指定的阈值将像素分为两个级别之一，以隔离对象。阈值化将灰度图像转换为二值图像或将彩色图像的较亮和较暗像素进行区分。

2）基于 K-means 聚类：算法识别数据中的组，变量 K 表示组的数量。该算法根据特征相似性将每个数据点（或像素）分配到其中一组。聚类不是分析预定义的组，而是迭代地工作，从而有机地形成组。

3）基于直方图的图像分割：使用直方图根据"灰度"对像素进行分组。简单的图像由一个对象和一个背景组成。背景通常是一个灰度级，是较大的实体。因此，一个较大的峰值代表了直方图中的背景灰度。一个较小的峰值代表这个物体，这是另一个灰度级别。

4）基于边缘检测：识别亮度的急剧变化或不连续的地方。边缘检测通常包括将不连续点排列成曲线线段或边缘。例如，一块红色和一块蓝色之间的边界。

下面介绍几个经典的基于深度学习的图像分割方法，包括 FCN（Fully Convolutional Networks）、ReSeg、Mask RCNN、DeepLab、PSPNet。

1）FCN（Fully Convolutional Networks）：FCN 是一种基于上采样/反卷积的分割方法。与普通的卷积神经网络不同，FCN 由卷积层、池化层和反卷积层构成，在对输入图像进行特征提取后，采用反卷积层对最后一个卷积层的 feature map 进行上采样，使它恢复到输入图像相同的尺寸，从而可以对每个像素都产生一个预测，得到了原始输入图像中的空间信息，同时在上采样的特征图上进行逐像素分类，FCN 能够实现图像端到端的分割。FCN 网络结构如图 4-33 所示，输入可为任意尺寸彩色图像；输出与输入尺寸相同，深度为 21，包含 20 类目标（在 PASCAL 数据集上进行，PASCAL 一共 20 类）+ 背景。FCN 的优点包括对图像进行了像素级的分类，从而解决了语义级别的图像分割问题；可以接受任意尺寸的输入图像，可以保留原始输入图像中的空间信息。缺点包括得到的结果由于上采样的原因比较模糊和平滑，对图像中的细节不敏感；对各个像素分别进行分类，没有充分考虑像素与像素的关系，缺乏空间一致性。

2）ReSeg：由于 FCN 没有考虑局部乃至全局的信息，对各个像素分别进行分类，没有充分考虑像素与像素的关系，缺乏空间一致性，而在语义分割中这种像素间的依赖关系是非常有用的。所以在 ReSeg 中使用 RNN 去检索上下文信息，以此作为分割的一部分依据。具体来说，RNN 是由 Long-Short-Term Memory（LSTM）块组成的网络，RNN 来自序列数据的长期学习的能力以及随着序列保存记忆的能力，使其在许多视觉任务中游刃有余，也包括语义分割及数据标注任务。

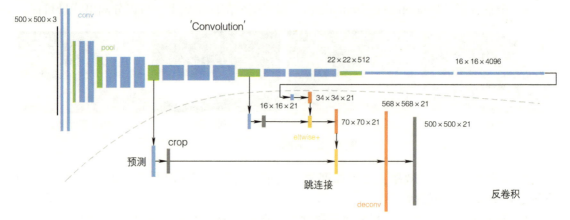

图 4-33　FCN 网络结构

ReSeg 的网络结构如图 4-34 所示，该结构的核心就是 Recurrent Layer，它由多个 RNN 组合在一起，捕获输入数据的局部和全局空间结构。所以 ReSeg 的优点非常明显：充分考虑了上下文信息关系。然而由于 ReSeg 使用了有噪声的分割掩码，增加了低频率类的分数，可能使得在输出分割掩码中错误分类的像素增加。

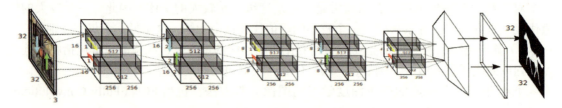

图 4-34　ReSeg 网络结构

3）Mask RCNN：Mask RCNN 本质是基于候选区域的分割方法，是一种基于 Faster RCNN 模型的新型实例分割模型。在 Mask RCNN 的工作中，它主要完成了三件事情：目标检测、目标分类、像素级分割。正是由于 Mask RCNN 是在检测模型上进行的改进，从而可以实现实例级别的分割。

如图 4-35 所示，其中黑色部分为原来的 Faster-RCNN，红色部分为在 Faster-RCNN 网络上的修改。具体来说，Mask RCNN 是在 Faster R-CNN 的结构基础上加上了 Mask 预测分支，并且改良了 ROI Pooling（红色叉所示），提出了 ROI Align（绿色勾所示）。RoI Pooling 的作用为将大小不同的 ROI 变成统一的尺寸（比如 7×7），但 RoI Pooling 的方法通过量化取整的方式给特征框坐标带来了误差，改进后的 ROI Align 使用插值算法避免了这类误差。最终添加了并列的 FCN 层用来输出 Mask。Mask RCNN 的优点包括预测时，加入了 Mask-Head，以像素到像素的方式来预测分割掩膜，并且效果很好；用 ROI Align 替代了 ROI Pooling，去除了 RoI Pooling 的量化取整，使得提取的特征与输入良好对齐。然而，检测框与预测掩膜共享评价函数，评价函数只对目标检测的候选框进行打分，使得有时候会对分割结果有所干扰。

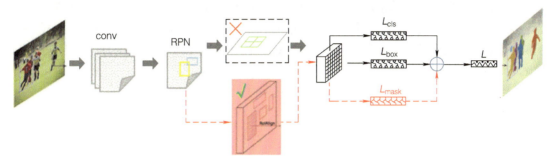

图 4-35　Mask RCNN 网络结构

4）DeepLab：DeepLab 的核心是使用 atrous 卷积（空洞卷积），即采用在卷积核里插孔的方式，不仅能在计算特征响应时明确地控制响应的分辨率，而且还能扩大卷积核的感受野，在不增加参数量和计算量的同时，能够整合更多的特征信息。DeepLab V1 模型如图 4-36 所示，输入图像经过带空洞卷积（atrous）的 DCNN 处理后，得到粗略的评分图，使用双线性插值上采样得到和原图大小一致的像素分类图。最后引入全连接条件随机场（Conditional Random Fields，CRF）作为后处理，充分考虑全局信息，对目标边缘像素点进行更准确的分类，提升了边缘分割精度。

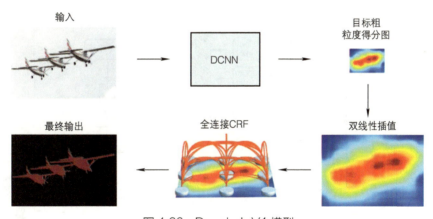

图 4-36　DeepLab V1 模型

DeepLab V2 在 DeepLab V1 模型基础上将空洞卷积层扩展为多孔空间金字塔池化（Atrous Spatial Pyramid Pooling，ASPP）模块，级联多尺度空洞卷积层并进行特征图融合，增强模型识别不同尺寸的同一物体的能力，保留全连接 CRF 作为后处理。DeepLab V3 如图 4-37 所示，输入图像经过卷积池化后，图像尺寸缩小到原图的 1/4，再依次经过 3 个 Block 模块（Block1～Block3）进行卷积、ReLU 激活函数、池化处理，图像依次缩小 8、16、16 倍，然后经过 Block4 处理后进入 ASPP 模块，ASPP 通过融合不同空洞卷积（空洞系数 rate = 6、12、18）处理后，与 1×1 卷积层、全局池化层进行整合，得到 1/16 特征图，再进行分类预测得到分割图。

DeepLab V3+ 模型采取编解码结构，如图 4-38 所示，将 DeepLab-v3 模型作为编码部分，对图像进行处理后输出 DCNN 中低级特征图和经过 ASPP 融合卷积后的特征图，并将两者作为解码部分的输入。进入解码模块，将 ASPP 特征图进行双线性插值得到 4× 的特征，然后编码输出的低级特征图经过卷积后与其 concat，再采用 3×3 卷积进一步融合特征，最后再双线性插值得到与原始图片相同大小的分割预测。DeepLab V3+ 模型通过添加一个简单而有效的解码器模块，扩展了 DeepLab V3，优化分割结果，尤其是目标边缘轮廓更加清晰，能够实现更细粒度的分割。

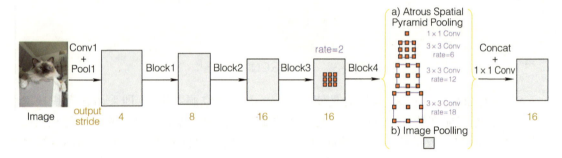

图 4-37　DeepLab V3 模型

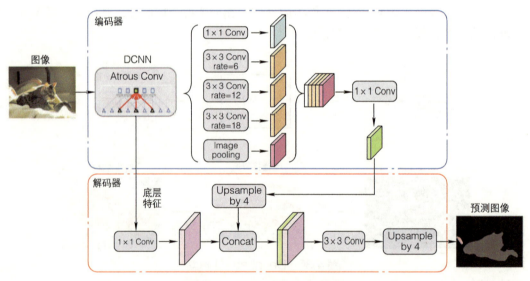

图 4-38　DeepLab V3+ 模型

5）PSPNet：金字塔场景解析网络（PSPNet）引入上下文信息，充分利用全局特征，对不同场景进行解析，实现对场景目标的语义分割。如图 4-39 所示，给定输入图像，首先使用 CNN 得到最后一个卷积层的特征图，再用金字塔池化模块（pyramid pooling module）收集不同的子区域特征，并进行上采样（upsample），然后串联（concat）融合各子区域特征以形成包含局部和全局上下文信息的特征表征，最后将得到的特征表征进行卷积和 Soft-Max 分类，获得最终的对每个像素的预测结果。PSPNet 能够获取全局场景信息，融合多尺度特征，并且将局部和全局信息融合到一起，提出了一个适度监督损失的优化策略，在多个数据集上表现优异；构建了一个实用的系统，用于场景解析和语义分割，并包含了实施细节。

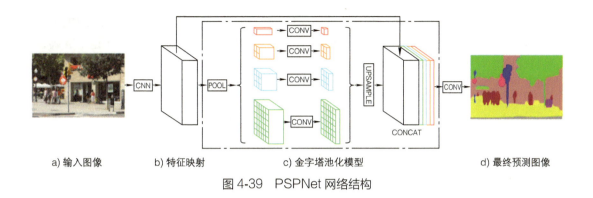

a) 输入图像　　b) 特征映射　　c) 金字塔池化模型　　d) 最终预测图像

图 4-39　PSPNet 网络结构

4.2.4　深度估计

深度估计（Depth Estimation）是机器视觉领域的基础性问题之一，深度估计任务的目的，是将输入的 RGB 图像进行解析，得到一张稠密深度图，其中每个像素点的值表示该点在相机坐标系中的深度值，即世界坐标系下图像中每个被摄物体到成像平面的距离（图 4-40）。深度估计算法有着广泛的应用，如机器人导航、增强现实、三维重建、自动驾驶等领域。

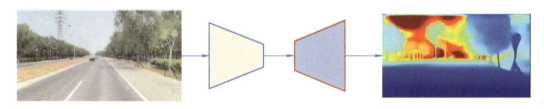

图 4-40　深度估计示例

虽然有很多设备可以直接获取深度，如激光雷达（Lidar）、深度相机等，但是这些设备往往成本不菲。因此基于摄像头的纯视觉深度估计的研究是一大热门。目前，深度估计任务的训练分为有监督（Supervised）和自监督（Self-supervised）两种方案。

（1）有监督深度估计　　有监督深度估计的训练同计算机视觉的其他有监督任务（语义分割、目标检测）类似，使用神经网络搭建模型后通过真实深度值 GT 作为监督信号对模型进行训练，来实现模型的深度估计。有监督深度估计的优点是模型结构、训练方式比较成熟，但缺点也很明显，尤其是采集 GT 需要较高的成本。

（2）自监督深度估计　　既然 GT 难以获得，那么如何在没有 GT 的情况下进行深度估计的训练？答案是转换监督信号，目前主要有两种转换监督信号的方式：

1）将单目序列转化为监督信号：对于单目自监督深度估计，顾名思义，就是利用一张或者唯一视角下的 RGB 图像，估计图像中每个像素相对拍摄源的距离。对于人眼来说，由于人脑中存在大量的先验知识，所以可以较容易地从一只眼睛所获取的图像信息中提取出大量深度信息（图 4-41）。

单目自监督深度估计使用序列（前后帧）作为深度估计训练监督信号的原理基于以下假设：空间中同一点在前后帧成像应具有一致的光度（photometric）。单目自监督深度估计的监督信号生成方式为以连续的两帧图像 frame0 和 frame1 为例，根据帧间姿态和 frame0

的深度值 depth0，重建另一帧图像得到 frame1'，将 frame1' 和 frame1 进行光度重构误差 Lp（photometric reprojection error）计算。通过最小化 Lp 使得模型输出的 depth0 趋于准确，达到单目深度估计训练的目的。

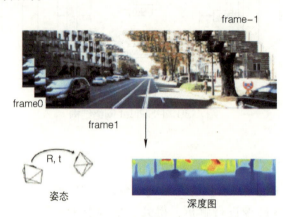

图 4-41　单目自监督深度估计

2）将多个视角转化为监督信号：以双目（stereo）自监督深度估计为例，该方法将深度估计问题转化为左右视图立体匹配问题，其原理是空间中同一点在不同 camera 下的成像满足对极几何约束，根据标定的相机内外参数，构建不同视角间的重构误差，回归得到深度图。如图 4-42 所示，P 点的深度 z 满足如下关系：

$$\frac{d}{b} = \frac{f}{z}$$

式中，d 为 P 点在左右相机分别成像的视差；b 为左右相机坐标系原点距离，称之为基线；z 是我们要估计的深度，也就是 P 点到相机成像平面的距离；f 为左右相机的焦距。

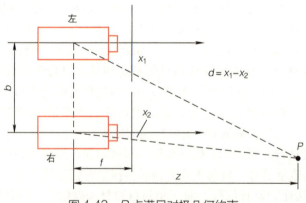

图 4-42　P 点满足对极几何约束

目前基于单目的深度估计算法已经有很多种，也有很多综述性文章进行介绍，这里选择几个有代表性的方法进行介绍。在基于有监督的深度学习方法上，Eigen 等人 2014 年使用 Deep CNN 估计单幅图像的深度，两个分支以 RGB 图片作为输入，第一个分支网络粗略预测整张图像的全局信息，第二个分支网络细化预测图像的局部信息。原始图片输入粗网络后，得到全局尺度下场景深度的粗略估计，将粗网络的输出传递给细网络，进行局部优化，添加细节信息，即先训练 Coarse 网络，再固定 Coarse 网络的训练参数，去训练 Fine 网络（图 4-43）。

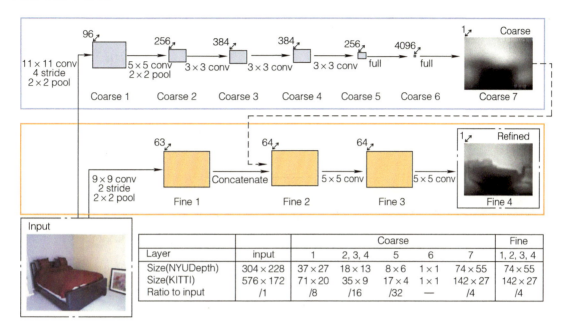

图 4-43　一种全局 + 局部的策略：Coarse 网络预测整体趋势，Fine 网络局部调优

2015 年，Eigen 等人基于上述工作，提出了一个统一的多尺度网络框架（图 4-44）。这个架构使用了更深的基础网络 VGG，利用第 3 个细尺度的网络进一步增添细节信息，以提高分辨率，scale1 网络对整张图片做粗略估计，scale2 和 scale3 网络对全局预测进行细节优化，将 scale1 网络的多通道特征图输入 scale2 网络，联合训练前面两个尺度的网络，以简化训练过程，提高网络性能。该架构分别用于深度预测、表面法向量估计和语义分割 3 个任务，将同一框架独立应用于不同任务，使用不同的数据集进行训练。

在上述工作的启发下，一些研究者将深度卷积神经网络与连续条件随机场结合，提出深度卷积神经场；使用深度结构化的学习策略，学习连续 CRF 的一元势能项和成对势能项；通过解析求解函数的积分，可以精确地求解似然概率优化问题。还有人提出多尺度深度估计方法，用深度神经网络对超像素尺度的深度进行回归；再用多层条件随机场后处理，结合超像素尺度与像素尺度的深度进行优化；之后又有人提出一种基于残差学习的全卷积网络架构，去掉全连接层，减少参数，不限制图像输入尺寸。整个网络可以看作是一个 Encoder-Decoder 的过程。一直到 2018 年，一些科学家考虑到场景由远及近的特性，提出利用分类的思想，进而将深度估计问题看作像素级的分类问题（图 4-45）。首先将深度值投影到对数空间，并按照深度范围离散化为类别标签。在训练上，利用深度残差网络预测每个像素对应的类别，损失函数包含信息增益的多项逻辑函数（离真值越远惩罚越大，网络更加关注难样本）。在后处理上，分类可以得出概率分布，便于条件随机场作为后处理优化细节。

在基于无监督的深度学习方法上，由于无监督学习的方法不依赖深度真值，是单目深度估计研究中的热点。相对于传统算法和有监督学习算法，无监督学习方法在网络训练时只依赖多帧图像，不需要深度真值，具有数据集易获得、结果准确率高和易于应用等优点。

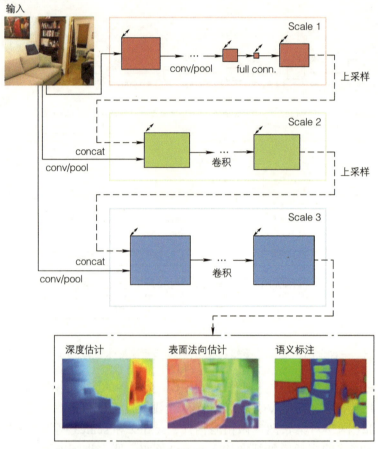

图 4-44 一种改进的多尺度网络用于单图深度预测

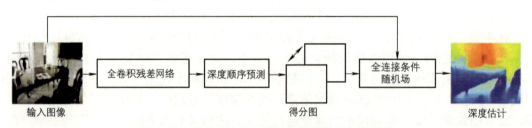

图 4-45 将深度估计问题看作像素级的分类问题

即根据图像对之间的几何关系重建出对应的图像,通过图像重建损失监督训练。2016 年,Garg 等人提出利用立体图像对实现无监督单目深度估计。如图 4-46 所示,利用左右立体图像对,用预测的深度图重构左图,计算重构损失;训练时需要左右图像对,预测时只需要一张图。

在上述方法的启发下,一些科学家进一步改进了上述方法,并利用左右视图的一致性实现无监督的深度预测。他们利用对极几何约束生成视差图,再利用左右视差一致性优化性能,提升鲁棒性。在这些思路的基础上,一些新方法不断被提出来,如 MonoDepth2 等,将在第 7 章详述。

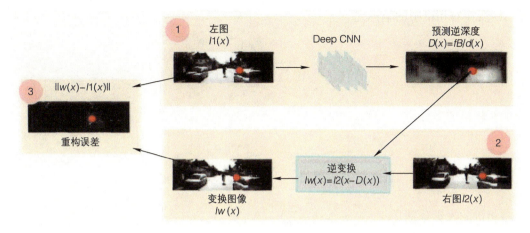

图 4-46 利用立体图像对实现无监督单目深度估计

4.2.5 高程估计

在驾驶场景下,高程有着很重要的应用场景,如路面异物识别、路面类型以及坑洼检测。具体来说,高程为路面的高低起伏情况,完美平面的高程为零,凹坑或者减速带的高程非零。路面高程估计可以被用在汽车的主动悬架控制系统中,从而使得车身更加平稳;也可以被用在公路路况自动巡检系统中。路面高程估计是一个经典的 3D 重建问题。假设我们已经有了被矫正过的立体相机,一个直观的方法是直接做双目视差匹配→三维重建→基于点云的 3D 平面估计→通过计算点到平面的距离计算高程。平面视差方法本质上和上述方法一致,但是它从头到尾都是在图像平面中进行计算,而不需要在 3D 空间中计算,更加简单一点。因此,路面高程其实是计算立体相机中的平面视差(Planar Parallax),下面从相机模型,到平面模型,再到公式推导进行详细介绍。

1)相机模型(图 4-47):由于立体相机都被矫正过,所以相机模型非常简单。左右相机都是简单的针孔相机模型(Pinhole Camera Model),拥有相同的相机内参:

$$K = \begin{pmatrix} f & 0 & c_x \\ 0 & f & c_y \\ 0 & 0 & 1 \end{pmatrix}$$

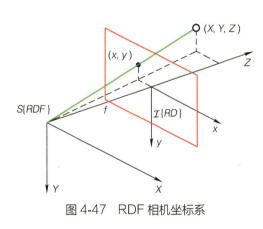

图 4-47 RDF 相机坐标系

这里认为 x 和 y 方向的焦距(Focal Length)是一样的。左右相机的相对位姿只有一个平移偏差:

$$t = \begin{pmatrix} B \\ 0 \\ 0 \end{pmatrix}$$

一个 3D 点在右相机中的坐标是

$$X_R = \begin{pmatrix} x \\ y \\ z \end{pmatrix}$$

对应的左相机的坐标为

$$X_L = X_R + t = \begin{pmatrix} x+B \\ y \\ z \end{pmatrix}$$

在左右相机的投影分别是

$$p_L = \frac{KX_L}{z} \quad p_R = \frac{KX_R}{z}$$

2）平面模型：假设路面的基准平面在右相机中的方程是 $n^T X_R + d = 0$，其中 n 是平面的法向量，X_R 是平面上的点在右相机坐标系中的坐标，d 是平面的偏置，可推导其对应的单应矩阵：

$$\begin{aligned} p_L &= \frac{KX_L}{z} \\ &= \frac{K(X_R + t)}{z} \\ &= \frac{K(X_R - t(-1))}{z} \\ &= \frac{K\left(X_R - t\left(\frac{n^T X_R}{d}\right)\right)}{z} \quad //\text{由平面方程得} \\ &= \frac{K\left(I - \frac{tn^T}{d}\right)X_R}{z} \\ &= \frac{K\left(I - \frac{tn^T}{d}\right)zK^{-1}p_R}{z} \quad //\text{由右相机投影公式得} \\ &= K\left(I - \frac{tn^T}{d}\right)K^{-1}p_R \end{aligned}$$

因此单应矩阵为

$$H = K\left(I - \frac{tn^T}{d}\right)K^{-1}$$

3）推导：假设有一个路面上的点 Q（不一定在基准平面上，可能在减速带上），在左右相机坐标系的坐标分别为 X_L 和 X_R，它的路面高程是 h，满足 $h = n^T X_R + d$。它在左右相机

对应的像素坐标为 p_L 和 p_R，由于立体相机已经被矫正过了，所以 p_L 和 p_R 只会有一个 x 方向上的差值。这个差值就是视差（Disparity），可以用任何双目匹配算法比如 SGM 或者各种基于深度学习的匹配算法计算。如果这个点 Q 在平面上，而且知道了它的 p_R，就可以根据单应矩阵求得其对应左相机像素坐标 $\bar{p}_L$。由于 Q 不一定在基准平面上，所以 $\bar{p}_L$ 和 p_L 不一定相同，它们的差值 $r = p_L - \bar{p}_L$ 称之为残差流（Residual Flow）：

$$\begin{aligned}
\bar{p}_L &= K\left(I - \frac{tn^T}{d}\right)K^{-1}p_R \\
&= \frac{K\left(I - \dfrac{tn^T}{d}\right)X_R}{z} \\
&= \frac{KX_R}{z} - \frac{K\dfrac{tn^T}{d}X_R}{z} \\
&= \frac{K(X_L - t)}{z} - \frac{K\dfrac{tn^T}{d}X_R}{z} \\
&= \frac{KX_L}{z} - \frac{Kt}{z} - \frac{Kt(h-d)}{dz} \\
&= p_L - \frac{Kth}{dz}
\end{aligned}$$

因此，残差流为

$$r = p_L - \bar{p}_L = \frac{Kth}{dz}$$

将 K 和 t 的公式代入：

$$\begin{aligned}
r &= \frac{Kth}{dz} \\
&= \begin{pmatrix} f & 0 & c_x \\ 0 & f & c_y \\ 0 & 0 & 1 \end{pmatrix} \begin{pmatrix} B \\ 0 \\ 0 \end{pmatrix} \frac{h}{dz} = \begin{pmatrix} \dfrac{fBh}{dz} \\ 0 \\ 0 \end{pmatrix}
\end{aligned}$$

从而 $r_x = \dfrac{fBh}{dz}$，我们可以得到高程：

$$h = \frac{dzr_x}{fB} = \frac{r_x d}{\text{dispartity}}$$

式中，r_x 是残差流；d 是路面基准平面的偏置；dispartity 是双目匹配的视差。

所以，只要有了双目匹配的结果和平面方程，就可以得到高程。

4.2.6　关键点

关键点本质上就是在图像中用一个点表示物体上特定的部位。它是对一个固定区域或者空间物理关系的抽象描述，描述的是一定邻域范围内的组合或上下文关系。它不仅是一个点信息，或代表一个位置，更代表着上下文与周围邻域的组合关系。常见的关键点有人脸关键点、人体骨骼关键点、车辆关键点等。人脸关键点涉及人脸识别的相关应用，例如解锁你的 iPhone 手机。人体骨骼关键点可以应用于分析人体的行为动作，还可以用于 AR 等应用。车辆关键点则一般和车辆建模、自动驾驶等相关。关键点检测方法一般分为三种。

（1）回归目标点　回归目标点是指直接将关键点坐标作为最后网络需要回归的目标，一般先用 CNN 提取特征，然后使用全连接层直接得到每个坐标点的位置信息。该方法的优点是网络结构简单，但在实际学习过程中发现关键点坐标很难直接回归，误差较大，同时在训练过程中，提供的监督信息较少，整个网络的收敛速度较慢。典型网络有 DeepPose。

（2）获取 heatmap　heatmap 是指将每一类坐标用一个概率图来表示，对图片中的每个像素位置都给一个概率，表示该点属于对应类别关键点的概率，显然距离关键点位置越近的像素点的概率越接近 1，距离关键点越远的像素点的概率越接近 0，具体可以通过相应函数进行模拟，如二维 Gaussian 等。如果同一个像素位置距离不同关键点的距离不同，即相对于不同关键点该位置的概率不一样，这时可以取 Max 或 Average。heatmap 网络直接回归出每一类关键点的概率，在一定程度上每一个点都提供了监督信息，网络能够较快收敛，同时对每一个像素位置进行预测能够提高关键点的定位精度。在可视化以及精度方面，heatmap 方法都要优于直接回归目标点坐标的方法。典型网络有 hourglass、openpose 等。

（3）heatmap+offsets　该方法与单纯的 heatmap 不同，该方法中 heatmap 指的是在距离目标关键点一定范围内的所有点的概率值都为 1（图 4-48），在 heatmap 之外，使用偏移量（offsets）来表示距离目标关键点一定范围内的像素位置与目标关键点之间的关系。

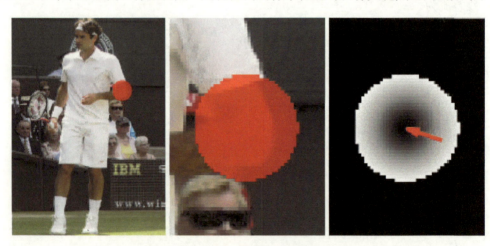

图 4-48　关键点 offsets（偏移量）示例

智能驾驶中的关键点检测主要用于实现车轮接地点检测，进而生成车辆 3D 框。具体来说，在智能驾驶中通用的目标检测算法，只能输出图 4-49 所示的目标外接矩形框以及类别信息，但是无法获取它的朝向和姿态信息。比如图 4-49 所示的车辆，目标检测算法只能检测出当前摄像头画面中有车目标，但是在智能驾驶中，不仅要识别出目标，还要获悉目标的动作，以做出进一步的反馈。这就要求能够获取目标的三维信息，以满足功能开发的需求。

图 4-49　2D 车辆框检测

从单帧图像中直接回归出目标三维外接框，有两个难点：①若要把像素坐标系下的位置转换到世界坐标系下，网络结构中需要引入相机的内外参信息；②在缺乏深度信息的情况下，单纯依靠神经网络硬回归目标的空间位置，鲁棒性存在很大的挑战。因此，关键点检测技术就是一个获取目标姿态的折中方法（图 4-50），通过回归每辆车近侧前后车轮接地点（车轮与地面相切的切点），并结合全车框、车尾框，生成车辆的 3D 框，从而比较准确地获得车辆当前的朝向。

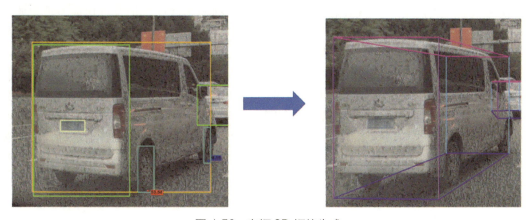

图 4-50　车辆 3D 框的生成

下面介绍如何使用 heatmap+offsets 的方式，实现车轮接地点检测。整体结构如图 4-51 所示，具体流程如下。

1）label 生成：类似图 4-48，heatmap 是一个以关键点为中心的圆，半径 r 为用户指定，heatmap 位于该圆上的值为 1，其余值为 0；offset 是圆上当前点指向关键点的向量。

2）模型前处理：先通过目标检测方法预测出车辆框的位置，然后外扩一定区域，形成车辆 ROI，再对 ROI 做归一化处理。

3）模型输出：将处理后的 ROI 输入图 4-51 所示的网络中。经过网络提取特征，最后输出 heatmap 与 offset 两个 head。heatmap 的 shape 为（n, num_kps, h, w），offset 的 shape 为（n, 2*num_kps, h, w），其中 n 为 batch_size，num_kps 为角点数量（该任务中为 2），h、w

为输出 feature map 的尺寸。

4）模型后处理：先找到 heatmap 输出最大值的位置（x, y），并根据这个位置找到 offset 相对应点处的向量（x_offset, y_offset），预测出最终的输出点位置（x+x_offset, y+y_offset）。

5）根据 label 值和预测值，计算损失函数。反向传播更新模型参数，直至模型收敛。

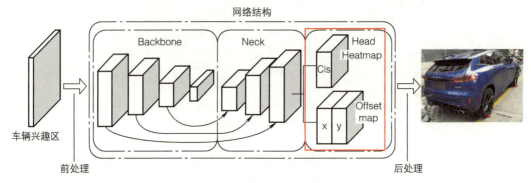

图 4-51　车轮接地点检测结构图

4.2.7　OCR

OCR（Optical Character Recognition）是一种字符检测技术，可以将手写或者印刷的字体转换为机器编码的文本。OCR 目前广泛用于对印刷的文件进行记录，比如发票、收据、护照等信息的记录，转换为机器编码后的文字可以方便地进行数据处理和信息传输。早期的 OCR 技术主要用来帮助视觉障碍人士。1914 年，以色列物理学家 Emanuel Goldberg 发明了一种机器，可以识别字符并且转换为电报码。随着技术的发展，OCR 技术可以同时处理手写和印刷字体，使得商业化使用成为可能。1965 年，IBM 的 1287 光学阅读器是第一台可以识别手写数字的机器，在之后的几年间，改善 OCR 系统的响应速度与性能成为业界研究的重点。2000 年初，OCR 技术在教育领域得到广泛应用。为了更好地保存历史文献，同时也为了方便研究者们浏览这些资料，许多印刷的历史文献通过 OCR 技术转换成了数字格式。之后的几年，为了提高 OCR 系统的准确率，研究者们做了许多工作，将图像处理技术与机器学习技术结合引入到 OCR 领域。最近由于深度学习在目标检测领域取得了不错的进展，研究者们也将重心转移到了基于深度学习的 OCR 技术。

在快速发展的高级辅助驾驶技术中，OCR 技术也在发挥着重要的作用。在高速领航辅助驾驶技术中，OCR 可以识别高速路中的标牌，与地图信息做融合；也可以识别地图中未及时更新，但是新设立的临时标志牌信息；根据前后车辆车牌信息、车身标志信息判断是否危化车辆、特种车辆等，给驾驶员发出提醒。在城区领航辅助驾驶技术中，OCR 可以识别禁停标志、停车场标志、公交车启停信息等。

传统 OCR 实现有多种方法，重点有核方法、统计方法、模板匹配等。

1）核方法：机器学习时代，SVM、KFDA、KPCA 等核方法在处理光学图像、文本分类和时序预测等方面有不错的效果。支持向量机通过将特征映射到高维空间，寻找合适的超平面进行分类任务。在深度学习大规模应用之前，支持向量机在手写数字识别、分类、检测等任务中被广泛使用。

2）统计方法：基于统计的方法可以分为含参数和不含参数两种。含参数的分类器具有固定数量的参数，并且复杂度与输入数据量无关，比如逻辑回归、线性判别分析和隐马尔可夫链。不含参数的分类器复杂度与输入数据的量有关，比如 K- 最近邻、决策树。在 2000 年之前使用最为广泛的含参数分类器是隐马尔可夫链，最常使用的无参数统计方法是 K- 最近邻方法。

3）模板匹配：模板匹配是一种在一幅图像中寻找与另一幅模板图像最匹配部分的技术。一般该技术采用滑动窗口方法，自上而下、自左而右遍历目标图像，逐一计算模板与重叠子图像的像素匹配度，如果匹配程度高，那么子图像与模板图像相同的概率越大。

当前，基于深度学习的 OCR 技术一般包含两方面的内容，即文本检测和文字识别。文本检测是从图片中找到文字区域，文字识别是将图片中的文字转换为机器可识别的编码格式。文本检测与常规的物体检测场景相似，可以借鉴一些卓有成效的物体检测网络，比如 YOLO 系列、Faster-RCNN 结构。由于文本本身的特征与常规物体不同，比如长宽比通常会更大、文本具有方向性、手写字体的形状差异性较大等，使得常规的检测网络无法直接套用，需要进行不同程度的修改或网络结构重新设计。下面列举几个比较有代表性的文本检测网络，包括 CTPN、CRAFT 以及 EAST 等。

1）CTPN：CTPN（Detecting Text in Natural Image with Connectionist Text Proposal Network）是一个在场景中提取文字的算法，可以检测自然环境中的文本信息。如图 4-52 所示，模型主要包含三部分：卷积层、双向 LSTM 层和全连接层。卷积层部分使用 VGG-16 网络进行特征提取，得到 feature map，大小为 $W \times H \times C$。然后用 3×3 的滑动窗口在前一步得到的 feature map 上提取特征，利用这些特征来对多个 anchor 进行预测。将上一步得到的特征输入到一个双向的 LSTM 中，输出 $W \times 256$ 的结果，再将这个结果输入到一个 512 维的全连接层。最后通过分类或回归得到的输出主要分为三部分：2k vertical coordinates 表示选择框的高度和中心 y 轴的坐标；2k scores 表示的是 k 个 anchor 的类别信息，说明其是否为字符；k side-refinement 表示的是选择框的水平偏移量。

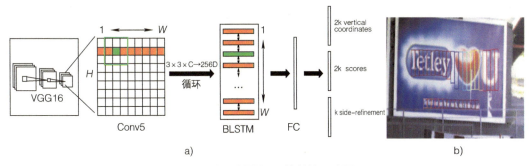

图 4-52　CTPN 网络结构示意图

2）CRAFT：CRAFT（Character Region Awareness for Text Detection）之前的文本检测算法使用单词级的数据集进行训练，导致算法模型在检测形变的文字区域时精度不高。CRAFT 算法使用合成字符标注进行模型训练，实现了任意方向、任意形状文本的检测，具有极高的灵活性。网络结构如图 4-53 所示。Backbone 部分采用了 VGG-16 网络进行特征提取，然后将特征逐层上采样，并与下采样时相同大小的特征维度进行相加，进行不同尺度的特征融合，最后对融合后的特征进行预测，获得每个字符的检测框以及相邻字符间的连接关系，如图 4-54 所示。

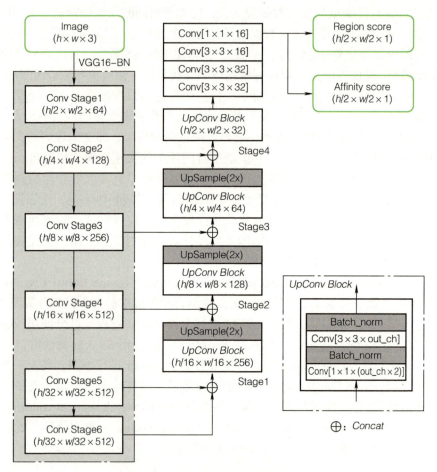

图 4-53 CRAFT 网络结构示意图

图 4-54 CRAFT 实现任意形状任意方向文本的检测

3）EAST：在 EAST 算法出现之前，文本检测的深度网络基本都是两阶段的网络结构，即先选出含有文本的候选框，然后对候选框过滤，得到精确的边框信息后进行合并。EAST 算法简化了这一结构，可以认为是一阶段的网络模型。该算法采用了 FCN 进行图片特征提取、特征融合以及结果预测。如图 4-55 所示，对输入图像进行不同程度的卷积下采样，然后使用 unpooling 进行上采样，对同一大小的特征图进行拼接，对融合后的特征进行预测。

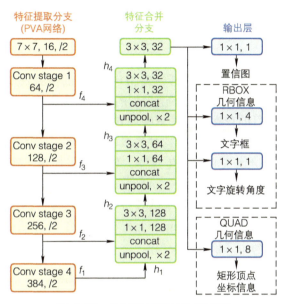

图 4-55　EAST 网络结构示意图

4.2.8 其他

随着感知技术的发展，2D 检测技术已无法满足对于目标物体的精准描述，3D 检测技术应运而生。3D 检测技术的目的是检测环境中的三维物体，并给出物体的边界框。3D 检测的目标框通常包含目标框的三维中心点坐标（$center_x$, $center_y$, $center_z$）、长宽高信息（l, w, h）、航向角（yaw）、在三维方向上的速度（v_x, v_y, v_z），以及目标物的类别等信息。在目前的自动驾驶场景中，3D 目标检测主要有基于雷达点云信息的目标检测、基于图像信息的目标检测以及融合点云和图像信息的多模态融合检测等方式。

在评价指标方面，3D 目标检测的评测指标有很多，主要可以分为两种。第一种是从 2D 检测延续的测评方法 AP（Average Precision），AP 的计算方法为

$$AP = 100 \int_0^1 \max\{p(r'|r' \geq r)\} dr$$

式中，$p(r)$ 是准确率 - 召回率曲线，3D 目标检测的预测框与真值框的匹配原则和 2D 目标检测有所不同。KITTI 数据集使用的评测方法为 AP_{3D} 和 AP_{BEV}，AP_{3D} 的匹配原则为 3D 交并比（3D-IOU）超过了一定阈值，AP_{BEV} 的匹配原则为鸟瞰视角下的交并比（BEV-IOU）超过了一定阈值。

第二种测评方法是 PKL（Planning KL-Divergence）评测方法，PKL 方法是利用自

车未来轨迹的 KL 散度计算的，令 $s_1, s_2, \cdots, s_t \in S$ 是由传感器获得的原始观测序列，o_1^*, $o_2^*, \cdots, o_t^* \in O$ 是相对应的目标检测真值的序列，$x_1, x_2, \cdots, x_t$ 是自车的位姿序列，检测器为 $A: S \to O$，根据观测轨迹 s_t 预测未来轨迹 o_t。PKL 定义为

$$\text{PKL}(A) = \sum_{0 < \Delta \leqslant T} D_{KL}(p_\theta(x_{t+\Delta}|o^*_{\leqslant t_0}) \| p_\theta(x_{t+\Delta}|A(s_{\leqslant t_0})))$$

式中，$p_\theta(x_t|o_{\leqslant t})$ 是真值轨迹在数据集 D 中的分布：

$$\theta = \arg\min_{\theta'} \sum_{x_t \in D} -\log p_{\theta'}(x_t|o^*_{\leqslant t})$$

该方法的提出是基于实践方面的，考虑到 3D 检测框的检测效果主要与下游如轨迹规划等任务有关，优秀的检测方法应该是对下游规划的驾驶安全性有利的。

在评价数据集方面，目前存在大量的驾驶场景的 3D 目标检测数据集，数据集细节参考表 4-3。KITTI 作为先驱性的数据集，为驾驶场景的数据集提供了标准的数据采集方式和标注规范，即车辆需要配备摄像头和雷达传感器，数据采集通过车辆在道路上驾驶获得，并对采集后的数据进行 3D 目标标注。此外，nuScenes 也是常见数据集。nuScenes 数据采集主要在波士顿和新加坡进行，用于采集的车辆装备了 1 个旋转雷达（spinning LiDAR）、5 个远程雷达传感器（long range RADAR sensor）和 6 个相机（camera）。根据官方文档说明，其数据标注量比 KITTI 要高出 7 倍以上。

表 4-3 驾驶场景下的 3D 检测数据集

数据集名称	发行年份	含 LiDAR 信息数量	含图片信息数量	3D 标注	类别
KITTI	2012	15k	15k	200k	8
KAIST	2018	8.9k	8.9k	8.9k	3
ApolloScape	2019	20k	144k	475k	6
H3D	2019	27k	83k	1.1M	8
Lyft L5	2019	46k	323k	1.3M	9
Argoverse	2019	44k	490k	993k	15
AIODrive	2020	250k	250k	26M	—
A*3D	2020	39k	39k	230k	7
A2D2	2020	12.5k	41.3k	—	14
Cityscapes 3D	2020	0	5k	—	8
nuScenes	2020	400k	1.4M	1.4M	23
Waymo Open	2020	230k	1M	12M	4
Cirrus	2021	6.2k	6.2k	—	8
PandaSet	2021	8.2k	49k	1.3M	28
KITTI-360	2021	80k	300k	68k	37
Argoverse v2	2021	—	—	—	30
ONCE	2021	1M	7M	417k	5

下面重点介绍三种基于深度学习的 3D 检测算法，分别为基于激光雷达点云的 3D 目标检测、基于图像的 3D 目标检测，以及基于多模态融合的 3D 目标检测。

（1）基于激光雷达点云的 3D 目标检测 激光雷达可以精确测量传感器与周围障碍物

之间的距离，同时提供丰富的几何信息、形状和比例信息。相比于纯相机的目标检测，基于激光雷达的检测有以下局限：①点云的反射强度受天气影响严重；②传感器和目标物之间的其他物体遮挡，容易造成目标物点云的截断和遮挡，目标物距离过远也容易造成目标物点云信息不全；③对于相同类别的物体，不同姿态下的点云特征会有很大区别，不同距离也会造成点云特征的不同。目前基于激光雷达的目标检测还有很大的发展空间。

基于点云的 3D 检测方法众多，基本可以用图 4-56 所示的通用 3D 检测模型框架表示，该框架主要由四个模块构成，分别为数据表示模块、特征提取模块、检测网络模块、二阶段检测中的细化网络模块。

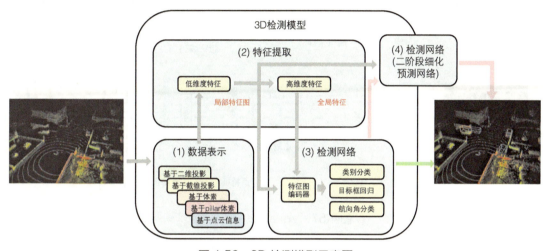

图 4-56　3D 检测模型示意图

1）数据表示模块：数据表示模块将由激光雷达传感器获得的点云信息，经过特定的组织形式，生成适用于下游模块使用的输入信息格式。目前主要有两种组织形式，第一种为将点云信息处理为二维投影（2D projection-based）、截锥体（frustrum-based）、体素（voxel based）、pillar 体素（pillar-based）等，第二种为不进行处理，将所有点云信息送入下游模块（point-based）。

2）特征提取模块：从点云信息中提取出高维度特征和低维度特征，构成提供给下游使用的特征图，主要有点云级特征提取（point-wise）、分段式特征提取（segment-wise）、面向对象的特征提取（object-wise）、2D cnn 骨干网络特征提取、3D cnn 骨干网络特征提取等方法。

3）检测网络模块：检测网络为一个多任务网络，用于预测 3D 检测框的信息，主要有类别分类网络、目标框回归网络、航向角分类网络等，有时还会包括速度回归网络等。

4）二阶段细化网络模块：在二阶段的 3D 检测网络中，会引入细化网络模块，用于更为准确地预测 3D 检测框信息。

下面介绍两种基于不同方法的经典点云 3D 检测模型，分别为基于体素数据表示方法的 VoxelNet 和基于点云信息数据表示方法的 PointNet。

1）VoxelNet：VoxelNet 是经典的端到端一阶段点云 3D 目标检测网络，其核心思想是将点云数据划分成同样大小的三维体素，并通过体素特征编码（Voxel Feature Encoding, VFE）层将一个体素内的所有点信息转换为统一的特征向量。其网络结构如图 4-57 所示，由三个功能模块构成，分别为 Feature Learning Network（特征学习网络）、Convolutional Middle Layers（卷积中间层）、Region Proposal Network（区域提议网络）。特征学习网络对点云数据进行体素化处理，提取体素特征，卷积中间层进一步聚合体素特征，最后区域提议网络使用多尺度特征融合提取目标检测结果，这里仅介绍特征学习网络。

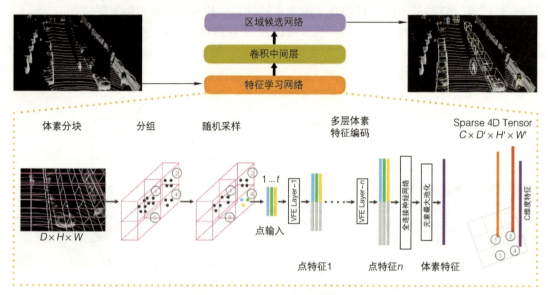

图 4-57 VoxelNet 网络结构

特征学习网络是 VoxelNet 重要的创新点，其整体思想如图 4-57 所示。首先将 3D 空间划分为均匀的体素空间，并将一个体素内的点云看作为一个组数据。考虑到不同体素内的点云数量差距较大，同时过多的点云计算会影响模型性能，因此对于超过一定数量的组数据进行随机采样。在完成随机采样后，对数据进行体素特征编码，编码方法为堆叠 VFE 层对每个体素进行编码（图 4-58），最后获得以体素为单位的特征向量。

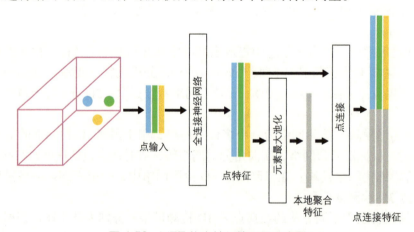

图 4-58 VFE 体素特征编码层示意图

2) PointNet：PointNet 系列是直接使用三维数据处理点云的代表之作。PointNet 没有将点云进行体素等数据处理，而是直接使用点云作为输入，其网络结构的设计是根据点云的无序性、相互关联性、变换不变性三个特点启发的,如图 4-59 所示。PointNet 网络主要由分类网络(蓝色框部分)与分割网络(黄色框部分)构成,分类网络对输入的点云进行输入变换和特征变换,最后通过最大池化方法将点云特征聚合。分割网络利用分类网络的全局和中间输出特征,对每个点云进行特征提取并进行点云级别的类别分数预测。

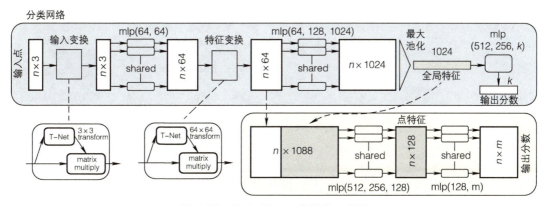

图 4-59　PointNet 网络结构示意图

(2)基于图像的 3D 目标检测　基于图像的 3D 目标检测方案主要有单目、双目、多目 3D 检测。仅基于单目图片信息的经典 3D 目标检测模型有 M3D-rpn、M3dssd、Smoke、Fcos3d 等。单目的 3D 目标检测本身是一个病态的问题,因为单张图片信息并不能提供充足的 3D 信息,所以单目的 3D 目标检测有引入深度信息的 MonoDepth、DORN、引入几何约束等先验信息的 DeepSDF 等方法来提升检测效果。相比于基于点云的目标检测,单目检测效果还有很大的进步空间。双目 3D 目标检测基于两张图片进行检测,相比于单目,双目提供了几何约束信息,可以获得更为准确的深度信息,因此双目 3D 目标检测效果一般优于单目。多目 3D 检测相比于前两种检测方式,发展得并不完善,如何同时利用多张图片信息进行目标检测是较难解决的问题,目前遇到的主要挑战有如何处理多个视角图片中相同的目标,以及如何聚合不同视角输入的目标特征。考虑到基于图像的 3D 目标检测方法众多,本部分仅以 FCOS3D 模型为例进行单目 3D 目标检测结构介绍。

FCOS3D 的模型思想延续 2D 目标检测算法 FCOS 发展而来,FCOS 是一个一阶段 Anchor-Free 模型,通过逐像素预测,在网络最后一层特征层的每个点都进行目标框的回归、分类和得分预测,最后通过 NMS 极大值抑制选择出最终的预测框。FCOS3D 在 FCOS 的基础上进行了一些变动,模型结构如图 4-60 所示。模型主要分成三个模块,分别为 backbone 模块、FPN neck 模块、shared head 模块。backbone 模块使用了 ResNet 结构用于初步的特征提取,neck 使用了金字塔特征网络,不仅融合生成了 P3、P4、P5 层特征,还下采样生成了 P6、P7 特征,五层特征均作为输入传递给下游模块。shared head 部分的作用是回归 3D 检测框,并进行检测框类别和分数的预测,由两个单独的卷积模块构成,第一个卷积模块仅用于进行目标分类,输出类别预测结果;第二个卷积模块用于进行目标中心度分数预测和回归信息预测,回归信息包括目标框中心 $center_x$、$center_y$ 相对于特征图像素点坐标的偏置 Δx、Δy,目标中心深度 $\log(d)$,目标尺寸长宽高 L、W、H,目标在垂直于 z 轴的旋转角度 θ,旋转方向的分类 C_θ,目标在 x、y 两个方向上的速度 v_x、v_y,利用这些信息可以获得 3D 目标框。

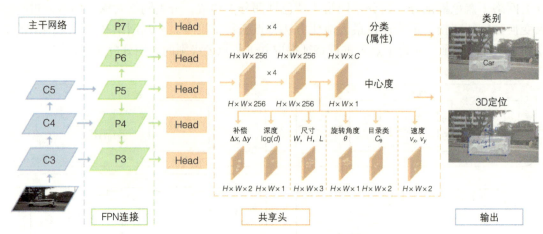

图 4-60　FCOS3D 模型结构示意图

（3）多模态融合的 3D 目标检测　多模态融合的 3D 检测种类很多，有激光雷达 - 相机融合、毫米波雷达 - 激光雷达融合、毫米波雷达 - 相机融合、高精地图融合等方法。

1）激光雷达 - 相机融合：激光雷达和相机是 3D 目标检测两个互补的传感器。相机传感器可以提供颜色信息，从颜色信息中可以获得丰富的语义信息；激光雷达可以提供目标物精准的位置信息和尺寸信息。多模信息融合相比于单模态，会带来额外的计算量并增大时延，所以多模融合模型的挑战之一就是如何在保持模型性能的同时进行多模态融合。

① 早期融合的激光雷达 - 相机融合方法是基于激光雷达 3D 目标检测发展的，核心思想为先利用图像 2D 检测模型获得图像的 2D 目标检测框，将检测结果与点云信息融合，最后利用增强后的点云信息进行 3D 目标检测，主要有区域级别融合和点云级别融合，如图 4-61 所示。

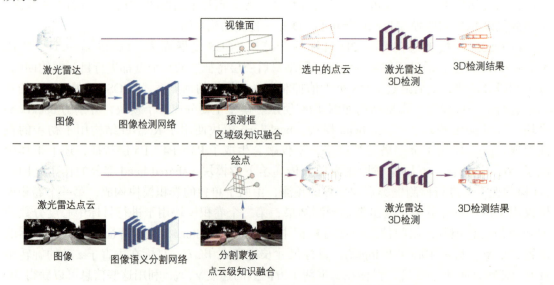

图 4-61　早期融合的激光雷达 - 相机融合方法示意图

② 中间融合的激光雷达 - 相机融合方法是在模型中进行多模态融合，如 backbone 阶段、提案生成阶段和 ROI 优化阶段进行的模态融合，如图 4-62 所示。

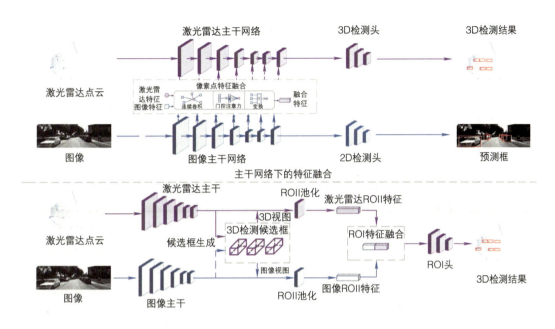

图 4-62　中间融合的激光雷达 - 相机融合方法示意图

③ 后融合的激光雷达 - 相机融合方法是将基于激光雷达的 3D 检测结果和基于图像的 2D 检测结果融合，如图 4-63 所示。

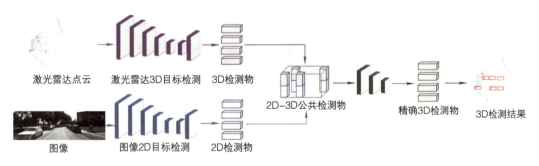

图 4-63　后融合的激光雷达 - 相机融合方法示意图

2）毫米波雷达融合：毫米波雷达相比于激光雷达，具有成本低、受天气影响小、检测范围更广、提供额外的速度信息等优点，所以有研究将毫米波雷达与其他传感器融合进行 3D 目标检测。毫米波雷达 - 激光雷达的融合方法主要有基于体素的融合、基于 attention 的融合等。毫米波雷达 - 相机的融合方法与激光雷达 - 相机融合方法类似。

3）高精地图融合：高精地图 HD maps（High-Defination maps）包含了包括道路形状、道路标志、交通标志、障碍物等详细信息的地图，可以提供周围环境丰富的语义信息。高精地图与激光雷达的融合方法有在 BEV 视角融合重建后的点云与高精地图、融合分别进行过特征提取后的点云特征图与高精地图特征图等方法。

4.3 视觉定位

本小节主要介绍以视觉为主的定位相关的基础知识，包括特征提取、特征匹配、光流跟踪、非线性优化以及多传感器融合等相关技术。

4.3.1 特征提取

视觉特征主要用来提供图像元素的匹配关系，比如一幅图像中的某个像素和另一幅图像中的哪个像素是同一个点。这些匹配关系是相机位姿恢复和 3D 点云重建的重要基础。视觉特征一般都位于图像中具有显著性的区域，常用的特征可分为点特征、线特征、面特征和体特征。本小节分别对这 4 类特征进行介绍。

（1）点特征 点特征一般包含关键点（Keypoint）和描述子（Descriptor）两部分。关键点用于描述特征点在图像中的位置，一般表述成一个坐标。描述子通常是一个向量，用于描述特征点的信息，可看作是特征点的身份标注。特征点需要具备显著性和可重复性，前者要求特征点是图像具有明显差异的区域，后者要求同一个特征点在不同的图像中都能够被识别。此外，特征点还应该具备旋转、尺度以及光照的不变性。

早期特征点都是通过人工设计的方法，随着深度学习的兴起，人们开始采用数据驱动的方法进行特征提取。通过人工设计的规则实现关键点的提取和描述子的计算的方式通常需要大量的人力和时间进行验证。SIFT（Scale Invariant Feature Transform）是传统关键点中最有代表性的一种（图 4-64）。这种特征点考虑了光照、尺度以及旋转等变换，具有优异的精度和稳定性，在 3D 视觉领域得到了广泛的应用。但是 SIFT 的计算量大，很难实现实时性。为了实现高效地特征提取和匹配，研究者们提出了基于 FAST 改进的 ORB 特征点。ORB 采用一种巧妙的特征提取方式，提升效率的同时保留了旋转和尺度不变性。此外 ORB 使用二进制描述子 BRIEF，极大地提升了匹配效率，在 SLAM 领域得到广泛应用。

a) SIFT b) ORB c) BRIEF

图 4-64 传统特征点

随着深度学习技术的发展，研究者们开始尝试利用深度神经网络来提取特征点。其中最有代表性的就是 SuperPoint（图 4-65），该方法通过网络直接输出图像中关键点的位置并且利用特征图层作为关键点的描述子。SuperPoint 模型在 GPU 上可以实现实时计算，并且不需要任何人工标注数据，在精度和鲁棒性上也已经逐渐超过传统方法。采用数据驱动的方式，SuperPoint 可以轻易地实现一些特征提取规则，例如通过数据提升一些弱纹理区域的特征提和匹配效果。在智能驾驶的应用中，比如 Tesla 已经将基于神经网络的特征点提取用于前端的 VIO 算法。

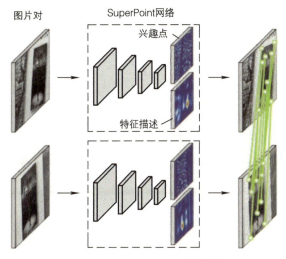

图 4-65　SuperPoint 网络结构图

（2）**线特征**　线特征主要是场景中的直线或曲线特征。常见的直线特征如图像中的建筑边缘、道路中的灯牌或线杆等，常见的曲线特征如道路车道线路沿等。传统算法一般采用霍夫变换（Hough Transform）来提取图像中的直线元素，采用分段直线的方式提取曲线。随着深度学习的发展，通过神经网络结合后处理提取线特征已经成为主流，例如提取车道线时，先使用一个车道线分割网络获得图像中车道线所占据的像素位置，再通过聚类、直线拟合或曲线拟合等后处理方式获得现特征的矢量化表达。

（3）**面特征**　面特征主要是指场景中存在的平面或曲面结构，典型的例如驾驶场景中的标志牌以及路面曲面。面特征的提取较为复杂，目前主流方法是深度学习。通常的做法是先基于目标检测和语义分割模型对图像进行预处理，以获取图像中的面区域（如标志牌、路面曲面等）。之后采用后处理得到面特征的几何表达，如图 4-66 所示。

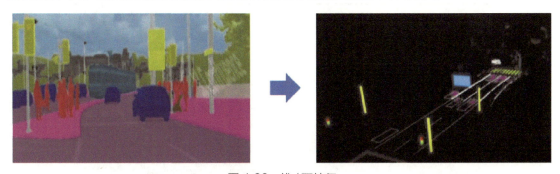

图 4-66　线/面特征

（4）**体特征**　体特征主要是指场景中能够用 3D 包围盒来表达的规则物体（图 4-67），例如智能驾驶场景中的锥桶，室内场景中的桌椅子等。利用体特征做 SLAM 算法中最具代表性的就是 CubeSLAM。该方法实现了三维包围盒在图像中的跟踪和 3D 重建。

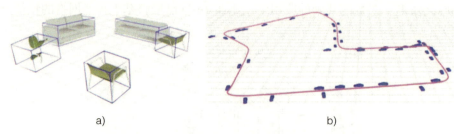

图 4-67　CubeSLAM 方案

从点特征到线特征到面特征再到体特征，特征从 Low level 到 High Level，特征越抽象，就能够为姿态优化提供更加直接有力的约束，但是作为代价特征提取的难度也更大。

4.3.2　特征匹配

特征匹配主要是建立不同视角间特征的关联关系，本小节主要介绍点、线、面和体特征的匹配方法。

（1）点特征匹配　点特征匹配分为两种：一种是通过描述子进行匹配，该方法通过计算特征描述子的相似度来确定特征的匹配关系。描述子通常是一个多维向量，通过 KNN（K-Nearest Neighbor）在特征空间进行搜索，快速得到特征点的最近邻。为了保证匹配的准确性，一般会进行双向搜索，互为最近邻的关键点才会被认为是匹配对（图 4-68）。这种方法的虽然匹配精度高但是计算量大，在实时的计算中一般不会被采用。另一种是基于深度学习的特征点匹配方法，该方法不需要显式提取关键点和描述符，也不需要计算描述子之间的相似度，而是使用神经网络直接预测匹配点对，从而实现更高的准确度和更高的效率的匹配。SuperGlue（图 4-69）是深度学习特征点匹配中最具代表性的工作，通常和 SuperPoint 结合使用，构成端到端的特征点提取匹配算法。深度学习的特征匹配方法，相比描述子的方法在弱纹理区域上有更加稳定的效果。在三维重建领域著名的开源工具 COLMAP 中的 SIFT 匹配已经替换为 SuperGlue 匹配。

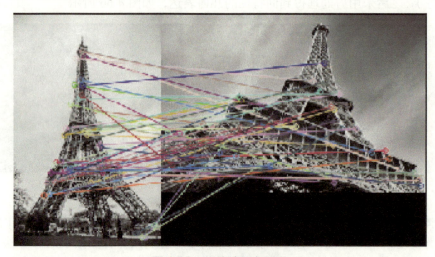

图 4-68　传统特征点匹配

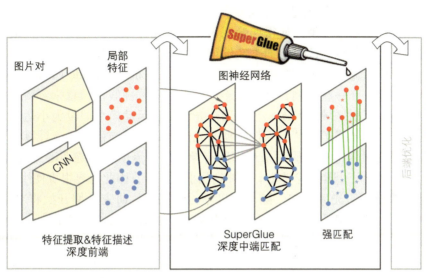

图 4-69　SuperGlue 网络结构

（2）线/面/体特征匹配　线面体特征的匹配方法基本一致，他们缺少像点特征那样的描述子，因此很难直接通过计算相似度的方式进行匹配。常用的方法是在线面体特征上采样一些关键点，通过关键点的匹配实现线面特征的匹配。在实际中，线面体特征的匹配通常被用在时序任务中，可以采用滤波的方式（如 Kalman Filtering）实现匹配。

4.3.3　光流跟踪

光流是指物体在图像上的运动向量，向量大小反映了运动速度大小，向量的方向反映了运动方向（图 4-70）。从本质上说，光流是 3D 运动在 2D 图像上的投影，它反映了物体的运动信息。光流在点、线、面及体特征的时序跟踪匹配中发挥着非常重要的作用。按照计算的范围不同，光流可以分为稀疏光流和稠密光流。稀疏光流仅计算图像中特定像素的光流，而稠密光流则计算所有像素的光流。按照计算原理的不同，主要分为传统光流算法和基于深度学习的光流算法。本小节将介绍这两种算法。

图 4-70　按 HSV 颜色空间着色的稠密光流
注：光流大小用亮度表达，光流方向用不同颜色表达。

（1）**传统光流算法** 传统方法通过相邻两帧图像对应区域的光度光度值计算光流，该方法假设光流在像素点的邻域是一个常量，利用邻域所有像素光度一致性构建光流方程，并使用最小二乘法求解最优解，使得两帧间对应位置相邻像素的光度差异性最小。通过利用周围邻近像素点的信息，该方法通常能够消除光流方程里的歧义，因此提升了算法对噪声的鲁棒性。传统稀疏光流估计方法中，最有代表性是 Lucas-Kanade（L-K 方法）。传统稀疏光流计算方法也存在一些限制，首先由于依赖光度一致性假设，意味着稀疏光流无法处理弱纹理以及镜面反射区域。其次，传统稀疏光流底层运动模型假设为小运动，因此无法实现变化剧烈（即大基线）的情况。传统稠密光流计算原理与稀疏光流计算原理类似，不同之处在于需要通过局部平滑假设来计算所有像素的光流值。传统稠密光流解空间巨大，计算缓慢，一幅普通尺寸图像需要几十分钟到几小时不等，因此业界很少使用。

（2）**基于深度学习光流算法** 随着深度学习的兴起，研究者们开始将 CNN 或 Transformer 等深度学习模型用于流估，并且精度和效率上已经超过了传统的光流算法。深度学习的光流估计输出的都是稠密光流，这类光流计算方法非常直接，输入两帧图像，提取特征之后进行特征关联，最终通过解码输出稠密光流。本小节主要介绍 RAFT 和 Flowformer 两种方法，它们分别是 CNN-based 和 Transformer-based 的经典代算法。RAFT 模型主要由三部分组成（图 4-71）：特征编码层用于提取图像特征，特征关联层用于生成两幅图像之间的空间和时序关联信息，并使用金字塔生成不同分辨率的特征；循环更新算子基于 GRU 的循环更新算子查找 4D 关联信息并迭代的更新光流场。RAFT 整体上采用 Coarse-to-fine 的思路，逐步优化光流值，目前是业界 SOTA 水平。

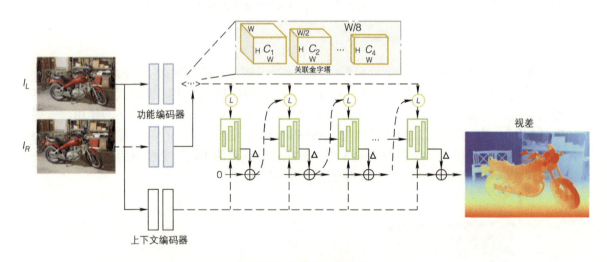

图 4-71 RAFT 光流估计

Flowformer 和 RAFT 的主要不同之处在于采用 Transformer 作为主干网络，通过注意力机制生成 Cost Volume，并解码得到光流值（图 4-72）。得益于光流感知任务的特殊性，即可以利用大量的无标注数据进行自监督训练，并且也可以从仿真数据中获得廉价大量且准确的监督数据。基于深度学习的光流估计算法在精度上已经基本超越传统方法（图 4-73）。而在推理效率上，在神经网络专用芯片的加速下，深度学习的光流估计算法在推理效率上也已经满足实时性的要求。

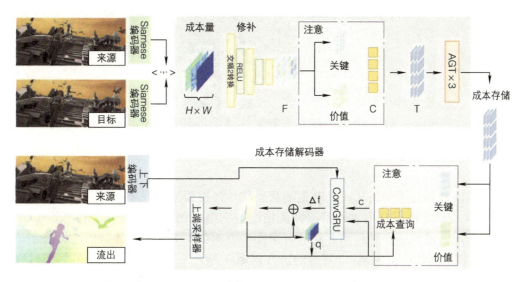

图 4-72　Flowformer 中基于 Cost Volume 的光流估计方案

图 4-73　暗光条件下的光流估计效果

4.3.4　非线性优化

自动驾驶中的视觉定位或建图的问题可以概括成状态估计问题，一般是由一个运动方程 f 和一个观测方程 h 来表达：

$$x_k = f(x_{k-1}, u_k) + w_k, k = 1, \cdots, N \quad (4\text{-}1)$$

$$z_k = h(x_k) + v_k \quad (4\text{-}2)$$

式中，x_k、u_k 为 k 时刻的状态变量和控制变量，$w_k \sim N(0, R_k)$，$v_k \sim N(0, Q_k)$ 为高斯分布的随机噪声。当 f 和 h 为线性函数时，上述系统简化成线性高斯（Linear Gaussian，LG）系统：

$$x_k = Ax_{k-1} + u_k + w_k \tag{4-3}$$

$$z_k = Cx_k + v_k \tag{4-4}$$

式中，A，C 为系统的转移矩阵和观测矩阵。该线性系统的无偏最优估计可以通过卡尔曼滤波（Kalman Filtering，KF）给出，业界一般采用滤波器和最优化两种方法优化上述问题。下面分别介绍这两类方法。

1. 卡尔曼滤波（Kalman Filtering，KF）

卡尔曼滤波描述了如何从一个时刻的状态估计递推预测下一个时刻的状态。卡尔曼滤波主要处理运动方程和观测方程是线性的情况，它由预测（Prediction）和更新（Update）两个步骤组成。预测步骤对运动方程进行递推，更新步骤对上一步的结果进行修正。假设 $k-1$ 时刻的状态估计均值为 x_{k-1}，对应的协方差矩阵为 P_{k-1}，则卡尔曼滤波的算法过程可表示为预测过程与更新过程。具体来说：

预测过程：

$$\hat{x}_k = Ax_{k-1} + u_k \tag{4-5}$$

$$\hat{P}_k = AP_{k-1}A^T + R \tag{4-6}$$

更新过程：

$$K_k = \hat{P}_k C_k^T (C_k \hat{P}_k C_k^T + Q_k)^{-1} \tag{4-7}$$

$$x_k = \hat{x}_k + K_k(z_k - C_k \hat{x}_k) \tag{4-8}$$

$$P_k = (I - K_k C_k)\hat{P}_k \tag{4-9}$$

式中，K_k 是卡尔曼增益。

2. 扩展卡尔曼滤波（Extended Kalman Filtering，EKF）

EKF 主要用于处理当 f 和 h 为非线性方程的情况，首先对 f 和 h 进行线性化，一般采用泰勒展开（Taylor Expansion）的方式实现。一个普通的向量函数 $f(x)$ 在 x_0 处线性化可以表达成以下形式：

$$f(x_0 + \Delta x) = f(x_0) + J\Delta x + \frac{1}{2}\Delta x^T H \Delta x + O(\Delta x^2) \tag{4-10}$$

式中，J 为雅可比矩阵（Jacobians）；H 为海塞矩阵（Hessians）。

如果只保留一阶项，则 $f(x)$ 可以近似为

$$f(x_0 + \Delta x) \approx f(x_0) + J\Delta x \tag{4-11}$$

利用泰勒展开对式（4-1）和式（4-2）在 $\hat{x}_k$ 处进行线性化可以得到

$$x_k \approx f(x_{k-1}, u_k) + F_k \Delta x_k + w_k \qquad (4\text{-}12)$$

$$z_k \approx h(\hat{x}_k) + H_k(x_k - \hat{x}_k) + n_k \qquad (4\text{-}13)$$

式中，F_k、H_k 是运动方程相对于上一时刻状态的雅可比（Jacobians）矩阵。

由此可以得到扩展卡尔曼滤波的算法过程如下。

预测过程：

$$\hat{x}_k = f(x_{k-1}, u_k) \qquad (4\text{-}14)$$

$$\hat{P}_k = F_k P_{k-1} F_k^{\mathrm{T}} + R_k \qquad (4\text{-}15)$$

更新过程：

$$K_k = \hat{P}_k H_k^{\mathrm{T}} (H_k \hat{P}_k H_k^{\mathrm{T}} + Q_k)^{-1} \qquad (4\text{-}16)$$

$$x_k = \hat{x}_k + K_k (z_k - h(\hat{x}_k)) \qquad (4\text{-}17)$$

$$P_k = (I - K_k C_k) \hat{P}_k \qquad (4\text{-}18)$$

对比式（4-9）和式（4-18）KF 和 EKF 的预测和更新过程基本是一致的，区别仅在于 KF 的转换矩阵是显式得到且固定不变，而是 EKF 的转换矩阵是线性化近似得到且随着线性化点而变化的。

3. 误差状态卡尔曼滤波（Error State Kalman Filtering，ESKF）

ESKF 主要用于处理带有旋转等非欧式空间的变量优化，例如视觉惯导里程计（Visual IMU Odometry，VIO）、激光雷达惯导里程计（Lidar IMU Odometry，LIO）等。相较于 EKF，ESKF 由于是对微小变量进行处理，因此对于旋转的优化非常友好，可以用一个切空间中的三维向量来表示旋转的增量。此外由于 ESKF 的线性化点位于原点附近，离奇异值较远，因此求解数值非常稳定。

在介绍 ESKF 之前，首先介绍 IMU 的测量方程：

$$\tilde{a} = R^{\mathrm{T}}(a - g) + b_a + \eta_a \qquad (4\text{-}19)$$

$$\tilde{\omega} = \omega + b_g + \eta_g \qquad (4\text{-}20)$$

式中，$\tilde{a}$、a 分别是加速度的测量值和真实值；$\tilde{\omega}$、ω 分别是角速度的测量值和真实值；g 是重力加速度；η_g、η_a 是陀螺仪和加速度的测量噪声，对应的零偏为 b_g、b_a；R 是车体坐标系在世界坐标系的朝向。

ESKF 中把原状态变量定义为名义状态变量（Nominal State）：

$$x = [p, v, R, b_g, b_a, g]^{\mathrm{T}} \qquad (4\text{-}21)$$

式中，p 表示位置；v 表示速度。

ESKF 中的状态变量称为误差状态变量（Error State）：

$$\delta x_t = [\delta p_t, \delta v_t, \delta R_t, \delta b_{gt}, \delta b_{at}, \delta g_t] \tag{4-22}$$

名义状态量和误差状态变量之和称为真值，它们之间的关系如下：

$$p_t = p + \delta p \tag{4-23}$$

$$v_t = v + \delta v \tag{4-24}$$

$$R_t = R\delta R = R\exp(\delta\theta^\wedge) = R Exp(\delta\theta) \tag{4-25}$$

$$b_{gt} = b_g + \delta b_g \tag{4-26}$$

$$b_{at} = b_a + \delta b_a \tag{4-27}$$

$$g_t = g + \delta g \tag{4-28}$$

（1）ESKF 的预测过程 在这里我们直接给出误差变量的运动方程：

$$\delta\dot{p} = \delta v \tag{4-29}$$

$$\delta\dot{v} = -R(\tilde{a} - b_a)^\wedge \delta\theta - R\delta b_a - \eta_a + \delta g \tag{4-30}$$

$$\delta\dot{\theta} = -(\tilde{\omega} - b_g)^\wedge \delta\theta - \delta b_g - \eta_g \tag{4-31}$$

$$\delta\dot{b}_g = \eta_{bg} \tag{4-32}$$

$$\delta\dot{b}_a = \eta_{ba} \tag{4-33}$$

$$\delta\dot{g} = 0 \tag{4-34}$$

由此可以得到误差状态的离散运动方程为

$$\delta p(t+\Delta t) = \delta p(t) + \delta v(t)\Delta t \tag{4-35}$$

$$\delta v(t+\Delta t) = \delta v(t) + [-R(\tilde{a} - b_a)^\wedge \delta\theta(t) - R\delta b_a(t) + \delta g(t)]\Delta t - \eta_v \tag{4-36}$$

$$\delta\theta(t+\Delta t) = Exp[-(\tilde{\omega} - b_g)\Delta t]\delta\theta(t) - \delta b_g(t)\Delta t - \eta_\theta \tag{4-37}$$

$$\delta b_g(t+\Delta t) = \delta b_g(t) + \eta_{bg} \tag{4-38}$$

$$\delta b_a(t+\Delta t) = \delta b_a(t) + \eta_{ba} \tag{4-39}$$

$$\delta g(t+\Delta t) = \delta g \tag{4-40}$$

其中

$$\sigma(\boldsymbol{\eta}_v) = \Delta t \sigma_a(k) \tag{4-41}$$

$$\sigma(\boldsymbol{\eta}_\theta) = \Delta t \sigma_g(k) \tag{4-42}$$

$$\sigma(\boldsymbol{\eta}_{bg}) = \sqrt{\Delta t} \sigma_{bg} \tag{4-43}$$

$$\sigma(\boldsymbol{\eta}_{ba}) = \sqrt{\Delta t} \sigma_{ba} \tag{4-44}$$

将上述离散运动方程写成矩阵形式可得：

$$\hat{\boldsymbol{x}} = \boldsymbol{F} \delta \boldsymbol{x} \tag{4-45}$$

其中

$$\boldsymbol{F} = \begin{bmatrix} \boldsymbol{I} & \boldsymbol{I}\Delta t & 0 & 0 & 0 & 0 \\ 0 & \boldsymbol{I} & -\boldsymbol{R}(\tilde{\boldsymbol{a}} - \boldsymbol{b}_a)^\wedge \Delta t & 0 & -\boldsymbol{R}\Delta t & \boldsymbol{I}\Delta t \\ 0 & 0 & Exp[-(\tilde{\boldsymbol{\omega}} - \boldsymbol{b}_g)\Delta t] & -\boldsymbol{I}\Delta t & 0 & 0 \\ 0 & 0 & 0 & \boldsymbol{I} & 0 & 0 \\ 0 & 0 & 0 & 0 & \boldsymbol{I} & 0 \\ 0 & 0 & 0 & 0 & 0 & \boldsymbol{I} \end{bmatrix} \tag{4-46}$$

参考 EKF 可以给出 ESKF 的噪声估计：

$$\hat{\boldsymbol{P}} = \boldsymbol{F}\boldsymbol{P}\boldsymbol{F}^\mathrm{T} + \boldsymbol{Q} \tag{4-47}$$

（2）ESKF 的更新过程　假设 ESKF 的观测方程为 $h(\boldsymbol{x})$，则 ESKF 的更新过程可以表达为

$$\boldsymbol{z} = h(\boldsymbol{x}) + \boldsymbol{v}, \quad \boldsymbol{v} \sim \mathcal{N}(0, \boldsymbol{V}) \tag{4-48}$$

式中，z 为观测数据；v 为观测噪声；V 为观测噪声的协方差矩阵。

ESKF 中计算观测方程相对于误差状态的雅克比矩阵：

$$\boldsymbol{H} = \frac{\partial h}{\partial \delta \boldsymbol{x}}\bigg|_{\hat{\boldsymbol{x}}} = \frac{\partial h}{\partial \boldsymbol{x}} \frac{\partial \boldsymbol{x}}{\partial \delta \boldsymbol{x}} \tag{4-49}$$

这里列出 ESKF 的完整预测更新过程：
预测过程为

$$\delta \hat{\boldsymbol{x}}_k = \boldsymbol{F}_k \delta \boldsymbol{x}_k \tag{4-50}$$

$$\hat{\boldsymbol{P}}_k = \boldsymbol{F}_k \boldsymbol{P}_k \boldsymbol{F}_k^\mathrm{T} + \boldsymbol{Q} \tag{4-51}$$

更新过程为

$$\boldsymbol{K}_k = \hat{\boldsymbol{P}}_k \boldsymbol{H}^\mathrm{T} (\boldsymbol{H}\hat{\boldsymbol{P}}_k \boldsymbol{H}^\mathrm{T} + \boldsymbol{V})^{-1} \tag{4-52}$$

$$\delta \boldsymbol{x} = \boldsymbol{K}(\boldsymbol{z} - h(\hat{\boldsymbol{x}}_k)) \tag{4-53}$$

$$x = \hat{x}_k \oplus \delta x \quad (4\text{-}54)$$

$$P = (I - KH)\hat{P}_k \quad (4\text{-}55)$$

其中 $\oplus$ 代表广义加法，涉及旋转，包含了以下的状态更新：

$$p_{k+1} = p_k + \delta p_k \quad (4\text{-}56)$$

$$v_{k+1} = v_k + \delta v_k \quad (4\text{-}57)$$

$$R_{k+1} = R_k Exp(\delta\theta_k) \quad (4\text{-}58)$$

$$b_{g,k+1} = b_{g,k} + \delta b_{g,k} \quad (4\text{-}59)$$

$$b_{a,k+1} = b_{a,k} + \delta b_{a,k} \quad (4\text{-}60)$$

$$g_{k+1} = g_k + \delta g_k \quad (4\text{-}61)$$

4. 最优化方法

从最优化的角度，运动方程和观测方程都可以看成状态变量 x 与运动输入、观测值之间的残差为

$$e_k^{\text{motion}} = x_k - f(x_{k-1}, u) \sim \mathcal{N}(0, R_k) \quad (4\text{-}62)$$

$$e_k^{\text{oba}} = z_k - h(x_k) \sim \mathcal{N}(0, Q_k) \quad (4\text{-}63)$$

而滤波器中的最优状态估计可以等价于优化方法中的最小二乘问题，不失一般性地，我们把运动残差和观测残差都统一写作 e_k，有

$$x^* = \arg\min_x \sum_k (e_k^T \Omega_k^{-1} e_k) \quad (4\text{-}64)$$

式中，e_k 表示误差；Ω_k 表示协方差矩阵。

对于该最优化问题，可以用高斯牛顿迭代法求解：

1）设第 i 次的迭代值为 x_i，在 x_i 处进行线性化得到：

$$e_k(x_i + \Delta x) \approx e_k(x_i) + J_{k,i}\Delta x_i \quad (4\text{-}65)$$

2）基于高斯牛顿（Gauss-Newton）法，求解以下线性方程：

$$\sum_k (J_{k,i}\Omega_k^{-1}J_{k,i}^T)\Delta x_i = -\sum_k (J_{k,i}\Omega_k^{-1}e_k) \quad (4\text{-}66)$$

3）迭代更新 $x_{i+1} = x_i + \Delta x_i$。

4）循环以上步骤直至满足收敛条件。

5. 滤波与优化方法对比

最优化可滤波器的方法在线性系统中会得到同样的结果，但是在非线性系统中结果不同，主要有以下几点原因：

1）最化方法在迭代过程会不断在新的线性化点上求雅克比矩阵，而滤波中 EKF 的雅克比矩阵只在预测的位置求解一次。

2）优化的方法在迭代求解中需要存储和使用历史状态信息，而滤波的方法没有显示的存储历史状态，而是隐式地使用了存储在噪声矩阵中的历史信息。

3）一般来说，滤波的方法在计算上会更为轻量，而优化的方法计算量较大，求解精度上限也更高。实际使用时，可以根据应用的实时性和精度需求，以及计算平台所能提供的计算资源做取舍和平衡。

4.3.5 多传感器融合

由于驾驶场景环境的复杂性，仅靠视觉定位无法满足精度和鲁棒性的需求，通常需要与其他传感器进行融合。自动驾驶系统中用于状态估计（State Estimation）的常用传感器包括 GNSS、IMU、Wheel 和激光雷达（Lidar）等，如图 4-74 所示。不同传感器的融合需要具备一些基本的条件：

1）误差不相关性：即用于融合的传感器中单个传感器测量（Sensor Measurement）失败，不会导致其他传感器由于相同的原因而同时失败。

2）传感器的相互补充性：例如 IMU 和 GNSS 的互补特性，参考第 1.4.2 小节中的介绍。

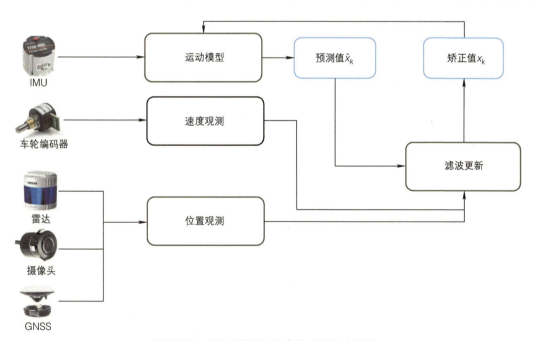

图 4-74 基于 ESKF 的多传感器融合框架

多传感器融合一般采用 IMU 作为运动方程，采用轮速计以及 GNSS 作为观测方程，运动方程在 4.3.4 节中已经给出，本小节我们给出轮速计、GNSS 的观测方程。

（1）GNSS 的观测模型　车载 GNSS 一般有单天线和双天线两种方案，双天线可以提供六自由度的观测，即平移和旋转，而单天线只能提供平移观测，即三自由度观测。下面仅介绍单天线的平移观测模型：

$$p_{\text{gnss}} = p + \delta p \tag{4-67}$$

其雅克比矩阵为单位阵：

$$\frac{\partial p_{\text{gnss}}}{\partial \delta p} = I_{3\times 3} \tag{4-68}$$

（2）轮速计观测模型　在智能驾驶领域，轮式里程计是非常重要的传感器，它可以提供准确的线速度。轮速计的线速度观测为：

$$v_{\text{wheel}} = [0, v_y, 0]^{\text{T}} \tag{4-69}$$

其转换到车体坐标系之后，得到对应的观测模型为：

$$v = h(x) = R v_{\text{wheel}} \tag{4-70}$$

对应的雅克比矩阵：

$$\frac{\partial h(x)}{\partial x} = [\mathbf{0}_{3\times 3}, I_{3\times 3}, \mathbf{0}_{3\times 12}] \tag{4-71}$$

（3）视觉（LiDAR）里程计的观测模型　视觉或 LiDAR 里程计实际上就是一个六自由度的里程计观测，其平移部分的观测为

$$p_{\text{lio}} = p + \delta p \tag{4-72}$$

雅克比为单位阵：

$$\frac{\partial p_{\text{lio}}}{\partial \delta p} = I_{3\times 3} \tag{4-73}$$

通过在旋转变量上增加扰动来构造观测：

$$R_{\text{lio}} = R Exp(\delta\theta) \tag{4-74}$$

$$z_{\delta\theta} = h(\delta\theta) = Log(R^{\text{T}} R_{\text{lio}}) \tag{4-75}$$

对应的雅克比矩阵为：

$$\frac{\partial z_{\delta\theta}}{\partial \delta\theta} = I_{3\times 3} \tag{4-76}$$

下面给出基于 ESKF 的多传感器松耦合算法流程：
1）初始化：根据式（4-21），初始化车辆的位置速度朝向。
2）IMU 预测更新：根据式（4-29）到式（4-34），利用 IMU 数据进行运动方程的预测更新。

3）噪声误差传递：根据式（4-47）进行噪声误差传递。

4）循环 2）~3）直到有 GNSS、LiDAR 或轮速计的观测输入。

5）观测（GNSS，LiDAR，轮速计）更新：根据式（4-67）利用 GNSS 的观察进行更新；根据式（4-69）利用轮速计的观测进行更新；根据式（4-72）和式（4-74）利用 LiDAR/视觉里程计的观测进行更新输出滤波器的矫正值 x_k。

4.4 框架与工具链

在智能驾驶中，算法研发是在特定框架与工具链的基础上进行的，一方面用于提升算法在不同计算平台上的迁移能力（详见本书第 3 章），另一方面也可以加速算法研发的流程。本部分以地平线提出的 VarGNet 及算法工具链为例，来说明面向智能驾驶的深度学习网络结构设计及工具链。

4.4.1 算法框架

为更好地将深度学习模型部署在智能驾驶边缘设备上，满足实时性等方面的需求，许多工作提出了轻型网络，例如 SqueezeNet、MobileNet、ShuffleNet 等。它们大量使用 1×1 卷积，与 AlexNet 相比，可减少 50 倍的参数，同时在 ImageNet 上保持了 AlexNet 级别的准确性。这种轻量化网络结构设计，能明显减少网络模型本身对平台资源的消耗，同时能具备不错的网络性能。

组卷积（Group Convolution）是一种常用的轻量化结构。在介绍组卷积之前，可以先回顾下常规的卷积操作：如图 4-75a 所示，如果输入特征图尺寸为 $c_1 \times H \times W$，过滤器有 c_2 个，输出特征图的通道数量与过滤器的数量相同，也是 c_2，每个过滤器的尺寸为 $c_1 \times h_1 \times w_1$，$N$ 个过滤器的总参数数量为 $c_2 \times c_1 \times h_1 \times w_1$。然而组卷积是对输入的特征图进行分组，然后每组分别卷积。如图 4-75b 所示，假设输入特征图的尺寸仍为 $c_1 \times H \times W$，输出特征图的通道数量为 c_2 个，假定输入特征图要分成 g 个 group，每组的输入特征图的数量为 $\frac{c_1}{g}$。由于每组要分别进行卷积操作，每个过滤器拥有的 $h_1 \times w_1$ 大小的卷积核数量从常规的 c_1 变成 $\frac{c_1}{g}$，且确保输出的特征图的数量仍为 c_2，总共 c_2 个过滤器被分成 g 个 group，

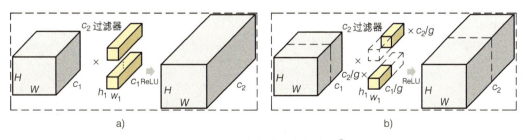

图 4-75 常规卷积与组卷积㊀

㊀ 图片来源：https://blog.yani.ai/filter-group-tutorial/。

每个 group 的过滤器数量为 $\frac{c_2}{g}$。从总体参数量来看，总体参数量为 $c_2 \times \frac{c_1}{g} \times h_1 \times w_1$，因此组卷积这种结构使用的参数量为常规卷积的 $\frac{1}{g}$。

通过以上对比可以看到，组卷积本质上通过减少每张输出特征图连接输入特征图的数量（即过滤器的通道数量）来降低参数量。基于组卷积思想，地平线的算法研究人员提出了一种适用嵌入式系统计算的网络模型 VarGNet，并且重点考虑两个方面。

1）block 内平衡计算强度。为此，研究人员将组卷积中的通道数量进行了固定。
2）block 之间尽量为小的中间特征映射。为此，研究人员减少了层间特征图的数量。

基于以上方面，最终设计提出了图 4-76 所示的 block 结构作为 VarGNet 的基础结构。

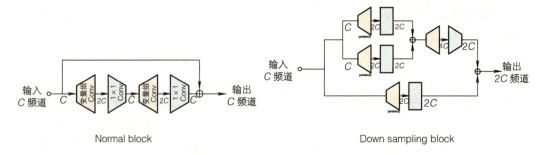

图 4-76　VarGNet 的基础结构

由于使用可变组卷积和点卷积可以有效降低参数量，因此研究人员采用由可变组卷积和点卷积组成的结构，整个 normal block 的计算过程如图 4-77 所示，整个 block 所有层的权重最先开始加载到 on-chip 内存。在可变组卷积中，输入特征图被分组后，每个 group 的通道数量被固定，将一个 group 中固定通道数量的输入特征图加载到 on-chip 内存后，开始了四次卷积操作。

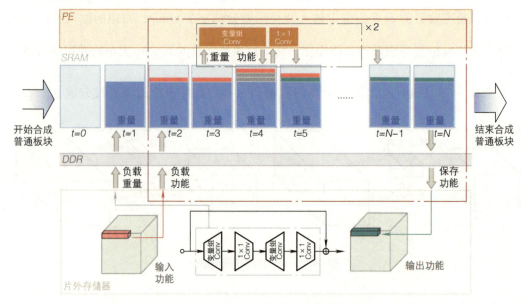

图 4-77　VarGNet 计算过程

在实际使用中，基于 MobileNet v1 的结构，研究人员将 basic blocks 替换为上述的 block 后整个网络的结构见表 4-4，Out Channels 中展示了不同 model scale 下的通道数量，可以看出在 model scale 为 1 时，block 间的最大特征图通道数为 512。

表 4-4 VarGNet 网络结构

Layer	Output Size	KSize	Str	Rep	Output Channels						
					0.25×	0.5×	0.75×	1×	1.25×	1.5×	1.75×
Image	224 × 224				3	3	3	3	3	3	3
Conv 1	112 × 112	3 × 3	2	1	8	16	24	24	40	48	56
DownSample	56 × 56		2	3	16	32	48	64	80	96	112
DownSample	28 × 28		2	1	32	64	96	128	160	192	224
DownSample	14 × 14		2	1	64	128	192	256	320	384	448
Stage Block	14 × 14		1	2	64	128	192	256	320	384	448
DownSample	7 × 7		2	1	128	256	384	512	640	768	896
Stage Block	7 × 7		1	1	128	256	384	512	640	768	896
Conv 5	7 × 7	1 × 1	1	1	1024	1024	1024	1024	1280	1536	1792
Global Pool	1 × 1	7 × 7									
FC					1000	1000	1000	1000	1000	1000	1000

表 4-5 展示了设置不同的固定通道数 G，VarGNet 在 ImageNet 数据集上的实验效果。从表中可以看出，VarGNet 在同样的 model scale 下 block 间最大的特征图通道数量比 MobileNet v1 小，说明 VarGNet 相较于 MobileNet v1 在加载权重时能更多地减少 off-chip 内存和 on-chip 内存进行数据交换的时间，同时 VarGNet 能有更好的识别准确率。

表 4-5 VarGNet 在 ImageNet 数据集上的实验结果

Model Scale	Acc-top1(float32)	Acc-top1 (int8)	Model size	MAdds	Max Channels
VarGNet $G = 4$					
0.25	64.57%	65.02%	1.44M	55M	128
0.5	69.67%	70.33%	2.23M	157M	256
0.75	72.36%	72.56%	3.34M	309M	384
1	74.04%	74.11%	5.02M	509M	512
VarGNet $G = 8$					
0.25	65.44%	65.61%	1.5M	75M	128
0.5	70.67%	70.84%	2.37M	198M	256
0.75	73.28%	73.35%	3.66M	370M	384
1	74.87%	74.90%	5.33M	590M	512
MobileNet V1					
0.35	60.4%	—	0.7M	—	358
0.6	68.6%	—	1.7M	—	614
0.85	72.0%	—	3.1M	—	870
1.0	73.3%	—	4.1M	—	1024
1.05	73.5%	—	4.4M	—	1075
1.3	74.7%	—	6.4M	—	1331
1.5	75.1%	—	8.3M	—	1536

目前，VarGNet 在常见的视觉任务，如分类、检测、分割、人脸识别等，以及相应的大规模数据集进行实验，以验证 VarGNet 的实用价值[○]。

4.4.2 算法工具链

工具链是算法方案与芯片的连接桥梁，负责把模型方案以最优方式在芯片上运行起来。第 3 章介绍了芯片推理加速器件存在低精度计算、计算模式固定、提供存储与计算权衡能力等特点。作为连接桥梁，工具链需要使得算法模型方案能较好地适配这些特性，一般需要完成模型量化、模型图优化和模型编译几个重要阶段，下面按这几个部分依次展开介绍。

1) 模型量化：模型量化是一种模型压缩技术，它将以往用 32bit 或者 64bit 高精度表达模型以更低的 bit 表达，量化后模型推理对于计算、存储资源需求都会明显减少，同时保持与原模型相当的预测能力，目前比较常见的有 INT8 和 INT4 量化。根据量化模型的获得方式差异，模型量化行为又可以分为后量化（Post-Training Quantization）和量化训练（Quantification Aware Training）两种。

后量化不会改变模型训练的过程，算法研发人员依然使用公开深度学习模型训练，在模型收敛达到可用状态后，导入后量化工具完成模型的量化过程，如图 4-78 所示。在使用工具链完成后量化过程时，用户需要准备的是校准样本和一定的后量化配置。校准样本的量一般不会很大，数量在 100 左右即可。样本要求尽量正常，例如对于图像检测模型，每个校准样本应该包含有效检测目标，避免使用纯色、曝光过度等异常样本。量化相关的配置一般不会很多，选择用什么量化方法，是否启用逐通道量化等配置都是比较常见的，部分工具链也会尽量减少用户的配置依赖，采用一定的自动化策略找到最优的量化配置。

图 4-78 后量化过程示意图

量化训练工具会加入模型的训练过程中，一般用法是在浮点模型收敛后再转伪造定点进行 finetune，工具链的使用形态如图 4-79 所示。

2) 模型图优化：模型图优化是一个从模型计算特性层面考虑的优化策略，一般会包括图结构优化和算子替换等操作，为后续的模型编译做好准备。典型图结构优化有典型 block 的融合，例如卷积、批量归一化、激活操作的融合，在 TensorRT 会将其融合为一个 CBR block；对于结构相同但是权值不同的一些层，TensorRT 也会将其合并成一个更宽的层，计算时占用一个 CUDA 核心。TensorRT 的计算优化示例如图 4-80 所示。

○ https://arxiv.org/abs/1907.05653。

图 4-79　量化训练过程示意图

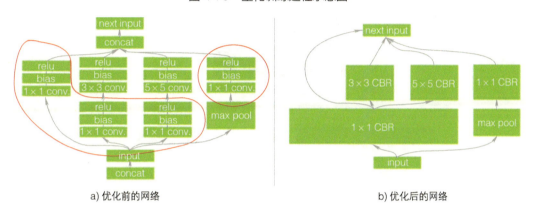

a) 优化前的网络　　　　　　　　　　　b) 优化后的网络

图 4-80　模型图优化示例（TensorRT）

3）模型编译：模型编译是把最终模型转换为推理芯片可识别的指令与数据的过程。如前文 AI 推理芯片相关小节所述，AI 推理芯片固定了计算模式，提供了多级存储机制环节以满足对于内存带宽的较高需求。编译器接受固定的计算图，考虑如何将其转化为具体的计算指令、如何充分利用多级存储特性，从而给出最优的计算效率表现。对于用户而言，编译行为的内部细节不用有太多了解，但是需要知道各种优化仅仅是根据实际输入的模型来做的，模型本身就决定了优化效果的上限，举个比较极端的例子，单个简单的标量乘法就没法充分利用加速阵列的计算资源。所以，最理想的情况是，在算法设计阶段就尽量使得计算符合硬件特性。这些策略有多个方面，包括合理设计各层特征图尺寸，避免过多的填充带来无效计算，避免过于特殊的结构导致局部数据复用特性存在挑战。

地平线工具链是各种深度学习框架与地平线各代芯片的连接桥梁。以最简洁的方式描述，它以各训练框架得到的模型为输入，将这些输入转化为地平线芯片可识别的计算指令与数据集合，并提供系列部署接口完成转化后模型在芯片平台上的部署。地平线工具链与训练框架、芯片平台的关系如图 4-81 所示。

地平线工具链主要包含模型获得、模型转换与编译、板端部署支持库三个部分，对后量化和量化训练两种模型获得方式均有直接的支持，主要构成如图 4-82 所示。

在一般使用过程中，建议优先尝试相对简易的后量化方案，即"浮点-定点转换方案"。此方案可以广泛兼容常用深度学习框架得到的模型，Caffe 模型可以直接识别，其他框架模型均可通过 ONNX[⊖] 中间格式中转实现间接兼容，如图 4-83 所示。

⊖ ONNX：Open Neural Network Exchange（开放神经网络交换）格式，是一个用于表示深度学习模型的标准，可使模型在不同框架之间进行转移。

图 4-81 地平线工具链

图 4-82 地平线工具链主要构成

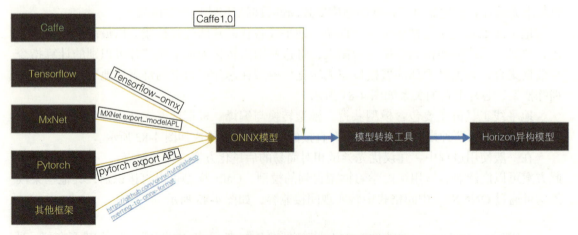

图 4-83 地平线浮点转定点的框架支持策略

使用工具链转换模型，首要关注的就是模型所使用算子是否在工具链的算子约束范围中，一般常用的典型算子都会在默认的支持范围中，模型设计要尽量避免使用支持范围之外的算子。顺利通过算子适配后就可以完成转换的过程，不过整个转换过程不能直接结束，部署前需要从性能和精度两个方面去验证模型方案的可用性。

1）性能验证：性能验证方面有静态分析和动态分析两种策略，完整的分析过程如图 4-84 所示，应该包括以下步骤。

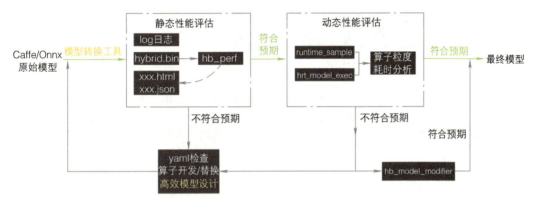

图 4-84　地平线工具链性能分析过程

① 使用静态模型分析工具 hb_perf 预估性能，这个工具既能预估模型整体性能表现，也能逐层从存储利用、计算资源利用等方面较全面地分析。在整体表现不及预期时，可以具体定位到不符合预期的某些层，根据模型设计建议进行适当调整。

② 在静态分析性能满足预期的情况下，仍然建议使用动态性能评估工具做二次检查。这个工具是实际在目标芯片平台下工作的程序，可以直接加载转换并在加速上推理，准确地统计在物理芯片上的实际表现。一般情况下，静态分析与动态分析的性能偏差会很小，但是当模型输入输出数据量特别大、存在 CPU 算子时会有偏差。为了得到更高的性能表现，CPU 算子应该在静态分析阶段就尝试替换掉，大数据量输入输出带来的偏差需要使用一些高阶模型修改策略解决。

③ 模型修改工具 hb_model_modifier 常用于取消模型首尾的数据排布转换、量化/反量化节点，整个解决方案实施时可以把这些取消掉的计算融入推理前后处理中完成，从而达到提升整个应用流程效率的目的。

2）精度验证：精度分析是算法研发过程中比较常见的过程，地平线模型转换工具会将内部各阶段生成的模型同时以 ONNX 格式保存下来，使用 ONNX 验证精度的过程与一般的算法研发验证过程没有什么差别，如图 4-85 所示，在这个过程中，地平线工具链提供的是三阶段方法论。

① 在发现精度损失的第一时间验证整个转换 pipeline 配置是否正确，比较典型的配置错误是前处理配置、样本通道顺序、样本数据排布格式等导致的。

② 在确定 pipeline 配置无误后，原因可以聚焦到量化过程。其可能的原因是部分层对于量化敏感、校准数据异常，也可能是量化算法的选择与配置不够好。

③ 受限于后量化方式本身不能完全保障精度效果，部分无法通过配置调整得到满意精度的模型，需要转向量化训练获得更好的精度效果。

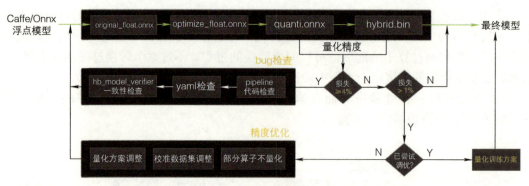

图 4-85 地平线工具链精度分析过程

量化训练能力通过在常见训练框架上附加插件的形式提供，根据不同框架的特点，内含能力可能不太一样，常见有量化配置的映射能力、特定量化算法能力等。不过对于用户而言，其表现形式都是一样的，在已有模型方案的源码中引入这个插件能力，根据插件要求通过简单调用完成原始模型到可进行定点训练的形式转换即可。转换后的模型需要继续训练，继续训练的过程只需要少量的训练轮次。使用定点训练的整体过程如图 4-86 所示。

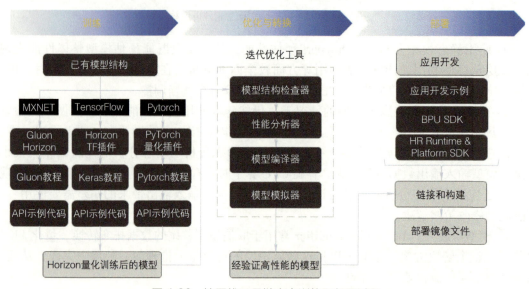

图 4-86 地平线工具链定点训练及部署过程

练 习 题

一、选择题

1.【多选】卷积神经网络模型被广泛应用，以下哪些模型是卷积神经网络（　　　）。
A. ResNet　　　　　B. Transformer　　　　C. VargNet　　　　D. LSTM

2.【多选】LeNet-5 是最早提出的卷积神经网络模型，由许多模块组成，包含以下哪些模块（　　）。

　　A. 卷积层　　　　　B. 池化层　　　　　C. Attention　　　　D. 激活函数

3.【多选】BN 层是卷积神经网络中常使用到的模块，以下哪些是它的可学习参数（　　）。

　　A. 均值　　　　　　B. 方差　　　　　　C. 缩放系数　　　　D. 移位系数

4.【多选】Shortcut 是卷积神经网络模型设计中常用到的技巧，以下哪些模型采用了该技巧（　　）。

　　A. VGG　　　　　　B. ResNet　　　　　C. DenseNet　　　　D. GoogleNet

5.【多选】anchor 是检测算法中常用技巧，以下哪些算法方案中采用了 anchor-base 方案（　　）。

　　A. Faster RCNN　　B. YOLO v1　　　　C. YOLO v3　　　　D. FCOS

二、填空题

1. 对于视觉图像这类有较大数据尺度的任务，得益于卷积层的＿＿＿＿和＿＿＿＿等特性，整个卷积神经网络中的参数数量被有效减少。

2. 分类任务的预测结果是离散的，该类任务较多地使用基于概率分布度量的损失函数，比如＿＿＿＿、＿＿＿＿等。回归任务即是对连续值的预测，较多使用基于距离度量的损失函数，如＿＿＿＿、＿＿＿＿损失函数等。

3. 在智能驾驶场景中，3D 检测的目标框包含有目标框的＿＿＿＿、＿＿＿＿、＿＿＿＿。

4. 图像分割技术主要可以分为＿＿＿＿、＿＿＿＿、＿＿＿＿。

5. 深度估计是计算机视觉的重要领域之一，深度估计任务的输出为＿＿＿＿，其中每个像素点的值表示＿＿＿＿。

三、判断题

1. 深度神经网络在边缘设备上部署的运行速度，只与模型计算量和硬件平台算力大小有关。（　　）

2. 卷积神经网络只能用于计算机视觉的相关任务，比如图像分类、目标检测等。（　　）

3. 视觉里程计的主要功能是根据相邻图像的特征信息去粗略地估计出相机的运动信息。（　　）

4. 主流深度学习框架 PyTorch 与 TensorFlow 中最基本的计算单元都为 Tensor。（　　）

5. Anchor-free 的检测算法 FCOS 中，输出后不需要通过后处理 NMS 来过滤预测框。（　　）

四、简答题

1. 卷积层是卷积神经网络的核心模块，设计一个卷积层，需要配置哪些基本参数？

2. 假设卷积层的输入特征图的尺寸大小为 $n×n$，那么卷积层输出的尺寸大小为多少？

3. 两阶段的目标检测方法 Faster R-CNN 网络中，第一阶段的 RPN 模块输出 region proposal，供第二阶段去微调输出框和具体分类。简述 RPN 模块的输出的内容。

4. 深度学习的模型训练需要一定的技巧和经验来提升模型性能，请简述一些常见的训练技巧，或者训练前需要考虑的方面。

5. 深度学习模型在训练时，容易出现过拟合，对训练集能够充分实现正确预测，但对于没有加入训练的验证集或者测试集，模型的预测效果就比较差，请简述哪些方法可以缓解过拟合。

五、实训题

1. 请手写一个计算两个检测框 bbox1、bbox2 的 IoU 代码，要求输入为 bbox1、bbox2，返回 IoU。

2. 在熟悉卷积计算的逻辑后，请尝试通过代码简易实现卷积计算。

第 5 章　关键数据基础

智能驾驶感知技术的发展经历了从基于规则的算法到基于数据驱动的算法，从以模型为中心的算法到以数据为中心的算法。在实际量产过程中，算法决定模型性能的下限，而数据则决定了模型性能的上限。大量高质量且富有多样性的数据带来的收益相比模型调优更加直接且显著。在以数据驱动的智能驾驶方案中，数据是非常核心的生产要素。数据采集和标注的效率会直接影响模型更新的成本，从而决定量产自动驾驶方案的核心竞争力。本章详细介绍智能驾驶的数据方案，包括常用的数据传感器介绍、传感器布局、实车平台搭建、数据挖掘、数据标注、数据闭环以及数据仿真等技术。

5.1　数据采集

在智能驾驶领域，ETL（Extraction，Transformation，Loading，即提取、转换和加载三个步骤的缩写）指的是将原始数据从多个数据源提取、转换和加载到一个中央存储库中的过程。ETL 的目的是将来自各种传感器和系统的数据，包括激光雷达、相机、惯性导航系统、GPS 和其他传感器产生的数据，提取到一个中央位置，然后转换为标准格式和单位，并加载到数据仓库或数据湖中。数据仓库或数据湖是一个用于存储和分析数据的中央存储库，可以支持数据科学家、机器学习工程师和其他数据专业人员进行数据分析和建模。ETL 过程对于智能驾驶的成功非常重要。数据是智能驾驶车辆决策的基础，因此 ETL 必须高效、准确地从各种传感器和系统中提取数据，以便智能驾驶车辆能够进行准确的环境感知和决策。同时，ETL 还需要确保数据的一致性和完整性，以便进行有效的数据分析和建模。

实车采集是获取 ETL 最直接的方式。当前训练智能驾驶感知模型的数据大部分都是通过实车采集获取的（图 5-1）。实车数据采集涉及车辆的改造、传感器的安装、传感器的内外参标定、时间同步等相关技术。实车采集能够满足绝大部分常规场景的数据需求，但随着模型性能的逐渐提升，有效数据（能持续提升模型性能的数据）占比越来越少，采集也越来越困难。为了有效获取特定场景的数据，通常需要用到数据挖掘技术。目前常用的数据挖掘技术可以分为云端和车端两种类型。云端挖掘主要是通过跨媒介检索技术从已有的数据中搜索需要的数据，而车端挖掘技术主要是在车端部署一些特定模型或者通过人为设置一些规则有针对性地采集数据，这种方式可以极大地提升特定数据采集效率。

5.1.1 采集平台

智能驾驶的数据 ETL 过程涉及多个数据源，其中包括但不限于：

1）激光雷达数据：激光雷达是智能驾驶中最重要的传感器之一，可以提供车辆周围环境的高精度三维信息。

2）摄像头数据：摄像头是另一个重要的传感器，可以提供车辆周围环境的视觉信息，如图像、视频等。

3）惯性导航系统数据：惯性导航系统可以提供车辆的运动状态和姿态信息，如加速度、角速度等。

4）GPS 数据：GPS 可以提供车辆的位置、速度和方向等信息。

5）车载计算机数据：车载计算机可以提供车辆状态、性能和行为等信息。

6）智能交通系统（ITS）数据：ITS 可以提供交通状况、道路信息和其他相关数据，以帮助智能驾驶车辆做出更准确的决策。

在实际应用中，还可能涉及其他传感器和系统，如雷达、超声波传感器、车载通信系统等（图 5-1）。传感器布置及相关说明已在本书第 3 章详细介绍，这里不再赘述。在本节，我们重点关注采集数据的内容及格式。智能驾驶的数据 ETL 过程需要从这些不同的数据源中提取数据，并将其转换为标准格式和单位，以便进行有效的数据分析和建模。表 5-1 列出了不同数据源（传感器）需要关注的信息。

在实际应用中，还需要考虑不同存储格式对数据录制和处理的影响，详见表 5-2。这些是常见的数据格式和存储原理，实际上还有很多其他的数据格式和存储原理，这些数据格式和存储原理也在不断地发展和更新。对于智能驾驶领域的数据 ETL，了解数据格式和存储原理是非常重要的，这有助于更好地进行数据清洗、转换和整合。

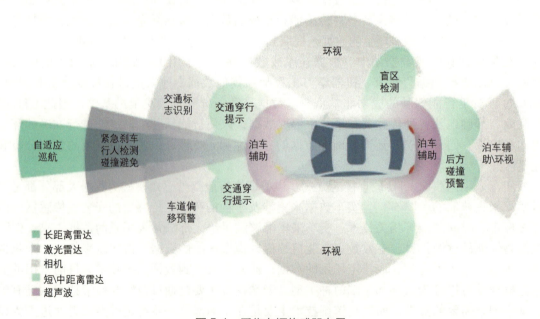

图 5-1 采集车辆传感器布局

表 5-1　不同传感器需要关注的信息

数据源	需要关注的信号内容	需要关注的硬件信息
激光雷达	测量范围、角度分辨率、点云密度、数据格式和单位	激光雷达型号、扫描速率、转速、分辨率
摄像头	分辨率、视场角、帧率、图像数据格式和颜色空间	相机型号、焦距、光圈、曝光时间
惯性导航	精度、采样率、数据格式和单位等	惯性导航仪型号、精度、采样率、数据输出接口
GPS	精度、更新率、数据格式和坐标系等	GPS 型号、精度、更新率、数据输出接口等
车载计算机	性能、数据输出接口、数据格式和单位等	车载计算机型号、处理器、内存、存储、数据输出接口等
ITS	数据源、数据更新率、数据格式和单位等	ITS 数据源、更新率、数据格式和单位等
雷达	距离、速度、数据格式和单位等	雷达型号、测量范围、角度分辨率、扫描速率等
超声波传感器	距离、数据格式和单位等	超声波传感器型号、测量范围、角度分辨率、采样率等
高精度地图	道路、车道、交通标志和信号灯等信息、数据格式和坐标系等	高精度地图源、更新率、数据格式和坐标系等
语音识别	语音指令输入、车辆语音提示等、语音识别精度、数据格式和单位等	语音识别模块型号、性能、数据输出接口等
环境传感器	温度、湿度、气压等信息、数据格式和单位等	环境传感器型号、测量范围、精度、采样率、数据输出接口等

注：以上信息仅供参考，不同智能驾驶系统和应用场景可能需要关注的信息和硬件参数有所不同。

表 5-2　常见数据存储格式

传感器	常见数据格式	存储原理	录制和处理影响
GPS/IMU	CSV/JSON	文本文件存储	需要进行数据同步和融合，需要使用专门的工具进行处理
激光雷达	LAS/PCD/PLY	点云存储	数据量较大，需要采用适当的采样率或数据压缩方式；需要使用专门的点云处理库或工具进行处理
摄像头	JPEG/PNG/RAW	图像文件存储	需要进行图像处理和识别，需要使用计算机视觉算法进行处理
毫米波雷达	二进制/BIN	二进制数据存储	数据量较大，需要采用适当的数据压缩方式；需要使用专门的雷达数据处理库或工具进行处理
惯性测量单元	CSV/JSON	文本文件存储	需进行数据同步和融合，需使用专门工具进行处理
雷达 + 摄像头	ROSBAG	二进制数据存储	数据量较大，需要采用适当的数据压缩方式；需要使用 ROS 相关工具进行处理
雷达 +GPS/IMU	ROSBAG	二进制数据存储	数据量较大，需要采用适当的数据压缩方式；需要使用 ROS 相关工具进行处理
雷达 + 激光雷达	ROSBAG	二进制数据存储	数据量较大，需要采用适当的数据压缩方式；需要使用 ROS 相关工具进行处理
雷达 + 毫米波雷达	ROSBAG	二进制数据存储	数据量较大，需要采用适当的数据压缩方式；需要使用 ROS 相关工具进行处理
雷达 + 摄像头 + 激光雷达	ROSBAG	二进制数据存储	数据量较大，需要采用适当的数据压缩方式；需要使用 ROS 相关工具进行处理
雷达 + 摄像头 +GPS/IMU	ROSBAG	二进制数据存储	数据量较大，需要采用适当的数据压缩方式；需要使用 ROS 相关工具进行处理
雷达 + 摄像头 + 毫米波雷达	ROSBAG	二进制数据存储	数据量较大，需要采用适当的数据

驾驶车辆数据收集是实现智能驾驶功能的基础，涉及多种传感器和数据处理技术。以下是常用的智能驾驶车辆数据收集工具和技术。

1）数据记录器：数据记录器是用于记录车辆传感器数据的设备，常见的有车载数据记录器和基于云端的数据记录器。车载数据记录器一般安装在车辆上，负责记录车辆传感器数据和车辆状态信息。基于云端的数据记录器则直接将数据上传到云端存储，方便远程访问和管理。

2）传感器：智能驾驶车辆需要使用多种传感器，例如激光雷达、摄像头、毫米波雷达、GPS、惯性测量单元等。这些传感器负责采集车辆周围的环境信息和车辆状态信息，并将其转化为数字信号进行处理。

3）数据处理软件：数据处理软件用于将传感器采集的原始数据进行预处理、滤波和融合，生成高质量的车辆传感器数据。常见的数据处理软件包括 ROS、Apollo、LGSVL 等。

4）数据标注工具：智能驾驶车辆数据收集过程中，需要对采集的数据进行标注，以便于后续的模型训练和验证。常见的数据标注工具有 Labelbox、VGG Image Annotator（VIA）、LabelImg 等。

5）仿真环境：仿真环境可以模拟真实的交通场景和车辆行驶状态，方便对智能驾驶车辆的算法和系统进行测试和验证。常见的仿真环境有 CARLA、LGSVL、SUMO 等。

6）数据共享平台：数据共享平台可以方便地共享、存储和管理采集的智能驾驶车辆数据，促进数据的开放和共享，加速智能驾驶技术的发展。常见的数据共享平台有 Apollo Data Service（ADS）、OpenLidar 等。

目前比较常见的是基于 ROS（Robot Operating System）的系统和基于 Apollo 的系统。Apollo 和 ROS 是两个不同的系统，但 Apollo 使用了 ROS 作为其底层通信和消息传递框架。

1）ROS 是一个用于机器人软件开发的开源框架，提供了一系列工具和库，用于构建机器人应用程序。ROS 采用基于节点（node）的分布式架构，不同节点之间通过话题（topic）进行消息传递，使得机器人软件开发更加方便和灵活。

2）Apollo 是百度公司开发的自动驾驶系统，包括感知、决策、控制等多个模块，用于实现自动驾驶功能。Apollo 采用了基于 ROS 的通信和消息传递机制，不同模块之间通过 ROS 话题进行消息传递，使得整个系统具有高度的灵活性和可扩展性。同时，Apollo 还在 ROS 基础上进行了优化和改进，增强了其对自动驾驶应用的支持和性能。因此，可以说 Apollo 和 ROS 之间存在一定的关系，但 Apollo 并不是 ROS 的一个扩展或变种，而是在 ROS 的基础上进行了二次开发和定制，用于满足自动驾驶系统的需求。

在实际的数据采集中，常见的数据问题包括硬件和软件（系统）两方面。不同传感器的潜在硬件缺陷总结在表 5-3 中。采集软件（系统）的潜在问题包括：

1）数据丢失或不完整：由于传感器故障、数据传输中断、存储设备故障等原因，数据可能会丢失或不完整，导致后续数据分析和应用时出现问题。

2）传感器的校准（标定）问题：传感器在使用前需要进行校准，包括内部参数校准和外部参数校准。如果传感器校准不准确，会影响到后续的数据采集和应用。

3）多传感器时间同步问题：在数据采集的过程中，不同传感器所采集到的数据的时间戳往往存在误差，导致数据的时间同步问题。

4）数据质量不稳定：由于环境、光照、天气等因素的影响，数据的质量可能会出现不稳定的情况，需要对数据进行筛选和清洗。

表 5-3 不同传感器的潜在硬件缺陷

传感器类型	常见数据异常问题
激光雷达	1. 视野被遮挡，导致数据缺失 2. 环境光线干扰，导致数据噪声 3. 激光雷达自身故障，导致数据异常
摄像头	1. 光线条件较差，导致图像模糊 2. 摄像头自身故障，导致图像失真 3. 摄像头角度不佳，导致视野盲区
GPS/IMU	1. GPS 信号干扰，导致定位不准确 2. IMU 自身故障，导致姿态数据异常 3. 天气条件恶劣，导致信号衰减
雷达	1. 雷达自身故障，导致数据异常 2. 环境条件不佳，导致数据噪声 3. 雷达分辨率不足，导致数据缺失
红外线传感器	1. 温度变化较大，导致数据异常 2. 红外线传感器自身故障，导致数据丢失 3. 环境光线干扰，导致数据噪声

5）数据量大和处理难度高：智能驾驶数据采集的数据量通常非常大，而且数据的处理和分析也比较复杂，需要高效的处理和存储方案。

6）不规范的采集行为：驾驶员和操作员的不规范操作也是智能驾驶数据采集中的一个常见问题。这些操作可能会导致数据损坏、遗漏或不准确，从而影响数据的质量。例如，驾驶员可能会在行驶过程中不按照预设路线行驶，或者操作员可能会在采集过程中误操作，导致数据不完整或不准确。

7）隐私和安全问题：智能驾驶车辆采集的数据涉及车辆位置、路况、行驶轨迹等敏感信息，需要进行隐私保护和安全防范。

为了解决上述问题，需要和工程师甚至软硬件厂家密切合作，修复数据采集和数据处理系统。在某些情况下，还需要更换硬件。其中，软硬件自研是控制问题的重要途径。

5.1.2 采集规范

随着对数据安全意识的提升，国家对智能驾驶的数据采集要求也越来越严格和规范。2017 年 6 月，人民出版社出版《中华人民共和国测绘法》，此法由全国人大常委会表决通过，规定对从事测绘活动的单位实行测绘资质管理制度，基础地图生产与地图更新等涉及的测绘行为需要具备测绘资质。2022 年 8 月，自然资源部办公厅印发《关于做好智能网联汽车高精度地图应用试点有关工作的通知》，规定从事高精地图的测试生产和应用必须要沿用导航电子地图资质，在道路测试过程中要严格限制地图接触的人员范围。在《测绘资质分类分级标准》中明确指出甲级测绘资质无作业范围限制，而乙级需要在标准规定的作业限制范围内从事测绘活动。所以对于自动驾驶地图采集和制作企业来说，需要同时具备甲级导航电子地图资质和甲级测绘资质的情况下才能在常规路面和园区进行自动驾驶功能的测试。

另外，不同采集领域的需求还需要遵守相应的细则法规，如地图要素表达领域，《测绘地理信息管理工作》《关于导航电子地图管理有关规定的通知》《公开地图内容表示补充规定（试行）》《基础地理信息公开表示内容的规定（试行）》等法规明确要求公开地图数据产品中，不允许表达道路的最大坡度、最小曲率半径，高程，重要桥梁的坡度，重要隧道的高度和宽度等属性信息。地理信息保密要求领域，《基础地理信息公开表示内容的规定（试行）》要求对地理信息敏感内容做加密处理，地图发布需要审图；《公开地图内容表示补充规定（试行）》要求利用国家秘密测绘成果编制的公开地图，在送测绘行政主管部门进行地图审核前，应采取国家测绘局规定的统一方法进行加密处理。地理信息安全监管领域，《测绘地理信息管理工作国家秘密范围的规定》规定新增卫星定位基准站坐标、基准站网观测数据为秘密级；敏感与争议区域重要地理信息数据为机密级；影像一维模型和点云等测绘成果有保密等级要求。事故责任和保险领域，《智能网联汽车道路测试管理规范（试行）》明确规定，在测试期间发生的交通违法事件，责任人在驾驶员。数据采集领域的相关法规要求详见表 5-4。

表 5-4　数据采集领域的相关法规要求

领域	主要法规
测绘资质许可	《中华人民共和国测绘法》：国家对从事测绘活动的单位实行测绘资质管理制度，基础地图生产与地图更新等涉及的测绘行为需要具备测绘资质；《关于加强自动驾驶地图生产测试与应用管理的通知》：规定从事高精地图的测试生产和应用必须要沿用导航电子地图资质，在道路测试过程中要严格限制地图接触的人员范围；《测绘资质分类分级标准》将测绘资质分为甲、乙两个等级，取得乙级测绘资质的测绘单位应在专业标准规定的作业限制范围内从事测绘活动，甲级测绘资质无作业范围限制
地理要素表达	《测绘地理信息管理工作国家秘密范围的规定》《关于导航电子地图管理有关规定的通知》《公开地图内容表示补充规定（试行）》《基础地理信息公开表示内容的规定（试行）》等标准：公开地图数据产品中，不允许表达道路的最大纵坡、最小曲率半径、高程，重要桥梁的坡度，重要隧道的高度和宽度等属性信息
地理信息保密要求	《基础地理信息公开表示内容的规定（试行）》：地理信息敏感内容需要做加密处理，地图发布需要进行审图环节；《公开地图内容表示补充规定（试行）》：利用涉及国家秘密的测绘成果编制的公开地图，在依法送测绘行政主管部门进行地图审核前，应当采用国家测绘局规定的统一方法进行保密技术处理
地理信息安全监管	《测绘地理信息管理工作国家秘密范围的规定》：对国家地理信息的涉密规定做了一系列调整，整体密级做了下降，对国家秘密内容做了大量的限定性约束。同时新增卫星定位基准站坐标、基准站网观测数据为秘密级事项，敏感与争议区域重要地理信息数据增为机密级，明确了影像一维模型和点云等测绘成果的保密等级要求
事故责任和保险	《智能网联汽车道路测试管理规范（试行）》：在测试期间发生的交通违法事件，责任人在驾驶员，但并未涉及驾驶员无过失行为以及车内无驾驶员时的情景；明确了在测试期间的责任认定、保险和赔偿金要求，但适用范围有限，无法覆盖更多的实际应用场景

在保证数据采集合规合法之后，还需要对场景中的敏感信息进行隐匿处理。驾驶场景中常见的敏感信息包括人脸、车牌、标志牌等。目前常用的脱敏技术是通过一定方法在车端数据处理设备上识别原始环境数据中的敏感信息并进行隐匿，使得信息主题无法被识别或者关联，且处理后的信息不能被复原。比如需要识别敏感信息，之后进行遮挡或者模糊处理（图 5-2）。当视频或者图像中的人脸样本满足一定条件（表 5-5）时需要脱敏处理。人脸脱敏的实现通常需要训练一个能够部署在车端的人脸检测模型，一旦感知到采集的数据中出现有效的人脸信息时，将对检测到的人脸进行遮挡或者模糊处理。

 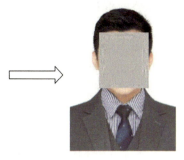

图 5-2　人脸脱敏示例

表 5-5　人脸脱敏条件

类型	人脸脱敏条件
分辨率	不经缩放情况下的图像
姿态	水平转动角：−45°~45°；俯仰角：−30°~30°；倾斜角：−45°~45°
完整度	几何失真小于或等于 15%；眉毛可见度大于或等于 75%；眼睛可见度为 100%；鼻子可见度大于或等于 85%；嘴巴可见度为 100%；面颊皮肤可见度大于或等于 75%
清晰度	高斯模糊小于 0.30；运动模糊小于 0.26

当视频或图像中所有机动车正式悬挂的车牌满足一定条件时（表 5-6），需要进行车牌脱敏。车牌脱敏的方式也是通过利用车端的车牌检测模型输出车牌的检测框，对检测框中的车牌信息进行遮挡或者模糊处理来达到车牌信息脱敏的效果（图 5-3）。

表 5-6　车牌脱敏条件

类型	车牌脱敏条件
分辨率	1. 当图像高度大于或等于 1080 像素时，最小检出车牌高度像素应大于或等于图像高度 /54 2. 当图像高度小于 1080 像素时，最小检出车牌高度像素大于或等于 20
照度	车牌最低照度满足 GA/T 497—2016 中的 4.4.4 要求
几何失真	几何失真满足 GA/T 497—2016 中的 4.4.5 要求
运动模糊	人眼可识别车牌信息

图 5-3　车牌脱敏示例

5.1.3　数据挖掘

感知模型对数据的需求可以总结为三要素，即大量（Large）、干净（Clean）和多样性（Diversity）。数据量要足够多，数据标注要足够准确，并且要保证数据的覆盖范围广。

实际中，实车采集的大部分数据很难满足三要素，尤其是多样性。具体表现在采集数据中真正能够持续提升模型性能的关键数据占比较少，大部分数据为无效数据。数据挖掘的目的就是通过一些算法方案快速高效地获取模型提升所需要的关键数据，从而提升数据采集的效率。按照部署的平台不同，数据挖掘可以分为云端挖掘和车端挖掘两种模式。

（1）**云端模式**　云端的数据挖掘是在数据上传平台后通过跨媒体检索的方式完成，常见方法主要有以图搜图、以文搜图、以视频搜索视频、工况及检测大模型等，接下来将逐一介绍。

1）以图搜图：利用图像间的相似性进行匹配挖掘（图5-4），本质上是一个图像检索的过程。检索图像和被检索图像都被输入网络中提取特征，通过计算特征的相似性进行图像检索。以图搜图技术实现简单，非常适用于语义特征显著的大场景挖掘，如路口、高速、堵车等。

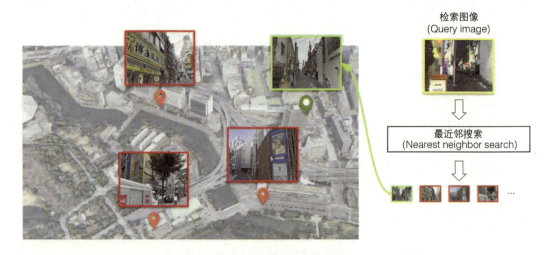

图5-4　以图搜图原理示例

2）以文搜图：这种方式输入一段文字，输出与之相匹配的图像（图5-5），本质上是文字-图像的跨模态检索技术。文字的表述可以针对场景或者针对物体，相比以图搜图可实现对小物体更加具象化的描述，因此这种方式也很适合小物体的挖掘。随着视觉语言大模型的快速发展，这种方法具有非常高的潜力。

3）以视频搜索视频：该方案给定一段视频，给出与之相似的视频（图5-6），其核心是视频检索技术。与以图搜图不同，以视频搜视频的特征编码方式中充分利用了时序信息。以视频搜视频的一种最简单的实现方法是从视频中采样多帧图像，将视频检索转化成图像之间的检索，这种方法原理简单，容易实现，但是效果受到采样有效性的影响，计算量也较大。另外一类方法是将一段视频当成一个样本，编码成单个特征，直接实现视频间的检索。图5-6给出了一种视频编码的案例，视频中采样N帧图像，接着利用神经网络对这N帧图像进行编码提取特征并进行特征融合，融合后的特征用于特征相似度的计算，以此找到与之相似的视频。视频检索由于考虑了时序信息，非常适合进行一些包含行为动作场景的数据挖掘，例如Cut in、汇入汇出、急停等。

图 5-5 以文搜图原理示例

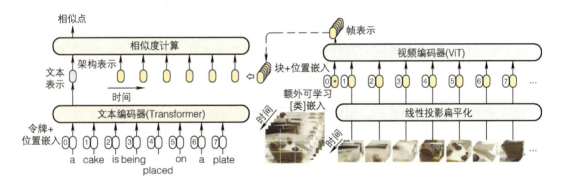

图 5-6 以视频搜索视频图例

4）工况大模型：这种模型用于对不同的场景数据进行自动打标签，例如通过对场景、天气、光线、时间进行识别，并将相应的标签赋给对应的数据，用于特定场景的数据挖掘。用户在使用时可以通过组合不同标签实现精准的数据挖掘，例如挖掘夜晚雨天数据，可以利用"下雨"和"光线"两个关键词标签进行查找匹配（图 5-7）。

图 5-7 天气工况场景样例

5）2D 及 3D 检测大模型：通过对场景中的车、骑车人及行人等运动目标进行检测，用于判断场景中运动目标的数量及位置状态，从而进行特定驾驶场景的筛选（图 5-8）。例如需要挖掘出"停在路口等待行人过马路"的场景，可以结合路口和行人轨迹等信息来挖掘。

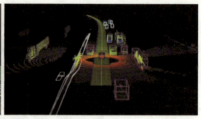

图 5-8 图像和点云目标检测大模型效果图例

（2）车端模式（Trigger） 云端挖掘模式是从海量的已采集存储的数据中搜集需要的数据，而车端数据挖掘则是让车辆按照需求进行采集，从而降低冗余数据的数据回传和维护代价。车端数据挖掘主要是利用车端感知结果结合规则的方式实现，例如通过判断自动驾驶系统与驾驶员之间的行为反应的差异或者不同传感器之间的感知结果的差异，发现异常数据并回传。这些异常数据绝大部分都是因为感知存在偏差导致，是能够直接提升模型性能的关键数据。此外在车端算力充足的情况下，也可以将一些挖掘模型部署到车端，实现更加灵活的数据挖掘。

车端挖掘需要有庞大的车队，因此主机厂具有天然的优势。目前业界工程落地化最好的是特斯拉，它最早实现"影子模式"和"Trigger"对数据进行挖掘。

1）影子模式是指车辆同时存在驾驶员和智能驾驶两套"系统"。在"影子模式"下，系统的算法持续做模拟决策并且将决策的结果与驾驶员的实际行为进行对比，一旦两者不一致，该场景便被判定为"极端工况"，进而触发数据回传。特斯拉有庞大的用户量，每位用户都是特斯拉免费的测试员，用户越多意味着能采集到的有效数据越多。

2）除了影子模式，特斯拉还通过设置 Trigger 来完成 Badcase 数据的采集。在 2021 年的 CVPR 会议上，特斯拉公布了他们在车端开发了 221 种 Trigger 规则，如雷达和视觉结果不匹配、检测框抖动、检测闪动、主摄像头和窄角摄像头的检测结果不一致、驾驶员没有减速但是系统认为车辆应快速减速、监测到红灯但是车辆还在加速等。

5.1.4 常用公开数据集

智能驾驶公开数据集有很多，如 CamVid、H3D、Vistas、Kitti、nuScense、Cityscape、Apolloscape、FordAV 等。其中 nuScenes 的数据是涵盖驾驶任务最全面的，几乎涉及了自动驾驶全部技术栈。本小节将主要介绍 nuScenes 的数据集及其相关技术点。nuScenes 主要在波士顿和新加坡进行采集，采集场景覆盖城区和乡间。如图 5-9 所示，采集车辆装备了 1 个旋转雷达（Velodyne HDL32E）、5 个远程雷达传感器（Long range RADAR sensor）、6 个摄像头（Camera）、1 个惯性测量单元和 1 个 GPS 定位传感器（IMU & GPS，Advanced Navigation Spatial）。其中 3 个前视摄像头覆盖了车前 180° 区域；3 个后视摄像头覆盖了车后 180° 区域；5 个远程 Radar 中 1 个安装于车正前方，2 个安装在车前左右两侧，可覆盖车前 270° 探测范围，剩余 2 个 Radar 安装于车后左右灯附近覆盖车后 180° 探测范围；1 个激光雷达放置于车顶中间区域，1 个惯性测量单元安装在车后轴上，同时还配备了 GPS 定位传感器。

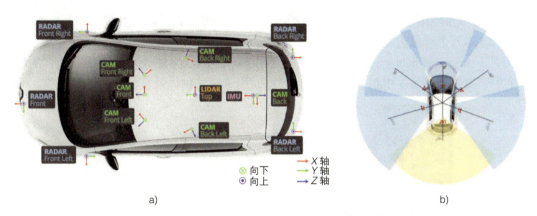

图 5-9 nuScenes 数据集传感器布局及感知范围示意图

如图 5-10 和图 5-11 所示，nuScenes 提供了丰富的训练数据用于支持多种感知任务，如 Lidar Detection、Bev3D Detection、Tracking、Nuplanning、Bev seg/map 车道线、Bev occ3d 等，

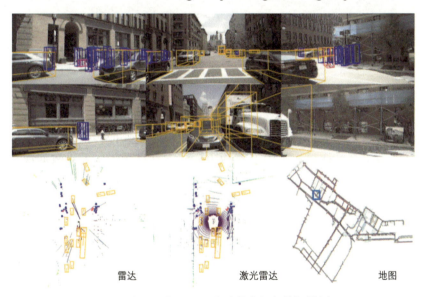

图 5-10 nuScenes 中动静态任务数据样例

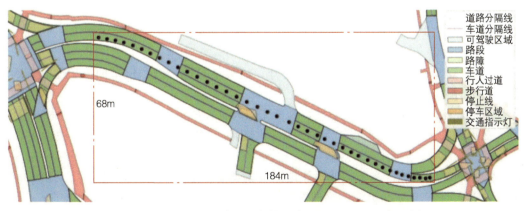

图 5-11 nuScenes 中的语义地图（Semantic Map）示例

包含 40 万个关键帧中的 140 万个摄像头图像，39 万个激光雷达扫描数据，140 万个雷达扫描数据和 1.4 万个对象边界框。

另外，nuScenes-lidarseg 在 40000 个点云和 1000 个场景（850 个用于训练和验证的场景，150 个用于测试的场景）中包含 14 亿个注释点，用于区分物体及目标（图 5-12）。

图 5-12　nuScenes 中的 Lidar Segmentation 标注

5.2　数据标注

在采集到足够多的数据之后，还需要通过标注将原始数据转换为训练模型可用的真值数据。数据标注最早都是通过人工的方式利用标注工具进行的。随着数据规模的扩大，人们开始采用人工在环（Human-in-the-Loop）的方式进行智能化标注以提升标注效率。这种方式主要是通过训练云端大模型进行真值预刷，之后人工进行随机抽检和编辑进行兜底。此外针对一些特殊场景下的标注任务，可以采用全自动的标注方式生成真值。本节将对智能驾驶领域中常用的数据标注流程进行详细的介绍。

5.2.1　标注平台

标注平台主要包含数据和真值的可视化以及人工交互编辑功能。最早的视觉感知主要是在 2D 图像上进行，因此可视化和交互都相对简单。随着 3D 感知任务的兴起，标注平台需要实现在 3D 空间的可视化和交互操作，技术难度更高。此外为了实现数据的快速标注，标注平台通常需要支持多人并发的业务模式。

一些标注平台除了提供真值标注功能外，还提供真值管理和模型训练功能（表 5-7），下面主要介绍几款业界主流的标注平台。

1）Scale.ai：Scale ai 结合人工标注、智能工具和标注质量保证体系，推出了面向传感器、图像、视频和文本的一系列标注产品，能提供图像（2D 框、旋转 2D 框、多边形）/3D 点云（单帧、连续帧、点云语义分割、点云检测）及地图等功能的标准。地图的标注是 Scale.ai 最具特色的标注功能，除了能够标注地图的物理层，还可以标注逻辑关系。地图标注的数据可以用于训练 BEV 车道线的感知模型。

表 5-7　常用的标注平台及特点

标注平台	支持的功能	发布时间	国家/企业
Scale.ai	图像（2D 框、旋转 2D 框、多边形）、3D 点云（单帧、连续帧、点云语义分割，点云检测）、地图	2016 年	美国 Scale AI
MindFlow SEED	图像（2D 框、旋转 2D 框、多边形、关键点、多段线、曲线、3D 框、椭圆、日形框等）、语音（ASR 转写）、文本（OCR 转写）、3D 点云（单帧、连续帧、点云融合、点云语义分割）等多种自定义标注方案	2021 年	中国 曼孚科技
Easydata	2D 图像（图像分类、物体检测、图像分割），文本（文本分类、短文本相似度）、音频（音频分类）、视频（视频分类）。提供人机交互协作标注，最高降低 90% 的标注成本。目前智能标注已支持物体检测、图像分割等数据类型	2020 年	中国 百度
火山引擎	文本（分类、识别）、2D 图像（图像分类、物体检测、图像分割）、视频（分类）、语音（识别）、3D 点云数据（检测、分割、点云车道线）	2021 年	中国 字节跳动
倍赛	2D 图像（检测、语义分割）、3D 点云（检测、连续帧、点云语义分割）、智能 OCR 识别、智能语音识别、2D 框自动收敛、智能语义分割、点云 3D 框自动收敛、点云连续帧、3D 点云分割等	2018 年	中国 深度搜索
Vende	2D 图像（已能自动预处理车辆、行人、道路标线、隔离带、信号灯、标志牌等六大类 167 小类的对象，识别准确率达 90% 以上）、3D 点云（检测、分割等，并且标注工具能识别各类车辆并实现与 2D 图片联动）	2021 年	中国 文德数字
V7Labs	提供图像（检测、分割、实例）、视频（跟踪、检测、分割、实例、分类）等标注需求，不提供点云标注服务，提供自动标注功能，大大节省了标注所需时间。除此之外还提供了数据集管理、文件处理、模型管理等后续任务需求	2018 年	英国 V7Labs

2）MindFlow SEED：MindFlow SEED 标注平台提供 2D 图像（2D 框、旋转 2D 框、多边形、关键点、多段线、曲线、3D 框、椭圆、日形框等）、语音（ASR 转写）、文本（OCR 转写）、3D 点云（单帧、连续帧、点云融合、点云语义分割）等多种自定义标注方案（图 5-13）。同时平台扩充至三大标注模式（图像、点云、语音）以及四维标注工具，能支持自动驾驶、高精地图、导航等多个模型需求，全面覆盖计算机视觉（BEV 车道线标注）、自然语言处理、语音交互等应用场景，为全球自动驾驶车企提供数十种标注工具。

图 5-13　MindFlow SEED 标注平台示例

3）Easydata：Easydata 是一个提供数据采集、标注、清洗、加工等的一站式数据服务平台，可以提供 2D 图像（图像分类、物体检测、图像分割）、文本（文本分类、短文本相似度）、音频（音频分类）和视频（视频分类）等标注方案。同时平台提供人机交互协作标注，最高降低 90% 的标注成本。目前智能标注已支持物体检测、图像分割等数据类型。

4）火山引擎：火山引擎是字节旗下的数据采集 + 标注服务一体的平台，支持文本（分类、识别）、2D 图像（图像分类、物体检测、图像分割）、视频（分类）、语音（识别）、3D 点云数据（检测、分割、点云车道线）等标注服务。火山引擎数据标注平台中集成了多种标注模板、预标注与边标边训算法，同时具有保障数据安全、平台操作便捷、可定制化、可与火山引擎云产品打通的特性。该平台具有模板工具丰富多样、人工与算法灵活配合、数据服务专业高效灵活等特点。可持续为客户提供高效且全面的数据服务。

5）倍赛：倍赛数据标注平台是一款集全类型数据标注工具集、运营管理系统以及智能模型预处理加速工具于一体的综合性数据标注平台。该平台内嵌 18 种标注工具或套件，可以满足用户对 2D 图像（检测、语义分割）、3D 点云（检测、连续帧、点云语义分割）的标注需求，其中 2D 框可自动收敛、分割可实现智能语义、3D 框可自动收敛。同时平台还支持智能 OCR 识别、智能语音识别、2D 框自动收敛、智能语义分割、点云 3D 框自动收敛、点云连续帧、3D 点云分割等标注功能。在智能预处理标注工具的协同下，人力生产效率大幅提升，标注执行过程周期缩短 60%，成本节约 50%。

6）Vende：Vende 数据标注及审核平台能提供 2D 图像（车辆、行人、道路标线、隔离带、信号灯、标志牌等六大类 167 小类的对象）和 3D 点云（检测、分割、分类）等标注服务。其中 2D 图片标注工具已能自动预处理包括车辆、行人、道路标线、隔离带、信号灯、标志牌等六大类 167 小类的对象，且识别准确率达 90% 以上。3D 点云标注工具能识别各类车辆并实现与 2D 图片联动，可通过调整 3D 点云标注或 2D 图像投影结果进行标注的实时调整。标注平台与大数据处理平台联动，架构详如图 5-14 所示。

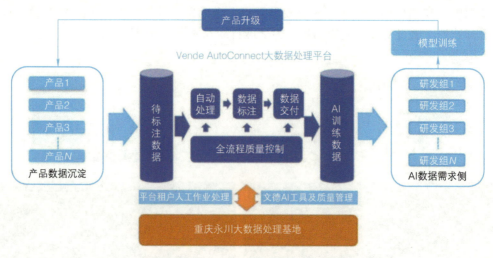

图 5-14　Vende 大数据处理平台

7）V7Labs：V7Labs 提供图像（检测、分割、实例），视频（跟踪、检测、分割、实例、分类）等标注需求，不提供点云标注服务。V7Labs 提供自动标注功能，大大节省了标注所需的时间。除此之外，平台还提供数据集管理、文件处理、模型管理等后续任务需求。相比 Scale ai，其拥有更强的自动标注能力、数据集管理和模型训练的功能支持。

5.2.2 2D 标注

本小节介绍自动驾驶中常用的 2D 感知模型的数据标注方案，包括标注格式以及半自动标注技术等。自动驾驶中常用的 2D 感知任务主要有分类、检测以及分割等，2D 感知任务标注数据的输入和输出都在图像像素空间。为提升标注效率，降低标注成本，业界开始采用半自动的标注方式进行标注。半自动标注主要是采用人工在环的方式进行标注，即首先通过离线大模型或者离线模型提供预刷结果，之后通过人工进行质检和编辑完成标注。人工编辑之后的真值可以用于模型的更新，形成标注的自闭环。随着离线模型性能逐渐提升，人工编辑的比例将会越来越少，真值生成主要都是通过离线模型或者大模型生成。

下面介绍 3 种典型半自动标注方案：Xtreme1、Polygon-RNN 以及 SAM。

1）Xtreme1：Xtreme1 平台内置了 AI 辅助工具对 2D/3D 对象检测、3D 实例分割和 LiDAR 相机融合提供预标记和交互式编辑的功能。图 5-15 所示的图像检测与图像分割任务，Xtremel 会根据用户上传的图片生成预标记结果，接着人工介入检查预标注结果的精确性，针对有问题的区域进行交互修正。

a) 图像检测　　　　　　　　　　　　b) 图像分割

图 5-15 Xtreme1 标注示例

2）Polygon-RNN：支持对图像中对给定类的所有对象进行实例分割，传统标记工具通常需要人工先在图片上点击光标描记物体边缘进行标记。然而，手动跟踪对象边界是一个费力的过程，每个对象大概需要 30～60s 的时间。为了缓解这个问题，多伦多大学研究员提出了 Polygon-RNN，将 Humans-in-the-Loop 过程进行扩展，在此过程中模型按顺序预测多边形的顶点。如果自动标记有误，通过人工纠正错误的顶点（图 5-16）。模型在人工调整的基础上再次进行预测，最后得到一个精确的标注。该标注方法比传统的人工标注快了 4.7 倍，并且 IoU 达到了 78.4%。

3）SAM：随着视觉语言大模型的快速发展，大模型技术也开始被用于 2D 图像分割标注任务。大模型技术通过语言的通用性实现视觉任务的泛化性。Segment Anything Model（SAM）是 Meta 公司开源的一款图像分割大模型⊖，它可以通过提示工程快速适应新的任务

⊖ https://segment-anything.com/demo。

和数据分布,实现零样本学习。通过 SAM 可以轻松地实现通用物体的半自动甚至自动的图像实例分割,从而实现图像实例分割任务的标注(图 5-17)。图 5-18 展示了将 SAM 模型用于驾驶场景中红绿灯模型的标注的效果。利用 SAM 模型的泛化性,解决城市场景中变化多端的红绿灯的识别和标注。除了用于分割任务标注的大模型,还有用于检测的大模型如 Ground DINO。

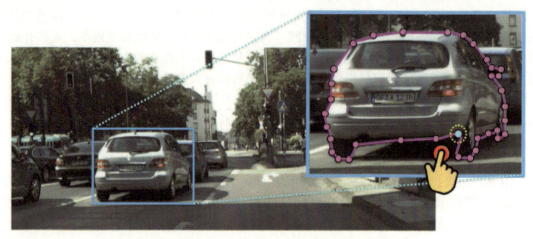

图 5-16　Polygon-RNN 标注示例

图 5-17　SAM 模型自动分割的效果

图 5-18　SAM 模型应用于红绿灯的效果

5.2.3 2.5D 标注

对于一些 2.5D 感知任务（如 Depth、Optical Flow、高程、Pose 等），很难通过人工标注的方式生成真值，只能够通过自动的方式生成，这些任务一般都是采用测距精度更高的 Lidar 传感器进行标注。接下来以地平线方案为例介绍 2.5D 任务自动标注方案的细节。

1) Depth：Depth 真值生成的基本原理是将 Lidar 点云投影到图像空间，给对应的像素提供 Depth 真值。这个过程影响点云精度的是点云对齐的精准程度。影响的因素主要有 Lidar-Camera 时间同步、Lidar-Camera 外参标定以及 Lidar 点云的运动补偿，其中运动补偿需要依赖自车的 Ego-motion（相邻时刻的自车运动）。单帧的 Lidar 点云生成的真值通常都是稀疏的，为了提升真值的稠密程度，常用的方法是将前后相邻的点云帧进行聚合，即进行局部的 4D 点云重建。4D 重建过程中，动态和静态物体需要分开处理，静态场景依靠自车的 Odometry 进行对齐，动态物体需要依赖 Lidar 检测结果进行跟踪或者通过 Scene flow 进行配准。此外由于 Lidar 和 Camera 存在视角上的差异，生成的 Depth 还需要进行去遮挡操作才能够得到精准稠密的 Depth 真值（图 5-19）。

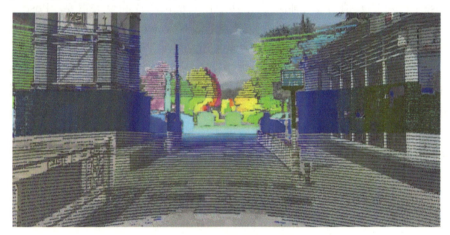

图 5-19 地平线深度真值效果

2) Optical Flow：与 Depth 真值生成方案类似，Optical Flow 真值也是以局部 4D 点云重建为基础，在得到局部重建点云之后，将点云投影到两帧相邻的图像上，找到像素对应关系作为 Optical Flow 的真值（图 5-20）。此外为了保证真值的生成精度，可以根据纹理对 Optical Flow 进行过滤。具体实现方式是对于每对像素通过计算光度一致性指标——归一化互相关（Normalized Cross Correlation，NCC）去除掉纹理相差较大的匹配对。

图 5-20 地平线光流（Optical Flow）真值自动方案

3) 高程：高程真值需要计算路面几何已获取点到路面的相对高度。一种可用的方法是通过视觉或者 Lidar 语义分割得到路面点云，接下来通过曲面拟合得到路面曲面信息，最后计算每个点到路面的相对距离作为高程的真值（图 5-21）。

图 5-21　地平线高程真值样例

4）Pose：Pose 的真值对于车辆定位尤其是相对定位的评测至关重要。Pose 真值的生成方式主要有两种：一种是通过高精度的传感器（如 Novatel）获取，这种设备可以得到厘米级别的精度，但是非常昂贵，不具备可扩展性；另一种是通过 SFM 或者 SLAM 算法得到高精度的 Pose，常用的有基于 Lidar 和纯视觉两种方案。①Lidar 的方案主要是 Lidar 结合 IMU、轮速计以及 GNSS 进行多传感器融合的 Odometry。在一些存在回环的场景，也可以利用回环检测消除 Odometry 的累积误差。②视觉方案也是利用 Wheel、IMU 以及 GNSS 等多传感器进行 Odometry 计算，为了提升精度，一般采用 Coarse-to-fine 的技术路线，首先利用 Wheel、IMU 以及 GNSS 进行紧耦合融合得到初始 Odometry，在此基础之上进行 SFM 重建，得到更高精度的 Odometry，这种方案能够得到接近 Lidar-Odometry 精度，优于其他视觉 SLAM 方案（图 5-22）。

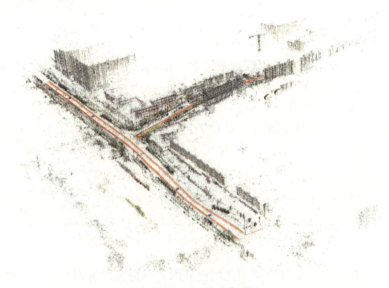

图 5-22　Pose 样例图

5.2.4 4D 标注

随着 BEV 感知的兴起，4DLabel 逐渐成为自动驾驶领域非常重要的研究方向。BEV 感知任务输入一段包含多传感器的时序数据，输出 4D 标注信息，包括场景的 3D 几何以及运动物体的跟踪、预测及属性（速度、加速度等）。与 2D 标注不同，4D 标注的输出空间从 2D/3D 转换到了 4D 空间。本小节介绍 BEV 感知中最常用的静态感知、动态感知和通用障碍物感知的 4D 标注方案。

1. 静态标注

静态标注主要对场景中的路面要素、空中要素以及它们之间的拓扑连接关系进行标注，常用的标注方法有基于重建的方法和基于定位的方法。基于重建的方法核心点在于对标注空间的高精度 4D 重建，之后在重建的空间上进行人工或者人机协同标注。在某一区域的数据标注完成后，可以通过定位的方法对真值进行复用，实现高度自动化的标注，从而降低标注成本，这个过程类似于高精地图的定位。

在业界，Tesla 是最早推出针对 BEV 感知的 4D Label 方案（图 5-23），其静态标注方案是基于纯视觉的，主要分为 3 个步骤：①端上的高精度的轨迹重建，即里程计重建，利用视觉信息实现端上的 SLAM，包括语义分割和基于神经网络的关键点（NN-features）；②多趟聚合，在云端将位于同一个区域的单趟轨迹重建结果进行聚合，完成完整的局部地图重建并进行标注；③对于新采集的数据，通过定位的方式进行自动标注，以降低标注成本以及应对夜晚、雨雪天等极端天气的情况。

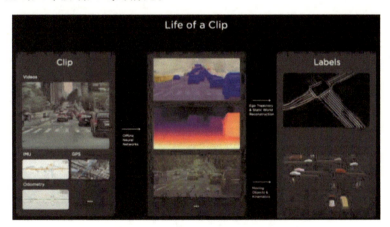

图 5-23　Tesla 4D Label 方案

在我国，地平线机器人是比较早地系统性开展 4D 标注研发的厂商，其静态标注方案分为以 Lidar 为中心的方案和以视觉为中心的方案，前者主要面向采集车场景，可以采用非量产的机械式激光 Lidar，后者主要面向量产车场景，只能采用量产传感器。这两种方案都采用单次重建和全局聚合两个主要步骤完成完整的局部点云重建，之后在重建的点云地图上通过人工进行标注。当人工标注的数据积累到足够多的时候，通过训练离线大模型进行预刷，提升标注效率。

图 5-24 展示了地平线以 Lidar 为中心的静态标注方案。输入一段包含 Lidar、IMU、GNSS 等传感器的时序数据（称为 Clip）之后，首先通过 Lidar Inertial Odometer（LIO）进

行单趟重建，得到单趟的姿态和点云。在运行 LIO 之前，需要结合 Lidar Detection 或者 Image Segmentation 去除点云中的运动物体，以便得到清晰的静态场景点云。之后通过构建位姿图（Pose Graph）实现多趟重建结果的聚合。位姿图中的每个顶点代表 Lidar 关键帧（图 5-25 中的红色、绿色和蓝色圆点），每条边界提供顶点间的相对位姿约束。位姿图中的边界一共有 3 种：Clip 内部的相邻帧（黄色边）；Clip 内部的回环帧（绿色边）；Clip 间的回环帧（紫色边）。其中相邻帧的约束是通过 LIO 获取，Clip 内部和外部的帧间约束是通过回环检测结合 ICP 计算获得。对位姿图进行优化便可将不同的 Clips 对齐到统一的空间形成完整的点云地图。

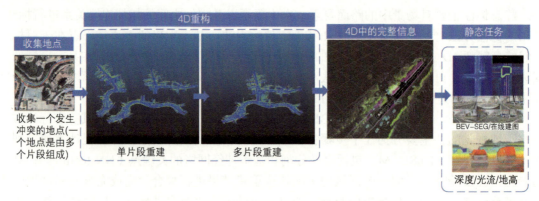

图 5-24 地平线以 Lidar 为中心的静态标注方案

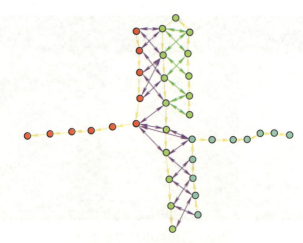

图 5-25 全局聚合位姿图

对于一些没有 GPS 信息的场景例如泊车场景，无法采用单趟重建+全局聚合的方式进行重建，此时一般是对整个完整的地库进行重建（图 5-26）。此外，在缺少 GPS 的情况下，无法对 LIO 进行位姿漂移矫正，此时一种可行的方式是通过人工构造回环消除累积误差。

由于成本的限制，大多数的量产车辆上没有激光雷达，此时需要依赖以视觉为中心的标注方案进行标注。地平线以视觉为中心的方案主要流程如下（图 5-27）：首先开发了 Wheel、GNSS 以及 IMU 多传感器融合算法 WIGO（Wheel-IMU-GNSS Odometry），该算法通过构造 Pose Graph 优化实现多传感器融合，得到初始化的姿态（图 5-28）；之后进行

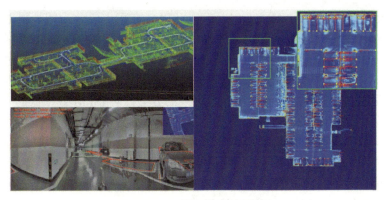

图 5-26　地平线泊车方案例图

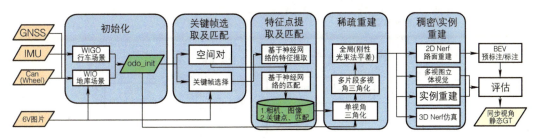

图 5-27　以视觉为中新的重建路线

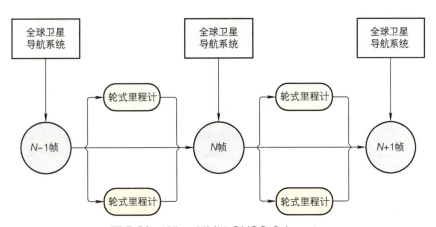

图 5-28　Wheel-IMU-GNSS Odometry

Structure from Motion 重建，得到 Multi-clip-multi-view（多段 Clip 多个相机视角）的相机 Pose，这是整个标注方案的核心。在此基础之上可以采用两种策略进行标注：一种是进行全场景的稠密点云重建，在 3D 点云上进行人工或者人机交互的标注，这种方法重建效果好，标注准确率和召回率高，但是非常耗算力，成本也较高；另一种是对特定目标物体进行重建，例如对路面进行重建以实现路面要素的标注，对灯牌锥进行重建实现空中要素的标注，这种方法计算效率高，但对不同的物体需要有不同的重建方法。

稀疏重建的目的是获取高精度的视觉姿态和稀疏的 3D 点。在 3D 视觉领域，常用的方法主要有 SLAM 和 SFM 两种，前者实时性高，但是精度相对较低且鲁棒性差，后者精度和鲁棒性高，但是效率低。地平线的方案采用了 SFM 方案，并着重对齐进行了效率优化。

传统的 Incremental Structure from Motion (iSFM) 方案主要分为特征提取与匹配、相机位姿恢复以及 Bundle Adjustment（BA）3 个步骤（图 5-29）。首选选取 2 帧关键帧进行重建得到初始化的 Pose 以及稀疏的 3D 点，之后迭代地添加新的视角，并且通过三角化得到新视角的 Pose，每添加一个或者几个视角进行一次全局的 BA 优化。这个过程中，特征提取与匹配以及增量的 BA 是最耗时的过程。地平线的方案针对 iSFM 效率低的问题进行了优化（图 5-30），首先利用 Clip 的时序信息减少图像匹配的次数，即特征匹配可以只在前后帧之间进行，从而降低了匹配的复杂度。其次利用 WIGO 提供的初始化姿态，对 Clip 中所有前视图像同时进行三角化得到稀疏点，最后执行针对前视视角的 BA 优化，得到前视视角的 Pose。优化完成之后，再将其他视角通过 PnP 算法对齐到已经重建的点云上，并再次进行全部视角的 BA 优化，从而完成 Clip 的稀疏重建。

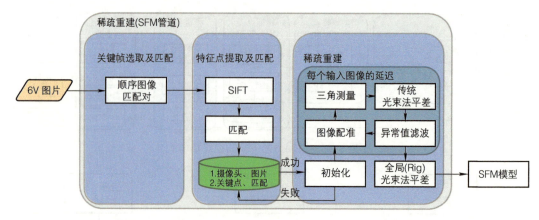

图 5-29　传统的 Incremental Structure from Motion 方案

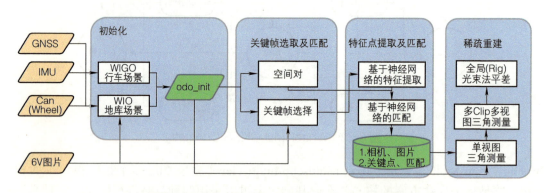

图 5-30　优化后的 Structure from Motion 方案

单个 Clip 重建完成之后，通过 WIGO 提供的全局 Pose 进行不同 Clip 之间的图像匹配，之后进行三角化和全局 BA（图 5-31）。整个过程采用 Coarse-to-fine 的优化过程，在保证精度的同时，大幅度提升了重建的精度。

为了提升在夜晚以及雨天等天气条件下的重建效果，地平线的方案将 SFM 框架中传统的 SIFT 关键点以及匹配算法替换成基于神经网络的方法（如 Superpoint 以及 SuperGlue 等），利用神经网络的数据驱动特性，可提升重建算法在弱纹理和弱光照下的鲁棒性。

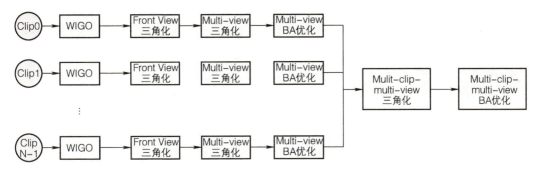

图 5-31 视觉全局聚合方案

在得到准确的摄像头 Pose 之后可以通过两种方式进行标注：

1）一种是通过 Multi-view Stereo 的方式进行稠密点云重建，之后在点云上进行标注，如图 5-32 所示，这种方法重建的精度高，标注准确率和召回率都比较高，但是主要问题在于传统的稠密重建方案的效率低、成本较高。

2）比较有潜力的解决方案是采用 MVSNet 等深度学习的方案进行稠密点云重建，提升重建的效率。

图 5-32 Multi-view Stereo 点云重建效果

3）另一种方案是只对需要标注的目标区域进行重建，例如对路面进行重建实现路面要素（车道线、路沿、停止线、人行横道、汇流点、分离点等）的标注，对红绿灯、标志牌进行重建，实现空中要素的标注。针对路面要素的标注，提出了 CAMA 方案（图 5-33），该方案在稀疏重建的基础之上，对路面进行 3D Surface 重建，之后在重建结果上采用模型预刷结合人工编辑的方式进行标注。对于路面重建，提出了一种基于 Nerf 的路面重建算法（称为 RoMe）。RoMe 将路面模型从 3D Surface 简化成 2D Plane+ 高度，其中路面的高度采用 MLP（Multilayer Perception）进行表达。路面模型输入 2D 点的坐标，输出对应的高度值、颜色值以及类别标签。在训练的时候，将从路面模型查询得到的路面 3D 点投影到对应的视角中，与真值（高度、颜色值以及类别标签）构成 Loss 进行训练，细节如图 5-34 所示，重建的效果如图 5-35 所示。

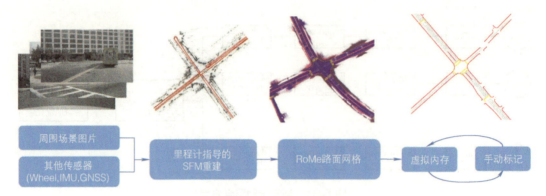

图 5-33 纯视觉标注方案

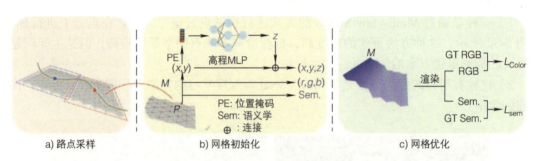

a) 路点采样　　　　b) 网格初始化　　　　c) 网格优化

图 5-34 3D Road Surface 重建方案 RoMe

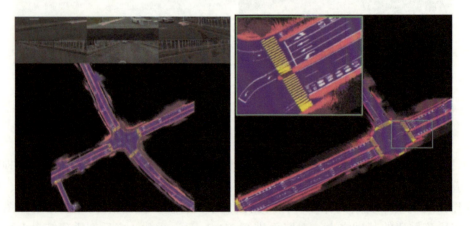

图 5-35 3D Road Surface 重建效果

重建后的路面通过 3D 标注工具可以对路面要素进行标注,例如点、线、多边形的绘制。为了保证标注质量,标注工具应当具备实时将标注结果投影到不同视角的功能,通过 3D-2D 的对齐效果可以判断标注的精确度(图 5-36)。为了提升效率,地平线开发了云端矢量化地图注释系统(Vectorized Map Annotation System,VMA)对路面标注元素进行预刷。预刷的结果经过人工质检,符合标准的数据直接进行发版,不符合标准的数据经过人工编辑后进行发版,同时这部分数据将会用于更新离线模型。

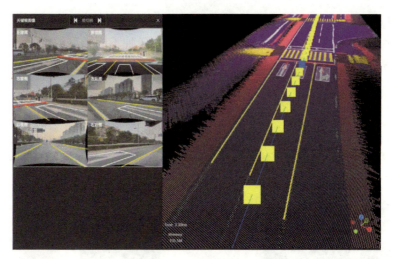

图 5-36　一种 3D 标注工具

随着处理的数据量增多,离线模型的性能将会越来越高,人工参与程度将会逐渐降低,大部分的数据会通过模型预刷后直接发版。VMA 是基于 MapTR 模型实现的,区别在于输入的数据本身位于 BEV 空间,即模型的输入和输出位于同一空间,这样可以减少图像空间到 BEV 空间的转化过程,显著提升模型的性能上限。模型可以输入多种形态的数据(包括 RGB、语义图以及 Intensity 图等)以提升模型的性能,这些数据经过 CNN 编码器提取特征,特征送入 Transformer Decoder 输出实例信息。对于不同的元素采用不同的矢量化表达方式,例如对车道线、停止线以及人行横道采用有序点列进行表达,对于路面离散要素采用有向包围盒进行表达,对汇入汇出点采用 Heatmap 进行表达。采用矢量化表达的最大优势在于减少后处理过程,简化整体流程。模型的输出 2D 矢量化结果结合 RoMe 生成的高程图实现 3D 重建,预刷结果如图 5-37 所示。

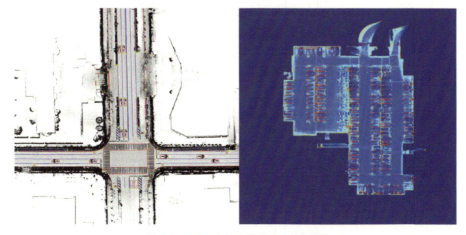

图 5-37　云端离线模型的预刷结果

灯牌的重建也是在 SFM 的基础之上进行,首先在 3D 空间利用重建的稀疏点结合语义信息,提取初始的包围盒(Bounding Box),同时在 2D 图像上利用 SAM 大模型提取灯牌的角点,接下来利用 3D-2D 重投影进行点到点的匹配,最后完成对包围盒位置和姿态的优化,优化后的包围盒在图像上的投影与 2D 感知结果吻合,具体流程如图 5-38 所示。利用 SAM 模型的优势是可以利用其通用性,方便地识别城市中各种不同类型的灯牌。灯牌重建的 3D 包围盒可以直接作为 3D 检测的真值。

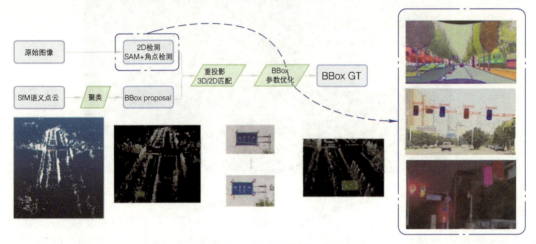

图 5-38　一种灯牌重建方案

对于已经完成标注的静态场景,可以通过定位的方式实自动标注。该过程类似于高精地图的定位,区别在于采用的定位图层。对于以 Lidar 为中心的方案,定位图层采用下采样之后的 Lidar 点云,通过点云图层与当前帧点云的匹配提供约束;对于视觉方案,定位图层采用视觉重建得到的 3D 点云,通过 3D-2D PnP 算法提供全局约束。具体的实现过程如图 5-39 所示,对于新来的 Clip,运行 Lidar 或者 SFM 进行单个 Clip 重建,同时利用定位图

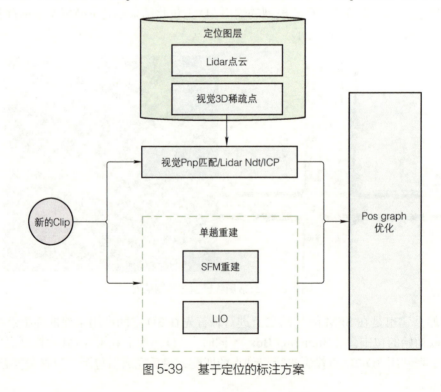

图 5-39　基于定位的标注方案

层与关键帧进行匹配提供约束（类似于 GPS 提供的全局约束）。之后通过构造 Pose Graph 优化，将当前 Clip 对齐到已有的重建模型上，便可将真值"转移"到当前的 Clip 实现自动标注。Pose Graph 中的顶点为 Clip 的关键帧，边界为姿态约束，其中边界主要分为两种：一种是 Lidar 前后帧之间的相对约束；另一种是定位图层提供的全局约束。定位的方法可以大幅度提升标注的效率，降低标注成本，同时还可以处理一些夜晚、雨雪天等极端天气的真值标注。

4D Label 静态标注与 HDMap 在技术路线上非常类似，都有重建和定位两个过程，但是又有一些本质的不同。

1）图商 HDMap 依赖高精度传感器，导致 HDMap 的重建成本高，可扩展性差，目前仅覆盖了全国高速路和为数不多的几个大城市。

2）受地图鲜度影响，真值和质量无法得到保障。

3）虽然 HDMap 建图的精度高，但是其定位的精度不足以满足真值标注的需求（通常横向误差 <15cm，纵向误差 <50cm）。

对比 4D Label 真值方案，HDMap 方案在传感器方案上只需依赖一般精度传感器，适用于采集车；在鲜度上有较大优势，由于重建效率高，一旦诊断出已有的标注结果与真实场景不同，便可以切换到基于重建的标注方案；定位精度高，横纵向 <10cm；在效率上，4D Label 方案基于局部的建图，可快速实现大范围的覆盖。

2. 动态标注

动态标注针对场景中具备运动能力的物体（车辆、骑车人、行人）进行真值标注，标注的内容包括类别（Class）、几何（Position、Yaw、Height、Width、Length 等）、属性（Track ID、速度、加速度、角速度等）、轨迹等。业界的方案主要分为基于视觉和基于 Lidar 两种，下面分别进行介绍。特斯拉的动态真值标注方案是基于纯视觉的，该方案利用了多种离线大模型提供关键信息，例如通过 Depth 大模型提供深度信息，通过光流大模型提供跟踪信息，通过实例分割模型提供实例语义信息（图 5-40）。通过这 3 种信息可以实现对运动物体的单帧几何重建，进而通过时序跟踪得到物体的属性信息和运动轨迹。

图 5-40　Tesla 的动态标注结果

纯视觉3D动态标注挑战性很大，精度上限不高，目前业界更多的是采用Lidar进行标注，核心原理是利用Lidar测距精度高的特性为视觉生成真值。具体过程为，首先利用Lidar检测大模型对单帧Lidar点云中的运动物体进行预标注，得到运动物体的几何和语义信息，接着利用多目标跟踪技术，对运动物体进行时序跟踪，得到属性信息和运动轨迹，最后对Lidar和图像信息进行关联，实现动态物体的标注。下面介绍两种业界基于Lidar的标注方案。

地平线在国内较早利用Lidar进行动态物体3D标注，其方案采用离线Lidar 3D检测模型结合3D Multi-Object Tracking（MOT）生成真值。具体地，首先对Lidar点云进行3D检测，得到运动物体的几何属性和类别信息，之后对得到的单帧结果利用卡尔曼滤波进行时序跟踪，得到时序上的轨迹以及物体的属性。同时对图像进行2D检测得到运动物体的2D检测结果，通过时间戳进行插值得到运动物体在每个时刻3D和2D的准确对应关系。一些更加精细的语义和属性信息可以通过图像感知模型获取，例如车辆颜色、车门状态等。通过跟踪的方式可以利用未来的信息对当前帧进行标注，便于处理一些遮挡的情况。3D轨迹和2D图像匹配的过程也完成了对真值的质检。整体过程如图5-41所示。

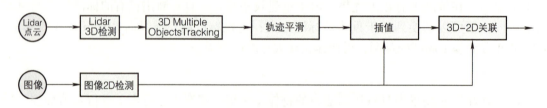

图5-41　地平线的动态自动标注方案

Waymo的AutoLabelling 3D Det整体思路和地平线类似，不同之处是在跟踪之后加入了检测框优化模块对标注结果进行更细致的优化（图5-42）。具体地，该方案在利用Lidar检测模型和MOT得到动态物体的Tracking ID之后，便利用Tracking ID和检测框等信息提取出每一个物体的点云数据，并对动态物体进行区分，针对静止和运动的物体做不同策略的优化，以获得更准的物体几何信息和运动轨迹。最终把静止和运动物体各自优化后的结果合并，输出动态真值。

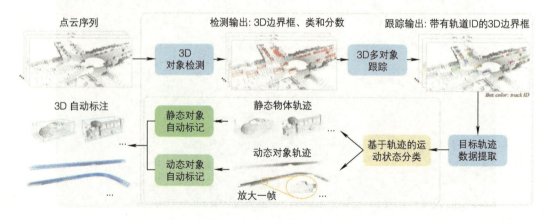

图5-42　Waymo AutoLabelling 3D Det方案

3. 通用障碍物标注

通用障碍物的识别主要通过 Occupancy 感知技术实现。Occupancy 将空间均匀划分成体素（Voxel），被物体占据的体素标记为占据状态，空置的体素被标记为未占据状态，通过这种方式可以实现对空间的 3D 重建。相比较于 3D 包围盒，Occupancy 具备更灵活的描述能力，便于识别一些奇形怪状的路面障碍物。Occupancy 标注不但能够提供场景被占据情况，还能提供语义类别以及 Flow 的信息，其中 Flow 表示每个 Voxel 的运动，可以用于预测 Voxel 在下一个时刻的位置。下面介绍两种业界的标注方案。

地平线采用 Lidar 实现 Occupancy 以及 Occupancy flow 的自动标注，如图 5-43 所示。首先将 Lidar 的点云进行运动分割以区分动态和静态场景，为了减少 Occupancy 对语义的依赖，该分割主要是通过几何特征完成。之后将静态场景进行前后帧聚合实现稠密化，对动态物体采用 ICP 或者 Scene flow 的方式进行配准，最后进行动静态融合得到场景的稠密化点云，并通过体速化得到 Occupancy 真值。此外还通过图像语义信息校准对 Occupancy 进行优化（如去噪等）或者赋给体素更多的语义信息。由于点云聚合过程中获取了相邻帧之间点到点的对应关系，因此可以得到每个体素的运动方向，从而实现 Occupancy flow 的标注，如图 5-44 所示。

图 5-43 地平线 OCC 方案

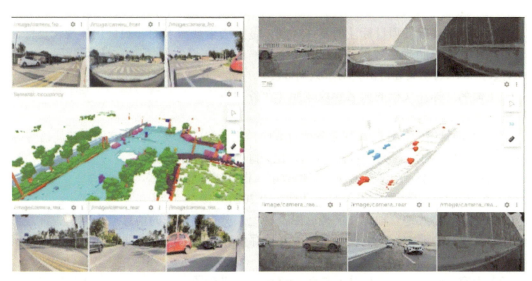

图 5-44 地平线通用障碍物标注样例

学术界也推出了 SurroundOcc 和 Occ3D 两个数据集，这两种方案的整体技术路线基本类似。本节选择 Occ3D 进行介绍。Occ3D 主要有 3 个步骤：Voxel 稠密化、遮挡推理以及图像引导的 Voxel 优化。其中 Voxel 稠密化是通过对多帧点云进行聚合实现的，聚合过程中对动态和静态点云分别进行处理,此外还对聚合后的点云进行 Mesh 重建以填充空洞。之后利用 Ray-casting 技术对每个 Voxel 的状态(占据或者非占据)进行推理,推理的过程考虑了图像视角和 Lidar 的位置。最后利用图像的信息对 Voxel 进行细节优化,通过图像的语义信息去除 Lidar 中错误标注的 Voxel,具体过程如图 5-45 所示。

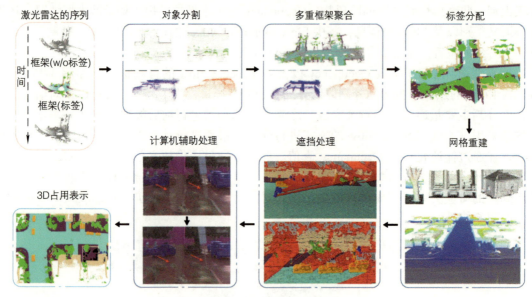

图 5-45　Occ3D 方案

5.2.5　数据标注文档

标注文档承载着各项目标注的具体规则,是算法主观需求的客观量化体现,是标注质检验收以及算法之间确定数据质量的唯一标准。标注文档的好坏影响着标注结果的好坏,关系着数据训练的意义和价值,对于数据标注,一份"好"的标注文档至关重要。

(1)命名　标注文档的命名建议按照"业务项目组_业务项目类型_版本号_发布日期"进行命名,具体来说:

1)业务项目组:指代公司的业务项目方向,比如智能驾驶、智能家居、智能语音等。

2)业务项目类型:指代项目的方向,比如睁闭眼、人手检测等。

3)版本号:X.Y,建议不出现第三位数字,提升版本管理效率。

4)发布日期:文档发布当天的年月日,如 20230719。

为更便捷和高效地管理标注文档,以及避免人员交接带来的信息流失问题,标注文档建议存储在规定的地方。一般建议采用服务器存储和各公司内部沟通工具存储两种方式相结合的方法。

(2)内容　建议每一份标注文档都严格区分一级标题、二级标题、三级标题等,以此类推。一级标题可以包含修订记录、背景说明、任务描述、标注属性介绍、注意事项、标注结果输出示例六项内容。下面详细加以介绍。

1)修改记录:一般使用表格记录,附在文档目录前面,见表 5-8。需要有表头,包含版本、修订日期、修订内容、修改人等。每条修订记录最好指明具体修订的章节。

表 5-8 修订记录示例

版本	修订日期	修订内容	修改人
V1.0	2020.07.21	新建	张三
V1.1	2020.9.28	① 删除 4.3 中"拖拉机"相关的描述 ② 补充 4.5 中的示例图 ③ 增加 4.7"遮挡"属性	张三

2）背景说明：需要明确标注背景（如标注意义、项目期望实现的目标）以及数据分布背景（如白天/黑夜、摄像头鱼眼/窄角、成像颜色等）。

3）任务描述：需要明确标注对象（目标对象的定义和辨认原则）、标注工具（标注项目所使用的标注工具，框点/分类/视频等）以及标注方式（工具的说明，如快捷键的说明、框的贴合度要求、分类数据赋值说明等）。

4）标注属性介绍：包括一级属性、二级属性，建议使用分级的标题格式；每个属性给出定义、标准、示例；每个属性都在标注文档中可查询可追踪；标题使用名词，描述性语言放置于正文；不同属性之间处于并列层级，同一属性不同属性值之间互相排斥且穷举。

5）注意事项：包括未被写在标注属性中的其他注意事项；补充的特殊示例；强调的单独标注规则。

6）JSON 信息：数据下载后的标注结果输出示例。

（3）**逻辑**　除去顺序和格式要求外，标注文档应该做到结构清晰、原则统一、逻辑自洽。在撰写文档主体时考虑金字塔原理，即在开始写作前，先将自己的思想组织成金字塔结构，并按照逻辑关系的规则检查和修改。先提出总结性思想，再提出被总结的具体思想。建议采用"相互独立，完全穷尽"（Mutually Exclusive Collectively Exhaustive，MECE）原则，各部分之间相互独立，所有结构的细分在同一维度上并明确区分、不可重叠；所有部分完全穷尽，同一逻辑结构下的各个部分全面、周密。为提高标注效率及阅读效率，项目的除外情况建议放在前面，例如某种场景下的数据不标注，某种类型下的数据忽略，放在前面。

5.2.6　标注体系建设

标注体系建设指的是在实践过程中根据团队与项目不断进行优化，最终实现标注标准化、高效化等目标。为了实现这个目标，需要重点关注标注流程管理、标注人员管理以及标注质量控制三个方面，下面详细进行介绍。

1. 标注流程管理

图 5-46 展示了某标注团队的标准化标注流程。按照项目管理的方法论，将每个标注项目划分为启动/标注/规划/执行/监控/收尾 5 个过程组，每组内容和重点如下。

1）启动/标注阶段：包含计划与预算。在标注项目的启动阶段，由算法团队同事输出标注计划、标注预算、标注需求和标注工期信息。数据代表确认信息后，评估标注计划，审查标注文档，安排算法/验收团队试标，确认标注文档无问题后与运营对接标注团队。

2）规划阶段：包含试标与培训。启动阶段结束后，进入规划阶段。规划阶段主要是培训标注团队，安排标注团队试标，获取和确定标注单价，制定标注项目进度计划和项目质量计划。

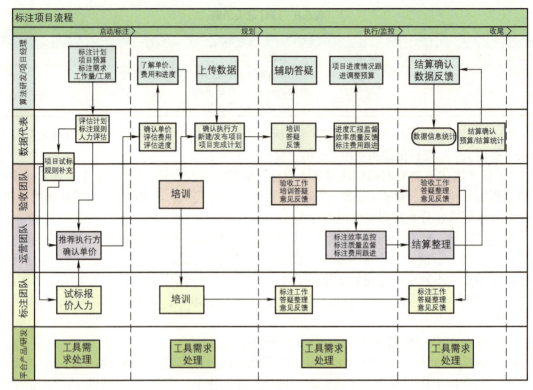

图 5-46 标注流程示例

3)执行/监控阶段:包含标注和验收两个几乎并行的任务,也就是项目进度、质量管理计划确认后,进入执行和监控阶段。在执行阶段,标注项目开始有实际的数据产出。项目执行人员(标注/质检/验收)根据确认好的标注规则执行数据标注工作,在标注过程中有任何疑问,及时在答疑群里与验收/算法同事进行确认。在监控阶段,通过对准确率、工作量、效率的监控,监控项目的质量和进度,及时预警和处理预期外的情况,根据变更管理计划管理变更。

4)收尾阶段:包含确认及总结。项目完成后,进入收尾阶段。收尾阶段主要是确认结算,完成付款流程,收集研发反馈,总结经验教训,归档项目标注文件。

2. 标注人员管理

数据标注是一个需要大量人工参与的工作,所以需要通过合理的管理架构对人员进行管理,以保证工作能够有条不紊地进行。标注人员分为三类(表 5-9):操作员、组长、管理员。数据标注过程中各个角色之间相互制约,各司其职,每个角色都是数据标注工作中不可或缺的一部分。

表 5-9 标注人员角色分类

角色	工作内容
操作员	分为标注员和质检员,由经过一定专业培训的人员来担任。标注员负责标注数据,生成初步的标注结果,质检员负责审核已标注的数据,完成数据校对,适时修改错误并补充遗漏,生成质检完成的数据。标注员和质检员的配置比为 5:1,即一名质检员负责质检五名标注员的数据。操作员是标注人员中数量最多、占比最大的组成部分,一般占标注人员总数的 80%~90%

（续）

角色	工作内容
组长	每个标注方向设置一名组长，组长除承担部分标注或质检工作外，还需要对本组标注和质检员的质量及效率负责
管理员	负责标注人员内部的管理工作，管理所有人员，监督人员的质量和效率，发放和回收标注任务，管理标注周期，发放员工薪酬等

在实际的管理过程中，在专业化（表5-10）和职业化（表5-11）两个方向培养标注人员，提升标注人员的专业技能，满足数据标注行业对于员工的专业需求；完善标注人员的职业成长体系，促进每个标注人员的职业发展。

表5-10 标注人员专业化培养

目标	内容	措施
保证质量第一优先	建立完善的质量培训体系	1. 针对个人 1）标注员自主学习项目规范，收集自身问题点并整理成册 2）每天下午下班定为集体复盘学习时间，将复盘学习常态化 3）全员做好学习笔记并监督落实 4）验证练习，划定练习题数，集中反馈，减少不必要的盲目练习，快速过渡练习期 5）总结并记录任务难点和易错点，查漏补缺，系统学习 2. 针对团队 1）划重点，组长划出项目疑难问题点并搜集整理项目相关知识，降低标注员的学习成本 2）定期岗位轮换，使员工在不同岗位上得到锻炼，提升综合技能 3）鼓励员工提出学习意见建议并分享交流，增强项目人员参与感 4）针对员工项目过程中提出的建设性意见，进行现金奖励，增强团队学习积极性 3. 针对组织 1）每天举行复盘总结会，相互交流标注及审核项目中遇到的问题和对应的解决办法 2）落实项目规范要求，增加团队配合度 3）分享协同，组织分享各自收集的问题点，培训协同解决，众人拾柴，高效学习 4）复盘整理，每日小复盘，每周大复盘，获取反馈，集中培训复盘规范
	执行严格的质量监督标准	1. 组长每日监督：各个项目的组长每日实时监督所负责项目的质量指标（准确率和图片准确率），根据准确率的情况采取相应的预防、纠正和缺陷补救措施 2. 管理员每周监督：管理员每周汇报全部项目的质量指标，同一项目跨周跟踪和比较
追求效率平稳提升	精细化的运营管理	针对不同的地区/标注工具/项目类型制定差异化细分运营的运营策略，结合市场、渠道、用户行为等数据分析，对标注人员和标注项目展开有针对性的运营活动，以实现运营目的行为 1）每周监控各地的提交量产值，对于异常情况分析原因（数据本身/规则/人员变动等） 2）每周监控各地区员工产值分布情况，聚拢高产值 3）每周监控各工具各项目的效率情况，分析效率变化原因，发掘和复制影响效率提升的因素 4）定期审查各项目的基准，找准可盈利和可达到的平衡点
	完善的激励奖励机制	数据标注工作初期对于标注人员具有挑战性，应主动建立成熟的员工激励奖励机制： 1）月奖励：每天上报当天任务量，连续一周满足当日最低产量要求的人员录入当月奖励名单 2）日奖励：超出最低产量部分给予超出部分提成 3）内部PK赛奖励：项目内人员不定期开展产量PK，对高产人员给予额外现金奖励 4）单人PK、小组间PK、团队PK等方式灵活运用 5）特殊贡献奖：对摸索出突破性创新标注方式方法的人员，如果该方法可以使得团队效率和质量得到大幅提升，给予丰厚奖励 6）低产低质人员提升：对于长期徘徊在低产低质区人员，定期组织回炉重新学习，并跟踪观察。每周复盘产量数据，启动末位淘汰和换岗机制

（续）

目标	内容	措施
严格执行数据安全	办公网络环境安全保障	标注场地安装有光纤专线，保证 IP 地址独立，配备企业级网关防火墙、路由器，防止网络入侵、病毒攻击及数据泄露。业务终端设备有线认证入网，行政、管理等终端设备使用的无线网络与有线网络区域隔离，并隐藏 SSID，实行 WPA2-PSK 强加密、MAC 地址过滤等。办公场地绝不搭设服务器对外服务，杜绝 Wifi 共享、自建 AP 等一切可能将网络暴露到无线环境中的方式
	办公场所安全隔离保障	各场地间均有双向门禁隔离，且各职场间办公区域物理隔离，保障各项目的数据、信息安全
	信息保密措施保障	所有员工入职即签订保密协议，定期举行信息安全培训。所有员工一律使用公司配备计算机，设备领用、进出场地、退还均有登记备查，计算机需带出维修时拆除硬盘，并保留维修记录。所有计算机均设有开机密码和自动锁屏保护，安装合规反病毒软件。场地内禁用打印、传真设备。办公场地统一使用公司配备的计算机，所有设备均有入网申请管理记录。场地有域控管理系统及网络技术人员维护，通过技术手段回收终端管理员权限，禁止终端更改系统设置、安装非办公软件、管控文件外发，禁用移动存储设备，禁止私建网络代理和共享网盘等
	账号安全	所有密码均采用字母、数字和特殊字符组合，长度 8 位以上，符合密码原则，且每半年变更一次。办公计算机设置登录密码连续 3 次输入错误即锁定，员工离职时及时注销办公账号，办公终端进行不可恢复的数据擦除

表 5-11　标注人员职业化培养

目标	内容
培养合格的职业素养	1）企业文化培训 2）职业意识培训 3）职业心态培训 4）职业道德培训 5）职业行为培训 6）职业技能培训
建立完善的成长体系和晋升空间	结合员工自身需求，共同确定职业目标，员工自我职业探索与组织为员工量身定制职业发展策略： 1）标注→组长的晋升 2）组长→管理员的发展

3. 标注质量控制

标注数据的质量直接影响着模型的准确率，因此对于所有的标注项目，质量是第一位的。每个项目在标注过程中都会设置"标注、质检、验收"三道关卡，数据经过层层把关后高质足量地返回到算法中。除了关卡的设置，还通过以下几种方式来多维度地把控标注质量。

（1）**标注前**　在进入正式标注前，需要重点明确标注规则，并且进行试标以及培训。

1）规则-详细明确：在标注前，重点关注标注文档本身的规则是否明确。拿到研发的标注文档时，需要就逻辑性、整体性、统一性对文档进行审查，确保标注规则易读易懂无冲突。

2）试标-双管齐下：审核文档无问题后，将安排算法人员试标数据，确保算法人员了解实际数据的分布情况，保证文档中的规则可以覆盖 95% 以上的数据；安排验收人员验收算法人员试标的数据，确保验收人员在验收算法人员试标数据的过程中与算法人员在规则方面达成统一。

3）培训-多效互动：在文档无问题以及试标无问题后，对接标注团队进行培训。在培训过程中，采用视频工具展示和培训标注规则，对规则无异议后，带领标注团队进入标注界面进行试标注。

（2）标注中 标注试标质量达标后，进入正式标注流程。在正式标注过程中，对质量的控制主要为在输出答疑信息时辩证统一，以及实时监控项目的质量指标。

1）答疑-辩证统一：真实场景中的数据千变万化，任何项目的标注规则都不能覆盖100%的标注数据，为保证项目的完成质量，每个项目都会有标注答疑群，以及相应的验收BB群。在标注答疑群中，验收向标注输出特殊案例或疑难杂症的答疑信息，在验收BB群，验收之间/验收与研发之间就规则或者数据进行讨论。无论是标注答疑群还是验收BB群，所有输出的答疑信息与标注文档中的规则一定是统一的，不同数据之间的答疑信息在逻辑上也一定是一致的。

2）指标-实时监控：除了输出有效答疑信息外，还可以通过系统的统计指标实时监控标注项目的整体质量，主要为准确率。准确率的统计维度分为"准确率"以及"图片准确率"。准确率的定义为图片中最小标注单位的准确率，计算方式为1－错误的最小标注单位数量/最小标注数量之和（即100张图片中标注框数为1000框，错误框数为2框，本批数据的准确率为1-2/1000=99.8%）。"图片准确率"的定义为标注图片的准确率，计算方式为1－错误的图片数量/全部图片数量（即100张图片中标注框数为1000框，错误框数为2框，分布在两个数据中，本批数据的图片准确率为1－2/100=98%）。对于标注中的数据，要求所有图片项目的准确率高于99%，图片准确率高于95%。低于99%的数据验收时可全部打回到标注和质检，对标注和质检进行二次培训，重新拉齐对规则的理解，并安排小批次的提交和确认质量，直到所有质检提交的数据准确率高于99%，方可继续标注和质检数据。

（3）标注后 每次返回任务后，需要收集算法人员对数据标注质量的反馈情况，确认标注、质检、验收对于规则的理解是否与算法需求一致（表5-12）。

表5-12 标注验收标准示例表（A：准确率）

标注类型	工具	单位	准确率要求		研发验收标准
			合同	研发	
语音-小雅	语音2.0	段	95%	95%	A=错误标注段/全部标注段 A>5%，免费清洗 A<5%，数据合格，可对错误数据进行精确清洗（付费）
文本	文本2.0	句	95%	95%	A=错误标注句/全部句子 A>5%，免费清洗 A<5%，数据合格，可对错误数据进行精确清洗（付费）
其他业务	框点	框/点	99%	98%	A=错误框/全部标注框 A>2%，免费清洗 A<2%，数据合格，可对错误数据进行精确清洗（付费）
	分类	图片	99%	98%	A=错误图片/全部图片 A>2%，免费清洗 A<2%，数据合格，可对错误数据进行精确清洗（付费）
	分割	段	99%	98%	A=错误段/全部标注段 A>2%，免费清洗 A<2%，数据合格，可对错误数据进行精确清洗（付费）
	视频	段	99%	98%	A=错误段/全部标注段 A>2%，免费清洗 A<2%，数据合格，可对错误数据进行精确清洗（付费）

1)算法反馈 - 客观及时:在返回任务后,由算法人员对返回的数据进行抽查,根据抽查数据的质量情况,填写反馈:好(准确率 >99%)、中(99%< 准确率 <98%)、差(准确率 <98%)。对于"中"和"差"的数据,与标注、质检、验收确认提供的错误数据,界定事故原因,准备质量复盘,避免再次发生同样的事故。

2)信息同步 - 闭环管理:对于算法人员提供的反馈意见,及时与标注、质检、验收同步,强调每次任务的注意事项,保证信息流的公开和完整。

5.3 数据仿真

仿真是智能驾驶领域一项非常重要的技术,感知、定位建图、规划控制等模块都涉及仿真技术,其中面向感知的数据仿真对真实感需求高因而挑战性最大。数据仿真可以快速高效地生成实车无法大规模采集或者无法标注的长尾数据,是实车采集的有效补充,也是未来非常有潜力的数据生成方式。本小节主要介绍以数据标注为目的的数据仿真技术,主要包含场景库构建、新场景合成和真实感渲染等模块,同时也会介绍目前业界一些仿真的技术和工具平台。

5.3.1 数据仿真技术

数据仿真分为场景库的构建、新场景合成以及真实感渲染三个主要模块。

(1)场景库构建 主要目的是进行三维场景素材的累积,包括静态场景和动态场景。如图 5-47 所示,场景库的构建主要有两种方式,一种是通过规则的方式进行场景创建,另一种是通过三维重建的方式从真实场景中进行重建。前者的效率高,技术实现较为简单,但是真实感较差;后者具有高度的真实感,但是技术难度高,不同的场景重建技术各不相同。场景的重建分为静态场景重建和动态场景重建,静态场景重建一般采用基于视觉或者 Lidar 三维重建技术,通过对场景进行网格重建和纹理贴图来获取高度真实感的场景。而场景中的动态场景的重建则复杂很多,通常需要结合形状先验信息进行重建,例如通过 3DMM(3D Morphable Model)技术进行车辆和行人的重建。近年来,Nerf 技术开始被用于场景的重建中,相比较于传统的方法,Nerf 提供了一种更加有效的场景表达能力,能够对复杂的动静态场景进行构建。

图 5-47 通过规则方式和三维重建方式构造的场景

(2)新场景合成 在进行新场景渲染之前,需要从场景库中选择符合要求的动静态场景,之后根据特定规则合成所需要的新场景。最简单的数据合成可以通过 2D 图像的编辑技术生成。以锥桶检测的数据合成为例（图 5-48），首先收集锥桶实例掩膜和交通场景的背景图像集合；其次通过理解交通场景上下文来确定粘贴锥桶实例掩码的位置，最后通过锥桶实例掩码的局部自适应变换与交通场景图像合成目标图像。

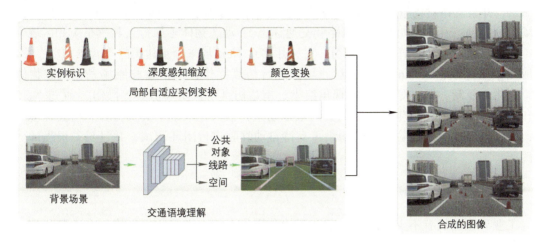

图 5-48 针对 2D 锥桶检测的真值数据合成方案

对于一些 3D 感知的任务，仅采用 2D 图像合成不能满足需求，需要对 3D 物体的几何甚至行为进行合成，比如密集的车辆行人、车辆的 Cut-in 运动行为等。GeoSim 结合了图形学和神经网络的方法实现了对 3D 运动物体以及其行为的合成，在插入新的运动物体的时候，利用高清地图提供的先验规则生成车辆运动行为，也支持人工设计生成罕见和困难的场景（图 5-49）。

图 5-49 基于 GeoSim 的 3D 场景合成

（3）真实感渲染　主要目的是生成高逼真感的目标图像。真实感的获取一方面要有高逼真度的场景，另一方面要依赖高效的渲染引擎。传统的渲染引擎主要是计算机图形学技术，目前已经相对成熟，一些游戏公司都有成熟的基于图形学的渲染引擎。近年来，随着深度学习的发展，开始出现基于神经网络的渲染技术（如 Nerf），通过数据驱动的方式将一些不太逼真的图像生成具有高度真实感的图像（图 5-50）。Nerf 和传统图形学的渲染方案最大的区别在于前者不需要场景有明确显式的几何表达，而后者需要对场景进行显式的表达（如 Mesh）。

图 5-50 根据不同光线和天气情况进行真实感渲染图

近年来，Nerf 技术在仿真中发挥了越来越大的作用，不但能够进行高逼真的真实感渲染，而且可以对场景进行重建、编辑等操作。业界有大量的基于 Nerf 的仿真工作涌现，其中 Unisim 是最具代表性的开创性工作。UniSim 从真实场景的数据中重建具有高真实感的虚拟场景，并且支持对场景中的物体进行编辑。在重建过程中，UniSim 采用分而治之的思想，将场景分为静态背景（如建筑、道路和交通标志）、动态物体（如行人和汽车）和区域外物体（如天空和非常远的道路）三部分，并采用多个 Nerf 场来分别建模静态背景和动态物体。完成场景重建后，Unisim 便可以对原场景进行仿真操作，包括重放原场景、动态物体编辑（删除、复制、新建等）、自由视角渲染、雷达仿真以及闭环仿真等操作。通过 Nerf 重建和渲染，Unisim 可以生成高度逼真的虚拟场景，极大地减小了真实世界和仿真环境的差异，可以方便地生成危险罕见的场景，支持自动驾驶进行闭环测试，并且具备很强的可扩展性。

5.3.2 业界案例介绍

工业界也已经有不少厂商和方案商开始利用仿真技术进行数据生成，本小节我们介绍几个有代表性的案例。

图 5-51 特斯拉全场景真值仿真样例

（1）**特斯拉（Tesla）** 特斯拉的仿真方案是将实际采集数据通过 Nerf 进行重建和渲染实现数字孪生，Tesla 构建的虚拟驾驶场景包含的信息非常完备，包含道路、车辆、行人、路灯、周边的路沿、草地、树木、不规则建筑、光源等（图 5-51）。特斯拉的仿真数据生成流程如下：从车道开始，依据真实车道线和拓扑连接关系构建路面场景，之后放置动静态等预先存储在数据库里的素材，并将这些素材按照一定的规则进行组合，得到虚拟的驾驶场景。为了提升仿真的逼真程度，特斯拉做了大量的仿真工作，包括精确的传感器建模，如传感器噪声、运动模糊、光学失真、风窗玻璃折射率等；建立了几千类动态交通参与者的模型（如行人、车辆、动物等）以及几千米的重建路段。完成新场景构建后，采用 Nerf 技术获取高真实感图像。Telsa 已经将仿真生成的数据用于 AutoPilot 和 FSD 算法的提升，共生成了 3.71 亿张图片、接近 48 亿个标注目标。

图 5-52　Cruise 基于地图仿真数据

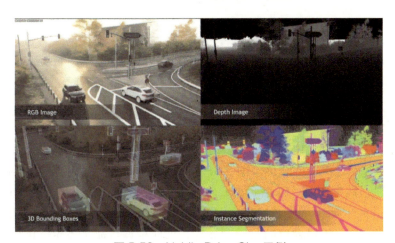

图 5-53　Nvidia Drive Sim 示例

（2）Cruise　与特斯拉的技术方案不同，Cruise 仿真场景的静态部分是基于地理信息系统数据自动生成的，可以快速地构建路面和贴图信息（图 5-52）。而动态物体及其行为则是从真实数据中提取重建的。将动态物体插入重建好的静态场景中，得到新合成的虚拟场景。Cruise 为了保证仿真图像的真实性，做了大量的采集工作，包括不同时间、不同天气以及全景摄影等。

（3）NVIDIA　Nvidia Drive Sim 是一个端到端的仿真平台，最关键的神经重建引擎（Neural Reconstruction Engine，NRE）负责将录制的真实驾驶数据转化为仿真场景（图 5-53），中间涉及场景重建、合成和渲染等。场景重建过程采用了基于 Nerf 的多视角 3D 重建技术。Drive Sim 能够快速为多种传感器生成仿真数据，用于训练智能驾驶感知模型以及智能驾驶系统端到端测试。

（4）51VR　51Sim-One 是 51VR 自主研发的一款集多传感器仿真、车辆动力学仿真、道路与场景环境仿真等一体的自动驾驶仿真平台。51VR 支持对驾驶场景、传感器以及不同的光照进行渲染，能够快速得到模型训练用的仿真数据，但其中的渲染部分主要通过传统的图形学引擎实现，因此真实感不够强（图 5-54），此外自动驾驶场景库资源也比较少，可扩展性不高。

图 5-54　基于 51Sim-One 渲染城区场景

5.4　数据闭环

本小节介绍数据闭环的相关概念与技术基础，包含业界的经典案例。

5.4.1　数据闭环技术

机器学习生命周期（Machine Learning Lifecycle）是一种用来描述机器学习系统（更多是算法模型）循环迭代流程的总称。图 5-55 是一个典型的机器学习生命周期，可以看到主要包含 5 个步骤：数据管理（Data Management）、模型训练（Model Training）、模型验证（Model Verification）、模型部署（Model Serving）以及执行（Execution）。通过对生命周期中这 5 个步骤的优化，可以进行高效模型迭代，进而增加机器学习系统的稳定性。而支撑上面这 5 个步骤的底层要求就是数据闭环。在现实场景中，智能驾驶技术已经逐渐从算法驱动转向数据驱动，但是数据驱动的效率和成本优化仍面临诸多困难，其中最难的是对海量数据的采集挖掘和标注。

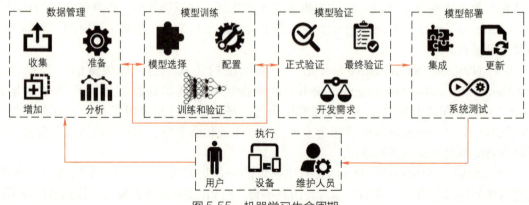

图 5-55　机器学习生命周期

高等级智能驾驶一辆测试车每天采集的数据量是 TB 级别的，且对车载摄像头、激光雷达、毫米波雷达、高精定位等传感器采集的数据还有严格的安全合规要求，这对海量数据的接入、存储、脱敏、处理、标注等带来了极大的挑战。随着自动驾驶高阶能力的发展，场景的复杂度迅速提升，出现了越来越多的高难度场景样例。持续提升车辆感知模型的精度，对训练数据集的规模和质量提出了更高要求。传统采集车采集 + 人工标注在效率和成本方面难以满足需求。为了解决驾驶场景中各种高难度问题，自动驾驶需构建高效的数据闭环系统（图 5-56）。数据闭环的一般流程是：通过专业采集车或者量产车的影子模式上传 Trigger 数据到云端，云端进行数据处理、数据挖掘、数据清洗、数据标注等操作获得训练样本，用来训练模型和验证改进各种车端算法，并通过 OTA 方式将优化后的算法版本部署升级到车端形成闭环迭代。数据闭环可以高效率、低成本地完成算法的迭代优化。

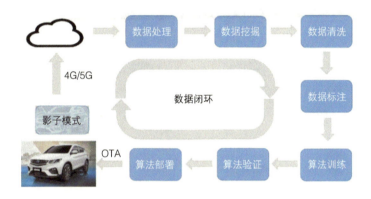

图 5-56　数据闭环流程

5.4.2　业界案例介绍

目前业界很多公司都提出了自己的数据闭环方案，这些方案在整体路线上基本一致，区别在于具体的实现细节。下面分别介绍 Tesla、Waymo、NVIDIA、毫末智行、Momenta、昆易电子以及纽劢科技的数据闭环方案。

（1）Tesla　Tesla Data Engine 由量产车队通过各种规则及影子模式挖掘稀缺数据回传云端，云端利用自动化工具对数据进行标注并放入训练数据集中，之后利用这些数据训练感知模型，最终将测试后的新模型通过 OTA 部署回车端，完成一次完整的迭代开发。图 5-57 所示为用数据闭环提升弯道停车感知 Badcase 的案例，通过车端和云端挖掘，快速收集训练数据并进行标注，随着有效数据源源不断地加入训练中，可以看出车端模型的指标持续提升，并最终解决了对应的 Badcase。

（2）Waymo　Waymo 数据平台是一个典型的针对机器学习迭代而打造的平台（图 5-58）。数据采集完入库之后，进行人工标注，标注好的训练数据进行模型训练，模型经过测试后通过 OTA 部署到车端，之后有针对性地采集并挖掘数据进行模型迭代优化，如此循环构成闭环。Waymo 的数据平台利用主动学习从原始数据池中选择要标注的数据，用于提升模型精确性和数据获取效率。

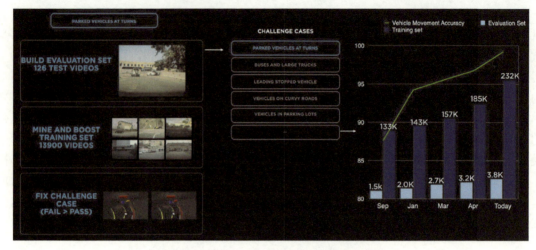

图 5-57　Tesla 弯道停车数据挖掘迭代流程

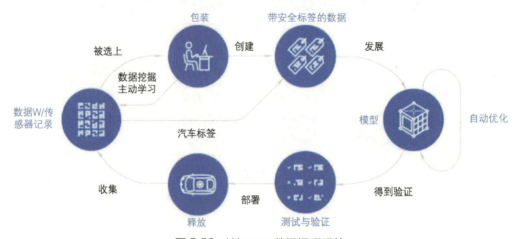

图 5-58　Waymo 数据闭环系统

（3）NVIDA　为了有效支持自动驾驶数据挖掘和模型迭代的闭环，NVIDA 开发了名为 MagLev 的机器学习平台（图 5-59）。MagLev 的自动驾驶开发流程包括数据采集、数据筛选、数据标注、模型训练、模型评估、模型调试和部署。车辆采集的原始数据会被注入数据池（Data Lake）；经过筛选后创建数据集（Selected Datasets）；经过数据标注后，进入已标注的数据集（Labeled Datasets），这部分数据集将用于模型的训练和评估。MagLev 平台的特点是具备强大且完善的数据、工具链、模型管理系统和主动学习的能力，可以自动地找到多样化的数据，为机器学习的训练数据筛选提供了高效的工具。

（4）Momenta　Momenta 提出的数据飞轮模式具备了全流程数据驱动的技术能力，包括感知、融合、预测和规控等算法模块都可以通过数据驱动的方式高效的迭代与更新。数据飞轮提供了一整套能够让数据流实现闭环自动化（Closed Loop Automation，CLA）的工具链。CLA 的线上数据管理平台，通过数据采集、数据回流、数据处理、数据标注、模型训练及模型评测，实现整个数据闭环过程（图 5-60）。CLA 能自动筛选出海量关键数据，驱动算法自动迭代，让自动驾驶飞轮越转越快。

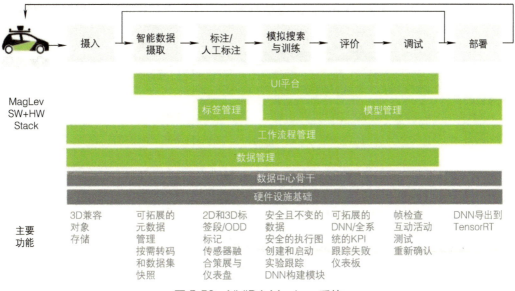

图 5-59 NVIDA MagLev 系统

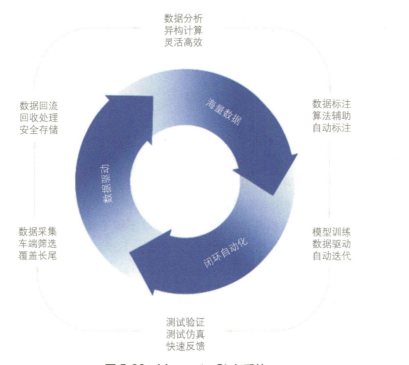

图 5-60 Momenta CLA 系统

（5）纽劢科技 纽劢科技的闭环数据平台名为 MaxFlow 自主成长系统（图 5-61），能够实现全生命周期的 OTA 升级，满足自动驾驶的多样化需求。MaxFlow 包含车端、云端两大部分，车端源源不断地获取数据，云端对数据进行分析和处理，完成清洗、标注、训练以及模型验证的整个闭环，为感知、融合、决策、定位、测试等环节提供全方位支持，驱动自动驾驶的整个系统自主成长。在数据挖掘方面，MaxFlow 采用了车端和云端两种挖掘方式。此外,针对真实场景中 Corner Case 数据收集困难的问题,纽劢科技采用了仿真的解决方案。

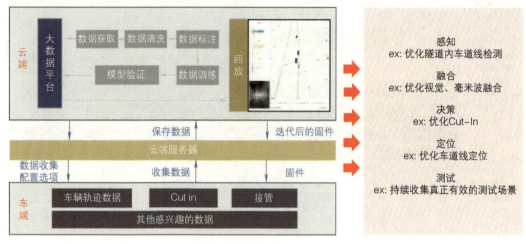

图 5-61 纽劢科技 MaxFlow 系统

练 习 题

一、选择题

1.【多选】下列哪些数据集属于常用的智能驾驶公开数据集（　　）。

A. Kitti　　　　B. nuScense　　　　C. Cityscape　　　　D. Apolloscape

2.【单选】以下哪个选项不是业界主流的标注平台（　　）。

A. Scale.ai　　　B. Mindflow SEED　　C. Apollo　　　　D. Easydata

3.【单选】关于激光雷达常见数据异常问题,以下描述错误的是（　　）。

A. 视野被遮挡,导致数据缺失　　B. 光线条件较差,导致成像模糊

C. 环境光线干扰,导致数据噪声　D. 传感器自身故障,导致数据异常

4.【单选】下列不属于 4D 动态物体的真值信息的是（　　）。

A. 类别、track ID　　　　　　　B. 位置、朝向、尺寸

C. 速度、加速度、角速度　　　　D. 逻辑关系

5.【单选】关于数据挖掘错误的是（　　）。

A. 云端挖掘模式是从海量的已经采集存储的数据中搜集需要的数据

B. 车端数据挖掘是让车辆按照需求进行触发采集,从而减少无效数据的数据回传和维护代价

C. 车端数据挖掘则主要是利用车端感知和云端感知结果差异,并结合规则的方式实现

D. 工况大模型用于对不同的场景数据进行自动打标签,例如通过对场景、天气、光

线、时间进行识别,并将标签赋给对应的数据,从而用于特定任务场景需求的数据挖掘。

二、填空题

1. 感知模型对数据的需求可以总结为三要素,即_____、_____和_____。

2. 云端的数据挖掘是在数据上传平台后通过跨媒体检索的方式完成,常见方法的主要有_____、_____、_____以及工况及检测大模型等。

3. 基于Lidar的姿态真值生成方案主要是结合_____、_____、_____、_____进行多传感器融合,在一些存在回环的场景,可以利用回环检测消除Odometry的累积误差。

4. _____真值计算方式与Depth基本一致,区别为_____需要一个参考面计算点到路面的相对高度。

5. _____首先从实际场景中采集真实道路场景数据,接着在数字世界中重建自动驾驶场景,包括汽车、行人、道路、建筑和交通标志。

三、判断题

1. 场景库的构建主要是进行三维场景素材的累积,包括静态场景和动态场景。
( )

2. 在进行场景渲染之前,需要从场景库中选择符合要求的动静态场景,之后根据一定规则合成所需要场景。
( )

3. Depth真值生成的基本原理是将Lidar点云投影到图像空间,为对应的像素提供Depth真值。这个过程中最关键的是点云对齐的精准程度。影响因素主要有Lidar-Camera时间同步、Lidar-Camera外参标定以及Lidar点云的运动补偿,其中运动补偿需要依赖自车的Odometry。
( )

4. 视觉方案也是利用Wheel、IMU以及GNSS等多传感器进行Odometry计算。
( )

5. 静态标注主要对场景中的路面要素、空中要素以及它们之间的拓扑连接关系进行标注,常用的标注方法有基于重建的方法和基于定位的方法。
( )

四、简答题

1. 简述自动驾驶场景重建的三个核心部分。

2. 通过SFM或者SLAM算法得到高精度的Pose,常用的有基于Lidar和纯视觉的两种方案,分别简述Lidar Pose和视觉Pose方案。

3. 简述数据仿真技术中场景库的构建方式。

4. 简述机器学习生命周期的典型步骤。

5. 简述数据闭环流程。

五、实训题

1. 调研我国科研机构、学校或科技公司提出的4D真值方案相关工作,并分析其中哪些工作更适合量产。如果都不适合量产,思考如何改进可使之更容易量产。

2. 阐述对智能驾驶中感知真值方案从2D标注到4D标注的转变的理解。

第 6 章 视觉感知任务

本章将详细介绍在量产实践中的各类视觉感知任务，包括场景识别、静态感知、动态感知、地面标识感知、通用检测、预测与规划。在部分感知任务中，我们还明确了量产中的指标要求，方便读者在后续的开发中进行参考。这里需要注意的是，智能驾驶任务有多种分类方法，图 6-1 展示了一种典型的分类方法，最终落实到算法上就是目标检测、图像分割、目标测量及图像分类等任务。随着智能驾驶场景的不断丰富、Corner Case 的不断增多以及深度学习算法的不断发展，更多感知任务及算法分类将不断加入。本章主要从实际开发案例出发，对一些必要的任务进行分类及说明。面向这些感知任务的视觉感知算法，我们将会在第 7 章中详细介绍。

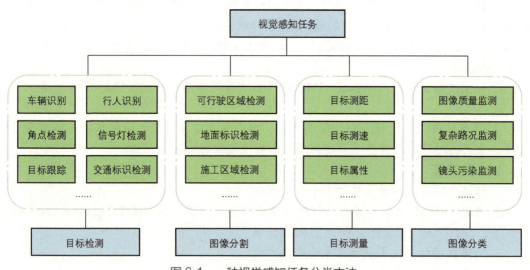

图 6-1 一种视觉感知任务分类方法

6.1 场景识别

在智能驾驶中，不同场景如大雨、大雾、雪天、夜晚等对驾驶人的感官判断有一定影响，对视觉感知的影响更大。在目标检测及视觉测距等任务中，由于目标检测器通常以图像为输入，场景对其成像质量作用明显，导致检测器精度受到场景的影响。因此实现道路场景识别是智能驾驶中重要的一环，对提升辅助驾驶系统的鲁棒性有着重要意义。在智能驾驶系统中，通过对行驶道路场景进行语义理解，实现对系统中各个任务模块预警的辅助决策，有助于提升智能驾驶系统的稳定性。例如，图 6-2 展示的是雨天夜晚场景，由于光线原因导致图像质量变化，进而影响到后续的目标检测精度。为此，一般会在目标检测前先对该图片的场景进行预测，再根据场景预测结果（一般是分类结果）来动态调节目标检测的阈值。具体过程就是先利用场景分类算法对当前图片进行场景预测（如图 6-2 右上角），其后再基于场景感知结果对目标检测阈值做出不同于正常情况下的调整，提高目标检测的准确率；在极端场景下，可对辅助驾驶系统进行降级，提升驾驶安全性。

图 6-2　场景识别（多任务）

智能驾驶中的场景识别一般包括天气识别、场景识别、时间识别以及光线识别等多任务：

1）天气：包括晴天 / 阴天 / 雨天 / 大雨 / 雪天 / 其他。
2）场景：包括高速 / 城区 / 乡村 / 隧道 / 收费站。
3）时间：包括白天 / 黑夜 / 其他。
4）光线：包括自然光 / 灯光 / 强光 / 黑暗。

高级辅助驾驶系统会在雨雪场景、大雾天气等极端场景与多云天气、高速道路等正常行车场景中进行车速调整、防碰撞预警以及道路区域提取等不同操作。而多任务场景识别可以实现系统对道路场景的语义理解，确保车辆行驶安全。场景识别多任务作为图像分类的应用任务之一，可将场景识别分为图像特征提取和分类器训练两个阶段。场景分类器提取场景图像特征主要是基于局部描述特征或使用卷积神经网络的方式实现。其中卷积神经网络可以通过海量数据进行训练，并通过不断的调参优化得到优秀的场景分类器。而且这种基于深度学习的场景分类器学习到的特征具有良好的迁移学习能力，即使在不同源的数据和不同领域上也能表现出较优的鲁棒性。因此卷积神经网络（CNN）在目标分类识别领域得到了广泛应用。下面介绍基于 CNN 的场景识别流程与思路，具体算法将在第 7 章的目标分类中详解介绍。

（1）数据准备

准备道路场景分类数据集，先利用车载摄像头拍摄道路真实场景，再对视频图像进行人工标注，得到符合分类定义的场景图片。因为我们要训练的是多任务场景识别，因此每张图片都是多类别标签的，定义的模型任务及标签信息见表 6-1。

表 6-1 场景识别任务及标签

任务	分类 1	分类 2	分类 3	分类 4	分类 5	分类 6
天气	Snowy	Sunny	Cloudy	Rainy	Heavy_Rain	Other
场景	Highway	Urban	Rural	Tunnel	Charge_Station	Underground_Parking_Lot
时间	Day	Night	Other	—	—	—
光线	Natural_Light	Lamp_Light	Hard_Light	Dark	—	—

（2）CNN 网络设计

整个任务的模型结构如图 6-3 所示，场景识别的目的是实现对道路场景图像的语义理解，其关键是如何利用 CNN 提取出更优的特征。从真实道路场景图像数据来看，由于很多交通道路中场景类型之间差异小，因此这些场景类型难以分辨。例如图 6-4 所示的城区和乡村，图像中具有很多相似特征，场景之间难以分辨。因此，如何从复杂道路场景的图像中提取出准确表征该类别的语义信息成为至关重要的环节。例如，利用 VarGNet 结构（见本书第 4.4.1 节）构建特征提取的骨干网络，将普通卷积替换成可变组卷积和点卷积，在明显降低网络参数的同时，使网络保持不错的性能。提取完图像特征后，在网络中加了 4 个分支，实现多标签分类任务。具体来说，构建多标签场景分类模型的思路是先将训练数据传入由 VarGNet 结构构建的卷积神经网络中，得到一些通用的图像特征，然后再分别接 4 个分支，每个分支中都包含 CNN 结构，提取各个任务特有的特征，经过网络训练迭代后得到多标签场景分类模型的网络参数。

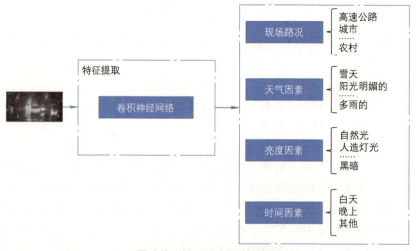

图 6-3 场景识别网络结构

图 6-4 城区和乡村场景识别错误示例

（3）损失函数

使用交叉熵损失函数（Cross Entropy Loss）计算各分支任务中输出的预测值和真实标签的误差损失，同时考虑到 4 个任务之间样本存在不均衡问题，通过给损失函数加一个权重，处理任务类不平衡问题导致的模型收敛偏向某一任务类的情形。

（4）模型输入输出

模型输入为原图缩放到 234×456 大小，输出为 4 项，分别为场景识别中目标的类的 id 及 score、天气识别中目标的类的 id 及 score、时间识别中目标的类的 id 及 score、光线识别中目标的类的 id 及 score。

（5）模型评价

在测试评估中我们将多标签场景图像分类问题转化为单分支分类问题，分类任务中常用的评测指标有准确率（Accuracy）、精确率（Precision）和召回率（Recall）。该任务可以先计算各个单分支的 Recall、Precision，再通过求平均得到 mean Recall，mean Precision 可用来衡量整个模型的综合性能。另外模型对比不同类别间的预测分布，可以通过混淆矩阵来显示。混淆矩阵能比较好地反映不同类别间犯错的概率，也能反映出一些类别的设置是否合理。

6.2 静态感知

静态感知表示对静态目标的感知，因为这些目标固定在路面或路边，与车、人等动态目标区别明显，所以在检测方法上也有所不同，是智能驾驶中的核心感知任务之一。本章主要介绍在自动驾驶及自动泊车中所需要的角点检测、路面坑洞检测、道路边沿检测、灯牌检测、可行驶区域检测、竖杆检测、减速带检测、施工区域检测、停车位检测和光源检测这 10 个元素。停止线、斑马线以及车道线等地面标识严格意义上也属于静态元素，鉴于其检测方法的不同，将专门在本章第 4 节进行介绍。

6.2.1 角点检测

如何获取车辆的 3D 属性及骑车人的姿态信息呢？目前领先的 3D 技术大都依赖高精度的激光雷达传感器获取真值信息，成本较高，阻碍了其进一步的推广普及。另一个思路是通过普通摄像头获取图像，检测车轮角点（车轮与地面的接地点），再结合全车框、车尾框生成 3D 框，从而获取车辆的姿态信息。另外自动驾驶中也经常检测骑车人角点，用于提供骑车人的姿态以及横向测距测速信息。图 6-5 展示了车轮与骑车人角点，其中序号 1 表示前轮、0 表示后轮。

从技术上讲，车轮及骑车人角点检测是关键点检测中的一种，套用关键点检测范式，可以分为"单目标关键点检测"和"多目标关键点检测"。在"单目标关键点检测"中，研究内容在于如何设计关键点检测网络，以提升其准确性及鲁棒性，其检测方法可以参考 4.2.6 节。而在"多目标关键点检测"中，研究中心不再是具体的关键点检测，而是如何对检测的关键点进行实例化分组。针对后者，该领域由此也分为基于"自顶而下"和基于"自底而上"的两种解决范式。

a) 车轮角点 b) 骑车人角点

图 6-5 车轮（左）骑车人（右）角点示例

1）基于"自顶而下"的方法。面对多目标关键点检测任务，自然而然会先检测出图中所有目标的 2D 框，再将目标 2D 框抠出来作为候选区域，进行角点检测。一般分两步进行：先检测目标实例，而后进行单目标角点检测，实现多目标关键点检测。该技术路线如图 6-6 所示，其中两个梯形分别表示两个不同的卷积神经网络，前者使用车辆检测器来对车辆实例目标进行提取并将其裁剪成单个车辆目标，然后再经过 Roi Normalize 方法将单个目标外扩一定区域，包含背景信息，且缩放到同一尺寸下，作为后面关键点检测网络的输入，这样就将多目标关键点检测问题转换为单目标关键点检测任务。基于"自顶而下"的方法由于精度较高目前应用较多，但是受限于目标检测的结果，有可能会出现漏检或者误检情况。

图 6-6 基于"自顶而下"的多目标关键点检测

2）基于"自底而上"的方法。这种技术路线是只有一个网络模型，不需要进行目标检测，直接先对整张图像进行不限制关键点实例数量的全局关键点检测。因为有多个目标，无法区分哪些点属于目标 1，哪些点属于目标 2，所以还需要在后面接一个实例化分组模块，利用其他辅助输出信息和后处理方法将这些关键点进行实例化分组。该技术路线如图 6-7 所示，其中只有一个梯形所示的卷积神经网络，进行不限制数量的全局关键点检测和输出额外如分割、检测或实例化编码嵌入等的实例化辅助信息，最后通过后处理过程进行实例化分组。基于"自底而上"的方法过程比较简单，但没有剔除背景噪声，部分噪声会影响检测的结果。

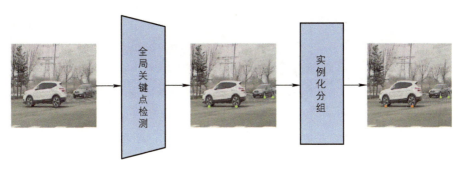

图 6-7　基于"自底而上"的多目标关键点检测

基于"自顶而下"和"自底而上"的两种技术路线各有千秋，在"精度"和"速度"两方面均具有其特色和潜力。其中，前者由于分两阶段地将多目标场景转换为单目标关键点检测问题，从而能够利用优秀的通用目标检测网络，并预先进行目标尺度归一化，同时能够无缝衔接地使用业界最先进的单目标关键点检测网络进行归一化的目标关键点检测，从而在 COCO 和 AI Challenger 等相关竞赛中达到了更高的性能精度和更广的应用范围。但该技术路线中后期的单目标关键点检测较为依赖前阶段准确的目标检测框提取，而且两阶段的流程较为冗余且分阶段训练的成本较大，从而导致该技术路线在速度方面不占优势，尤其是当图像中目标增加时其后端单目标关键点检测的负荷也会相应增加。而后者则无论目标多少，都只需要对整张图片进行一次处理，从而能在更多目标的场景下占得优势，但在借助比前者更高分辨输入输出的情况下，其潜在的速度优势还不足以弥补其缺失的精度水平。

在实际开发中，角点检测有很多难点（Corner Case），需要不断打磨算法与数据才能避免。例如，当目标存在遮挡、角点位置不明显时，易导致角点漏检、检测位置不准（图 6-8）；在 Cut-In 场景中，目标不完整，车轮缺失，会导致模型"脑补"的角点不准（图 6-9）；在大小车场景中，车辆重叠，会导致角点检测不准（图 6-10）。

图 6-8　遮挡造成的角点检测不准

图 6-9　Cut-In 场景角点检测不准

图 6-10 大小车场景角点检测不准

6.2.2 路面坑洞检测

在理想的驾驶场景下，车辆应当行驶在平坦、标识清晰的路面上。但随着城市汽车数量不断增多，许多老旧公路在长期负载、施工以及自然灾害的作用下出现了不同类型的破损例如裂缝、坑洞、鼓包等。坑洞是一种低于正常路面的碗状凹陷，对于高速行驶中的车辆来说，这些坑洞会变得极度危险。因此，当驾驶人无法从远处看到坑洼并及时制动或将汽车快速驶离时，将造成难以挽回的后果，因此坑洞检测是一项十分重要的任务。

目前对坑洞自动检测的研究方法主要有 3 类：基于三维重构的方法、基于振动的方法和基于视觉的方法，这里主要介绍基于视觉的方法。可以将路面坑洞检测方法分为基于传统机器学习和基于深度学习两大类：

（1）**基于传统机器学习的方法** 主要包括图像采集与预处理，特征提取与表示以及坑洞检测 3 个步骤。

1）图像采集与预处理：使用车载摄像头进行实时拍摄，将拍摄的图像进行预处理，包括图像去噪、图像增强和图像校正等。去噪可以通过滤波算法来实现，例如中值滤波和高斯滤波。图像增强可以采用直方图均衡化等方法来提升图像的对比度和细节。图像校正则是为了消除图像畸变，可以通过几何变换和摄像头校正来实现。

2）特征提取与表示：特征提取是路面坑洞检测中的关键一步，常用的特征包括颜色、纹理和形状等。颜色特征可以通过提取图像的色彩信息来实现，例如使用 HSV 颜色空间或者灰度化处理。纹理特征可以通过提取图像的纹理信息来实现，例如使用局部二值模式（LBP）算法或者 Gabor 滤波器。形状特征可以通过提取图像的轮廓信息来实现，例如使用 Canny 边缘检测算法或者形态学操作。

3）坑洞检测：根据提取的特征结果，采用不同的机器学习方法来进行坑洞检测，一般是使用分类器对图像进行分类，例如支持向量机（SVM）和随机森林（Random Forest）等。

传统机器学习的方法因为提取的都是人工选择的特征，在坑洞形状比较规则或目标背景颜色差别较大时效果较好。一旦光照条件发生变化、道路背景较复杂或者坑洞形状各异时，检测精度就会急速下降。而且人工设计特征、分类器，较为复杂且难以复用。

（2）**基于深度学习的方法**

近年来，深度学习已经逐渐取代了传统机器学习的方法，成为坑洞检测的主流算法。如图 6-11 所示，基于深度学习的坑洞检测方法又可以细分为基于目标检测的方法和基于语义分割的方法：

图 6-11 坑洞检测（左、中）与分割（右）示例

1）基于目标检测方法。基于目标检测的方法主要有以 YOLO 系列为代表的一阶段方法和以 R-CNN（Region-based Convolutional Neural Network）系列为代表的二阶段方法，使用 mAP 作为评测指标。一阶段方法能够直接在网络中提取特征，预测物体的分类和位置，因此算法速度较快，适用于实时检测，但在小目标和密集目标场景下算法精度不高。二阶段方法精度较高，能应对小目标和密集场景，但需要先利用一个区域建议网络（Region Proposal Network）生成候选区域，再对候选区域进行分类和回归，因此检测比较耗时，达不到实时性要求。文献 [34] 提出了一种基于 YOLOv4 的改进算法用于公路病害检测，将骨干网络中的普通卷积换成深度可分离卷积，降低了网络参数计算量；然后又基于 Focal loss 改进了 YOLOv4 的损失函数，解决了网络训练过程中正、负样本不平衡而导致的检测精度较低的问题。文献 [35] 使用 Faster-RCNN 进行路面病害检测，可以检测裂缝、坑洞、鼓包等多种常见的路面病害，算法精度较高，但该方法检测时间较长、实时性较差。总体来说，上述的目标检测方法只能在实例级别识别路面坑洞，当需要像素级的路面坑洞检测结果时，需要基于语义分割的方法实现。

2）基于语义分割方法。基于语义分割的路面坑洞检测是对图像进行像素级的分类，因此相比于目标检测方法能够提供更为精细的坑洞边界和形状信息，常见的模型包括全卷积网络（FCN）、U-Net 和 DeepLab 等，使用 MIoU 和 MACC 作为评价指标。例如，文献 [36] 采用 FCN 模型实现对道路图像中坑洞区域的像素级别的准确定位，并通过数据集的创建和数据增强方法提高了模型的准确性。文献 [37] 改进了 U-Net 模型，提出了 D-UNet + CRFs 语义分割网络模型，并采集了湿滑路面坑洼数据，有效地对雨雪天气后的湿滑路面坑洼进行语义分割，实现像素级的识别精度。

坑洞作为一类不那么常见的目标，在业务上需要专门建立针对坑洞检测的数据集。除建立专用的坑洞检测集之外，也可以参考开源的坑洞数据集，如 Roboflow。对于坑洞分割，除自行建立坑洞分割数据集之外，还可以使用开源坑洞分割数据集如 Kaggle 的 Pothole 分割数据集。下面以 YOLOv5 为例，介绍坑洞检测的基本流程与思路：

1）数据准备：除建立专用的坑洞检测集之外，也可以使用开源的坑洞数据集如 Roboflow 以及同济大学 MIAS Group 提出的 UDTIRI（Urban Digital Twins Intelligent Road Inspections）道路坑洞数据集等。以随机方式组合这两个数据集，并创建一个训练、验证和测试集。如图 6-11（左、中）所示，数据集只包含一个类，即坑洞。

2）检测流程：整个检测流程如图 6-12 所示，数据集划分为训练、验证和测试集，比例是 8∶1∶1，然后加载模型及初始化模型参数。这里为了加快训练，可以加载开源的 YOLOv5 模型权重作为模型的初始化参数；然后将训练集划分成一个个 batch，送到模型里训练；当最后一个 batch 训练结束时，即表示进行了一轮训练；保存训练权重，在验证集上评估模型性能。如果当前性能优于最佳性能，就将最佳模型权重替换成当前模型的，否则不替换。当达到我们设置的最大迭代轮数时，训练即结束，此时可在测试集上计算模型的指标以及可视化识别结果。

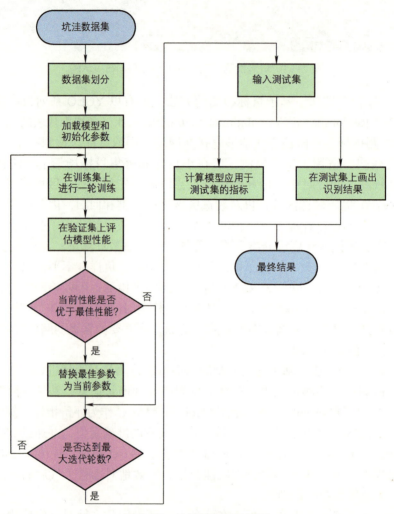

图 6-12　坑洞检测整体流程

3）模型输入输出：模型输入是缩放到 640×640 大小的图片，模型输出的是 3 个特征图，维度分别是 20×20×（3×5）、40×40×（3×5）、80×80×（3×5）。以 80×80×（3×5）特征图为例，80×80 表示特征图的尺寸，3 表示每个网格设置 3 个 Anchor Box，5 表示 4 个位置坐标和一个置信度，置信度表示这个网格中可能存在物体的概率。模型输出会再经过后处理（Decoder）得到最终结果：坑洞检测框坐标和置信度。

4）评价指标：该任务属于目标检测任务，因此可以使用目标检测任务的评价指标来评测模型的好坏，包括精确率（Precision）、召回率（Recall）、平均精度（Average Precision，AP）和平均精度均值（Mean Average Precision，mAP）。在实际开发中，坑洞检测有诸多难点（Corner Case），例如，因为坑洞的形态各异，没有规律，所以会出现检测框不准的情况（图 6-13）；除此之外，当路面坑洞较多时，也有可能出现漏检（图 6-14）。

图 6-13 坑洞检测框不准

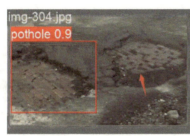

图 6-14 坑洞漏检

6.2.3 道路边沿检测

如图 6-15 所示,道路边沿一般是指基于车道线分割图(Lane Parsing)得到的路牙结果,主要为路牙。除此之外,道路边沿还包括平路沿:由水泥或石板等材质组成的、与路面高度一样的、起路沿作用的物体;车道边界出现与路面相平的结构,看不到有凸起,并且可以确定不是车道线,那么将其定义为"平路沿",一般出现在乡村道路、高速栏杆下,如图 6-15b 所示。在部分文献中,广义的路沿指的是基于通用语义分割图(Parsing)得到的不可通行边界的结果,包括各种栅栏、护栏、墙体、草地、砂石等,如图 6-16 所示。

a) 路牙　　　　　　　　　　　　　b) 平路沿

图 6-15 车道线分割图得到的路牙及平路沿

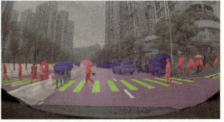

图 6-16 语义分割识别的广义路沿

路沿检测可以分为基于传统视觉的方法和基于深度学习的方法。

（1）基于传统视觉的方法 基于传统视觉方法检测路沿的流程如图 6-17a~d 所示。图 6-17a 是摄像头采集的道路图片。图 6-17b 所示为灰度图。将图像由彩色转成灰度图的原因是下一步边缘检测最关键的部分是计算梯度，而颜色难以提供关键信息，且颜色容易受光照等因素影响，另外灰度化后，简化了矩阵，提高了运算速度。图 6-17c 表示先对图像进行候选区域选取，排除其他边缘和线的影响，然后使用边缘检测滤波（如 Canny）等方式提取候选区域里所有的边缘和线。图 6-17d 所示为结合 Hough 变换、RANSAC 等算法进行道路边沿检测。这类算法需要人工手动去调滤波算子，根据算法所针对的街道场景特点手动调节参数曲线，工作量大且鲁棒性较差，当行车环境出现明显变化时，车道线的检测效果不佳。

图 6-17 基于传统视觉方法检测路沿

除此以外，还有一些基于拟合的路沿检测、基于俯视图变换的路沿检测等，但这些传统视觉的方法应用场景都受限制。Hough 变换检测方法准确但很难做弯道检测，拟合方法可以检测弯道但不稳定，仿射变换可以做多车道检测但在遮挡等情况下干扰严重。而且对相机有一些具体的要求，在变换前需要调正图像，另外摄像头的安装和道路本身的倾斜也会影响变换效果。这些方法也都无法满足实时性要求，因此实际应用较少。

（2）基于深度学习的方法 基于深度学习的路沿检测大致分为六类：基于分割的方法、基于检测的方法、基于参数曲线的方法、基于关键点的方法、基于行分类的方法和基于 BEV 的方法。在真实开发中，通过车道线分割、语义分割以及基于 BEV 的方法较为常用。

1）通过车道线分割得到路沿感知结果。车道线分割本质是一种语义分割算法，常用的方法有如下三种：

① Spatial CNN（简称 SCNN）。将传统的卷积层以接层（layer-by-layer）的连接形式的转为 feature map 中片连片卷积（slice-by-slice）的形式，使得图中像素行和列之间能够传递信息。该方法适用于检测长距离连续形状的目标或大型目标，有着极强的空间关系但是外观线索较差的目标，例如交通线、电线杆和墙。该方法在 TuSimple 比赛中获得了第一名，准确率为 96.53%。

② LaneNet。该模型由两部分构成：第一部分 LanNet 首先使用逐像素的分割区分车道线和背景，然后利用聚类完成对车道线的实例分割；第二部分 H-Net 通过预测变换矩阵 H 对同属一条车道线的所有像素点进行重新拟合车道。

③ PINet。该方法分为两部分：第一部分 Lane Instance Point Network 用来检测车道线；第二部分在后处理阶段，使用聚类和平滑算法移除噪声（Outliers），获取更加平滑（Smooth）的车道线预测。

2）通过语义分割得到路沿感知结果。通过语义分割可以得到可行驶区域，进而可以得到广义路沿的检测结果，常见的算法包括 UNet 及 DeepLab 系列。

3）通过 BEV 算法得到路沿感知结果。以 BEVSeg 算法为例，首先将 RGB 图像输入语义分割和深度估计网络，输出 Semantic Map 和 Depth Map；之后，结合相机参数 +Depth，通过正交投影将语义分割转到 BEV 视角，生成存在遮挡的 BEV；最后，把带遮挡的 BEV 输入 Parser 网络，输出完整的语义分割图，如图 6-18 所示。

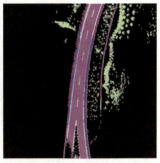

图 6-18　BEV 视角下路沿识别结果

在实际开发中，道路边沿检测也有较多难点（Corner Case），例如逆光场景下误将路沿识别为车道线（图 6-19）；雨天场景，刮水器刮过后存在水雾，模型无法区分远端路沿和正常路面，导致路沿检测不准（图 6-20）；大曲率弯道场景，在远端路沿拟合曲线较差（图 6-21）。

图 6-19　路沿误检成车道线

图 6-20　路沿检测不准

图 6-21 路沿拟合曲线不准

6.2.4 灯牌检测

灯牌检测是智能驾驶环境感知的基础，是其他系统能够安全稳定运行的必要前提。通过获取车载摄像头拍摄的汽车行驶前方道路环境图像，从中检测出交通灯及标志牌，并做出准确识别，将识别结果分发给行车电脑或其他子系统，使车辆做出准确分析和决策，能够保持车辆正常、稳定、安全的行驶。交通灯类别较多，如图 6-22 所示，有机动车信号灯、非机动车信号灯、人行横道信号灯、方向指示信号灯、车道信号灯、计时灯等。

a) 交通灯示例　　　　　　　　　　　b) 标志牌示例

图 6-22 交通灯与标志牌示例

标志牌也有较多类别，一般可以分为 4 大类：警告、一般禁止、电子限速和限速，如图 6-22b 所示。警告类中包含"注意十字路口""注意连续丁字路口""注意右向丁字路口""注意左向丁字路口"等；一般禁止类包括"停车让行""减速让行""会车让行""禁止通行"等；电子限速类包括"电子限速 20km/h""电子限速 30km/h""电子限速 60km/h""电子限速 70km/h"等；限速类包括"限速 5km/h""限速 10km/h""限速 15km/h""限速 20km/h"等。灯牌检测是典型的目标检测问题，常用的方法有基于颜色特征的检测方法、基于形状特征的检测方法和基于深度学习的检测方法。

1）基于颜色特征的检测方法。交通灯有红、绿、黄3种颜色；交通标志由红、黄、蓝等多种颜色形成，但同种类交通标志大多数颜色分布相同，根据这些特点可以设计出基于颜色特征的灯牌检测方法。具体操作就是先根据目标具有的颜色特征，在图像中找到符合特征的部分，然后进行图像分割，再将分割后的结果作为检测到的目标物，即完成了目标检测。常用方法有 RGB 颜色空间法、HSV 颜色空间法、YUV 颜色空间法、LAB 颜色空间法等；另外还有一些改进形式，例如热力图、颜色概率、最大稳定极值等方法，以及这些方法之间的组合使用。例如文献 [38] 使用 LAB 颜色空间方法实现了对图像中阴影的检测，文献 [39] 提出了一种基于颜色密度识别的交通信号灯检测方法。但基于颜色特征进行检测的方法会受到交通标志牌颜色脱落褪色、光照变化、车辆尾灯等因素的影响。

2）基于形状的检测方法。根据目标图像具备的形状特征，在图像中搜索特征匹配的图像，即可完成图像目标检测，常用方法有霍夫变换、快速径向对称变换、顶角变换等方法。虽然基于形状特征检测方法能够较好地避免颜色脱落带来的干扰，但灯牌发生形变或者检测视角改变时，检测效果还是会发生大幅下降。

3）基于深度学习的检测方法。随着 Fast-RCNN、Faster R-CNN 以及 YOLO 系列等算法的相继提出，诸多学者将这些基于深度学习的目标检测算法应用于灯牌检测识别中，并成为主流方法。

下面介绍一个以 Faster-RCNN 为模型来进行灯牌检测识别的思路与流程。在任务方面，灯牌检测识别包括交通灯检测、标志牌检测、红绿灯颜色分类以及交通标志牌分类 4 个任务，其中交通灯检测、标志牌检测是指从输入图像中检测出交通灯和标志牌的位置，并用矩形框框出；交通灯颜色分类是将其分成 5 个类别：绿、黄、红、关闭、其他；标志牌分类是将标志牌分成限速类、绿底白字指示牌、白底黑字指示牌等 55 个类别。

模型结构如图 6-23 所示，在 Faster R-CNN 的基础上，加了特征金字塔（Feature Pyramid Networks，FPN），在不大幅度增加计算量的前提下，显著提升特征表达的尺度鲁棒性，同时将 RoI-Pooling 替换成 RoI-Align，提高检测框的精度。红色框出来的是多任务共同的

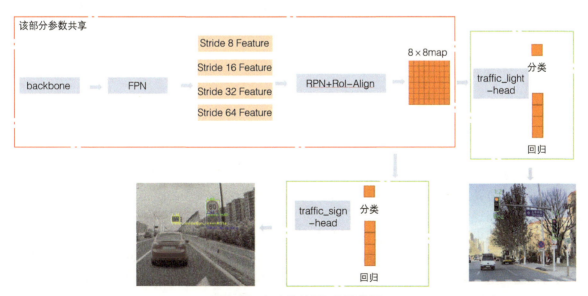

图 6-23 标志牌检测识别结构图

模型结构，模型参数共享；后面会按不同的分支去完成交通灯检测、交通灯颜色分类、标志牌检测、标志牌分类。其中绿色框中的分类是指输出预测框的类别以及预测框的得分信息，回归是指输出预测框的位置信息。在损失函数方面，上述模型的整体的损失函数是多任务损失函数的形式，分类使用交叉熵损失函数，回归使用 smooth L1 函数，并且加了权值参数、调节分类和回归的损失。

在评价指标方面，目标检测问题中的模型的分类和定位都需要进行评估，每个图像都可能具有不同类别的不同目标。因此，在图像分类问题中所使用的标准度量（如精确率和召回率等）不能直接应用于目标检测问题，它们无法对各个物体出现的位置进行衡量。这里我们使用分类加检测级联评测的方式，即当预测框 B 的类别与 gt 框 A 的类别相同，且 A、B 之间的 IOU 大于某个阈值时，B 才称为 TP；反之，类别错误或者检测框不满足 IoU 条件的，称预测框 B 为 FP，称 GT 框 A 为 FN。然后分别计算红绿灯和标志牌的 AP（Average Precision），最后取 mAP（mean Average Precision）来衡量检测器的性能。

图 6-24 所示为在实际研发中一些典型的 Corner Case：目标遮挡易造成标志牌误识别，在图 6-24a 中，前两个是限重误识别为限速，第三个是限高误识别为限速，最后一个是误识别为误报，导致漏检；除了遮挡外，还有一些原因也会造成标志牌误识别，在图 6-24b 中，第一个是出口编号误识别限速，第二个是限速未知误识别为限速 10，第三个是字母 t 过小导致限重误识别为限速，第四个是解除限速牌误识别为常规限速牌；交通灯也会出现一些漏检误检，在图 6-24c 中，第一个是大光晕造成红绿灯漏检，第二个是月亮误识别为红灯，第三个是海报上的交通灯误识别为红灯，最后一个是 ETC 灯光误检为黄灯。

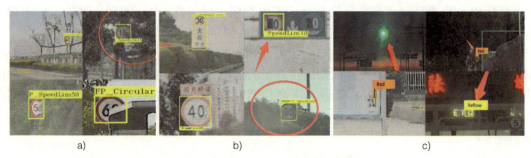

图 6-24 灯牌检测 Corner Case 示例

6.2.5 可行驶区域检测

可行驶区域指的是自动驾驶车辆周围可以行驶的、可以进行规划和控制的区域。可行驶区域检测任务即对场景中各个位置是否可行驶进行判断，并确定可行驶区域的范围。图 6-25a 为某车前视场景的可行驶区域检测结果，紫色部分表示可行驶区域，红色线表示可行驶区域边界。可行驶区域检测任务的作用为：①为自动驾驶的路径规划提供辅助信息，支持道路的路径规划，实现障碍物躲避等功能；②在障碍物检测任务中引入可行驶区域结果，进一步约束障碍物的位置信息，得到更为精细的目标信息；③结合路沿检测、语义分割、道路路面检测等任务，搭建高精地图。可行驶区域的检测范围可以是整个路面的检测，也可以是提取一部分信息，例如从图片中消失点附近提取感兴趣区域内的道路走向或路面中点，图 6-25b 中的蓝色矩形框位置表示消失点位置示意图。

a) 前视场景　　　　　　　　　　　　　　b) 消失点位置

图 6-25　可行驶区域检测示意

对于道路驾驶工况而言，车辆的可行驶区域主要包括结构化路面、半结构化路面和非结构化路面（图 6-26）。结构化的路面特征一般是有道路边缘线、道路的背景结构单一、道路的几何特征也比较明显，比如城市主干道、高速、国道、省道等，这类路面的结构层执行一定的标准，面层的颜色和材质统一。半结构化的路面是指一般的非标准化的路面，路面面层的颜色和材质差异较大，比如停车场、广场等，还有一些分支道路。非结构化的路面指的是没有结构层、天然的道路场景。

a) 结构化路面　　　　　　b) 半结构化路面　　　　　　c) 非结构化路面

图 6-26　不同路面示意图

可行驶区域的检测方法主要有基于传统计算机视觉的方法和基于深度学习的方法。

1. 基于传统计算机视觉的可行驶区域检测

基于传统计算机视觉的可行驶区域检测对不同的环境有很多不同的检测方法，在不同场景路面中使用的方法也有相同的地方。基本的方法有基于路面颜色、道路模型、路面纹理特征等获取路面的基本结构特征。例如，在颜色特征方面，结构化路面和半结构化路面一般有统一的颜色，通过手动对路面与非路面区域标注获得可行驶区域数据集，利用模型学习颜色信息获得可行驶区域分割结果。图 6-27 所示为基于图像颜色信息实现可行驶区域检测示例。利用纹理信息，可以使用 Gabor 滤波器进行纹理特征提取，Gabor 特征对于边缘信息敏感，容易提取出边缘方向。利用边缘特征，可以使用 Sobel/Prewitt 等算子判断图片中像素点是否为道路边缘，从而获得可行驶区域边缘信息。通过这些特征进一步的获得灭点、道路边缘线、道路的基本方向（直走、左转、右转、左急转、右急转）等潜在信息。对这些特征使用传统的分割提取方法或者机器学习的方法进行可行驶区域的最终提取。在现有论文中，每种路面的检测方法融合了以上的一种或者多种基本信息提取方法。

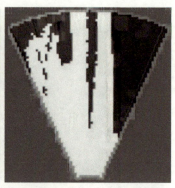

a) 原始图片　　　　　b) 俯瞰视角可行驶区域分割结果　　　　c) 俯瞰视角可行驶区域标注结果

图 6-27　基于图像颜色信息实现可行驶区域检测示例

2. 基于深度学习的可行驶区域检测

近年来，使用基于深度学习的可行驶区域检测方法逐渐被使用，其方法的主要逻辑是将可行驶区域抽象为对路面图像进行像素级别的语义分割。可行驶区域一般作为道路信息语义分割任务的一个类别被检出，常用的语义分割网络（如 UNet、Deeplab 和 PSPNet 等）均可以用于可行驶区域检测。可行驶区域检测任务也常与车道线检测联合成多任务检测，应用于实际业务中，例如 MultiNet、DltNet 和 YOLOP 等，它们都是将目标检测、车道线检测和可行驶区域分割结合，在驾驶场景中实现多任务感知。这些算法已在前面介绍过，这里不再赘述。

6.2.6　竖杆检测

竖杆作为重要的静态要素之一，主要通过汽车摄像头获得的车身周围环境场景图像被检出，用于实现避障和定位建图等功能。竖杆主要包含路灯杆、交通灯杆、交通标志牌杆、电线杆等，另外，考虑到收费杆也属于杆类目的横杆范畴，本节也将对其行介绍。竖杆检测主要有分割和目标检测两种方法。

（1）竖杆的分割检测方法　　竖杆的分割检测通常包含在驾驶场景的静态要素语义分割任务中，作为环境要素的一个类别进行像素级分割检测，竖杆的语义分割检测结果如图 6-28 所示，其中灰色部分为竖杆分割结果。

图 6-28　竖杆的语义分割检测结果

（2）竖杆的目标检测方法　　竖杆的目标检测方法包括非旋转目标检测方法与旋转目标检测方法。非旋转目标检测方法与通用物体检测方法相同，可以使用经典的目标检测网络实现（如 YOLO、CenterNet、FCOS 等一阶段检测方法，或 Fast RCNN 等二阶段检测方法），但是因为竖杆的目标长宽比较为特殊，所以使用的锚框也需要根据竖杆的实际尺寸进行调整。基于 YOLOv3 模型进行竖杆目标检测时使用的 Anchor 参考尺寸见表 6-2。非旋转目标检测方法的输出检测框为平行于图像宽高的矩形框，输出结果一般为预测框的回归信息，如左下角点坐标、右上角点坐标值、中点坐标和预测框宽高值等，预测框的类别和置信度。对于含有倾斜角度的竖杆和收费杆等横杆，使用非旋转矩形框难以贴合竖杆实际形状，如图 6-29 所示，因此该类情况适合使用旋转目标的检测方法。下面以两个具体结构（两点检测法与旋转框检测法）为例介绍。

表 6-2　竖杆与现有数据集（COCO）用于 YOLOv3 的锚框尺寸（像素）对比

竖杆	宽	23	26	14	25	25	120	32	114	96
	高	52	115	276	169	224	61	344	132	191
COCO	宽	10	16	33	30	62	59	116	156	373
	高	13	30	23	61	45	119	90	198	326

注：YOLOv3 使用 COCO 数据集设定的锚框尺寸。

图 6-29　竖杆预测框示例：非旋转目标检测效果（绿色框）、旋转目标检测效果（红色框）

1）两点检测法。在两点检测法中，竖杆目标的表示方法如图 6-30 所示，该方法中将竖杆目标简化为具有两个端点的线段。在模型方面，两点检测法网络结构如图 6-31 所示，模型结构由 backbone、neck 和 head 3 个部分构成。backbone 可使用 VarGNet 进行特征提取（详见本书 4.4 节），neck 使用 UNet neck 进行特征融合，head 使用了 neck 的最后单层特征图作为输入，通过 4 个独立的卷积结构，分别输出四组像素级结果。输出的模型结果以 heatmap 热图形式表示，分别为 pole_heatmap、pole_offset、max_pooling_offset、top_point_index，其中各个热图的含义如下。

① pole_heatmap：每个像素点作为预测目标顶点的置信度热图。

② pole_offset：以每个像素点位置为顶点的目标物，另一顶点相对于该点的偏置值的热图。

图6-30 两点检测法竖杆标注

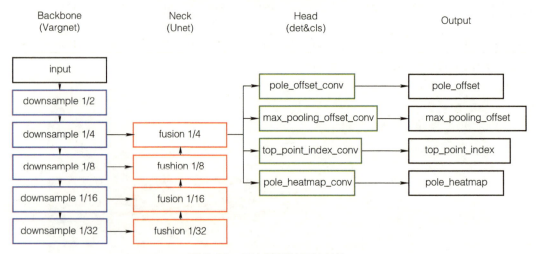

图6-31 两点检测法网络结构

③ max_pooling_offset：pole_heatmap 进行最大池化（maxpooling）后的结果热图，可用于后处理筛选目标物。

④ top_point_index：max_pooling_offset 中局部最大的索引热图。

通过 pole_heatmap 和 pole_offset 可以得到检测目标的两个顶点坐标，从而确定竖杆目标，通过 max_pooling_offset 和 max_pooling_offset 可以进行目标的筛选，确定图像中最终预测目标位置。

2）旋转框检测法。旋转框检测法的竖杆目标表示方法如图 6-32 所示，竖杆目标表示为带有旋转角度的矩形，适用于检测带有倾斜角度的竖杆和收费杆等横杆。对于每一个旋转矩形框，需要获得中心点坐标、框的长和宽、旋转角度信息，或者某一固定角点坐标、框的长和宽、旋转角度信息，即可获得旋转框。在模型结构上，与两点检测法相似，模型结构由 backbone、neck 和 head 3 个部分构成，如图 6-33 所示。head 使用了 neck 的最后单层特征图作为输入，通过一个共享卷积结构，分别输出四组像素级结果。模型输出分别为 center_heatmap、w_h_heatmap、offset_heatmap 和 angle_heatmap，它们的含义如下。

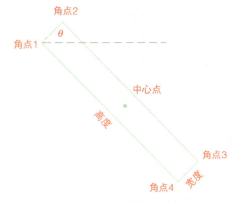

图 6-32 旋转框示例

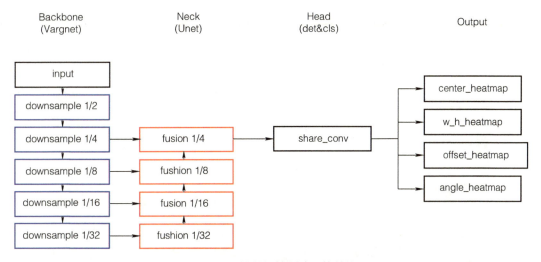

图 6-33 旋转框检测法网络结构

① center_heatmap: 每个像素中存在目标中心点的置信度热图。
② w_h_heatmap: 每个像素点对应中心点的目标框的长宽值得热图。
③ offset_heatmap：每个像素中存在的目标中心点，对于像素中心点的偏置。
④ angle_heatmap：每个像素中目标的旋转角度的正弦和余弦值。根据该输出可得到旋转框的具体位置形状。

6.2.7 减速带检测

减速带是汽车自动驾驶场景中的道路静态要素之一，它通过摄像头获得的车身周围环境场景图像被检出，主要用于支持实现定位建图、路径规划等功能，辅助驾驶功能中依靠减速带信息实现对车速的控制，从而提升驾驶的安全性并提升驾乘人员的驾驶感受。常见的减速带类别有两种，如图 6-34 所示，包括黄白相间的漆条标减速带、全黄漆条标减速带（一般无地面凸起或地面凸起程度较小）、黑黄相间的橡胶或金属减速带（凸起程度较大，对车辆的减速行驶要求更高）。减速带检测主要有分割和目标检测两种方式，使用的网络模型与其他静态目标检出方式基本相同，一般在静态要素检测任务中作为一个类别检出。对于不同场景和功能需求,减速带检测使用的输入图片类型有所不同,使用的图片输入主要有一般前视图片、鱼眼图片、IPM(逆投射变换)图片和BEV(鸟瞰)图片4种。

a) 漆条标减速带　　　　　　　　　　　　　　b) 橡胶或金属减速带

图 6-34　减速带类型

1. 前视原图 / 鱼眼图

在原相机图片和鱼眼相机图片中,由于拍摄角度,减速带在图像中的宽度窄于实际尺寸,同时存在图像畸变导致的减速带弯曲问题,如图 6-35 所示。在这类图片场景中,减速带通常作为静态要素的一类在多类别语义分割中进行识别,常见的分割模型已在本书第 4 章中进行了介绍,这里不再赘述。

图 6-35　鱼眼相机中弯曲的减速带示例

2. IPM/BEV 图

图像的 IPM 变换和 BEV 变换,都是将原始多角度的图片变换为拼接后的俯瞰视角的全景图片,修正了在原图片中减速带畸变弯曲的问题,另外也可以呈现出减速带的实际宽度(图 6-36)。在这类图片场景中,系统通常同时通过分割和检查方法识别减速带。这类图片的减速带分割任务与原相机图片一样,作为静态要素的一类在多类别语义分割中进行识别,检测任务使用 2D 目标检测模型进行识别。

下面以量产业务中的前视静态要素语义分割感知任务为例,介绍几种常见的减速带检测 Corner Case,主要包括两种情况:减速带误检为其他静态要素、其他静态要素误检为减速带。具体来说,减速带在分割任务中检出效果准确,但容易在检测任务中被误检为其他静态障碍物。例如:在目标检测任务中减速带被误检为锥桶,如图 6-37 所示;道路接缝 / 下水道等道路静态要素,由于位置及形状与减速带相似,容易被误识别为减速带,如图 6-38 所示;道路黄线车道线 / 停止线等道路静态要素,其颜色及形状与减速带相似,容易被误识别为减速带,如图 6-39 所示。

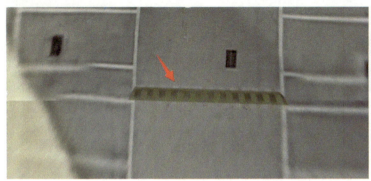 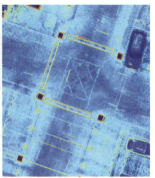

a) IPM 　　　　　　　　　　　　　　b) BEV

图 6-36　IPM 与 BEV 减速带图像示例

图 6-37　减速带被误检为锥桶

a) 道路接缝　　　　　　　　　　　　b) 下水道

图 6-38　道路接缝及下水道被误检为减速带

a) 道路黄色车道线　　　　　　　　　b) 停止线

图 6-39　道路黄色车道线及停止线被误检为减速带

6.2.8 施工区域检测

在道路驾驶场景中,经常存在施工区域、施工路段等非行驶区域。为保证行驶安全,车辆应当能及时准确识别施工区域并及时做出响应。道路上的施工区域并没有明确的形状和特征,施工区域可以出现在城区、郊区、高速、隧道等多种驾驶场景下。当道路施工时,施工区域往往都会用锥桶、警示牌、水马等标志物加以提示,如图6-40所示。因此施工区域的识别方式有①通过识别施工锥桶、施工标志牌等施工障碍物来获得施工区域范围;②通过道路信息的语义分割结果确定可行驶区域、路沿和施工区域。

a) 锥桶、水马标记施工区域　　　　　　b) 施工警示牌标记施工区域

图6-40　施工区域示例

对于锥桶、警示标志牌等施工区域标志物的检测,可以用目标检测方法和语义分割方法,如图6-41所示。在目标检测方法中,施工区域的警示标记物一般作为一种或几种类别,在静态障碍物检测任务中被检出,检测网络可以使用常见的目标检测网络,常见的目标检测算法有Fast-RCNN、YOLO、CenterNet、FCOS等。同其他目标检测算法一样,警示牌、锥桶检测可用mAP作为评测指标,如图6-41a所示。

a) 目标检测　　　　　　　　　　b) 语义分割

图6-41　锥桶检测示意图

除目标检测之外,还可以使用语义分割算法将路面的施工标识物分割出来,进而在后处理中划分出施工区域。使用分割算法识别施工标识,需要在标注分割数据集的时候增加施工标识类别的标注,如锥桶、警示牌等,使得在训练中,模型能够正确识别施工标识物这一类别。除自行建立施工标识物分割数据集之外,还可以使用开源施工标识物分割数据集,如nuScenes分割数据集,图6-41b所示。施工区域的警示标记物可以使用常用的语义分割

网络，如 UNet、Mask-RCNN 等，这类算法已在第 4 章中介绍过，应用方法将在第 7 章介绍，这里不再赘述。

6.2.9 停车位检测

停车位检测场景一般为车库和户外空间，车辆行驶至有车位的区域后，在汽车进行慢速行驶时，进行停车位检测（图 6-42）。检测到的车位信息，将与自车信息、车位交互信息共同作为输入给到后处理模块，由后处理模块处理得到车位轮廓信息与属性信息。图 6-42a 所示为泊车环境中行驶的停车位检测示意图，黄色为自车，绿色部分为检出的空闲停车位，灰色部分为被占用的停车位。

a) 停车位检查　　　　b) 车位

图 6-42　停车位检查及车位示意图

理想的停车位主要由 4 个角点和 4 条线构成，如图 6-42b 所示。4 条线分别为红色的入口线、左右侧的蓝色分割线和绿的底部边界线。

1）入口线为车辆按照常规逻辑泊入的线，在部分场景中可以显式地识别出，部分场景中需要隐式的推断。

2）底线为显式或隐式的不可通行边，包括墙体、路边沿、轮挡器附近一侧的线。

库位线为入口线、分割线和底线的总称；由库位线包围的空间为库位空间。

停车位类型多样，按照库位空间材质可分为沥青水泥材质、花砖材质、油漆材质等；按照库位空间颜色分类可分为白色、黄色、蓝色等；按照库位类型主要分为垂直库位、水平库位和倾斜库位，如图 6-43 所示。

1）垂直库位入口线或底线与分割线的夹角为 90°，入口线和底线为短边，分割线为长边。

2）水平库位入口线或底线与分割线夹角为 90°，入口线和底线为长边，分割线为短边。

3）倾斜库位入口线或底线与分割线的夹角为 30°、45°、60° 等，入口线和底线为短边，分割线为长边。

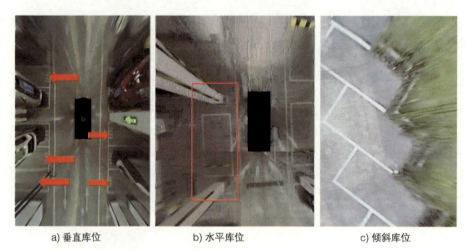

图 6-43 停车位类型

停车位检测的基本思路是检测车辆周围的近距离空间，一般使用鱼眼相机作为传感器，安装在车辆前后左右 4 个侧面，可以获得 360°的车身周围近距离信息。与环视摄像头相比，鱼眼相机可以提供比摄像头更宽的视野，可以使用更少的摄像头来实现更大的视野覆盖范围，并且鱼眼摄像头对于车身周围的目标可见性和精确性都有较好的表现。但是，鱼眼相机也存在径向畸变严重的问题，在鱼眼视角下原本为直线的库位线往往呈现出弯曲的状态，失去了目标的平移不变性特征。将鱼眼图转换为柱面图，或者将鱼眼图进行逆透视变换为俯视 IPM 图，作为停车位检测的输入具有较大的优势。停车位检测主要有基于传统机器学习和基于深度学习的检测算法。

（1）**传统机器学习方法** 早期的停车位检测算法基于传统机器学习方法，利用停车位的车位线颜色与周围道路背景颜色相差大的特点，利用 HSI 颜色空间中的色彩信息进行学习，分割出车道线。通过坐标转换利用二维图片信息获得三维停车位信息。

1）基于线段的检测方法：比如利用 Soble 算子提取边缘得到边缘图（Edge Image），接下来将边缘图通过霍夫变换转换到 Hough Space 提取车位对应直线段（基于二值图像中直线段像素转换到霍夫空间后表现为 Peak Value 的特点，在 Hough Space 检测 Peak Value 即可对应到二值图像中的直线）。

2）基于角点的检测方法：有 Harris 角点检测方法和 Fast Corner 检测等，或者利用半交互方法，通过手动选择停车位焦点，来拟合停车位，具体来讲就是首先人为选定两个车位角点，然后对分别取两个点附近的 1×1m 的 ROI 区域做处理后，对两个角点类型利用神经网络分类。根据两个点分类结果匹配，匹配的结果确定最终的车位类型计算出整个车位四个点。

（2）**深度学习方法** 通过深度学习来进行目标车位检测，一般通过检测车位角点、车位框和车位线段 3 种方式实现。检测车位角点的方法，将停车位检测分为 3 个阶段，分别为标记点检测、局部图像形式分类和停车位推理，如图 6-44 所示。

1）标记点检测：选用常用的角点检测深度学习模型作为点检测器，预测停车位角点。

2）局部图像形式分类：首先基于先验知识获得各种形式的停车位的库线长度等约束尺寸，利用预测到的车位两点确定一个局部区域图像。根据停车位的特征，对局部区域图像进行分类。该方法分类特征包括停车位方向（逆时针顺时针）、停车位有效性和停车位形式（钝角直角锐角）。

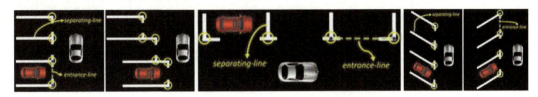

图 6-44　基于车位角检测的停车位检测方法

3）停车位推理：利用第二阶段预测的停车位局部图像形式，基于先验知识的停车位深度，计算获得不可见的停车位角点的位置信息。

在鸟瞰图视角下，停车位是具有较为规律的形状的，主要有平行、垂直、倾斜三种形态，如图 6-45 所示。可以利用该特征，直接通过目标检测预测出停车位，即检测车位框。以文献 [41] 中提出的二阶段停车位检测方法为例，如图 6-46 所示，该模型主要由一个停车位上下文识别器（Parking Context Recognizer，PCR）和一个停车位检测器（Parking Slot Detector，PSD）构成。在 PCR 阶段估计停车位的类型和方向，由一个估计停车位类型的分类分支和一个估计停车位及角度信息的回归分支构成，由此来给到停车位的粗略信息。在 PSD 阶段，该模型将估计停车位旋转框的精确坐标。

图 6-45　鸟瞰视角下停车位形状

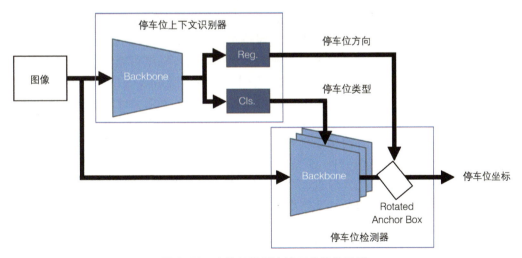

图 6-46　车位框检测方法网络结构示例

近年来，也有采用语义分割方法实现停车位检测的方法，通过语义分割获得停车位的空间信息和占用情况，并联合目标检测结果，进一步优化停车位检测。以 VH-HFCN 为例，该模型以 4 路环视鱼眼图转换成鸟瞰图后的拼接图作为输入，输出结果为 5 类的语义分割结果：停车线、白实线、黄实线、白虚线和黄虚线。模型结构包含了3个部分，如图6-47所示：第一部分为下采样（Downsampling）阶段，该阶段由卷积和池化模块构成，提取图片的特征信息；第二部分为VH-Stage阶段，将第一阶段的输出分别输入到垂直卷积模块和水平卷积模块中，进行车位的垂直和水平信息提取；第三部分为上采样（Upsampling）阶段，由五步上采样构成，每一步上采样都将宽高扩展1倍，并与对应的原部分进行相加处理。

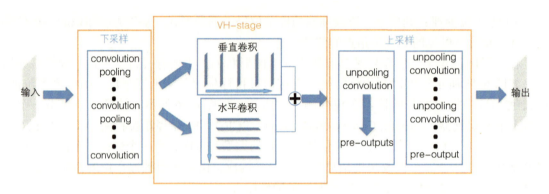

图6-47 VH-HFCN语义分割方法实现停车位检测

6.2.10 光源检测

作为照明系统中重要组件之一，汽车远光灯可以提高视线，扩大观察视野，尤其在照明条件非常差的情况下，具有不可替代的功能。但是在会车和跟车时，远光灯的滥用可能会造成眩目，影响他人的视线，严重影响交通安全。随着LED灯具在汽车上安装使用得越来越多，智能远光灯控制系统（Intelligence High Beam Control, IHBC）也在迅速发展，实现夜间远近光灯的自动切换。一般情况下，保持车速40km/h以上且前方无光源时，IHBC将推荐远光灯开启，若探测到对面来车的前照灯及同向前车的尾灯或者其他光源时，自动将车辆的远光灯切换到近光灯，避免远光对周围交通参与者造成炫目。当车辆完成会车、超车或周围无交通参与者时，自动将车辆的近光灯切换到远光灯。此系统中最重要的部分是如何在夜间快速准确识别出光源，因此光源检测是智能驾驶中的重要一环。夜间行车时，除了前方车辆的灯光，还会有很多干扰光源，最常见的就是路灯，因此我们可以将光源检测分为3类光源的检测，即前照灯、车尾灯、路灯。

夜间正常行驶时，车辆会开启近光灯，示廓灯，前位灯和后位灯，这些灯光是夜间车辆在图像上的主要特征。夜间车灯及路灯成像特点如图6-48所示，图6-48a是跟车时前方车辆尾灯成像，相对于前照灯，尾灯在图像上形成的光团较小，基本上就是尾灯本身区域范围，而且尾灯光团被红色的光晕包裹，颜色特征比较明显，另外车辆本身特征没有被光源全部覆盖。图6-48b是会车时前方车辆成像图，从图中可以看出汽车，前照灯的高亮度导致在图像上呈现的是几个光团，周围包裹着光晕，车辆本身的特点全部被光团掩盖，而且由于车灯的高亮度导致路面反光严重，此时的车辆在图像上就是由几个光团组成。图6-48c是路灯的成像图，路灯位置高，且与路灯杆相连。

a) 车尾灯　　　　　　　　　　b) 车头灯　　　　　　　　　　c) 路灯

图 6-48　夜间车灯及路灯成像

目前光源检测算法主要是基于深度学习进行，可以有效解决传统远光灯识别方法检测率低和误警率高等问题。我们在第 7 章将介绍的几种检测算法均可用于光源检测，这里不再赘述。这里重点介绍几个常见的 Corner Case 及注意事项。首先，街灯、背景光斑容易被误识别为光源，经过观察发现街灯基本都是消失点的上方，如图 6-49a 所示。通过划分感兴趣区域，可以减少街灯的干扰，同时也提高了处理速度和精度；其次，夜晚中垃圾桶、锥桶等反光物体可能会被误检成光源，此时可以结合全图图像分割的结果，过滤掉一些不是车辆、路灯的物体，减少光源误检；最后，如图 6-49b 所示，高速公路上的远处车辆亮度不稳定，会造成光源漏检，此时可以结合车辆跟踪的结果，修正光源检测结果，防止帧间漏检，避免造成 IHBC 系统跳变。

a) 兴趣区域　　　　　　　　　　　　　b) 漏检情况

图 6-49　街灯兴趣区域及漏检情况

6.3　动态感知

由于动态障碍物的运动状态会实时变化，因此只能在对传感器输入进行感知基础上，结合时序信息分析，来对动态障碍物进行检测、跟踪、轨迹和行为预测、可行驶区域预测，最终生成自车的避障路径规划和决策。对于动态障碍物的感知十分重要，如果感知结果错误，将会使得下游的预测、规控等模块产生累计误差，进而给整个智驾功能的正常使用带来严重的影响。驾驶场景中的动态目标主要由行驶车辆、行人、骑车人 3 大类别构成，各类别障碍物形态不同，可细分为多种类别，其中车辆可分为轿车（Car，包括两厢、三厢轿车和 SUV 等）、客车（Bus，包括公交汽车、载客大小客车、校车等）以及载货货车（Truck，包括大小型载货货车、厢式货车、垃圾车等）；骑车人/非机动车可细分为骑车人（Rider，包括骑自行车、电动车、摩托车等载具的人）、自行车（Bicycle，包括自行车、电动车、摩托车等二轮载具）以及三轮车（Tricycle，包括带车斗或者车棚的电动三轮车或机动、非机动三轮车）。动态目标的标签信息除了通用的物体类别、目标框信息外，还包含有遮挡（Occlusion）、截断（Trunction）、拥挤（Crowding）、方向（Orientation）等属性。更为细致的类别划分和标签属性，有利于更好地进行障碍物检测模型的训练，提升模型的识别效果。

目前主要是基于深度神经网络模型去做动态障碍物的感知，整个流程包括以下3个步骤。

1）对于相机等传感器的数据流输入进行预处理，将预处理后的数据传入神经网络模型，得到模型输出后按照各个分支进行解析。

2）软件端后处理对模型感知结果按照一定的经验逻辑规则去处理优化，产生相对更加稳定的感知输出结果，将这些感知结果从2D图像投影到3D空间后，结合历史感知结果，可获得动态障碍物的类型、距离、速度、朝向等观测信息。

3）利用当前和历史观测信息，进行多传感器多目标跟踪，提供必要的动态障碍物实时观测信息，为下游建立动态障碍物状态序列和实现轨迹行为的预测奠定基础。

在上述流程中，模型提供了对动态障碍物感知后的各类基础信息，其余的后续处理都可以视为对模型感知结果的规则化下游处理。业内主要是使用基于深度学习的目标检测/识别或者语义分割去感知动态障碍物。区别在于目标检测算法是在输入图像上预测目标的位置框和类别置信度，语义分割则是对输入图像按照进行像素级别的类别预测，如图6-50所示。在目前的智驾系统中，视觉感知系统通常会结合这两类算法模型的各自输出得到观测结果，传入下游预测任务，比如结合目标检测的边界框去微调语义分割的动态障碍物的外轮廓，得到更加符合真实驾驶情况的不能通行（im-passable）区域。

a) 目标检测　　　　　　　　　　　　　　b) 语义分割

图 6-50　动态目标感知输出

由于目标检测算法能够更加直观地得到障碍物目标所在的ROI区域，因此有利于对障碍物目标进行更细粒度的分类识别，能得到障碍物更多的运动状态信息。因此，对动态障碍物的感知更多依赖目标检测算法。目标检测算法包括2D检测、3D检测以及目标关键点检测，其中由于FPV（First-Person View）或者BEV（Birds Eye View）的3D检测算法标注成本都比较高、模型指标提升难度较大等原因，2D目标检测算法和目标关键点检测算法被更早地被应用到智驾系统的视觉感知当中。结合智驾功能应用的需要，一般需要将驾驶环境下常见动态障碍物进行归纳分类，比如分为以下四类：对各类型车辆的全车位置状态的感知、对车辆的车头车尾位置状态的感知、对行人的位置状态的感知以及对骑车人的位置状态的感知。通过使用目标检测算法，实现模型对输入图像进行动态障碍物的检测、分类等位置状态信息的输出。

以较受欢迎的 Anchor-Free 类一阶段 2D 目标检测算法 FCOS 为例，输入图像后，通过 backbone 进行特征提取，可能会用到 FPN 模块进行多尺寸特征的融合生成，得到不同尺寸的特征金字塔，然后在不同尺寸的特征上进行包括目标类别分类，预测框回归和置信度在内的几个 sub-head 分支任务，得到目标的边界框、类别、置信度分数等输出，如图 6-51 所示。当然，针对上面提到的 4 类动态障碍物的尺寸大小，可以进行针对性调优，例如只采取某些尺寸的特征图去做感知预测。基于上述网络，下面我们详细讲解 4 类动态目标检测思路。

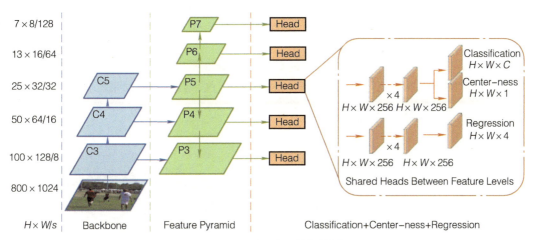

图 6-51　FCOS 网络架构图

（1）**全车感知**　如图 6-52 所示，模型输出结果为紧贴车辆边缘的矩形框，除了针对车辆全车大小的边界框以外，需要的更加细粒度的感知信息包括以下三类。

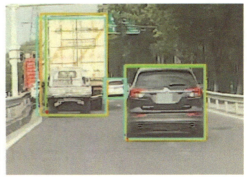

图 6-52　全车感知示例

1）目标车辆的具体类型分类，全车的车辆类型可以分为 SUV、小轿车、货车、公交车等具体类型，类型信息可以用于下游针对具体类型目标采取对应测距测速规则策略。

2）车轮关键点位置分类，全车的前后车轮位置预测可以用于下游的车辆朝向等状态感知。

3）车牌框检测，车牌框的位置信息可以用于校验目标跟踪时全车框位置是否准确，或者将数据中的信息脱敏。

上述全车感知的结果作为车辆观测信息，能满足大多数功能场景的感知需求，当然比如大小车重叠、侧翻车识别、异形车检测识别等场景，需要有针对性地进行进一步优化。

（2）车头车尾感知　　为了更加准确地感知车辆这类最常见的动态目标的朝向以及车辆目标在 3D 真实世界中的宽度，模型输出结果为紧贴车辆的车头或者车尾边缘的矩形框（图 6-53）。当然，在实际开发中，除了车头车尾框以外，更细粒度的感知信息包括以下两类。

1）车头 / 车尾分类。在得到车头车尾框的基础上，去区分是车头框还是车尾框，可以用于判断车辆动态障碍物相对于自车的朝向。

2）车灯分类。识别目标的车尾灯状态，仅对车尾框的车辆目标有意义。常见车灯状态类型包括左转灯亮、右转灯亮、制动灯亮、全灭、示廓灯亮等，为预测车辆动态障碍物的后续行为轨迹提供感知信息。

车头车尾感知目前仍存在一些 Corner Case，比如地库出入口误检大货车的车尾，横向大角度的目标的车尾框检测等，需要根据实际情况进行数据、模型及训练方法的优化。

图 6-53　车头车尾感知示例

（3）行人感知　　如图 6-54a 所示，模型输出结果为紧贴行人边缘的矩形框，行人作为弱势道路使用者（Vulnerable Road Users，VRU）目标，仅凭目标边界框信息很难做出对行人目标的轨迹预测，其更细粒度的状态感知信息十分重要，具体包括以下 4 类。

a) 行人　　　　　　　　　　　　　　　　b) 骑车人

图 6-54　行人与骑车人感知示例

1）朝向分类：对行人目标在输入图像中的朝向状态进行分类，常见的状态类型比如向前、向后、向左、向右等，结合自车的位姿信息，可以用于判断行人目标相对自车的姿态。

2）年龄分类：对行人目标进行不同年龄的分类，常见的类型比如成年人、孩童、年龄分类的信息，对于行人目标进行更有针对性的轨迹预测非常重要。

3）姿态分类：对行人目标在输入图像中的姿势进行分类，常见的状态类型比如行人、躺着的人、坐着的人、弯腰的人、正在骑行的人等，同样对于行人目标的轨迹预测非常重要。

4）人头检测：对行人目标的人头进行检测，得到的位置信息可以校验目标跟踪时行人框位置是否准确，或者用于对数据中信息脱敏。

在实际研发中，行人感知目前仍存在一些 Corner Case，比如对海报上行人的误检以及类似"鬼探头"这类严重遮挡行人目标的检测等。

（4）骑车人感知　如图 6-54b 所示，骑车人检测模型的输出结果为紧贴骑车人边缘的矩形框，即是将两轮车和骑车的人看作一个整体动态目标的感知。对于骑车人这类 VRU，需要更好地与行人进行区分，为下游的轨迹预测提供重要信息。骑车人检测也可以进行更细粒度的状态感知，比如骑车人角点检测，对骑车人这个整体动态目标进行两轮车轮的接地点位置预测和前后轮分类，可以用于骑车人目标的朝向感知。骑车人感知目前仍存在一些 Corner Case，比如骑车人被误检为行人或车辆、骑车人的朝向感知不准等。

综上所述，动态障碍物的感知是整个智驾系统中必须要实现的功能，同时，其感知效果的如何也决定了功能在各种情况下是否能正常运行。将道路上常见的动态障碍物（即车辆和人）按照功能需求和各自特点进行感知任务设计，使得动态感知更加具有针对性，经过目标跟踪得到丰富的观测信息后，能为下游的动态障碍物行为轨迹预测提供更优质的输入信息。

6.4　地面标识感知

地面标识是汽车驾驶过程中必须要遵守的交通规则之一，它能为道路使用者提供关键信息，帮助驾驶员正确、安全地行驶，同时也能维持道路交通的顺畅。但是，在驾驶过程中，驾驶员往往会因为某些原因没有注意到路面上的标识或者不知道某个标志的具体含义，影响正常的交通秩序甚至导致交通事故。利用现有的技术对道路上的标识进行自动提取和识别能够更好地辅助驾驶员正确地行驶。下面我们分地面标识、停车线/斑马线以及车道线进行介绍。

6.4.1　地面标识

地面标识类别较多，如图 6-55 所示，包括"直行""左转""右转""左转或直行""右转或直行""掉头""直行或掉头""左转或掉头""左转或右转""左合流""右合流""直行或左转或右转""禁止""减速倒三角""车距确认线"等。地面标识检测可以分为基于传统视觉的方式和基于深度学习的方式。

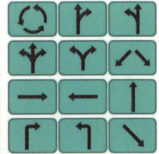

图 6-55　各类地面标识示例

（1）基于传统视觉　传统的路面交通标志检测方法，大部分是先对地面标识特征进行滤波，然后结合霍夫变换、RANSAC 等算法进行地面标识的检测，有些还会利用帧间关联的方法，降低检测时间。但这类算法需要人工手动调整滤波算子，根据算法所针对的街道场景特点手动调节参数，工作量大。此类算法对一些前后景区分比较好的地面标识提取得比较好，但是针对有磨损、模糊、前景背景相似、背景复杂等情况均效果欠佳，容易漏召回且位置精度不高，鲁棒性不强。

（2）基于深度学习　同大部分静态元素感知一样，基于深度学习的地面标识感知方法又可以细分为基于检测和基于分割的方法。

1) 基于检测：基于检测分类的方法可以使用第 4 章中介绍的深度学习目标检测模型，用于地面标识检测分类，例如文献 [43] 中介绍了路面标识数据集，使用 YOLOv5 模型检测地面标识，通过模型调参就可以获得较高的 mAP。进一步，可以在标注地面标识数据集时加上类别信息，再训练一个地面标识分类模型，就可以实现地面标识的检测分类。

2) 基于分割：基于分割的方法，可以使用第 4 章中介绍的分割模型，例如文献 [44] 中将地面标识分为 8 类：直行、左转、右转、直行加左转、直行加右转、掉头、黄色车道线、白色车道线，再通过 Mask-RCNN 模型，即可得到地面标识的检测和实例分割的结果。

下面重点讨论在实际开发中，如何优化地面标识感知模型的输出。在实际道路环境中，发现对于同一道路标识在不同的道路上，因其所处的环境、角度和大小发生变化，对其识别的置信度并不高，甚至在个别极端情况下还有识别不出来的现象。地面标识感知一直存在着道路环境复杂，标识角度、位姿、视点随着时间的变化会发生几何形变的问题。针对此问题一般都采用扩大样本容量和设置一些针对几何变换不变的特征或者算法，例如 SIFT、SURF 等算法，但采用扩大样本容量的方法会因为样本的局限使得模型泛化能力比较低，无法泛化到一般场景中，无法解决道路标识线形变的问题；而采用特征算法的方法（如 SIFT），在目标形变大时也会失效，因为手工设计的特征和算法无法应对过于复杂的目标变换。因此可以引入可变形卷积模块（Deformable Convolutional Networks，DCN）来解决地面标识在图像中的方向转换与缩放造成的漏检问题。可变形卷积示例如图 6-56 所示，图 6-56a 是普通卷积，不能提取到完整的路面标识的特征，而图 6-56b ~ 图 6-56d 是可变形卷积，就是给每个卷积核的参数添加一个方向向量（浅蓝色箭头），使得卷积核可以变为任意形状，这样就可以提取到完整的不规则地面标识的特征了。

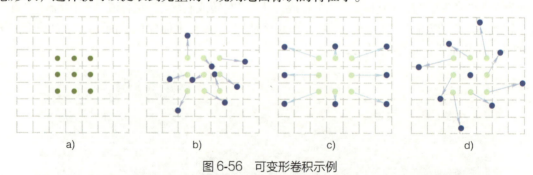

图 6-56　可变形卷积示例

除此之外，观察地面标识的数据集可以发现有的地面标识已经模糊，这加大了网络检测地面标识的难度，导致误检和漏检的现象。在网络进行多尺度特征提取的过程中，随着网络的加深会引起浅层特征信息的丢失。因此，引入路径聚合网络（Path Aggregation Network，

PANet）中的自下而上的特征融合支路，旨在处理模糊路标与小路标所引起的特征少及在处理过程中边缘特征丢失的问题。图 6-57 所示为 PANet 模型结构，图中左侧是 FPN 结构，红色虚线箭头表示在 FPN 算法中特征自上而下单向融合的过程，这样地面标识线的边缘形状等浅层的特征传递到顶层要经过很多个卷积层。显然，经过这么多层的传递，其边缘形状等浅层特征信息丢失会比较严重。这样对于模糊和形状比较小的地面标识检测起来是非常困难的，因为本身提取的特征就有限，如果信息再因处理过程中丢失会难以准确识别地面标识。而引入图中的自下而上的特征融合结构（绿色虚线箭头），浅层特征经过 FPN 中的横向连接到 P2，然后再从 P2 沿着自下而上的特征融合结构传递到顶层，只需要经过很少的层，就能较好的保存浅层特征信息。这样对模糊的、较小的地面标识的检测具有很大的提升和改善。

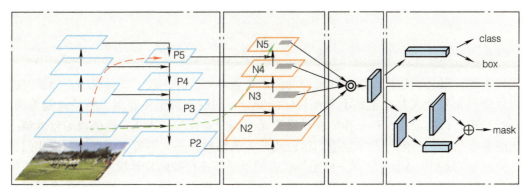

图 6-57　PANet 模型结构

下面介绍一些常见的地面标识检测 Corner Case：高速路上路面污渍、水渍反光等误检为地面标识，如图 6-58a 和图 6-58b 所示；阴井盖、树荫等容易被误检为地面标识，如图 6-58c 和图 6-58d 所示；光线较暗等问题造成的地面标识漏检，如图 6-59 所示。

图 6-58　地面标识误检

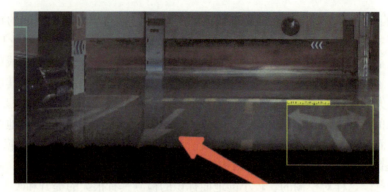

图 6-59　地面标识漏检

6.4.2　停止线/斑马线检测

停止线、斑马线是汽车驾驶环境中的静态要素之一，停止线、斑马线的正确及时感知可以保障行车安全尤其是道路上其他目标的安全，同时支持定位建图、路径规划等功能。斑马线也叫人行横道线，是一种绘在马路路面上的交通标线，能让穿越路口的行人集中由固定的地点通过。一般行人穿越道用白色或浅黄色涂料在路口等特定地点绘制成相间的条纹，如图 6-60a 和图 6-60b 所示。停止线代表的就是停止行驶的分界线，它的作用是交通工具在等待信号灯时，所应该停靠的参考线，当信号灯禁止通行时，车辆要在停止线以内等待，不能超过停止线等待，如图 6-60c 和图 6-60d 所示。停止线、斑马线早期检测方法是基于机器学习（如提取颜色和形状特征），利用这些特征进行检测。与上面其他元素一样，该方法精度低且鲁棒性不强。近年来使用深度学习方法获得路面标记信息的方法较为流行，主要有分割、目标检测和 BEV 分割等方式。按照使用图片输入类型的不同，可以分为前视图片输入、鱼眼图片输入、IPM（逆投射变换）图片输入和 BEV（鸟瞰）图片输入 4 种，下面逐个进行介绍。

图 6-60　斑马线与停止线示意图

（1）目标检测方法　目标检测的方法与道路动/静态障碍物检测方法基本一致，R-CNN、VGG、ResNet、YOLO 系列等目标检测方法都可以应用于斑马线检测。以 CDNet 为例，该网络基于 YOLO v5 改进，可以实现车载摄像头视觉下的快速的斑马线检测。CDNet 网络主要由 backbone、neck 和 head 3 部分构成，分别对应图 6-61a、图 6-61b、图 6-61c，在 backbone 部分增加 ROI 兴趣区域裁剪，提升模型速度；使用了注意力机制网络，提升精度。图 6-61d 展示了斑马线检测结果，包括斑马线位置的检测框、类别和置信度信息。

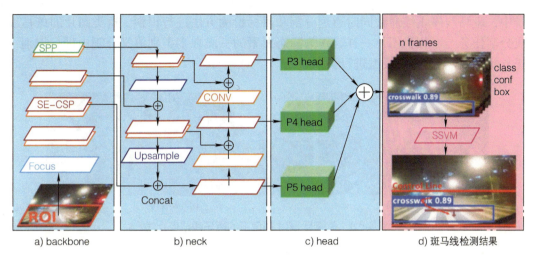

图 6-61 CDNet 网络结构

（2）分割方法 相比于目标检测方法，分割方法在停止线/斑马线检测中更为常用。道路动静态元素的语义分割效果图如图 6-62 所示，其中绿色部分为斑马线分割结果。考虑到实际应用的速度要求和算力限制，停止线/斑马线一般会与其他道路信息检测使用同一分割模型，如与背景、路沿、道路箭头、车道线等元素构成道路静态元素，在道路静态元素分割模型中检出，或与减速带、菱形路标、减速让行路标等元素构成路面表示元素，在路面标识元素分割模型中检出。停止线/斑马线检测可以使用常规的语义分割网络实现，如 FCN、PSPNet、DeepLab、Mask R-CNN 等，详见本书第 4 章，这里不再赘述。

图 6-62 斑马线（绿色）分割效果

下面分析不同图片输入类型在实际开发中的影响与注意事项，包括鱼眼图、IPM 图及 BEV 图。对于鱼眼图来说，如图 6-63a 所示，由于拍摄角度问题，斑马线、停止线在图像中的宽度窄于实际尺寸，同时存在图像畸变导致的斑马线、停止线弯曲问题，通常通过分割的方式检测，但需要在后续操作中去畸变。对于 IPM 及 BEV 来说，如图 6-63b 及图 6-64 所示，都是将原始多角度的图片变换为拼接后的俯瞰视角的全景图片，修正了在原图片中斑马线停止线畸变弯曲的问题，另外也可以呈现出斑马线停止线的实际形状。在这类图片场景中，斑马线停止线通常同时通过分割和目标检测方法进行识别。这类图片的斑马线停止线分割任务与原相机图片一样，作为静态要素的一类在多类别语义分割中进行识别，检测任务使用 2D 目标检测模型进行识别。

a) 鱼眼视角   b) IPM 视角

图 6-63　鱼眼及 IPM 视角下的斑马线或停止线

图 6-64　BEV 视角下的斑马线与停止线

6.4.3　车道线检测

车道线检测是智能驾驶领域中环境感知模块的重要组成部分，也是实现自车跟随车道稳定前进的关键技术。如图 6-65 所示，车道线检测任务就是对当前行驶道路的车道线进行检测，给出自车道及左右两侧的相关信息如车道的 ID、方向、曲率、类型（虚线、实线、黄线、白线等）、宽度、长度、速度等，并进行可视化输出。车道线检测的流程是将视觉传感器采集到的车道图像信息作为输入，利用传统机器视觉或者深度学习的方式对输入信息进行处理，并将检测结果送入自动驾驶的感知信息中，具体实现过程如图 6-66 所示。

图 6-65　车道线检测示例

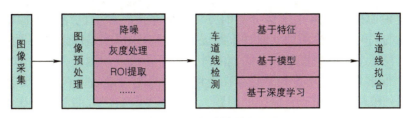

图 6-66 车道线检测流程图

传统的车道线检测方法主要分为基于特征和基于模型两种方法。由于车道线特征简单且与地面有明显梯度，很容易使用人工调参的方式将车道线轮廓从图像中分离出来。基于特征的车道线检测方法主要利用车道线的颜色、边缘、形状等特征信息，通过聚类或边缘检测等方式提取车道线信息，其原理简单、计算量小，但是对路况复杂、障碍物遮挡、车道线模糊等情况检测效果较差，在实际使用中的性能往往不能满足需求；基于模型的车道线检测方法是根据车道线的轨迹特征，通过 2D 或 3D 曲线将车道线检测表示为一种合适的数学模型，将车道线的特征通过 RANSAC 算法、最小二乘法等方式求解数学模型。模型的假设一般有直线模型和曲线模型两种：对于直线模型，通常采用 Hough 变换建立直线模型并检测；对于曲线模型，常采用随机采样一致算法和高阶曲线拟合的方式解决。基于模型的车道线检测方法能够根据车道线特征来求解所构造模型的参数，当遇到车道线被遮挡、车道线模糊等强噪声环境时，可稳健地检测出车道线，在实际车道线检测中，一种模型通常是无法用于多类道路状况的，因此通常会将多种模型合并使用，以应对更加复杂的道路环境。

基于深度学习的车道线检测主要采用图像分割的方式进行车道线信息的提取。图像分割是采用语义分割的方式对包含车道线的图像进行处理，得到包含车道线及背景像素点的二值结果，然后采用曲线拟合等方式，对分割结果进行微调，得到更加准确的车道线信息。经典的工作有 SCNN、RESA、LaneNet 等。算法细节将会在第 7 章详述，这里重点看相关的检测思路。普通的 CNN 模型是对上一层输入的特征进行卷积和非线性激活后，将输出传递给后面的层，而 SCNN 模型是将特征图的行或列看作"层"，在此基础上使用卷积加激活函数的操作，从而实现空间维度上的神经元传播，有效增强空间信息进而有助于识别结构化对象。如图 6-67 所示，SCNN 尝试在特征图相邻的行或列之间传递信息，达到空间维度的信息增强，但这种类 RNN 的架构非常耗时，且长距离的信息传递可能导致部分信息丢失。RESA 模型延续了 SCNN 的设计思想，以不同的步幅从切片特征中收集信息从而避免信息丢失，同时在每次迭代时所有位置以并行的方式进行更新，对比 SCNN 网络计算效率更高。

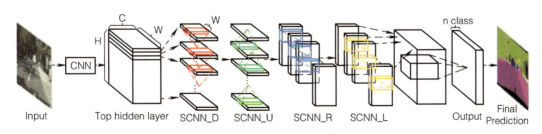

图 6-67 SCNN 网络架构

这里需要说明的是，采用图像分割的方法能使车道线检测的结果更加精细，且大部分模型在优化的同时也使检测的实时性不断提升，但由于模型是像素级的训练方式，因此在前期的数据集标准方面难度较大。除此之外，由于车道线检测任务是逐像素的，需要对图像中每一个像素点进行分类，因此存在速度慢的问题；最后，在真实复杂环境中，车道线检测会遇到模糊、光照或者遮挡的问题，需要模型具备强大的高低层次特征融合来同时获取全局的空间结构关系和细节处的定位精度，对语义上的车道线信息进行补齐，如图 6-68 所示。换句话说，目前车道线检测的难点为寻找语义上的线，而不是局限于表观存在的线。

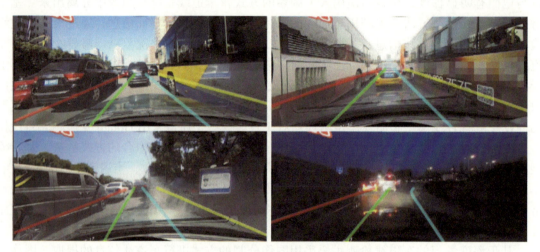

图 6-68　对语义上的车道线信息进行补齐

6.5　通用检测

在智能驾驶中，除了上述已知的标准静态目标、动态目标以及地面标识外，还会"出其不意"地出现一些"奇怪"或"人造"的物体。例如一个车厢后面挂一个自行车、一个马车拉一堆草料、突然窜出来一只动物等，这在真实驾驶环境中随处可见。为此，智能汽车除了上述感知任务外，还有一个通用检测任务，主要面对一般障碍物以及其他"奇形怪状"的障碍物（统称通用物体）。除此之外，本节还将讲述高程的感知任务目标、思路以及注意事项。

6.5.1　一般障碍物检测

驾驶场景中的一般障碍物主要有支撑柱、地锁、禁停牌、锥桶、栏杆等多出现于泊车场景的障碍物（图 6-69）和非标准的静态障碍物等。相比于动态障碍物，静态障碍物类别更为多样，不同的形态下识别难度更高，没有经过样本训练过的障碍物，模型更难识别。在实际应用中，应使用语义分割模型和雷达等获取的信息，结合视觉障碍物检测来联合进行障碍物的判断。

图 6-69 一般障碍物示例：警示柱、禁停牌、地锁

对于一般障碍物的检测，多使用 2D 或 3D 检测模型，可以根据不同障碍物特征和检测的难易程度，对于不同的检测类别赋予不同的网络结构；对于拥有相似特征和一定关联性的类别，赋予更多的参数共享；将检测和分割等任务联合进行多任务训练，也可以通过共享分割检测任务的特征在一定程度上提升障碍物检测效果，详见第 7 章。

6.5.2 通用物体感知

在驾驶场景中，深度学习模型会根据训练中的监督信息进行识别和学习。这些监督信息大多是一些研究或工程人员认为高频出现的障碍物目标或场景，比如之前提到的轿车、行人。通过 2D/3D 物体检测或者图像分割的方式来估计他们的位置和大小，使得模型在驾驶场景中能够拥有感知到大多数目标的能力。但复杂的道路场景上，除了这些常见的一般障碍物和姿态外，总会低频出现一些深度学习模型并没有学习过的障碍物姿态或其他障碍物类别，例如异形车、翻倒的货车、铰接公交车（可变形障碍物）以及不在已知类别中的障碍物，如路上的动物等（图 6-70）。

图 6-70 奇特目标示例

对这些低频出现、姿态形状或类别数量不可控的障碍物进行感知的问题，无法用一般障碍物的深度学习模型进行识别和分类，属于智能驾驶中的长尾问题，这些长尾问题的障碍物目标也会对车辆行驶产生重要影响。为了使得这些长尾目标能被感知到，研究人员提出了一些通用物体感知的方案，采用一些高效的特征表达方式来解决该问题。具体来说，除了通过相机进行视觉感知外，还可能会搭配其他传感器进行多传感器感知（比如激光雷达、毫米波雷达、超声波传感器）。这些传感器的输出数据为点云，其中激光雷达由于其点密度较高的特性，被视为对障碍物进行位置估计最为精确的传感器。同样，双目立体视觉传感器通过双目摄像头成像上的视差，可在不识别障碍物类别的情况下，获得障碍物的距离。在通用物体感知上，研究人员提出的方案层出不穷，下面简单对其中四种方案进行介绍，请读者重点了解其背后的思路。

（1）**点云聚类**　聚类是一类传统机器学习算法，针对点云数据可以使用欧几里得聚类，通过计算点之间的欧几里得距离作为度量进行聚类。点云聚类是一种较早应用在通用物体识别上的方案，将障碍物对应的点云数据通过聚类进行类别划分，如图 6-71 所示，不同颜色的点云代表聚类后的障碍物点云簇。点云欧氏聚类算法中，最重要的参数是距离阈值，它表示聚类时的半径阈值。在这个半径大小的整个球体内的所有点将被聚类成一个点云簇，被划分为一类，循环遍历被划分进来的这些点，重复按照半径阈值划分进来新的点，直到没有点再被划分进来，则该点云簇聚类完成，即聚类出来一个物体对应的点云。在进行点云聚类问题时，由于一帧点云数据可能包含几万个点，因此会使得欧氏聚类中计算欧氏距离的次数过多。为了减少计算量，通常引入 KD 树来进行算法加速。KD 树是一种搜索算法，可以搜索出某一点的最近邻点，因此可以作为数据预处理的方式，加入到欧氏聚类算法中，只需判断某一点最近的指定数量点集合中哪些在半径阈值内。然而，由于该方案主要是基于点云数据的欧氏聚类，因此对 CPU 等通用硬件的算力需求较高，修复 Corner Case 的难度也相对较大。

图 6-71　点云聚类示例

（2）**点云分割**　在通用物体感知中，点云分割的主要任务是将场景与其中的障碍物分离开来，划分出地面与高于地面的物体这两类，相当于这种方案的输出为可行驶区域（Freespace），如图 6-72 所示。图中蓝色的点为地面可行驶区域的反射点。通过区分出点云数据中哪些为地面反射点，哪些为高于地面的障碍物反射的点，实现通用障碍物被识别。随机抽样一致（Random Sample Consensus，RANSAC）算法有一种较为流行的数学模型类点云分割方法，通过拟合平面或直线将地面和非地面的点区分开。同时，也存在使用深度学习的点云分割方案，如 PointNet。PointNet 是首个输入 3D 点云输出分割结果的深度学习网络，属于开山之作，在 PointNet 的基础上后续还有 PointNet++ 网络等。除此之外，还有将 Transformer 成功应用于 3D 点云分割当中的 PCT（Point Cloud Transformer）网络，也打通了 Transformer 在图像、点云领域的壁垒，对相机和激光雷达多传感器数据融合后进行通用物体感知带来了可能性。还有使用圆柱坐标体素网格划分的 Cylinder 网络，在 Semantic KITTI 数据集和 nuScenes 数据集上表现达到了最优水平，该方法基于圆柱坐标的体素网格划分，可以与激光雷达扫描过程保持一致，进而有效地减少空体素网格的比率，可以有效提高网络分割性能。上述方案得益于其强大的感知能力，目前逐渐被广泛应用于基于点云的 Freespace 计算。

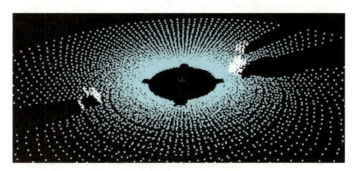

图 6-72 点云分割示例

（3）**全图分割** 在相机的图像数据上进行语义分割，是目前最为广泛被应用的视觉感知技术之一。语义分割网络对输入图像上的每个像素进行类别预测，实现整个图像上每个目标在区域上的划分，如图 6-73 所示，用不同颜色代表不同类别。目前，较为流行的基于视觉感知的通用物体感知方案是基于语义分割任务输出结果进行后处理得到的 Freespace 方案。图像数据上的语义分割结果将图像划分为不同类别的区域，通常只会将 Road、Lane Marking、Crosswalk 等路面及路面标识等定义为 Passable（可通行），对所有非路面和路面标识的障碍物类别定义为 Impassable（不可通行），根据预先定义进行 Passable 的 Freespace 区域的划分，找到 Passable 的所有像素，以此感知 Impassable 的通用障碍物。这类基于图像数据进行全图预测的方式，除了语义分割之外，还有下面要讲的高程网络（对输入图像中的目标在高度值上的预测）：从物体与地面存在不同的高度这一特征出发来感知目标是否为通用障碍物。最近，由于 Range View（或者说是 FPV）的图像数据存在现实世界物体在 2D 图像上容易被遮挡、跨相机关联感知结果难度较高等问题，目前基于 BEV（鸟瞰图）的图像数据感知正在兴起，同样也有研究人员正在将 BEV 视角下的 Freespace 区域分割用于通用物体感知。

图 6-73 全图分割示例

（4）**Occupancy Network** Occupancy Network（占用网络）是特斯拉近年在感知方面的重要研究成果。Occupancy 表示的是空间中每个 3D 体素网格（Voxel Grid）是否被占据，通常用 0 或 1 的二元表示，抑或是 [0,1] 之间的一个概率值。这样的特征设计可以很好地描述 3D 空间中每一个位置（即每一个体素网格）的占据情况（Occupancy），甚至是语义（Semantics）和运动情况（Flow）。通常，3D 检测需要进行一些对物体形状上的几何假设，比如 3D 检测框的中心点即为物体的中心点，如果假设出现错误，预测出来的 3D 检测框则会存在偏差。不同于 3D 检测框，Occupancy 这种表示特征，没有对物体进行几何假设，因此可以适用于任意形状的物体和任意形式的物体运动的感知。

图 6-74 所示为一辆两厢式公交汽车正在起动的场景，这辆汽车的第一节已经开始起动，第二节还处于静止状态，这类场景属于长尾感知难题，但可以看出 Occupancy Network 输出的三维重建后的体素网格，能够精准地描述这辆公交车和公交车的运动情况。其中蓝色表示运动体素，红色表示静止体素。

Occupancy Network 的模型结构如图 6-75 所示。模型通过 RegNet 和 BiFPN 从多相机的多张输入图像中分别获取特征，接着通过使用包含 3D 空间位置的 Spatial Query 对 2D 图像特征进行基于 Attention 的多相机融合，得到 3D 空间特征，然后进行时序上的融

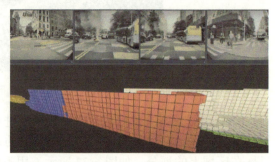

图 6-74　Occupancy Network 效果示例

合：根据已知的自车位置和姿态变化，将多帧 3D 特征空间进行对齐拼接。最后，通过基于 Deconvolution 的解码器来解码出重建后的 3D 空间中每个体素网格的 Occupancy 特征，甚至还有 Semantics 特征以及 Flow 特征。由于此时网络的输出是稠密的，在输出分辨率较高时会受到硬件内存的限制，为了在保留高分辨率的情况下解决这个限制，模型的最后设计了一个 Queryable MLP Decoder，输入任意坐标值（x, y, z），可解码出该位置的 Occupancy、Semantics 及 Flow 信息。Occupancy Network 通过视觉图像在三维重建后的 Occupancy 这一特征，实现对通用物体的感知，这是一个十分新颖且有效的方案，目前学术界已经公布出来一些具体方案，比如 CVPR 2022 的 MonoScene、ICCV 2023 的 SurroundOcc。该类方案为实现真正意义上 3D 空间的通用物体感知提供了一个很好的方向。

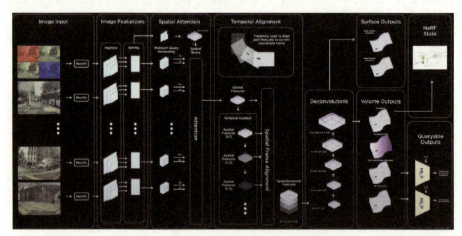

图 6-75　Occupancy Network 网络架构图

6.5.3　高程

高程指某点沿垂直方向到基准平面的距离，在自动驾驶任务中，高程为空间各点相对于地面高度对于图像上的每个像素。高程的任务就是在像素级别预测图像中各点距离地面

的高度值。如无特殊说明，高程特指路面高程。高程有着很重要的应用场景，如路面异物识别、路面类型以及坑洼检测，路面高程分割结果可以用于对状态估计进行校准。图 6-76 为基于全车 6 个摄像头图像预测的道路高程网络分割结果渲染图。

早期的高程估计方法为使用手动制作特征生成地面信息，近年来使用深度学习方法已成为手动特征工程学习点云表示的替代方案。这里我们介绍两种思路：一种是基于 3D 点云的高程估计方法；另一种是基于图像的高程估计方法。具体算法将在本书第 7 章中介绍。

（1）**基于 3D 点云的高程估计** 点云具有准确详细的位置信息，包括高度和深度。与图

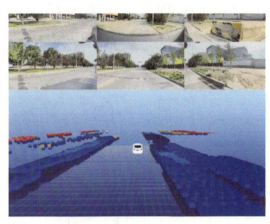

图 6-76　高程网络分割结果渲染图

像相比，点云缺乏详细的纹理信息，从激光雷达获得的点云是无序的、稀疏的。基于点云的高程估计模型，可以使用如 PointNet、VoxelNet、PointPillars 等骨干网络中学习点云特征，利用编码 - 解码网络对每个单元进行地面高程回归，生成像素级别的三维高程预测结果。下面以 GNDNet 为例进行点云高程估计网络结构介绍。GNDNet 模型输入为点云，输出为地面和非地面两类点云分割结果。模型由 3 个阶段构成（图 6-77）：第一个阶段为将点云离散为二维网格（图中的 2D Grid 部分）；第二阶段为将点云转换为稀疏伪图像的柱形特征编码网络（图中 Pillar Features 和 Pseudo Image 部分）；第三阶段为使用 2D 卷积编码 - 解码网络，将上一阶段获得的伪图像特征进行处理，获得每个伪图像单元的地面高程回归结果（图中 Ground Elevation Point cloud Segmentation 部分）。

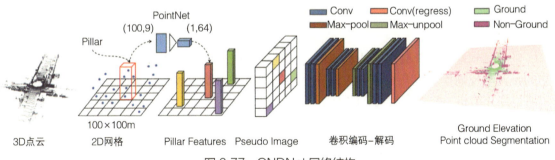

图 6-77　GNDNet 网络结构

（2）**基于图像的高程估计** 基于单目图片进行高程估计的深度学习方法与深度估计方法相似，深度估计从单张图片中直接预测深度信息。近年来，随着深度估计与高程估计算法的不断发展，在直接进行深 / 高度估计的基础上，发展出了 David、Monodepth2、Geonet、RPANet 等深度学习网络。这里以 David 深度估计算法方案为例介绍经典的直接从图片中预测深度信息方法，其网络结构示意如图 6-78 所示。网络以单张图片作为输入，首先利用一个粗尺度的网络在全局上预测场景各像素深度，如图中蓝色框部分所示；再利用一个精细尺度网络来精细化局部区域，如橙色部分所示。粗尺度和细尺度网络的原始输入都为原始图片，同时粗尺度网络的预测结果会输入到细尺度网络的第二个特征层中。其中

粗尺度网络的目的是从全局上预测中体深度结构，上层为全连接网络，包含整张图片的视野，底层和中层通过最大池化层在小的空间维度上将图像不同位置信息进行结合，使模型从全局上来预测深度；局部精细网络的作用为局部优化，网络结构包括卷积层和池化层，该网络的作用为细化之前网络输出的粗糙预测，使其变得规整。

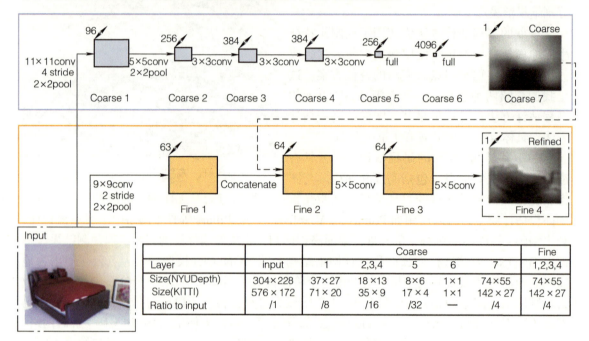

图 6-78　David 网络结构

6.6　预测与规划

随着端到端智能驾驶逐渐成为研究与落地的热门方向，过去处于感知下游并且相对独立的预测与规划模块也开始被融入同一个感知网络进行统一设计、训练、部署及测试。本节将详细介绍相关的工作及现有的研究与落地进展情况。

6.6.1　轨迹预测

轨迹预测（Trajectory Prediction）主要是运动物体（如车辆、行人、非机动车等）当前和历史的轨迹以及当前环境信息，对运动物体未来一段时间内的运动轨迹进行预测（图 6-79）。假设第 i 个运动物体当前 T 个时间步长的轨迹为 $\boldsymbol{P}_i^T = \{\boldsymbol{p}_i^t\}_{t=0:T-1}$，其中 $\boldsymbol{p}_i^t = [x_i^t,\ y_i^t]$ 表示运动物体在 t 时刻的位置，表示成 2D 点坐标，则该物体未来 K 个时间步长的轨迹预测可以定义为

$$\boldsymbol{P}_i^K = f_{TP}(\boldsymbol{P}_i^T,\ \{\boldsymbol{P}_\tau^T\}_{\tau \in \mathrm{nhbr}(i)},\ S^T)$$

式中，f_{TP} 表示轨迹预测模型；nhbr(i) 表示第 i 个物体的相邻物体；S^T 表示当前时刻的环境信息（如高精地图）。

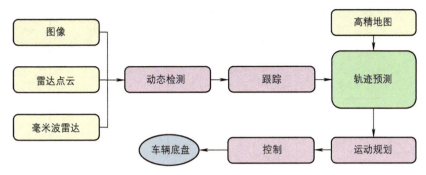

图 6-79　轨迹预测在智能驾驶中的作用

该预测结果是自动驾驶决策划模块的重要输入，用于帮助自动驾驶车辆规划出更加安全高效舒适的自车运动轨迹（图 6-80）。

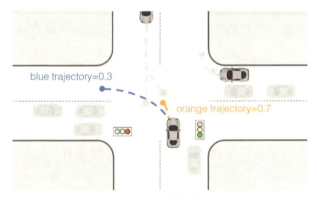

图 6-80　轨迹预测的输出形式

下面以一个例子来说明预测的重要性。如图 6-81 所示，假设前方有一辆车减速即将左转，如果没有轨迹预测，自车将有 3 种路线选择，左侧超车、直行减速和右侧超车。从生活经验中可以知道，左侧超车会带来很大的安全风险；直行则会让自车减速，影响舒适性；而右侧超车才是最佳的方案。在这个过程中最优方案的选择，是建立在对它车未来运动轨迹准确预测的基础之上的。此外，中国大城市道路的拥堵情况非常严重，这种情况下，自动驾驶应对他车的切入（Cut-in）就会成为一个非常具有挑战的事情。如果策略很保守，就会引发自车不断的制动，带来非常糟糕的乘坐体验。如果策略比较激进，那么不仅会带来很大的安全隐患，也会给乘客带来很强的不信任感。那么如何处理这个矛盾呢？一个很好的办法就是在避免碰撞的基础上降低误制动的概率，换句话说就是像真正的"老司机"一样能够提前做出预判，平衡好安全和舒适性。这里起到关键作用的就是预测，自动驾驶系统根据其他交通参与者轨迹预测的结果，提前做好应对。

根据预测的时间长短，轨迹预测可分为短时预测与长时预测两种：短时预测通常只预测未来 1s 之内的目标运动轨迹；长时预测能够基于地图以及环境感知结果对目标未来 10s 甚至更长的的轨迹进行预测。长时预测是目前业界的主要研究方向。根据文献 [30]，轨迹预测按照不同的算法原理，可分为基于物理的方法、机器学习的方法以及深度学习的方法。下面笔者一一举例说明其基本原理。

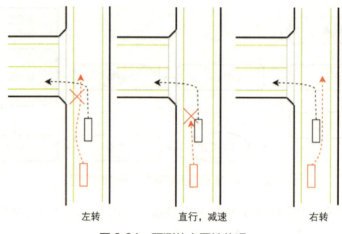

左转　　　　　直行，减速　　　　右转

图 6-81　预测的必要性体现

（1）基于物理的方法　典型的方法包括单轨迹方法、卡尔曼滤波方法和蒙特卡罗方法，如图 6-82 所示。

1）单轨迹法即用当前目标的运动状态对下一时刻的状态进行预测，方法简单并且效率高。

2）卡尔曼滤波方法进一步考虑目标运动状态不确定性或噪声（例如遮挡）并对其进行建模，从而提升预测的准确性。

3）蒙特卡罗方法同样提供了预测状态分布的近似工具，能够生成潜在的未来运动轨迹。

基于物理的方法具有模型简单、计算资源消耗低的优势，但现实交通场景中，交通参与者的运动规律较为复杂，往往不会遵从单一运动模型，这也进而导致基于物理的方案精度相对较低，只适用于短时预测，不适合做长时预测。

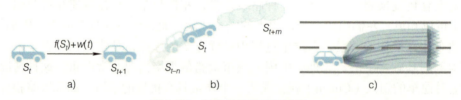

图 6-82　基于物理的预测方法

（2）基于机器学习的方法　该方法主要是通过数据驱动的方式实现轨迹预测。常见的机器学习模型包括高斯过程（GP）、支持向量机（SVM）、隐马尔可夫模型（HMM）、动态贝叶斯网络（DBN）、K 最近邻（KNN）以及决策树等。随着数据特征的不断丰富，机器学习的方法能够学到越来越多的运动模式，轨迹预测的性能也随之不断提升。但这些方法大多是基于预设的策略来预测未来的轨迹。然而，现实中的交通参与者运动模式难以用简单的策略进行表达，导致机器学习的方法很难应对复杂的交通场景以及满足长时的预测需求。

（3）基于深度学习的方法　严格来说，神经网络也是机器学习的一种，但是为区分神经网络和一般的学习模型，我们将深度学习的方法单独进行介绍。目前基于神经网络的预测方案已经逐渐成为业界关注的重点，并且在性能上已经超越物理和机器学习的方法。下面我们介绍3类有代表性的神经网络预测方案：卷积神经网络（CNN）、循环神经网络（RNN）和注意力机制（Attention）。

1）CNN方案：卷积神经网络是深度学习的代表算法之一，广泛应用于计算机视觉、自然语言处理等领域。轨迹预测CNN方案的输入为历史轨迹信息，通过多层信息抽象和特征提取，输出未来的轨迹预测。如图6-83所示，文献[50]认为轨迹是具有强时空关联的特性，因此通过结合全连接层分别处理输入并进行输出，能够更好地对这种时空关联进行建模，获得更好的效果。

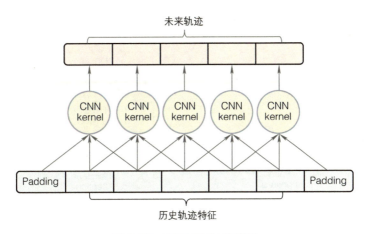

图6-83　基于CNN的模型

2）RNN方案：循环神经网络以序列数据作为输入，按照序列演进方向进行链式的信息处理，在具有时序特点的问题上效果很好。因此RNN方案也比较适合于解决按照时序表达的轨迹预测问题，如图6-84所示。使用RNN的轨迹预测模型可以分为单个RNN模型和多个RNN模型。其中，单个RNN模型常用于进行单模态的轨迹预测，该模型使用LSTMEncoder对车辆进行特征提取，然后送入LSTM Decoder去预测未来的轨迹。相关算法细节可以参考文献[51]及[52]。多个RNN架构则有助于应对更复杂的情况，例如文献[53]中的方法增加了对于交通参与者之间相互作用的建模。RNN相比CNN更加适合于处理时序信息，它可以存储历史信息，并根据当前输入去预测未来输出。

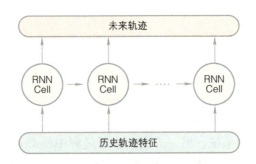

图6-84　基于RNN的预测模型

3）Attention 方案：深度学习的 Attention 机制灵感来源于人类视觉的注意力机制，人类会把有限的注意力资源分配给高价值信息区域，降低对周边区域的关注，以提高信息获取的效率。深度学习中的注意力机制同样如此，通过对重点信息进行高资源分配，在很多任务中取得了非常惊艳的效果。最有代表性的便是 Transformer 结构，在机器翻译任务上其表现已经超越了 RNN 和 CNN。在轨迹预测中注意力机制也得到了很多的应用。比如在文献 [54] 中，用多头注意力去提取了车道和车辆的 Feature，进而提升轨迹预测的精度（图 6-85）。

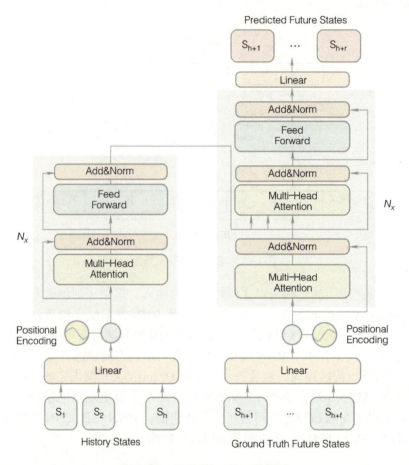

图 6-85　基于 Attention 的思路

此外，典型的深度学习模型都是输入动静态时序感知结果输出轨迹预测轨迹，这种方法被称为级联预测方案。随着深度学习的发展，研究者开始将原始传感器信息直接作为输入来进行轨迹预测，这种方案被称为端到端轨迹预测方案。基于级联的预测方案各个划分模块清晰，有良好的可解释性，但较长的链条影响了系统的推理速度，而且模块之间有大量的后处理，业已成为预测方案迭代优化效率提升的瓶颈。而端到端的轨迹预测更像是一个黑盒，一方面简化了整个系统，另一方面在学习过程中将 Loss 直接回传到感知模块，使得感知模块能够为预测提供更合理的 Feature，为预测的进一步优化带来明显帮助。但完全端到端的预测可解释性差，造成问题排查困难，并且对数据的依赖性更强。

6.6.2 轨迹规划

规划模块一般包含路线规划和运动规划两部分,其中路线规划输入导航地图信息,输出最优的可行驶路径,最直接的例子就是我们日常用手机导航去获取行驶路线。运动规划分为轨迹规划(Trajectories Planning)和速度规划两部分。轨迹规划输出一条车道级别的可行的行驶路线,速度规划给出这条轨迹上每个时刻的预期速度。目前深度学习的方案主要解决的是轨迹规划的问题,因此我们主要关注轨迹规划。轨迹规划的核心就是要解决车辆该怎么走的问题。轨迹规划的输入为拓扑地图、障碍物及障碍物的预测轨迹、交通信号灯状态等信息,输出一条由多个路径点(Waypoint)组成的轨迹,每个路径点包含时间、2D坐标以及航向角等信息。轨迹规划的主要的优化目标包括:

1)安全性:避免与场景中的任何障碍物发生碰撞;针对动态障碍物,需要利用预测信息降低其运动的不确定性,从而降低未来的碰撞风险。

2)稳定性:由于车辆的惯性较大、灵活性差,因此预测轨迹需要保证车辆的物理可行性和控制器的稳定性。此外,车辆是非和谐系统,需要满足特殊的运动学约束条件。例如,车辆不能独立的横向移动,需要纵向移动的同时才能获得横向偏移。

3)舒适性:考虑到乘员的舒适性,需要在满足安全性和稳定性的同时保证车辆的驾驶舒适度,包括加减速以及转向等过程,实现方式是限制加速度以及减速度在一定的范围内。

4)驾驶效率:在满足安全性和稳定性的同时,保证车辆以更快的速度驾驶,从而在更短的时间内到达目的地。

规划的方法按照原理可以分为传统优化方法以及深度学习的方法。传统的优化方法将轨迹规划定义成一个高度维空间的凸优化问题,将上述的安全、舒适、稳定以及高效等特性建模成不同的代价函数对参数空间进行约束。在自动驾驶中,传统的规划方法已经相对较为成熟,随着深度学习的兴起,研究者们开始采用深度学习的方法解决规划问题,这类方法也更值得探索。本小节将主要介绍深度学习的规划方法,我们按照轨迹规划中各个功能的耦合程度,将规划的技术方案分成3大类:模块化方案、纯规划端到端方案以及"感知-规划"一体化方案,如图6-86所示。

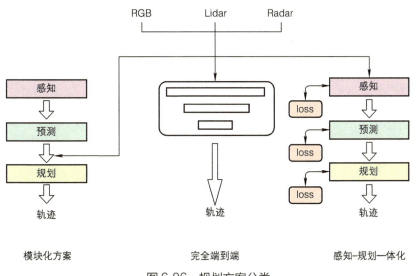

图6-86 规划方案分类

1）模块化方案：该方案由若干独立模块组成，功能被封装在模块之间清晰可见的接口中，如感知、预测、规划等。其优点就是每个模块内具有独立的功能，模块间具有良好的可解释性。缺点是模块化的方法每个模块都需要单独的 Encoder，存在大量的冗余计算，且模块之间的梯度断开，仅能传递指定特征（如检测框），存在信息丢失及误差累计，从而会影响最终性能。目前业界大量使用的都是这类方法。

2）端到端方案：是指从车辆传感器的原始信号中提取出高维有效特征，然后直接预测轨迹。端到端的方案简单直接，极大地减少了系统的复杂度，并避免了模块间的信息损失等问题。但是端到端的方案可解释性差，过度地依赖数据驱动，导致输出的结果有极大的不确定性，此外模型的泛化性也亟待提升。

3）"感知-规划"一体化方案：在感知、预测、规划各个模块上进行监督学习，并把多个任务进行联合训练，各个任务间共享 Backbone。规划任务的梯度可以反传至各个模块，即所有上游任务均为规划任务服务。整体的方案对人工设计的依赖最小且最大限度保留了可解释性。

"感知-规划"一体化方案综合了其他两种方案的优势，具备很高的应用潜力，是未来重要的发展方向。上述 3 种方案的特点、可解释性、可学习性的对比见表 6-3。目前学界和工业界都已经由传统流水线或纯粹的黑盒模型转向带有中间层表征与监督的可解释模型。

表 6-3 3 种规划方案的对比

方案	特点	可解释性	可学习性
模块化	模块间解耦，模块内独立设计优化，人工后处理任务重，模块间存在误差累计	好	低
端到端	输入原始数据直接隐式学出 trajectory/action，单任务学习，可解释性差	差	高
一体化	各功能相耦合，具有中间可解释表征，多任务联合学习设计	中	中

接下来笔者将介绍几个端到端以及"感知-规划"一体化方案的经典方法。

Transfuser 是一种非常有代表性的纯端到端方案（图 6-87），Transfuser 以 RGB 图像和 LiDAR 作为输入，分别通过两个 Encoder 网络提取 RGB 和 Lidar 的特征，之后在不同分辨率的特征上利用 Transformer 的 Attention 机制对两种不同模态的特征进行融合。这种多模态融合的方法充分利用了 RGB 图像丰富的纹理信息和 LiDAR 数据准确的几何信息。然后通过 MLP 部分将得到的 512 维特征压缩成 64 维。最后 Transfuser 利用 GRU 网络，经过迭代

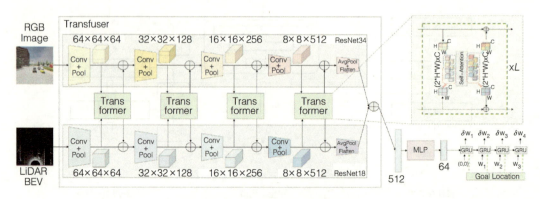

图 6-87 Transfuser 模型架构

输出以 4 个 Waypoints 表达的轨迹。Transfuser 模型输入 RGB 和 Lidar 数据直接输出规划轨迹，中间没有感知和预测结果的输出，端到端贯彻得非常彻底，这种纯黑盒方案带来了非常强的学习性，但也带了可解释性差的问题。

MP3 是 Uber 在 CVPR2021 上的一篇"感知 - 规划"一体化的工作，这也是第一个不依赖高精地图的自动驾驶规划模型。如图 6-88 所示，MP3 以多帧 LiDAR 点云 + 高层指令作为输入（比如前方 50m 右转）。众所周知，HD Map 成本高昂且鲜度较低，在量产中存在诸多限制，MP3 去掉了高精地图，并且能在定位失效的情况下正常运行。

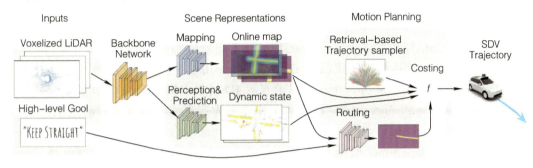

图 6-88　MP3 网络架构

与 MP3 相似，ST-P3 也是不依赖于高精度地图的"感知 - 规划"一体化模型，不同之处在于，ST-P3 是基于纯视觉的方案（图 6-89）。在 ST-P3 中，不同时刻的相机图像会依次经过感知、预测、规划模块，输出最终的规划路径。其中，感知和预测模块的特征输出，可以经过解码器得到不同类型的场景语义信息，用于增强可解释性。该方案的各个模块还通过特殊的设计来增强时空特征的学习。在端到端一体化的训练方式下，三个模块性能在 nuScenes 数据集上感知、预测与开环规划效果均达到最优，并在仿真数据集 CARLA 上超越了 Transfuser。

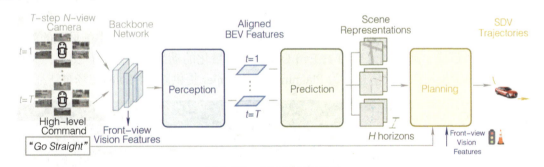

图 6-89　ST-P3 网络架构

UniAD 是 CVPR2023 上发表的一篇纯视觉的工作，并且荣获了当年的最佳论文奖。如图 6-90 所示，UniAD 将利用 Transformer 的查询向量将感知、预测、规划 3 大类主任务、6 个子任务（目标检测与跟踪、场景语义建图、轨迹预测、Occupancy 估计和路径规划）整合到一个统一的端到端网络框架下，各个任务之间既解耦又可以通过查询向量通过注意力机制进行交互，所有融合的信息最终都传至规划模块，最终输出一个不依赖高精地图的 Planner。

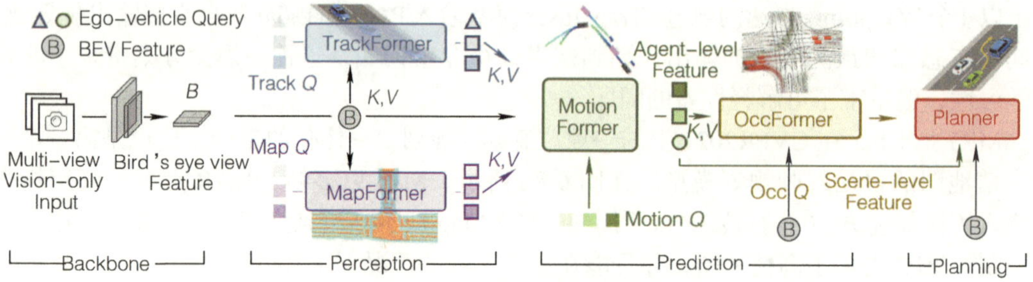

图 6-90 UniAD 网络架构图

具体来说，UniAD 包含 4 个基于 Transformer 解码器的感知预测模块和一个 Planner 规划器：用于学习动态物体检测和跟踪的 TrackFormer、用于 3D 全景分割的 MapFormer、用于输出物体预测信息的 MotionFormer、用于表示 4D 场景占据情况的 OccFormer 以及用于输出自车规划结果的 Planner。UniAD 整体工作流程为：首先将周视图片通过 Transformer 映射到 BEV 空间生成 BEV 空间的 Feature；TrackFormer 融合检测和跟踪任务输出目标检测和跟踪的信息；MapFormer 根据 BEV 信息构建实时语义地图；MotionFormer 将 Tracker-Former 的结果和 MapFormer 的地图及其 BEV 特征融合输出周围运动目标整体轨迹和预测；运动目标的信息进入 OccFormer，再次与 BEV 特征融合并作为 Occupancy 预测的输入，输出为每个 Voxel 的预测结果。Planner 输出最终的规划结果。

VAD 是地平线在 ICCV2023 中提出的一个针对 UniAD 的改进方法。UniAD 对场景的表达方式采用的是稠密栅格，这种方法一方面容易丢失矢量级别的信息（例如道路车道线以及拓扑结构等），另一方面计算代价非常高昂，为方案的落地带来了极大的挑战。针对这个问题，VAD 尝试摈弃栅格化表征，对整个驾驶场景进行矢量化建模（图 6-91），并且利用矢量环境信息对自车规划轨迹进行约束以提升网络性能。与 UniAD 类似，VAD 也采用基于统一的 Transformer 结构（图 6-92）：BEV Encoder 将输入的多视角图像转化为鸟瞰图视角（BEV）下的特征图；Vectorized Motion Transformer 提取场景中的动态目标信息，实现动态目标检测和矢量化的轨迹预测；Vectorized Map Transformer 提取场景中矢量化的静态元素信息（如车道线、路沿和人行道）；Ego Query 与矢量化的动静态信息进行交互，并提取其中与驾驶决策规划相关的信息，为 Planning Transformer 提供隐式的动静态场景特征输入；

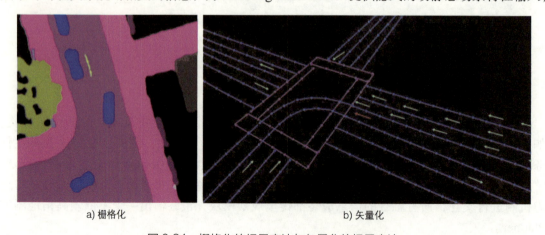

a) 栅格化　　　　　　　　　　　　b) 矢量化

图 6-91 栅格化的场景表达与矢量化的场景表达

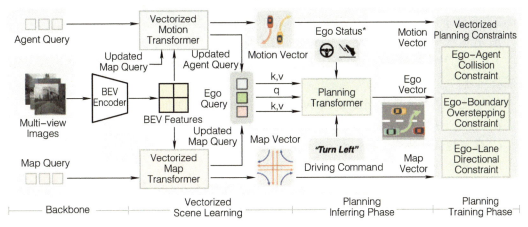

图 6-92　VAD 网络架构

Planning Transformer 最终完成自动驾驶车辆的轨迹规划。采用矢量化的表达可以有效地获取场景元素的实例级别的信息，同时能够大幅度提升网络推理的效率。

除此之外，已有的工作大多采用各种后处理策略对规划的轨迹进行优化。例如使用占据图预测结果对规划轨迹进行微调，强行约束规划轨迹位于可行驶区域内。这种方法虽然有效，但是破坏了模型的端到端学习能力。另外，后处理也会带来额外的计算开销，降低模型的推理速度。为了解决这个问题，VAD 摈弃了后处理策略，在训练阶段使用驾驶先验知识优化规划模型。具体来说，在模型训练阶段 VAD 对自车的规划轨迹进行 3 个层面（自车 - 他车碰撞约束、自车 - 边界越界约束以及自车 - 道路方向约束）的建模，生成 Loss 进行量化约束，让模型通过学习获得安全性、舒适性和高效性。VAD 在 nuScenes 开环验证和 CARLA 闭环验证中均取得了最优规划性能（超过 UniAD）。除此之外，相比之前的方案，VAD 大幅提升了模型的推理速度。

练 习 题

一、选择题

1.【多选】分类任务中常用的评测指标有（　　）。

A. 准确率 (Accuracy)　　　　　　B. 精确率 (Precision)

C. 召回率 (Recall)　　　　　　　D. 平均交并比 (mIOU)

2.【多选】下面（　　）方法在灯牌检测中提升了模型鲁棒性，提高了检测框的精度。

A. 加特征金字塔 (Feature Pyramid Networks, FPN)

B. 将 RoI-Pooling 替换成 RoI-Align

C. 将标志牌分成限速类、绿底白字指示牌、白底黑字指示牌等 55 个类别

D. 将红绿灯分成 5 个类别：绿、黄、红、关闭、其他

3.【多选】下面（　　）属于驾驶环境中常见的动态障碍物。
　　A. 全车感知　　B. 地面标识感知　　C. 行人感知　　D. 骑车人感知
4.【单选】下面模型中（　　）模块是用来解决地面标识在图像中方向转换与缩放造成漏检问题。
　　A. 可变形卷积（Deformable Convolutional Networks, DCN）
　　B. 特征金字塔(Feature Pyramid Networks, FPN)
　　C. 感兴趣区域池化（Region of interest pooling, RoI-Pooling）
　　D. 区域生成网络(Region Proposal Network, RPN)
5.【多选】在通用物体感知上，下面（　　）方法可用于通用物体感知。
　　A. 点云聚类　　B. 点云分割　　C. 全图分割　　D. Occupancy Network

二、填空题

1. 使用深度学习方法的停车位检测方法有_____、_____和_____。
2. 行人感知任务中，细粒度的感知内容包括_____、_____、_____、_____。
3. 低频出现、姿态形状或类别数量不可控，无法用一般障碍物的深度学习模型进行识别和分类的感知问题，属于智能驾驶中的_____。
4. 驾驶场景中动态障碍物有_____、_____、_____，静态障碍物有_____、_____、_____等。（静态障碍物类别较多，写出 3 个即可）
5. 高程估计任务指的是在_____级别预测图像中各点对于地面的_____，应用场景有路面异物识别、路面类型以及坑洼检测等。

三、判断题

1. 对行驶道路场景进行语义理解，实现对系统中各个任务模块预警的辅助决策，有助于提升辅助驾驶系统的稳定性。（　　）
2. 关键点检测按照问题场景，可以分为"单目标关键点检测"和"多目标关键点检测"。（　　）
3. 动态障碍物感知包括行人感知、骑车人感知、信号灯感知、全车感知。（　　）
4. 下图所示的积水在路面标识检测任务中属于正类。（　　）

5. 站立在路边的行人属于静态障碍物。（　　）

四、简答题

1. 简述全车感知任务中，细粒度的感知任务包括哪些？各任务分别有什么作用？
2. 在多类目标检测任务中，如何评价模型的性能？TP/FP/FN 该如何定义？
3. 用两点检测法检测竖杆的网络结构时，输出的模型结果以 heatmap 热图形式表示，分别为 pole_heatmap, pole_offset, max_pooling_offset, top_point_index，请问这些热图的含义是什么？

4. 简述规划方案中端到端方案和感知-规划一体化方案的区别和特点。

五、实训题

1. 简单设计一套方案，实现泊车场景下的停车位检测，方案包括传感器选择、图像处理方案、停车位检测感知方案及目的，不需要具体代码实现。

2. 低速泊车场景下，存在会车、他车泊入泊出等情况，请对预测方案的输入进行设计。注意要考虑需要什么样的感知结果以实现更准确的预测，尽可能全面。

六、思考题

1. 在国务院关于印发"十四五"现代综合交通运输体系发展规划的通知中指出，要加强交通运输领域前瞻性、战略性技术研究储备，加强智能网联汽车、自动驾驶、车路协同、船舶自主航行、船岸协同等领域技术研发。请根据我国国情，简述目前机器视觉在自动驾驶领域会有的挑战。

2. 2023年7月18日，工业和信息化部、国家标准化管理委员会联合修订发布《国家车联网产业标准体系建设指南(智能网联汽车)(2023版)》，提出了智能网联汽车标准体系。请结合智能网联特点，简述对预测规划部分会带来的新思路。

第 7 章 视觉感知算法

结合第 4 章的算法基础以及第 6 章提出的智能驾驶各类感知任务与思路，本章将详细介绍面向量产的智能驾驶视觉感知算法。本章将分别介绍目标分类、目标检测、深度估计、语义分割、车道线检测、BEV 感知、占用网络、高程网络、雷达感知以及视觉多任务算法。这里需要注意的是，本章介绍的算法大都在量产研发中得到了验证，但在实际落地时还要根据场景与 Corner Case 进行优化。其次，上述算法与第 6 章介绍的感知任务是一对多的关系。例如目标检测算法会用于检测第 6 章介绍的多种动静态元素的感知任务中，如图 7-1 ~ 图 7-3 所示。

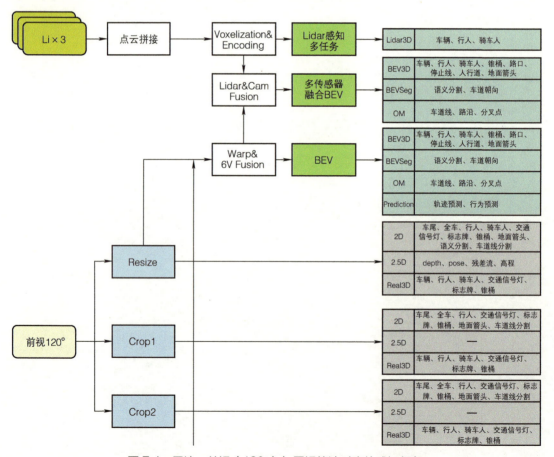

图 7-1 雷达、前视（120°）与周视算法对应的感知任务

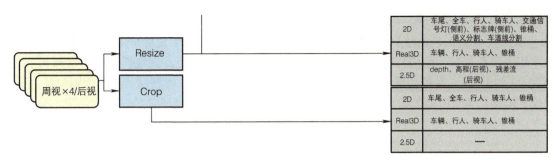

图 7-1　雷达、前视（120°）与周视算法对应的感知任务（续）

图 7-2　前视（30°）算法对应的感知任务

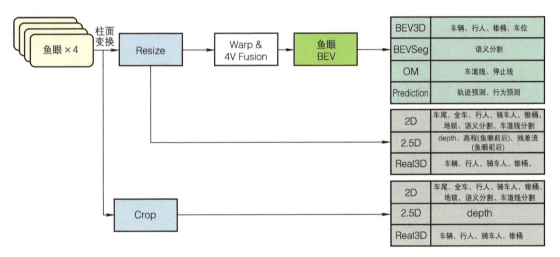

图 7-3　鱼眼算法对应的感知任务

为此，本章不但介绍了相关的算法细节，还会介绍该算法可用于第 6 章中的哪些感知任务，建议读者在学习本章时多回看第 6 章内容。

7.1　目标分类

目标分类是计算机视觉中最为基本的任务，即根据图像的语义信息将图像分类到所属类别，是目标检测、图像分割、物体跟踪、行为分析、人脸识别等其他视觉任务的基础。自 2012 年 AlexNet 出世以来，具有优异性能的图像分类模型往往是由卷积神经网络（Convolutional Neural Network，CNN）构成的，相关基础知识已在本书 4.1 节中介绍。CNN 常被用于 backbone（网络主干模块），在具备图像特征提取能力的同时，也具有良好的迁移学习能力，在分类任务中具有良好性能的模型结构，往往在下流任务（检测、分割等）中作为网络的主干模块也有很好的表现。4.2.1 节介绍了经典的 CNN 模型，包括 VGG、ResNet、DenseNet、GoogLeNet、MobileNet。第 6 章中的工况场景识别多任务就属于目标分类的应用任务之一，此识别多任务是对当前图片的场景、天气、时间及光线进行分类。天气识别包括晴天 / 阴天 / 雨天 / 大雨 / 雪天 / 其他，场景识别包括高速 / 城区 / 乡村 / 隧道 / 收费站，时间识别包括白天 / 黑夜 / 其他，光线识别包括自然光 / 灯光 / 强光 / 黑暗。其后再基于各场景预测结果（分类结果），在不同情况下对其他要素的目标检测阈值做出调整，以提高目标检测的准确率。

在面向量产的目标分类任务中，ShuffleNet 和 VarGNet 是两种常见的移动端及嵌入端轻量级深度学习网络模型。VarGNet 已在本书 4.4 节进行了详细介绍，这里重点介绍 ShuffleNet。ShuffleNet 是旷视科技提出的一种高效的 CNN 模型。虽然深度卷积或者分组卷积能够有效降低计算量，但是缺少通道间的信息交互与整合，势必会影响网络的特征提取能力，MobileNet 使用逐点卷积来解决这个问题，但是逐点卷积的计算量比较大，所以 MobileNet 的计算量主要集中在逐点卷积上面。受 ResNeXt 的启发，ShuffleNet 使用分组逐点卷积（Group Pointwise Convolution）来代替原来的结构，通过将卷积运算的输入限制在每个组内，模型的计算量取得了显著下降。然而这样做也带来了明显的问题：组与组之间没有信息交换，因此 ShuffleNet 通过引入通道重排（Channel Shuffle）来实现不同通道间的信息融合，如图 7-4 所示。

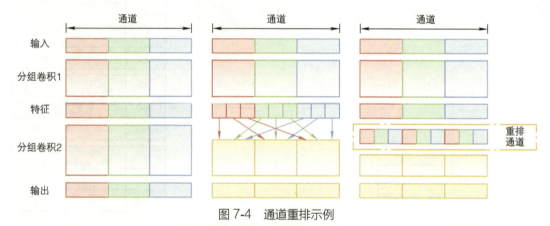

图 7-4　通道重排示例

ShuffleNet v1 的基本网络结构如图 7-5a 所示，其设计思路为：首先使用深度卷积替换原有的 3×3 卷积，降低卷积操作提取特征的复杂度；然后将原先结构中前后两个 1×1 逐点卷积进行分组化，并在两层之间添加通道重排操作，进一步降低卷积运算的跨通道计算量。此外，ShuffleNet 还包含一种专门用于特征图降采样的基本单元，如图 7-5b 所示。ShuffleNet v2 从轻量级网络的本质出发，提出不应该只关注计算量，而需要同时兼顾 MAC（内存访问代价），并提出了四条轻量级网络设计准则。

1）在 FLOPS 相同的情况下，输入通道等于输出通道时，MAC 最小。
2）在 FLOPS 相同且输入固定的情况下，卷积的分组数越大，MAC 越大。
3）网络的分支越多，效率越低。
4）Element Wise 操作虽然带来的 FLOPS 不大，但是 MAC 代价不容忽视。

以上面的 4 条准则为依据，更新了 ShuffleNet v1 的基本结构，得到了 ShuffleNet v2，图 7-5c、d 分别展示了 v2 的基本单元及降采样单元。

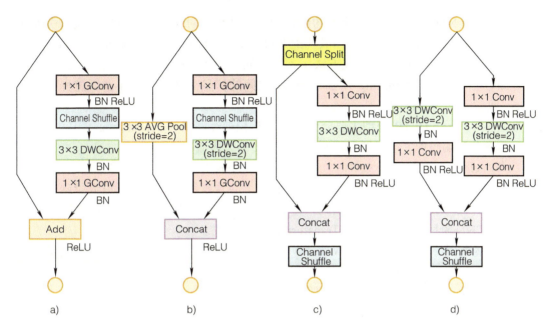

图 7-5 ShuffleNet v1 及 v2 的基本单元和降采样单元

7.2 目标检测

目标检测主要面向驾驶场景中的静态感知、动态感知、地面标识感知及通用检测，相关任务细节详见本书第 6 章。我们还在本书 4.2.2 节介绍了目标检测的常见基础模型，包括 Faster R-CNN、YOLO 系列以及 FCOS。在当前面向智能驾驶的量产方案中，基于 Transformer 进行目标检测已成为趋势，这里以其开山之作 DETR 为例进行详细介绍。DETR 是 Facebook 在 2020 年提出的一种目标检测算法。在 DETR 之前，基于 CNN 和 anchor 进行目标检测的流程大都为：使用 backbone 对输入图像的特征进行提取，使用 neck 实现多尺度特征聚合，构建多个 head 实现在特征上预测检测框相对于 anchor 的偏移量，获得预测检测框后通过非极大值抑制（Non Maximum Suppression，NMS）去除冗余。DETR 也在一定程度上延续了上述结构：基于 CNN 的 backbone 实现特征提取，基于 encoder 实现特征的聚合，在 decoder 中通过可学习的 query 直接获取物体目标的框和分类信息。相较之前的目标检测方案，DETR 有如下几点创新。

1）通过网络自动学习归纳出锚点框可能出现的位置，可以看作 "learned positional embeddings"，即对应 DETR 中指定数量可学习的目标 query。

2）将目标检测建模成 "Set to Set" 的预测问题，Transformer 要解决的问题就是实现 "源语言集合" 到 "目标语言集合" 的转换。该方案提供给 Transformer 的输入是一个 CNN 提取到的高阶语义特征集合，其中一个元素代表图像上的一块区域特征，然后输出的是指定 query 数量的预测框信息集合，其中一个元素代表一个物体预测框。相较于之前 image-to-boxes 的转换方式，基于 Transformer 的 patch-to-boxes 的转换，更加贴合目标检测的本质，基于区域与区域之间、目标与目标之间的信息交换，也更加直接，合理。

3）不需要 NMS 这类过滤冗余框的后处理，在训练时对于一个真值框，通过引入的二分图匹配算法，只会有一个预测框与其匹配并进行 Loss 计算，这与传统 anchor-base 的满足条件（正样本的一对多的标签分配方法）不同。同时在 Transformer 的 decoder 部分中，采用了 query 之间的 self attention，增加了 query 之间的信息交换，使得在训练过程中避免多个 query 收敛到同一个目标。

如图 7-6 所示，DETR 模型主要分为两块：卷积神经网络和 Transformer，其中，Transformer 模型分为编码器、解码器和预测头。DETR 的大体流程为：

1）输入图像，经过一个 CNN（如 ResNet50）提取得到图像上的高阶语义特征，经过多次下采样，得到 CNN 的输出特征图，利用 1×1 的卷积将特征图的通道数量降低，接着生成一个同样尺寸大小的固定位置编码，将其与特征图按位相加，给特征图增加位置信息。

2）将 CNN 阶段的特征图送入 Transformer 进行编码。

3）在整个训练过程中，构建 N 个（N 为固定值，需大于图像中的总目标数量，默认 N=100）可学习的 object query，即希望模型产生至多 100 个物体区域。通过学习后，object query 起到和 anchor 相似的作用，可以理解为告诉解码器哪些区域可能会有物体。

4）将编码器的输出和 object query 一起传入解码器，解码器输出得到 object query 数量为 N 的物体的特征值。

5）将特征值送入前馈神经网络（Feed Forward Neural Network，FFN）模块，该模块为一个 3 层感知机，由负责升维的全连接层、负责降维的全连接层和一个线性映射层组成。使用全连接层对输入的特征进行提取，相当于该模块有 N 个独立的预测头（Prediction Head），每个预测头负责预测图片里的某一个物体（并不预先确定是哪一个，而是在网络学习的过程中自动分配进行收敛），得到 N 个方框 + 类别的预测值。

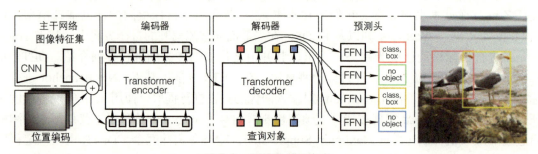

图 7-6　DETR 模型架构

Transformer 中的核心就是自注意力（Self-attention）机制，这里简单回顾一下 Transformer 的自注意力机制的数学过程。

1）计算自注意力机制中的 Q（query）、K（key）和 V（value），其中 X 为输入，分别传入具有不同参数的全连接层，即与 W^q、W^k、W^v 分别进行矩阵乘，得到为 Q、K、V，值得注意的是，Q、K 计算中传入的输入 X 是相同的，因此这种方式被称为自注意力机制，如果传入的输入 X 是不同的，则是交叉注意力机制（Cross-attention）：

$$Q = W^q X, \quad K = W^k X, \quad V = W^v X$$

2）向输入中加入利用正弦、余弦生成好的固定 Position Embedding（PE）：

$$Q = Q + \mathrm{PE}, \quad K = K + \mathrm{PE}, \quad V = V + \mathrm{PE}$$

3）计算 Q 和 K 之间的相似度，即自注意力矩阵。其中 QK^T 为点积，它衡量了查询 Q 和键 K 之间的相似性，点积越大，意味着查询和相应的键更相似。$\sqrt{d_k}$ 为缩放因子，用于调整点积的大小，使得模型更稳定。softmax 用于将点积缩放的结果转化为概率分布，从而确定 V 中每个值在最终输出中的权重（Attention Weight）S：

$$S = \text{Softmax}\left(\frac{QK^T}{\sqrt{d_k}}\right)$$

4）自注意力的输出可以表示如下，Q 和 K 之间的点积越大，即相似性越大，则会使得 V 中对应的这些值获得更大权重 S，也就是说自注意力的整个计算逻辑大致是将输入中重复多次出现的特征信息看作重要特征，进行凸显，这与 CNN 的滑动窗口加上池化使得重要特征凸显的目的一致：

$$H = SV$$

5）Transformer 会再用一层 FFN、Layer Normalization 和残差连接完成最终的输出：

$$X = \text{LN}(H + X)$$
$$Y = \text{LN}(\text{FFN}(X) + X)$$

DETR 中的 Transformer 结构示意如图 7-7 所示。DETR 中使用的 Transformer 结构和原始的 Transformer 没有太大区别，明显的一点区别是 Q 和 K 都加上了 Spatial Positional Encoding。下面从 Encoder、Decoder、正负样本分配、损失函数这几个方面深入到 DETR 的 Transformer 内部，去看看其如何实现信息的交互。

1）Encoder：Encoder 包含 N 个 encoder 层，每个 encoder 层由一个多头自注意力模块（Multi-Head Self-Attention）和一个前馈层（FFN）构成，两个模块后都接有残差连接和 Layer Norm 层。对于第一个多头自注意力模块，输入的 Q、K、V 定义如下：

① Image Feature：通过 CNN backbone 提取，并经过一个全连接层处理特征。

② Spatial Positional Encoding：与原始 Transformer 一致，通过正弦、余弦函数编码每个特征在整个特征图上的位置，尺寸与特征的尺寸一致。由于图像是二维的，所以位置编码同时考虑了 x 与 y 两个维度的位置。需要注意的是，该位置编码是固定的，不是通过网络学习出来的。

③ Q：Image Feature+Spatial Positional Encoding，即图像特征和位置编码逐元素相加而得。

④ K：由于是自注意力模块，所以 K 与 Q 相同。

⑤ V：Image Feature。

后续多头注意力模块，只有输入的 Image Feature 变成了上一层的输出特征，其余输入保持不变。

2）Decoder：Decoder 包含 M 个 decoder 层，每个 decode 层主要又由两个注意力模块构成，为了叙述简便，在这里忽略 FFN 和 Add & Norm 层。首先来看第一个注意力模块，它是一个自注意力模块，其中 Q、K、V 的组成如下：

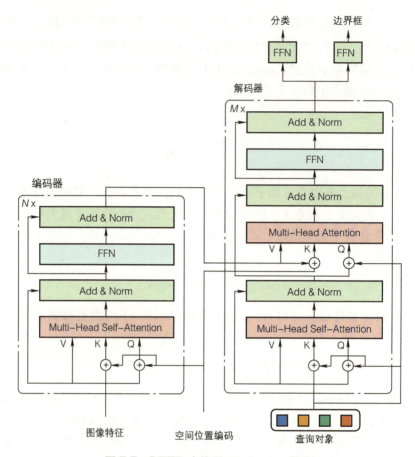

图 7-7 DETR 中的 Transformer 结构

① Q：queries feat+object query，由于 Decoder 包含多个 decoder 层，query feat 在第一个 decoder 层，通常被初始化为 0，后续 decoder 层为前一层的输出。object query 可以看作是 "learned positional embeddings"，与前面的固定位置编码不同，可以随机初始化，通过模型训练学习数据中物体在空间上的分布，可以简单理解为 object query 中的每个向量都代表了物体在图像中可能出现的一种位置，在整个训练及多个 decoder 层中，object query 会不断重复被使用，被精修。

② K：由于是自注意力模块，所以 K 与 Q 相同，计算出来的自注意力权重也就代表着 query 和 query 之间的信息交互。

③ V：encoder 输出的特征。

接着再来看第二个注意力模块，它是一个交叉注意力模块，其中 Q、K、V 的组成如下：

① Q：前面自注意力模块的输出 + object query。

② K：encoder 输出的特征 + sqatial positional encoding。

③ V：encoder 输出的特征。

第一个自注意力模块关注的是 object query 与 object query 之间的关系。通过自注意力机制，其实就是让不同的 object query 知道其他 object query 所代表的位置，如果某一位置已经存在表示其的 object query，那么当前这个 object query 就不需要再关注这个位置，在训练过程中计算梯度时，会避免多个 query 收敛到同一个位置，达到生成有区分度的 object query 的效果。第二个交叉注意力模块关注 object query 和经过 encoder 编码后的 image feature 之间的关系。形象来说，类似于给一个位置（object query），然后让模型来判断，在图片的这个位置是否存在物体，并将这些信息记录到对应的输出特征中，后续通过预测头 FFN 预测对应结果。

3）正负样本分配：一批图像 $I \in R^{\text{batch} \times H0 \times W0 \times 3}$ 输入进 DETR 网络后，最终输出类别预测 $Y_c \in R^{\text{batch} \times N \times (\text{classnum}+1)}$ 和边界框预测 $Y_b \in R^{\text{batch} \times N \times 4}$，其中 N 是预先设定好的输出物体的数量，默认为 100。接下来，需要考虑正样本的问题，即如何设置正样本来训练网络。在以往的 anchor-based 方法中，要么根据目标检测框与预设好的 anchor box 之间的 IoU 来确定正样本（如 YOLO 和 RetinaNet），要么根据预设好的尺度范围来获得正样本（如 FCOS），但 DETR 没有上面的 anchor 概念。DETR 的训练过程是将所有预测框看成一个集合，目标框看成另一个集合，现在需要为一个集合里的每个元素，在另一个集合中以独占的方式找到一个元素与其配对（独占是为避免多个 query 收敛到同一目标），并且实现最优的匹配效果。为此，通过二分图匹配算法 Hungarian Algorithm（匈牙利算法）来解决，匈牙利算法通过最小化匹配开销来找到最优匹配，其开销函数 L_{match} 定义如下：

$$-\mathbb{I}_{\{c_i \neq \varnothing\}} \hat{p}_{\sigma(i)}(c_i) + \mathbb{I}_{\{c_i \neq \varnothing\}} \mathcal{L}_{\text{box}}(b_i, \hat{b}_{\sigma(i)})$$

式中，c_i 为第 i 个真值 object 的 class 标签；$\sigma(i)$ 为与第 i 个真值 object 配对的 prediction box 的 index；ϕ 为人为构造了一个新的物体类别，表示没有物体，即背景类；$\mathbb{I}_{\{c_i \neq \varnothing\}}$ 是一个函数，当 $c_i \neq \phi$ 时为 1，否则为 0；$\hat{p}_{\sigma(i)}(c_i)$ 表示 Transformer 预测的第 $\sigma(i)$ 个 prediction box 类别为 c_i 的概率；$b_i, \hat{b}_{\sigma(i)}$ 分别为第 i 个真值 object 的 box 和第 $\sigma(i)$ 个 prediction box 的位置；$\mathcal{L}_{\text{box}}(b_i, \hat{b}_{\sigma(i)})$ 计算的是真值 box 和 prediction box 之间的差距。

上式总结起来就是，当配对的真值 object 为 ϕ 时，人为规定配对的匹配开销等于 0；当配对的真值 object 为真实的物体（即不为 ϕ）时，预测的 prediction box 的类别和真值 object 类别相同的概率越大，或者两者的 box 差距越小，则配对的开销越小，代表这是较优的匹配方式。这样就完全定义好了每对 prediction box 和真值 object 配对时的开销，再利用匈牙利算法即可得到这个二分图匹配问题的最优匹配结果。

4）损失函数：得到了 prediction box 和真值 object 之间的最优匹配，基于这个最优匹配，通过损失函数来计算训练的损失，即评价 Transformer 生成这些 prediction box 的效果好坏，并反向传播去微调 Transoformer 中可学习的参数。其训练损失函数如下：

$$\mathcal{L}_{\text{Hungarian}}(y, \hat{y}) = \sum_{i=1}^{N} \left[-\log \hat{p}_{\hat{\sigma}(i)}(c_i) + \mathbb{I}_{\{c_i \neq \varnothing\}} \mathcal{L}_{\text{box}}(b_i, \hat{b}_{\hat{\sigma}}(i)) \right]$$

式中，$\hat{\sigma}$ 代表最优匹配，将第 i 个真值 object 匹配到第 $\hat{\sigma}(i)$ 个 prediction box；$\hat{p}_{\hat{\sigma}(i)}(c_i)$ 表示在最优匹配结果下，Transformer 预测的第 $\hat{\sigma}(i)$ 个 prediction box 类别为最优匹配类 c_i 的概率；同理，预测框的损失也是在最优的匹配结果下去计算框之间的差距，即是 GIoU 损失加上中心点（x, y）长宽 4 个值的 L1 损失。需要注意的是，在这里分类损失对所有样本都进行计算，而边框回归损失只对类别为非背景的样本计算，这点和常规的目标检测方法一致。

7.3 深度估计

深度估计的相关概念及基础理论已在本书 4.2.4 节进行了介绍，对于单目有监督深度估计任务来说，需要大量准确的标注作为训练真值，因此获得较好质量的训练真值的成本较大。单目无监督深度估计仅靠相邻帧作为监督信号，通过相邻帧进行图像重建作为训练监督，从而无需标注数据。面对智能驾驶量产场景，本书以经典的 MonoDepth2 为例，介绍单目无监督深度估计算法。具体来说，MonoDepth2 根据 SFM（Structure from Motion）模型原理在卷积神经网络中同时训练两组网络：深度网络和位姿网络。训练网络的输入为一段视频序列的连续多帧图片，深度网络输入目标视图，位姿网络输入目标视图和上一帧视图，深度网络经过卷积神经网络处理输出对应的深度图像，位姿网络计算出相机运动姿态的变化，根据两组网络的输出结果共同构建重投影图像，计算重投影误差引入至损失函数中，通过损失函数来反向传播更新模型参数，优化训练网络模型。

如图 7-8 所示，MonoDepth2 深度估计网络基于 U-Net 架构，这种网络架构能够实现更精确的分割。U-Net 网络架构的收缩路径和扩展路径对称。深度网络的收缩和扩展分别通过下采样过程和上采样过程来实现，下采样过程可缩小图像生成图像的缩略图，可以用来表示环境特征信息，上采样过程可放大图像，并且结合下采样各层信息对细节信息进行还原，可以很好地提高输出图像的精度。深度估计网络整体流程为编码过程和解码过程，图 7-8 中左侧部分为编码过程，右侧部分为解码过程。解码过程即将编码器网络中尺寸相同的特征信息进行特征融合后输入至上采样层。深度网络的编码器与解码器细节为：

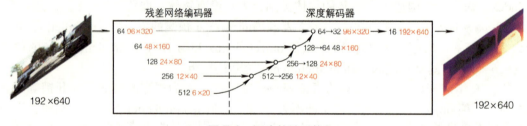

图 7-8 深度估计网络

1）编码器：编码器可以进行特征提取，在深度估计网络中使用残差网络 ResNet18 作为深度编码器。编码器网络的输入为单目相机所拍摄的彩色 RGB 图像，彩色图像首先进入卷积层和 BN 层进行处理，然后进入 ReLU 激活函数和最大池化层，最大池化层对提取特征压缩。之后进入 Layer1，Layer1 由两个残差块组成，残差块内部使用的激活函数为 ELU 激活函数，Layer2、Layer3、Layer4 与 Layer1 是相同的结构，在跨越不同层次的时候，采用加大步长的卷积核进行卷积操作来代替下采样过程，特征图的尺寸逐倍缩小。

2）解码器：解码器需要对编码器输出图像特征进行整合解析，深度估计网络使用上采样层和卷积层结合的方式作为深度解码器。解码器网络包括 4 个相同的 Upconv 结构，Upconv 中包括特征图融合、多个卷积层和上采样过程，每个 Upconv 的输入为上一层网络的输出和编码器网络中相同尺度的特征图，将相同尺寸的特征图融合后，进行卷积操作、上采样操作，最后 Upconv4 输出的图像尺寸与输入图像尺寸相同。在解码器中，使用反射填充来代替零填充，当需要对输入矩阵进行扩充时，扩充值使用附近的像素值，这样可以减少边界处模糊的情况，提高特征图的清晰度。

如图 7-9 所示，MonoDepth2 位姿估计网络的输入为上一帧图像和当前帧图像，这是一对彩色图像，所以位姿网络可以接收六通道作为输入。这是因为单张彩色图片是无法获取场景下的三维信息的，所以使用单目相机拍摄视频的连续前后两帧才可以获得相机相对于场景中角度和位置的变化。位姿网络与深度网络整体流程类似，网络中也包括编码过程和解码过程。左侧为编码过程，右侧为解码过程，网络最终输出轴角变化矩阵和平移变化矩阵。位姿网络的编码器与解码器细节为：

1）编码器：编码器网络中同样使用 ResNet18 结构，并且在位姿编码器中使用预训练权重模型。将预训练模型中第一个卷积核的维度进行扩展，使网络可以接收六通道作为输入，将扩展后的卷积核中的权重除以 2，保证卷积操作结束后与单张图像进入残差网络的数值范围相同。编码器网络中最终输出提取到的图像特征。

2）解码器：解码器网络将编码器所提取的图像特征进行整合。首先使用 Squeeze 操作对图像特征进行降维，然后将图像特征按照行并排起来，进行多次卷积操作，将矩阵缩放 0.01，最终输出轴角矩阵和平移矩阵。使用预测得到的矩阵代表相机位置变化的平移运动和旋转运动。

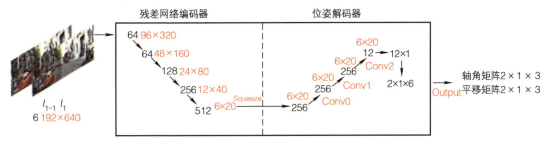

图 7-9 MonoDepth2 位姿估计网络

此模型的损失函数将重投影误差和像素平滑度结合。MonoDepth2 很突出的一个贡献就是采用最小化重投影误差来代替平均化误差，平均化处理会导致重投影误差过大，从而使得损失函数的值过大，使得深度图边缘模糊。使用最小重投影误差损失仅将每个像素与可见的视图进行匹配，提高遮挡边界的清晰度。具体来说，MonoDepth2 的损失函数由两部分组成，分别是光度损失（Photometric Error）pe 和像素平滑损失（Edge-aware Smoothness Error）L_s。pe 定义为

$$\text{pe}(I_a, I_b) = \frac{\alpha}{2}\bigl(1 - \text{SSIM}(I_a, I_b)\bigr) + (1-\alpha)\|I_a - I_b\|_1$$

式中，$\alpha = 0.85$；SSIM 表示图像结构相似性损失；$\|I_a - I_b\|_1$ 表示图像像素 L1 损失。L_s 定义为

$$L_s = \left|\partial_x d_t^*\right| e^{-|\partial_x I_t|} + \left|\partial_y d_t^*\right| e^{-|\partial_y I_t|}$$

式中，$d_t^* = \dfrac{d_t}{\overline{d_t}}$，即将深度值 d_t 取倒数后再进行标准化。由于模型训练时会从 $t-1$ 及 $t+1$ 帧同时重建 t 帧图像，因此 pe 将包含两部分光度损失 $\text{pe}(I_t, I_{t-1 \to t})$ 和 $\text{pe}(I_t, I_{t+1 \to t})$。MonoDepth2

之前的算法是将这两部分取平均后作为最终的光度损失 L_p，而 MonoDepth2 取两者中最小的值作为 L_p 的取值。最终的损失函数定义为

$$L = \mu L_p + \lambda L_s$$

式中，μ 为 auto mask。具体来说，单目深度估计依赖两个假设：场景静止、相机运动。因此在计算光度损失时，若画面中有物体始终与自车运动保持相对静止，则这样的物体需要从损失计算中剔除。MonoDepth2 采用了一种 automask 机制来过滤帧间与自车运动相对静止的像素点，μ 取值为

$$\mu = \left[\min pe(I_t, I_{t'-1}) < \min pe(I_t, I_{t'})\right]$$

式中，[·] 为艾弗森括号（Iverson Bracket），表示如果方括号内的条件满足则为 1，不满足则为 0。automask 忽略了前后帧像素没怎么变化的区域（运动区域），保留了有变化的区域，使得计算 Loss 时剔除不符合帧间运动规律的像素点。

MonoDepth2 通过使用帧间自监督的方式实现了单目深度估计，并在 KITTI 开源数据集上取得了优异的效果，为实现单目自监督深度估计提供了 baseline 和方向，成为一个经典的单目自监督深度估计算法。其不足之处有：①对于表面纹理不清晰、形状扭曲或者存在反光的物体深度预测不准；②尽管采用了 automask 机制过滤了部分与自车相对静止的像素，但对于帧间其他不满足帧间运动规律的动态目标（如相向自车运动目标等）依旧不能做到很好的预测，需要在实践中优化。

7.4 语义分割

语义分割可以解决第 6 章中的可行驶区域检测、减速带检测、竖杆检测、施工区域检测等静态任务的感知。一个语义分割任务可直接实现基于整图的像素级识别（包含减速带、竖杆、行人、车辆等），也可以作为辅助信息应用到其他任务中。例如分割结果中的道路、车道线和地面标志作为主要对象，同时以行人、其他车辆、障碍物等作为边界，就可以确定车辆前向的可行驶区域。本书 4.2.3 节介绍了语义分割的常用方法，目前大多应用都是基于深度学习的方法。而自全卷积神经网络（FCN）提出以来，现有的基于深度学习的语义分割框架大都是基于编码器-解码器（Encoder-Decoder）范式，但这个范式还存在一些缺陷。具体来说，这个范式中编码器里的 CNN 用于特征提取，它在逐渐降低特征图分辨率的同时使得特征图富含语义信息。随后解码器中的 CNN 利用编码器编码特征作为输入，解码出最后的分割预测结果。那么就会引入一些问题，比如语义分割任务除了语义信息还需要细节信息、上下文信息，如何在保证效率的同时尽可能地捕获有效的上下文信息，就成了近几年大部分工作的核心。

基于上述逻辑，当前主流方法主要有两种：改造原始的卷积操作或者在网络中引入注意力机制。改造原始的卷积操作方式主要是通过扩大感受野来捕获局部的上下文信息，如 Inception、DeepLab 系列、PSPNet 等，详见本书第 4 章。而注意力方法则更倾向于从不同维度建立长距离的依赖来捕获全局的上下文信息，包括 SENet、DANet、NonLocalNet 等。但这些方法都无法避开 CNN 方法的一个桎梏，即图像初始阶段输入到网络时，由于 CNN

卷积核不会太大，模型只能利用局部信息理解输入图像，难免有些一叶障目，从而影响编码器最后提取的特征的可区分性。针对上述问题，基于 Transformer 的方案给出了很好的答案，它将输入的图像 Token 化，然后利用自注意力机制就能在模型的一开始使得模型能够以全局的角度去理解图片，下面介绍两个使用 Transformer 解决语义分割任务的经典算法：SETR 和 SegFormer。

SETR 是将 Transformer 和 CNN 结合来做图像分割，达到了比较好的效果。其中编码器中的 CNN 直接替换成 ViT（Vision Transformer），即直接使用 Transformer 来学习信息特征，后面的解码器依然使用 CNN。这种方式 Transfomer 从一开始就能获取全局的上下文关系，从本质上解决了 CNN 的缺陷。SETR 整体结构如图 7-10 所示，包括输入、编码和解码三部分，其中图 7-10a 是整体结构，包括模型输入、编码和解码，图 7-10b、c 是两种不同的解码方式，具体来说：

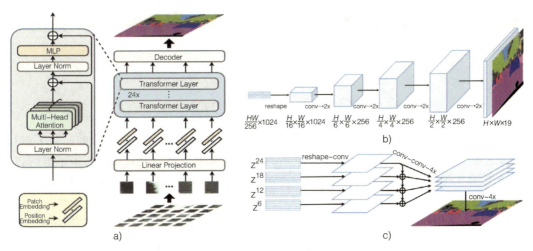

图 7-10　SETR 网络架构图

1）输入：是指需要将原始的输入图片处理成 Transformer 即编码模块能够支持的格式，这里作者参考了 ViT 的做法，即对输入图像进行切片处理，将每一个 2D 的图像切片（patch）视为一个 "1D" 的序列作为整体输入到网络中。具体做法是采用切片的方式，每个切片大小为 $16 \times 16 \times 3$，那么对于一张 $256 \times 256 \times 3$ 大小的图片，就可以切成 256 块（$L = 256$），再将 $16 \times 16 \times 3$ 的每个切片 reshape/flatten 成 1×768 的向量，一张图就变成 256×768 的向量；再经过 Linear Projection 层得到 image token。为了对每个切片的空间信息进行编码，可以为每个局部位置都学习一个特定的位置编码，并和 image token 组合形成最终的输入序列。如此一来，尽管 Transfomer 是无序的，我们也仍然可以保留相对应的空间位置信息，因为我们对原始的位置信息进行了关联。

2）编码：将上述输入序列送到 Transformer 结构中进行特征提取，也就是编码的过程。其主要包含两个部分（block）：Multi-head Self-Attention（MSA）和 Multilayer Perceptron（MLP）。MSA 即多头注意力机制，如图 7-11 所示，Q、K、V 都是输入序列通过线性变换得到的：$Q = XW_q$，$K = XW_k$，$V = XW_v$，MatMul 表示矩阵乘法，Q 和 K 相乘后，经过缩放再经过 Softmax 后，再与 V 相乘。所谓的多头是指定义了 h 个图 7-11b 的结构，在操作上可以先将输入序列拆分成 h 个子序列，并行进行图中的操作，再将 h 个输出 concat 在一起，然后通过线性变换得到最终的输出。另外一个 MLP 结构，即多层感知机，该网络各个隐藏层中神经元可接收相邻前序隐藏层中所有神经元传递而来的信息，经过加工处理后将信息输出给相邻后续隐藏层中的所有神经元，即神经元之间是通过"全连接"方式进行连接的。在 MLP 结构中一般会先把维度进行放大，再缩小投射回原来大小进行输出。

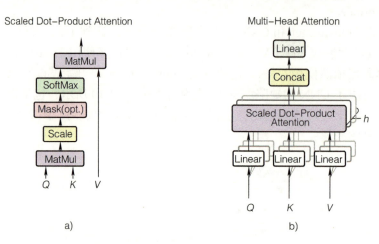

图 7-11 多头注意力（MSA）机制结构

3）解码：经过 Transformer 提取出的特征其输入和输出的维度是一致的，为了进行最终的像素级分割，需要将其 reshape 到原始的空间分辨率，所以相比 ViT，多了解码过程。这里给出了三种解码结构，包括 Naive upsampling、Progressive UPsampling 和 Multi-Level feature Aggregation。

① Naive upsampling：这是一种比较朴素的上采样方法，即利用一个 2 层的网络，即 "1×1 卷积+sync BN+ReLU+1×1 卷积"，然后直接双线性上采样回原图分辨率。

② Progressive UPsampling：这是一种渐进式上采样方法，为了避免引入过度的噪声，同时避免 adversarial 的影响（其实就是边缘会出现锯齿状），这里避免一步上采样，而是逐步地 2 倍上采样回去，类似于 U-Net 的操作。

③ Multi-Level feature Aggregation：这是一种采用金字塔特征融合策略的多层级特征聚合。当然，这里并非严格的金字塔融合，毕竟 Transformer 每一层的输出特征图分辨率都是相同的。具体来说，每隔 6 层抽取一个输出特征，将其 reshape 成 $H/16 \times W/16 \times C$，然后分别经过一个 3 层卷积（1×1+3×3+3×3）的网络，其中第 1 层和第 3 层的特征图通道数将为原始的一半，即输出维度是 $H/16 \times W/16 \times C/4$，随后对其进行 4 倍的双线性上采样操作，因此输出维度为 $H/4 \times W/4 \times C/4$。为了增强不同层特征之间的交互，采用了自顶向下逐层融合（element-wise addtion）的策略，同时在每一层的融合后面外接一个 3×3 的卷积操作。最后，再将顶层特征图以及三层融合后的输出层特征分别按通道维度进行拼接级联，然后直接 4 倍双线性上采样回去，最终的输出维度为 $H \times W \times C$，根据类别数进行转换输出。

SETR 说明了 Transformer 在语义分割上潜力很大，但也存在一些问题。其中比较主要的问题是 SETR 采用 ViT-large 作为 encoder，它有多个缺点。首先，ViT-large 参数和计算量非常大，有 3 亿以上个参数，这对于移动端模型是无法承受的；其次，ViT 的结构并不适合做语义分割，因为 ViT 是柱状结构，全程只能输出固定分辨率的 feature map（比如 1/16），如此低的分辨率对于语义分割并不友好，尤其是对轮廓等细节要求比较精细的场景；再者，ViT 的柱状结构意味着一旦增大输入图片或者缩小 patch 大小，计算量都会呈二次方级提高，对显存的负担非常大；最后，在位置编码上，ViT 用的是固定分辨率的 positional embedding，但是语义分割在测试的时候往往图片的分辨率不是固定的，这时要么对 positional embedding 做双线性插值，这会损害性能；要么做固定分辨率的滑动窗口测试，这样效率很低而且很不灵活。

为了应对上述问题，SegFormer 重新设计了 SETR 中的编码和解码结构，如图 7-12 所示，SegFormer 主要包括以下几部分。

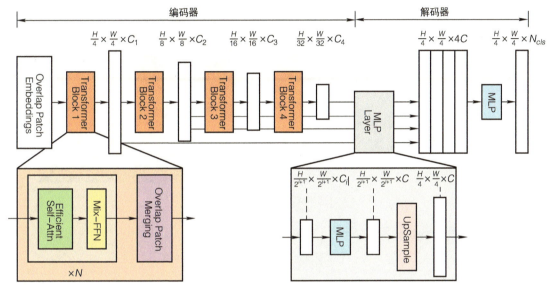

图 7-12　SegFormer 网络架构图

1）ViT 做 patch embedding 时，每个 patch 是独立的，但将 patch 设计成有 overlap 的，这样可以保证局部连续性。

2）去掉了 Positional Embedding（位置编码），取而代之的是 Mix FFN，即在 Feed Forward Network 中引入 3×3 deepwise conv 传递位置信息。具体来说，如图 7-12 所示，在每一个 Tranformer 模块后，不再像 ViT 一样直接输入到下一个 Tranformer 模块中，而是有一个 merge 的操作以恢复图像的空间信息。这里和 BERT 的思想一样，让模型自己去学习位置编码。

3）非常简单的 decoder 结构，仅使用了几个 MLP 层。首先对不同层的特征图分别通过一个 linear 层，以确保它们的维度一样，其次都上采样到 1/4 分辨率并 concat 起来，再用一个 linear 层融合，最后用一个 linear 层预测结果。整个 decoder 只有 6 个 linear 层，没有引入复杂的操作，比如 dilate conv，甚至也没有 3×3 卷积，这样的好处是 decoder 的计算量和参数量可以非常小，从而使得整个方法运行得非常高效。对于语义分割来说，最重要的问题就是如何增大感受野，之前很多工作也都在研究这方面。但 SegFormer 作者认为 Transformer encoder 操作已经使有效感受野变得非常大，因此 decoder 不需要更多操作来提高感受野，经过量产实验也验证了这一思想。

在实际智能驾驶应用中，因芯片算力有限，一般会对语义分割模型进行裁剪，达到实时检测的要求。如图 7-13 所示，训练阶段 neck 中使用了 FPN（Feature Pyramid Networks）结构，得到了 stride 4 到 stride 64 不同尺度的特征图，并在每个尺度特征图上都接入一个语义分割的 head，这样模型训练时就可以学习到不同细粒度的图像特征。然而训练模型的计算量很大，如果直接将其部署到车载芯片上，达不到实时性要求，因此实际部署时使用的模型只保留 1/2 输出的 head。保留 1/2 head 是在模型容量允许的情况下，尽可能增大输出的分辨率。

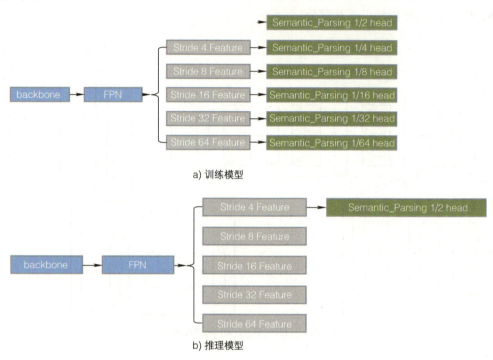

图 7-13 SegFormer 训练模型与推理模型

7.5 车道线

车道线感知技术是智能驾驶的重要组成部分，依靠车道线感知技术能够指导车辆在正确的区域行驶，为自动驾驶汽车的自动巡航、车道保持、车道超车等行为提供依据，比如当车辆偏离车道时可为驾驶员提供预警，有助于汽车安全驾驶。它主要是用于解决第 6 章中的道路边沿检测和车道线检测任务。目前基于深度学习的车道线感知大致分为六类：基于分割的方法、基于检测的方法、基于参数曲线的方法、基于关键点的方法、基于行分类的方法和基于 BEV 的方法。

1）基于分割的方法：将车道线检测建模为逐像素分类问题，每个像素分为车道线区域或背景，路沿是车道线中的一个类别。这类模型通常是在语义分割模型的基础上，增加一个车道线预测头，来对车道线是否存在进行监督学习。经典算法有 SCNN、RESA、LaneNet 等。以 SCNN 为例，为了区分不同的车道线，SCNN 将不同的车道线作为不同的类别，从而将车道感知转化为多类分割任务。SCNN 提出一个切片 CNN 结构，以使消息跨行和列传递，但分割模型大，处理速度慢，在严重遮挡情况下表现差，且未充分利用车道先验知识。我们在第 6 章中简单介绍了 SCNN 的相关模型结构与思路，这里不再赘述。

2）基于检测的方法：通常采用自顶向下的方法来预测车道线，这类方法利用车道线在驾驶视角自近处向远处延伸的先验知识，构建车道线实例，然后也是将路沿作为车道线中的一个类别。首先基于 Anchor 的方法设计线型 Anchor，并对采样点与预定义 Anchor 的偏移量进行回归，然后应用非极大值抑制（NMS）选择置信度最高的车道线。经典算法有 LineCNN、LaneATT 等。自顶向下的设计能够更好地利用车道线的先验知识，提高检测实时性，同时在处理严重遮挡等情况下能够获得连续的车道线检测实例，但预设 Anchor 形状会影响检测的灵活性。

3）基于参数曲线的方法：使用预先设定的参数曲线，对车道线形状进行检测，当只需要检测路沿时，可以去除其他车道线的 GT，只保留路沿的 GT。经典算法有 PolyLaneNet、BezierLaneNet 等。以 PolyLaneNet 为例，其网络架构如图 7-14 所示，其通过多项式曲线回归，输出表示图像中每个车道线的多项式，并具有模型推理的高效性。基于曲线的方法可以自然地学习整体车道线表示，直接学习预测多项式系数，推理速度快。但抽象因子难以优化，基于参数化拟合的方案虽然回归更少的参数，但对于预测的参数较为敏感，如高阶系数的错误预测可能造成车道线形状的变化。

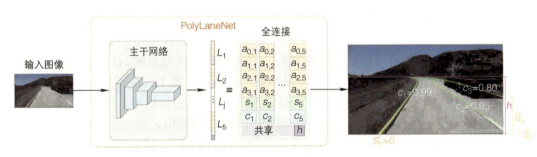

图 7-14　PolyLaneNet 网络架构

4）基于关键点的方法：直接对车道线的实例进行检测，再使用后处理对实例进行划分。经典算法有 FOLOLane、GANet 等。以 FOLOLane 为例，如图 7-15 所示，它将车道线检测做成局部的几何建模。模型只需要在受限的空间范围内，关注比较简单的任务，由此估计出来的局部曲线比较精确。输入一张图片，经过 CNN 提取特征。把图片沿着高度等距离画线，距离为固定值，这样等分线和车道线曲线的交点就是关键点集合的子集。然后逐像素地预测四个 map：key points、关键点与上一个交点关键点在水平上的坐标偏差、关键点与当前交点关键点在水平上的坐标偏差、关键点与下一个交点关键点在水平上的坐标偏差。最后通过后处理连线。

5）基于行分类的方法：这是一种简单的基于输入图像做网格划分的检测方法，对于每一行，只选择一个最可能的网格。典型网络有 Ultra Fast Structure-aware、CondLaneNet 等。以 Ultra Fast Structure-aware 为例，它先将一张图在高度 H 上划分为 h 个 row-anchors，在宽度 W 上划分为 w 个 griding-cells，并将车道线检测问题变成一个分类问题：分类预测一个三维张量 $C \times h \times (w+1)$，其中分类类别是 $w+1$，而不是 C。前面提到的基于分割的方法计算

量是 $H \times W \times (C+1)$，每个像素都要做一次分类，类别数为 $C+1$；该方法计算量是 $C \times h \times (w+1)$，需要做 $C \times h$ 次分类，类别数为 $w+1$。计算量下降了两个数量级。这种方法的局限是不能适用于横向路沿，而且模型输出的是点坐标，还需要经过后处理进一步处理成线。

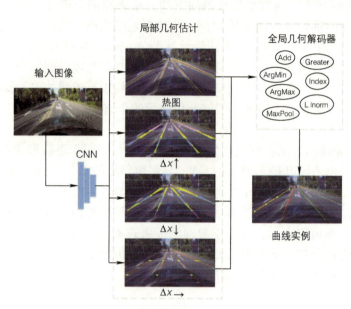

图 7-15　FOLOLane 网络架构

6）基于 BEV 的方法：将路沿检测的输出设计为 BEV 视角下的 2D 或 3D 路沿参数曲线。其中，BEV 视角一般可以设置为相机坐标系，再通过车辆下线的标定与自车坐标系进行便捷的坐标系转换，所以 BEV 视角的车道线结果下游可以直接使用。经典的算法有 BEV-LaneDet、CurveFormer、MapTR 等。BEV-LaneDet 引入了虚拟相机，统一了不同车辆上的相机内/外参数，并使用空间转换金字塔将多尺度前视图特征转换为 BEV 特征，然后基于 BEV 特征图检测车道线。但在现实世界，很多感知对象稀疏分布在环境中，比如路沿检测时，视野范围内的路沿也只有一两根。这些感知对象的数量远远小于 BEV 网格的数量，显然构建稠密 BEV 空间的做法不够高效，会产生大量冗余计算。而 CurveFormer 的一大亮点就是无需显式构建 BEV 空间，它将车道线描述为稀疏的曲线 query，利用 deformable attention 机制构建符合车道线检测的 curve cross attention，完成 BEV 空间 query 和图像特征之间的关联，并通过迭代更新的方式输出 3D 车道线参数，大大减少了整个过程的计算量。

对比上述六种思路，基于分割、基于检测、基于关键点和基于行分类的方法一般检测效果较好，但这些方案表征的是局部的、间接的，需要经过后处理进一步处理成线；而基于参数曲线的方法就可以直接学习整体的车道线表示。基于 BEV 的方法，可以端到端地实现路面元素实时结构化重建，而且直接输出 VCS 坐标系下路面线型元素的结构化结果，供下游的规控模块使用。结合量产实际，下面详细介绍基于参数曲线 BezierLaneNet 和基于 BEV 的 MapTR。

如图 7-16 所示，BezierLaneNet 提出了基于三阶贝塞尔曲线的方案，因为贝塞尔曲线具有易于计算、稳定、转换自由等特点。此外，这里还设计了基于可形变卷积的特征翻转融合模块，进行车道线对称属性的探究。下面先介绍贝塞尔曲线。

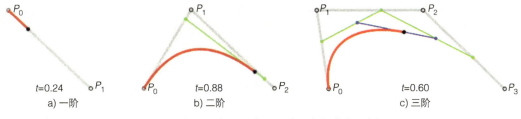

图 7-16 一阶、二阶及三阶贝塞尔曲线示例

(1) 一阶(线性)贝塞尔曲线

$$B(t) = P_0 + t(P_1 - P_0) = (1-t)P_0 + tP_1$$

式中,$t \in [0,1]$,$B(t)$ 表示贝塞尔曲线上任意一点的位置。t 从 0~1 遍历下来,便构成了完整的曲线。P_0 和 P_1 便是线段的两个端点,P_0 为起点,P_1 便为终点。t 叫作插值,这种算法也被称为插值法。两个端点的系数相加为 1,可视化如图 7-16a 所示。贝塞尔曲线上的任意一点,都在两个端点相连的直线段上,所以一阶贝塞尔曲线是一条直线,故而也被称为线性贝塞尔曲线。

(2) 二阶(二次)贝塞尔曲线

$$B(t) = (1-t)^2 P_0 + 2t(1-t)P_1 + t^2 P_2$$

式中,$t \in [0,1]$,贝塞尔曲线的描述是,在规模为 (n) 的所有功能点集合中,第一个点 P_0 表示起始端点,最后一个点 P_{n-1} 表示终点,中间点全部为控制点(锚点)。同时,阶数为 $n-1$。在二阶贝塞尔曲线中,P_1 为锚点,首尾的 P_1 和 P_2 为端点。系数是在一阶的基础上,做了二次方处理,所以二阶贝塞尔曲线也被称为二次贝塞尔曲线。二次方的引入,使得曲线点所在的维度,就从一维线性到了二维平面,此时就出现了弯曲,如图 7-16b 所示。

(3) 三阶(三次)贝塞尔曲线

$$B(t) = P_0(1-t)^3 + 3P_1 t(1-t)^2 + 3P_2 t^2(1-t) + P_3 t^3$$

式中,$t \in [0,1]$,二阶的锚点同时对两个端点进行了控制,为了更自由一些,可以分别控制两个端点,就得到了三阶贝塞尔曲线。其通过控制曲线上的四个点来创造、编辑图形。其中起重要作用的是位于曲线中央的控制线。这条线是虚拟的,中间与贝塞尔曲线交叉,两端是控制端点。移动两端的端点时,贝塞尔曲线改变曲线的曲率;移动中间点(也就是移动虚拟的控制线)时,贝塞尔曲线在起始点和终止点锁定的情况下做均匀移动。

(4) n 阶贝塞尔曲线

$$B(t) = \sum_{i=0}^{n} b_{i,n}(t) P_i$$

式中,$t \in [0,1]$,$b_{i,n} = C_n^i t^i (1-t)^{n-i}, i = 0, \cdots, n$。作者对贝塞尔曲线和多项式方程曲线进行了对比实验,最终选择使用经典的三阶贝塞尔曲线($n = 3$),因为实验中发现三阶足够用来进行车道线建模,同时与三阶多项式曲线相比具有更好的拟合能力。一些文献也指出更高阶的曲线并没有带来相应的性能提升,但却会由于高自由度而造成不稳定。

BezierLaneNet 网络结构如图 7-17 所示,使用 ResNet-34 的第 3 层特征作为 backbone,提取特征;然后将特征图送入特征翻转融合模块来聚合车道特征,得到 $C \times H/16 \times W/16$ 大小的特征图,然后平均池化得到 $C \times W/16$ 大小的特征图,再经过 2 个 1×3 的一维卷积进一步处理这些特征。最后通过一个分类分支和一个回归分支获得是否存在车道线以及相应的贝塞尔曲线的结果。其中,特征翻转融合模块(图 7-18)是本章的主要工作之一。当从前视摄像头的角度来考虑车道线的全局结构时,道路具有空间等分的车道线,近似于对称,例如左边车道线的存在可能暗示其右侧存在对应的车道线。本章对这种对称性进行建模,为此设计了特征翻转模块。另外作者还设计了一个额外的二分类分割分支,旨在加强对于空间细节的学习,并通过实验发现这个额外的分支只有在和特征翻转融合模块一起工作时才起作用。这是因为分割任务的定位有利于提供一个空间上更准确的特征图,这反过来会支持翻转特征图之间更准确融合。这个额外的二分类分割分支只在训练时使用,在推理时关掉。

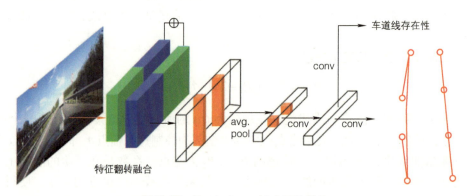

图 7-17　BezierLaneNet 网络结构

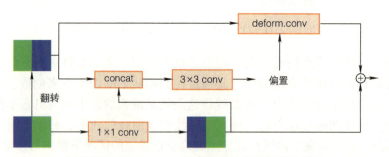

图 7-18　BezierLaneNet 中的特征翻转融合模块

MapTR 为在线矢量化地图构建提供了有效的端到端的网络结构,提出一种统一的基于排列的建模方法,即将地图元素的等效排列作为点集进行建模,避免地图元素模糊定义并且可以简化学习。在网络结构上,作者采用一种分层的 query embedding 方法来灵活地编码结构性地图信息并且使用分层的二分匹配方法学习地图元素信息。

具体来说,MapTR 提出了一种统一的置换等价建模方法用于地图元素,即将地图元素建模为一个具有一组等价置换的点集。具体来说,高精地图是静态地图元素的集合,包括人行横道、车道线、路沿等。为了进行结构化建模，MapTR 将地图元素几何抽象为封闭形状（例如人行横道）和开放形状（例如车道分隔线）。通过沿着形状边界顺序采样点，封闭形状元素被离散化为多边形，而开放形状元素被离散化为折线。首先，多边形（polygon）和折线（polyline）都可以被表示为有序点集，但是点集的排列并没有被明确定义，并且也不唯一。对于多边形和折线存在许多等效的排列方式。如图 7-19a 所示，对于两个相对车道之间的车道分隔线（折线），很难确定其方向，两个端点都可以被视为起点。图 7-19b 中，对于人行横道（多边形），点集可以按照两个相反的方向（逆时针和顺时针）组织。而且，循环地改变点集的排列对多边形的几何形状没有影响。那么在监督学习中直接用固定的一种排列是不合理的，因此 MapTR 使用 $V=(V,\varGamma)$ 来表示每个地图元素，其中 $V=\{v_j\}_{j=0}^{N_v-1}$ 表示地图元素的点集，N_v 表示点的数量，$\varGamma$ 表示点集 V 的一组等效排列，涵盖了所有可能的组织顺序，解决了模糊性的问题。

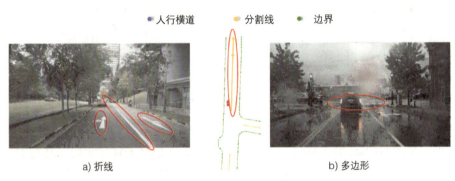

图 7-19 折线（polyline）与多边形（polygon）示例

基于上面的基础，MapTR 设计了一种分层查询嵌入方案，以灵活地编码实例级和点级信息，执行地图元素学习的分层二分匹配，即按顺序进行实例级别的匹配和点级别的匹配。实例级匹配是指需要在预测的地图元素和真值地图元素之间找到一个最优的实例级别标签分配。具体而言，就是计算预测值和真值之间的匹配成本，然后利用匈牙利匹配找到最优匹配。在实例匹配后，每个预测的地图元素会被分给一个真值地图元素，对于每个被分配正标签（即类别标签不为空）的预测实例，再进行点级别的匹配。在点级别匹配中，通过比较不同排列的匹配成本，选择具有最小成本的排列，这是基于计算曼哈顿距离实现的。

MapTR 网络架构如图 7-20 所示，采用了编码器 - 解码器的范式。该架构将车载摄像头的全景图像作为输入，编码器阶段从多个车载摄像头的图像中提取特征，并将这些特征转换成 BEV 特征。具体操作就是先利用一个 backbone 网络提取 2D 特征，再将 2D 特征转换为 BEV 特征。解码阶段采用一种分层查询嵌入方案，用于显式编码每个地图元素。具体来说，就是定义了一组实例级别查询和一组点级别查询，这两组查询在所有实例之间共享。MapTR 的预测头非常简单，由一个分类分支和一个点回归分支组成。分类分支用于预测实例的类别得分，而点回归分支用于预测点集的位置。点回归分支输出的是 $2N_v$ 维度的向量，表示 N_v 个点的归一化 BEV 坐标。这样，MapTR 就实现了直接输出地图元素类别和位置信息的目标，从而达到对地图元素的高效预测。

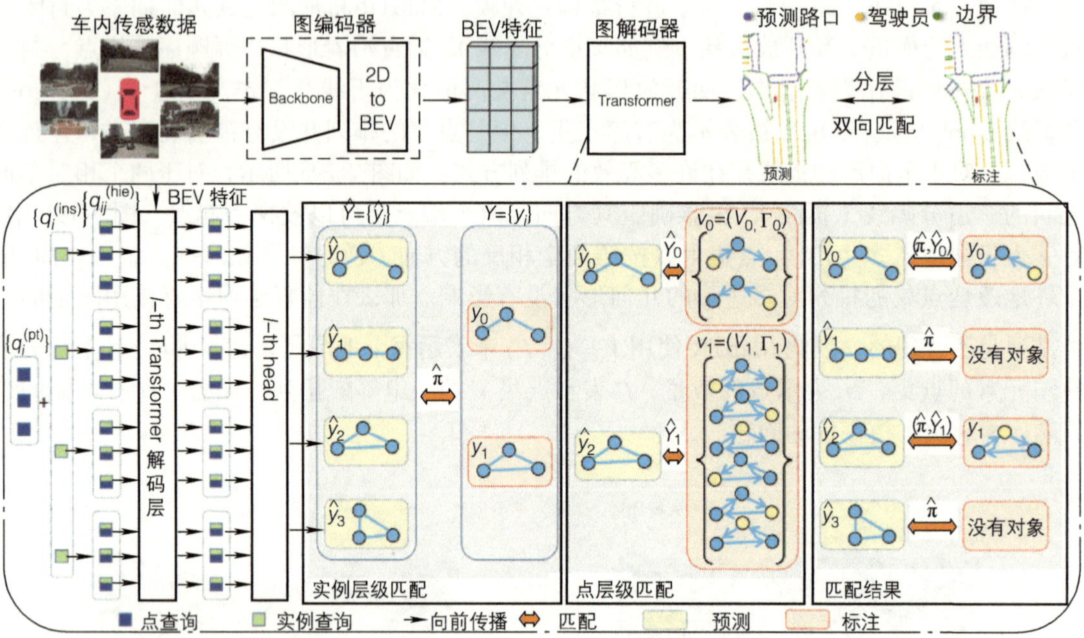

图 7-20 MapTR 网络架构

车道线检测算法在实际的应用中会根据不同的车载芯片,做一些模型上的调整优化。例如地平线发布的 GANet 参考算法[⊖],如图 7-21 所示。相对于官方实现,其对 GANet 做了多项优化,比如将模型的 backbone 替换为与地平线软硬件极为友好的 MixVarGENet,提升了在板端运行的性能。

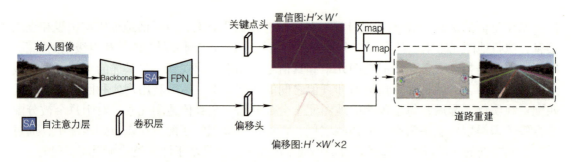

图 7-21 GANet 网络架构

7.6 BEV 感知

目前业界基于纯视觉的感知、预测算法研究通常使用的是 image-view 方案,即在多个摄像头各自输入的图像上进行感知,如 3D 目标检测、语义地图识别或物体运动预测,通过后融合的方式将不同网络的感知结果进行融合。这样的方案设计使得在搭建整体系统时只

⊖ https://developer.horizon.cc/forumDetail/163807121354434982。

能以线性结构堆叠多个子模块。尽管上述方案能够实现模块解耦、便于各个模块独立研发，但这种基于 image-view 的串行架构具有几个重要的缺陷。

1）上游模块的模型误差会不断向下游传递，同时无法实现感知+预测端到端的架构设计，这使得累积误差会显著影响下游任务的性能表现，整体系统上无法充分实现数据闭环。

2）存在 nn-base 模块和 rule-base 模块串行的架构，无法实现高效并行，同时加入大量的 rule-base 的人类经验逻辑来实现多传感器的融合，不利于提升系统的整体运行效率和研发效率。

3）没有充分地利用时序特征信息。一方面，时序特征信息可以作为空间特征信息的补充，更好地检测当前时刻被遮挡的物体，为定位物体的位置提供更多参考信息；另一方面，时序特征信息能够帮助判断物体的运动状态。

区别于 image-view 方案，鸟瞰视图（Bird's-Eye View，BEV）方案通过将多个摄像头的视觉特征信息转换至鸟瞰视角并进行特征级别融合，再进行相关感知任务。BEV 感知方案相对于 image-view 感知方案具有以下优势。

1）跨摄像头融合和多模态融合更易实现：基于特征级别融合的 BEV 感知方案可以省去大量的人类逻辑的后处理规则，更高效地实现多传感器的感知结果融合，同时对于一些 Corner Case 中的目标朝向有更好的预测能力。

2）时序融合更易实现：在 BEV 空间中，可以更容易地实现时序特征信息的融合，从而构建一个 4D 空间。在 4D 空间内，感知算法能够更好地完成测速等感知任务，并能更好地衔接下游的预测、决策和控制模块。

3）可"脑补"出被遮挡的目标：image-view 方案只能感知 2D 图像上可见的目标，对于一些严重遮挡目标，由于可见信息太少而容易被漏检。而在 BEV 空间中，算法可以基于训练时的先验知识和多传感器的融合特征，去"脑补"出一些被遮挡的目标。

4）端到端的优化更加容易：基于 image-view 的方案，检测识别、目标跟踪、行为轨迹预测是一个"串行系统"，没有在统一的空间中进行，容易造成累计误差。而 BEV 感知方案则实现了这一点，能够更好地实现端到端的网络优化，让整个感知系统能够以数据驱动的方式进行学习。

图 7-22 展示了一种纯视觉的 BEV 感知流程图，它由 2D 特征提取器、视图变换模块（可选）和 3D 解码器三部分组成。对比基于激光雷达的 3D 感知，这种方案需要借助视觉变换模块构建 2D 图像的深度信息，将 2D 特征"提升"到 3D 空间，并通过 3D 到 2D 的投影映射将 2D 特性编码到 3D 空间，如图 7-23 所示。

视图变换模块的作用是在 2D 空间和 3D 空间之间变换，最终目的是基于 2D 图像特征得到对应的 3D 空间中的特征，常见的方法包括 IPM-based、LSS-based、Transformer-based。

1）IPM-based：如图 7-24 所示，IPM 利用相机内外参实现 BEV 坐标系到像素坐标系的转化。首先通过预设的 BEVshape 生成 BEV 世界坐标系，图中的 M 矩阵是根据 BEVshape 的大小转换生成的。获得 BEV 世界坐标系后，就可以根据相机内外参，得到 3D 世界坐标系→2D 相机坐标系→2D 像素坐标系的映射关系，进而得到 BEV 像素坐标系（即 $z=0$）中的点在图像坐标系的位置。

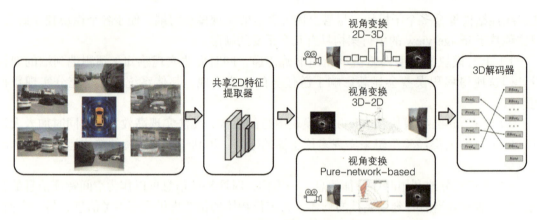

图 7-22　一种基于 BEV 的感知流程

图 7-23　BEV 感知结果可视化

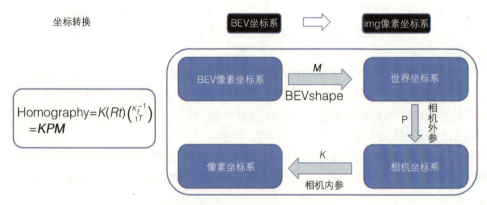

图 7-24　IPM 坐标变换原理

2）LSS-based：LLS（Lift-Splat-Shot）基于 2D 特征去预测深度信息，从而补全得到 3D 特征信息。具体来说，LSS 的视觉变换分为三个阶段。

① 生成深度特征：对多视角的输入图像分别进行特征提取与深度估计任务，得到各视角的深度特征。模型首先对每个图像特征点预测 C 维语义特征 c 和 D 维深度特征 d，然

后对 d 与 c 做外积，得到 $H \times W \times D \times C$ 的视锥点云特征（Frustum Feature），可以理解为 $H \times W \times D$ 个视锥点的 C 维语义特征，它编码了自适应深度下的逐图像特征点的语义信息，如图 7-25 所示。柱形图中第三个深度的概率分布较高，相比于其他特征点，语义特征最显著，可以理解为这个图像特征点的信息更多地被编码。

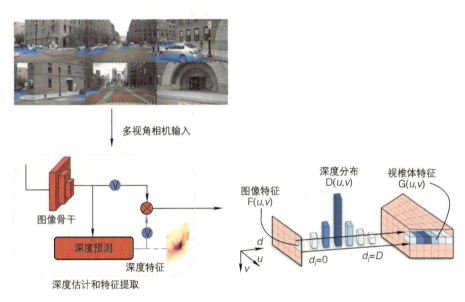

图 7-25　LSS 生成深度特征过程展示

② 对深度特征和图像特征做 BEV 坐标转换：有了视锥点云特征，就可以根据视锥点云的空间位置，将每个视锥点特征放到 BEV 网格的合适位置，组成 BEV 特征。假设 BEV 网格由 200×200 个格子（BEV Pillar）组成，每个格子对应物理尺寸为 $0.5m \times 0.5m$，即 BEV 网格对应车辆前、后和左、右各 50m，且高度不限的 3 维空间。前面已经通过相机的内外参把视锥点云转换到车辆坐标系下的空间位置，排除掉 BEV 网格所表示空间范围（以自车为中心 $100m \times 100m$ 范围）以外的点，就可以把剩余有效的视锥点云分配到每个 BEV Pillar 里。官方 LSS 算法使用 VoxelPooling 方法，即根据视锥点云在自车周围空间的位置索引，把点云特征分配到 BEV pillar 中，然后对同一个 pillar 中的点云特征进行 sum-pooling 处理，输出 B、C、X、Y 的 BEV 特征。

③ 生成视锥点云特征：为了不遗失坐落在相同 voxel 中的点云特征，LSS 使用 top-k 策略，对每个 voxel 都采样 10 次，最终将每个点云特征相加得到 BEV 特征。

LSS 方案的优点是比 IPM 方法精度要好，部署难度中等，但计算复杂度高，显存占用大。后续在 LSS 方案的基础上，也有很多优秀的模型被提出，如 BEVDepth。如图 7-26 所示，BEVDepth 提出利用具有鲁棒性的显性深度监督（Explicit Depth Supervision）来优化深度估计，具体实现还包括深度修正（Depth Correction）和具有相机感知能力的深度估计（Camera-aware Depth Prediction）。另外，还提出了高效体素池化（Efficient Voxel Pooling）来加速 BEVDepth 的方法，以及多帧融合（Multi-frame Fusion）来提高目标检测效果和运动速度估计。具体来说包括以下几项。

① 显性深度监督：在基础版的 BEVDepth 方案中，深度估计的监督都来自最后目标检

测或者分割 head 的 loss。然而，单目相机深度估计本身就很困难，用这仅有的 head loss 来监督深度估计远远不够。BEVDepth 提出用点云数据的深度真值来监督模型中间步骤得到的深度预测值，以提升精度指标。

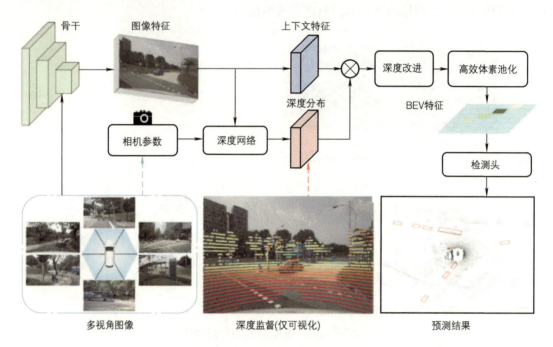

图 7-26 BEVDepth 网络架构

② 相机感知深度预测：深度估计与相机的内参有关，因此将相机内部特性添加到 DepthNet 的输入，可以进一步提升 mAP。具体做法是先使用 MLP 将相机参数的维度提升到图像特征维度，然后使用 SE 模块对图像特征重新加权，最后将相机的外部特性与其内部特性连接起来，以帮助 DepthNet 了解图像特征在自车坐标系中的空间位置。

③ 深度修正：当车辆发生剧烈运动时，会导致校准后相机参数可能不准确，导致 2D 图像特征与深度真值出现偏差，BEVDepth 提出通过堆叠多个 Res Block 来增加模型的感知范围，以缓解该问题。

3）Transformer-based：Transformer-based 基于全局注意力机制，使目标域中的每个位置都可以访问源域中的任何位置，这种强大的建模能力非常适合执行视图转换的工作。面向量产研发，最典型的算法为 BEVformer，其算法原理如图 7-27 所示。具体来说，BEVformer 主要包括三个模块，分别为 Deformable Attention、Temporal Self-Attention 以及 Spatial Cross-Attention。

① Deformable Attention 模块：该模块是将 Transformer 的全局注意力变为局部注意力的一个非常关键的组件，用于减少训练时间，提高 Transformer 的收敛速度（该思想最早出现在 Deformable DETR 中），算法执行流程如图 7-28 所示。输入到 Deformable Attention 模块的变量主要有五个，分别是采样位置（Sample Location）、注意力权重（Attention Weights）、映射后的 Value 特征、多尺度特征每层特征起始索引位置、多尺度特征图的空间大小（便于将采样位置由归一化的值变成绝对位置）。在操作上，多尺度可变形注意力模块

与 Transformer 中常见的先生成 Attention Map，再计算加权和的方式不同。一般而言，Attention Map 等于 Query 和 Key 做内积运算，将 Attention Map 再和 Value 做加权。由于这种方式计算量开销会比较大，所以在 Deformable DETR 中用局部注意力机制代替了全局注意力机制，只对几个采样点进行采样，而采样点的位置相对于参考点的偏移量和每个采样点在加权时的比重均是靠 Query 经过 Linear 层学习得到的。

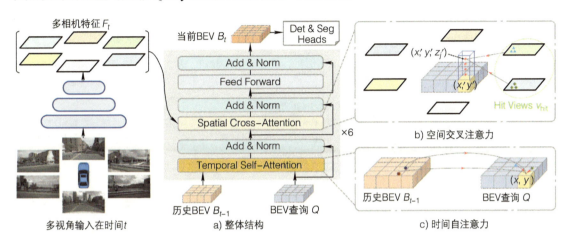

图 7-27 BEVformer 算法原理

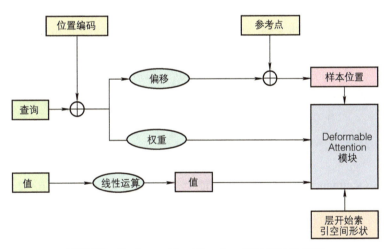

图 7-28 Deformable Attention 模块算法流程图

② Temporal Self-Attention 模块：通过引入时序信息（History BEV）与当前时刻的 BEV Query 进行融合，提高 BEV Query 的建模能力。

③ Spatial Cross-Attention 模块：利用 Temporal Self-Attention 模块输出的 bev_query，对主干网络和 neck 网络提取到的多尺度环视图像特征进行查询，生成 BEV 空间下的 BEV Embedding 特征。

几种方法的对比见表 7-1。需要指出的是，由于 Transformer 模型结构的特殊性，目前大部分的嵌入式芯片很难支持 VIT 模型，例如刚开始 Swin-T 在征程 5 代芯片上的帧率小于 1。后面结合硬件特性，采取一系列性能调优策略后，才使其达到 143FPS。因此目前

Transformer-based 的 BEV 方法在部署上的性能较差，且对训练的数据量有较高的需求，但该方案的性能上限高，随着硬件芯片结合 VIT 算法的优化，部署带来的性能损失会越来越小，是未来主流的 BEV 方案趋势。

表 7-1　BEV 投影映射方法对比

方法	原理	代表方法	优点	缺点
IPM	使用相机平面与地平面之间的 Homography 矩阵	Cam2BEV Simple BEV	对算力要求较低，帧率较高	依赖地面平坦假设，标定参数精准度不高
MLP	通过 MLP 对视图转换进行建模，直接学习 2D 透视空间到 BEV 空间的映射关系	VPN Fishing Net HDMapNet	实现简单，易在车端芯片上部署	舍弃了 3D 空间的物理先验信息，MLP 的性能上限较低
LSS	基于深度估计，将 2D 特征提升到每个相机的 frustum 特征，并在 BEV 上拍平（splat）	Lift-Splat-Shoot CaDDN BEVDet BEVDepth	性能较好，较容易部署	训练时标定参数精准度，计算复杂度较高导致帧率较低
Transformer	基于全局注意力，目标域中的每个位置都可以访问源域中的任何位置，这种强大的建模能力非常适合执行视图转换的工作	DETR3D BEVFormer PETR	泛化性及鲁棒性高，性能上限高	部署难度高，需要大算力

基于 BEV 感知的方案逐渐成为主流，通过 BEV，自车可以更加全方位地得到周围的动态目标、静态环境信息，并且业内有望在 BEV 下实现感知、预测、建图、规控的端到端方案，最终实现高度智能的自动驾驶。当然，目前该方案的性能精度和 BEV 特征的分辨率仍然需要进一步提高，需要使用更高分辨率的特征或者稀疏的 BEV 特征才能提取更多的目标、环境信息和细节。此外，数据标注成本和精度也需要进一步优化。同时，该方案模型部署到车端上时，传感器数据的同步和模型推理的实时性也需要保障。

7.7　占用网络

占用网络（Occupancy Network）在智能驾驶中的相关应用已在 6.5.2 节进行了介绍，是特斯拉近年来在感知方面的重要研究成果，其目标是表示空间中每个 3D 体素网格（Voxel Grid）是否被占据，通常用 0 或 1 的二元表示，抑或是 [0, 1] 之间的一个概率值。这样的特征设计可以很好地描述 3D 空间中每一个位置（即每一个体素网格）的占据情况（Occupancy），甚至是语义（Semantics）和运动（Flow）情况。为此，3D Occupancy Network 的基本思想是将三维空间划分为体素网格，并在每个网格上预测各种感知任务。占用网络可以解决第 6 章中的通用物体感知问题，对于一些姿态形状或类别数量不可控的障碍物，如异形车、翻倒的货车和不在已知类别中的障碍物等，无法用一般的深度学习模型进行识别和分类，可以采用占用网格特征表达方式来解决该问题。当下，以网格为中心的方法能够预测每个网格单元的占用率、语义类别、未来运动位移和实例信息。与基于目标的表示相比，基于网格的表示的显著优势如下。

1）对障碍物的几何形状或语义类别不敏感，对遮挡的抵抗力更强。
2）理想的多模态传感器融合，作为不同传感器对齐的统一空间坐标。

3）鲁棒不确定性预估，因为每个单元存储着不同障碍物存在的联合概率。

因此，与 3D 目标检测相比，3D Occupancy 能够对道路障碍物进行更细粒度的划分，同时获得细粒度的占用与语义信息。然而，占用网络的主要缺点是高复杂性和计算负担。按照输入形式的不同，可将 Occupancy Network 大致分为基于 Lidar、基于 Camera 和基于多模态三种形式。近来，基于视觉的 Occupancy Network 蓬勃发展，其按照输入图像的类型又可分为三类：单目图像、双目图像、周视图像。基于单目的模型有 MonoScene、VoxFormer 等，基于双目的模型有 OccDepth、StereoVoxelNet 等，基于周视的则有 TPVFormer、SurroundOcc、OccFormer 等。本节将介绍两种基于周视的经典算法：TPVFormer 和 SurroundOcc。

如图 7-29 所示，目前的纯视觉自动驾驶感知方法广泛采用鸟瞰图（BEV）表示来描述 3D 场景，尽管它比体素（Voxel）表示效率更高，但单独的 BEV 平面难以描述场景的细粒度 3D 结构，难以很好地完成三维语义占有预测这个任务。针对这个问题，TPVFormer 提出了一种新型的三维空间表示方法 Tri-Perspective View（TPV），其在 BEV 平面的基础上新增了两个平面，用三个正交平面来描述整个三维场景的细粒度结构。这种表示形式可以用于 3D 点云语义分割、3D 语义补全等任务，是学术界对特斯拉 Occupancy Network 的一种复现和改进方案。

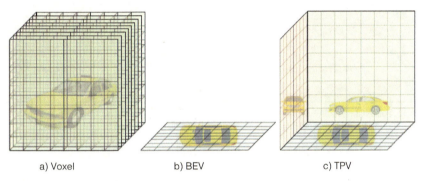

图 7-29 Voxel、BEV 及 TPV 对比图

在网络架构上，如图 7-30 所示，首先输入 6 张周视图像，先使用 2D backbone 提取多尺度的图像特征，然后通过 Cross-Attention 和 Hybrid-Attention 机制将 2D 特征转化到 TPV 空间，然后将 3 个 TPV 特征叠加起来作为三维点特征，由预测头输出该三维体素是否占据 + 语义类别。

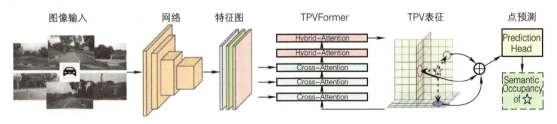

图 7-30 TPVFormer 网络架构

TPVFormer 以环视图像作为输入，使用稀疏 LiDAR 语义标签进行训练，可以有效地预测空间中所有体素的语义占有。这里的图像特征提取网络采用 ResNet/EfficientNet + FPN/

UNet，主要是为了和之前的工作进行一次公平的比较。之后通过 TPVFormer 把图像特征转化到 TPV 特征，TPVFormer 可以分为 Cross-Attention 和 HyBird-Attention，其中 Cross-Attention 就是在不同尺度的特征层上做 self-attention，HyBird-Attention 是在 TPV 三个特征之间做 self-attention，且全部使用 Deformable Attention 来减少计算量。这个任务的预测头也采用了比较简单的分类头，为一个两层 MLP。在 nuScenes validation 数据集上的可视化效果如图 7-31 所示。

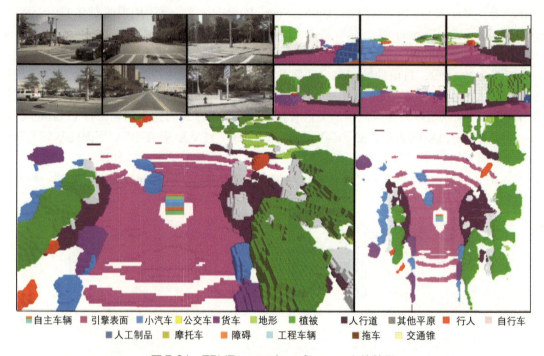

图 7-31　TPVFormer 在 nuScenes 上的效果

Tesla Occupancy Network 与 TPVFormer 的详细对比见表 7-2。

表 7-2　Tesla Occupancy Network 与 TPVFormer 详细对比

方法	Tesla Occupancy Network	TPVFormer
三维占用	是	是
语义数量	≥ 5	16
模型输入	8 环视相机	6 环视相机
训练监督	稠密离线重建	稀疏标注
训练数据	约 1440000000 张图片	28130 张图片
任意分辨率	是	是
视频输入	是	暂无
训练时间	约 100000GPU 时	约 300GPU 时
推理时间	10ms 专用平台	290ms 单张 A100 显卡

为了得到三维占用预测的模型，首先需要生成稠密三维占用标签。尽管 TPVFormer 利

用稀疏 LiDAR 作为监督信号也可以进行占用预测，但其得到的预测结果比较稀疏，无法进行稠密感知，会漏掉一些障碍物。对于稠密三维占用的人工标注是非常费时费力的，尤其是大规模工业数据集。为此，SurroundOcc 提出了一套自动化标注（Auto Label）的方案，通过现有的 3D 目标检测和 3D 语义分割标签生成稠密的占用标签。有了稠密标签后，通过设计 2D-3D UNet 结构的模型进行稠密占用预测。在 nuScenes 数据集上，SurroundOcc 达到了当前最佳性能，证明了此方法的有效性。

在网络结构上，如图 7-32 所示，SurroundOcc 首先使用 2D 特征提取网络从每个图像提取多尺度特征图，并利用 FPN 对二维图像特征进行多尺度融合。然后，SurroundOcc 使用 2D-3D 空间注意机制将多相机特征图提升到 3D 体素特征代替 BEV 特征。接下来，SurroundOcc 采用 3D 反卷积网络逐步上采样低分辨率体积特征，并将其与高分辨率特征融合以获得细粒度的 3D 表示。每层均使用 loss 权重衰减的稠密标签对网络进行监督。

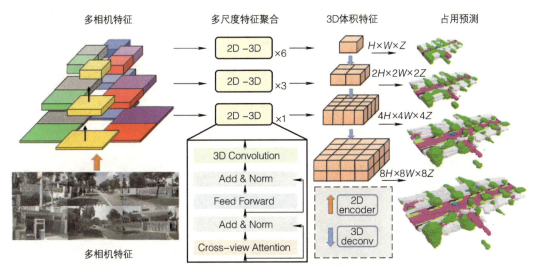

图 7-32 SurroundOcc 网络架构图

在 2D-3D 空间注意力机制上，很多三维场景重建方法是将多视角特征投影到三维空间，并以求和或者求平均的方式得到三维特征。这类方法需假设每个视角的贡献是一样的，并且内外参是绝对准确的，但在真实场景中，往往由于物体遮挡、图像模糊、标定误差等因素的存在，这两个假设都很难成立。为了解决这个问题，本书提出利用交叉视角注意力机制来融合多个相机的特征。如图 7-33 所示，通过将 3D 参考点投影到 2D 视图中，并使用可变形注意力机制对这些点进行查询和信息聚合。与 BEV 方法不同，该方法建立了 3D 体积查询，进一步保留了 3D 空间信息。通过对这些查询点进行投影，可以在对应的视图中采样 2D 特征，并使用可变形注意力机制对它们进行加权聚合。与此同时，该方法利用三维卷积对相邻体素特征进行交互，避免了复杂的三维自注意力机制的使用。

在稠密占用标签生成方面，对于多帧时序激光雷达点云，本书首先根据三维目标检测标签将每一帧静态场景和动态物体点云分割开，并利用已知的校准矩阵和位姿信息，将多帧片段的静态场景和动态物体点云分别拼接起来，之后将两种点云合并起来得到稀疏占用标签（图 7-34）。为了填补空洞和进一步稠密化，本书使用泊松重建和最近邻算法（Nearest

Neighbor,NN)得到稠密占用标签。图 7-35 对比了稀疏激光雷达点云、稀疏占用标签、稠密占用标签的结果。

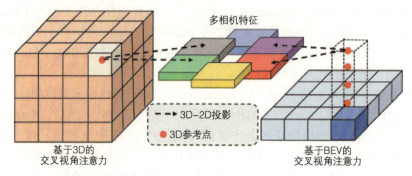

图 7-33　基于 3D 和基于 BEV 的交叉视角注意力对比

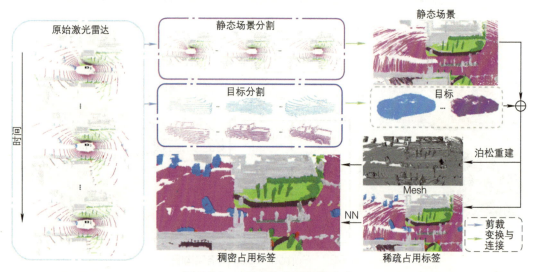

图 7-34　三维稠密占用标签生成

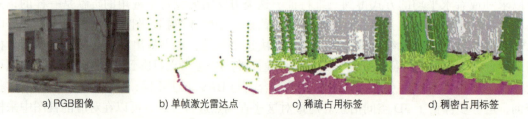

图 7-35　不同的占用标签对比

在 nuScenes validation 数据的多个子集上,SurroundOcc 的 SSC mIoU 精度均超过 TPVFormer。这里需要指出的是,TPVFormer 只展示了 Occupancy,Flow 部分并未展示,或许是因为 Flow GT 的获取是一个难点。另外,TPVFormer 使用稀疏点云来监督,训练的时候无法将空 voxel 视为负样本来监督训练,会导致对空 voxel(负样本)训练不足的问题。且占用网络在车端芯片上的部署需进行相关探索，比如存在某些算子不支持、实时性不够等问题。

7.8 高程网络

本书 6.5.3 节介绍了高程在智能驾驶中的应用及预测的相关思路。简要来说，对于图像上的每个像素，高程的任务就是预测它与地面的高度。在驾驶场景中，如无特殊说明，高程特指路面高程。在智能驾驶中，高程的建模流程一般为驾驶场景→路平面→基于 Planar+Parallax 对底层结构进行建模→通过 Parallax 恢复空间几何信息。高程有着很重要的应用场景，如路面异物识别、路面类型以及坑洼检测，如图 7-36 所示。

图 7-36　高程的任务场景示例

在面向量产的智能驾驶中，RPANet 是最新的高程估计方法之一。通常基于卷积神经网络的深度或高度估计任务，无论是有监督还是无监督算法，均通过 CNN 强大的拟合能力来回归出预测结果，这样做的一个缺点是没有将场景几何信息充分利用到任务中。RPANet 充分利用了平面视差几何（Planar Parallax Geometry）来进行场景的 3D 重建。如图 7-37 所示，RPANet 网络由三部分组成：基于 CNN 的 backbone、cross-attention 层以及输出层。网络以两张连续帧图片作为输入，输出 γ 图。γ 的定义为 $\gamma = \dfrac{h}{z}$，其中 h 为像素点的高度值，z 为像素点的深度值。两张输入图片经过同一个 backbone 进行特征提取，得到的特征进入 cross-attention 层，最后由一个 feature fusion 模块进行融合并预测 γ 图。

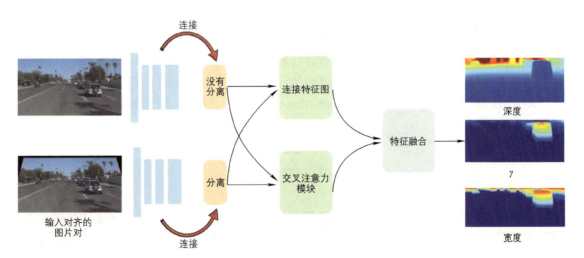

图 7-37　RPANet 网络结构

RPANet 的 cross-attention 层的结构如图 7-38 所示。将连续帧输入分别命名为源图 I_s 和目标图 I_t，经过 backbone 后得到的特征图分别为 F_s 和 F_t。由 F_s 经过一个 $1×1$ 卷积得到 Q，由 F_t 经过另外两个 $1×1$ 卷积得到 K 和 V。随后 Q 和 K 进行相似度计算将结果再与 V 进行相乘，经 Softmax 之后得到输出 feature map。

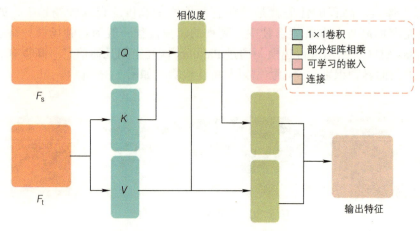

图 7-38　cross-attention 层结构示意

RPANet 中涉及的投影变换、单应性变换、平面视差几何等基础知识已在本书 4.2.5 节中进行了详解，这里再来看 RPANet 的损失函数。RPANet 模型输出为 γ，根据公式可知，能够从源图 I_s 经过 γ 重建得到 $I_{t'}$，可将其作为监督信号之一，使用光度损失（photometric loss）参与 loss 计算；RPANet 损失函数的第二个监督信号由 LiDAR 生成的稀疏 γ 真值组成；此外，RPANet 还增加了一个平滑损失来提高模型对于低纹理区域的预测结果。总的损失函数定义为

$$E_{\text{total}} = \lambda_s E_s + \lambda_p E_p + \lambda_{\text{sm}} E_{\text{sm}}$$

式中，E_s、E_p、E_{sm} 分别为稀疏损失、光度损失和平滑损失；λ_s、λ_p 和 λ_{sm} 分别为对应的权重，训练时需要手工调节，以此来更新网络参数。

在性能表现上，由于缺少开源的高程评价数据和指标，RPANet 从 Waymo Open Dataset 精心挑选并生成了 RP2-Waymo 来进行模型的评测，RP2-Waymo 涵盖了多种场景和天气工况。RPANet 使用平均绝对值误差（Mean Absolute Error，MAE）作为衡量高程预测结果的指标：

$$\text{MAE} = \frac{\sum_i^n |y_i' - y_i|}{n}$$

式中，y_i' 与 y_i 分别代表高程的预测值与真值。与基于传统几何算法、基于深度估计的算法、基于有监督和无监督相比，RPANet 在高程估计和深度估计任务上均取得最小的误差，如图 7-39 所示。

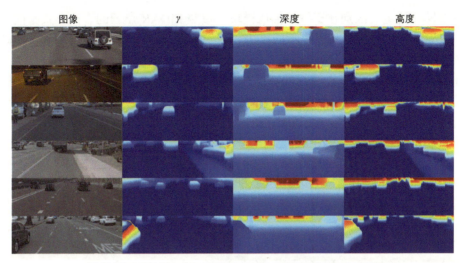

图 7-39　RPANet 在不同场景下的高程预测可视化示例

7.9 雷达感知

雷达相关的硬件基础知识已在本书 3.3 节进行了详细介绍，主要包括激光雷达（LiDAR）、毫米波雷达以及超声波传感器。由于超声波传感器主要用于探距，相关算法较为简单，这里重点介绍激光雷达及毫米波雷达在面向智能驾驶量产时的相关算法。智能驾驶中常用的激光雷达主要有机械式激光雷达和固态激光雷达两种。机械式激光雷达在垂直方向由不同分辨率、不同角度的扫描头发射扫描射线，在水平方向通过外部旋转部件实现 360° 扫描。固态激光雷达将外部扫描部件替换成棱镜，通过调整棱镜的角度改变激光线束的方向，因此相比机械式雷达具有体积小、分辨率高的优点。但是受棱镜角度的影响，固态激光雷达的视场角一般在 100°~120° 之间，一般需要 3 个固态激光雷达才能实现车身 360° 的覆盖。如图 7-40 所示，虽然两种激光雷达的扫描方式不同，但输出的数据都是一组三维空间数据点，一般每个三维点包含位置信息（x, y, z）和反射强度信息（intensity）。这些三维点具有不规则性、非结构性、无序性、不完整性、类别不可知性等特点。

a) 激光雷达

b) 固态激光雷达

图 7-40　机械激光雷达和固态激光雷达数据示例

在算法上，LiDAR 的感知模型一般分为特征抽取模块（backbone）和输出模块（head）。

不同的感知模型的主要区别在于特征抽取模块。按照 LiDAR 点云的表征形式不同，LiDAR 的特征抽取模块可以分为基于点表示的算法、基于体素表示的算法、基于 2D 伪图像的算法和基于图表示的算法，下面分别介绍。

（1）基于点表示　基于点表示的算法输入数据为由原始点云构成的点集，包括每个点的位置信息（x, y, z）和强度信息（intensity）。考虑到点云的无序性，该类算法在设计时需要具备顺序不变性，即当输入点集中点的顺序发生变化时不影响算法的输出结果。

基于点表示的算法主要分为以下 3 个步骤：

① 将点云数据处理成维度为 $n \times 3$ 的输入向量，其中 n 代表点的个数，3 代表点的三维坐标，也可以加入反射强度信息构成 $n \times 4$ 的输入向量。

② $n \times 3$ 的向量输入到编码器中抽取点云特征，编码器一般由堆叠的全连接层和池化层构成。

③ 将特征输入到解码器完成感知任务，例如点云分类、分割、目标检测等。

基于点表示的算法实现相对简单，且能够保持点云的完整结构，从而有效减少信息丢失。因此，它更适合处理对特征完整性要求高的任务，例如点云语义分割。然而，由于需要处理大量的点云数据，该类算法需要大量内存资源和较长的运行时间。此外，由于没有考虑点之间的局部相关性，可能会影响算法的性能。尽管基于点表示的算法有其局限性，但由于其高信息完整性的特点，通常与其他点云表示形式结合使用，以保留更丰富的信息。这种结合方法可以克服该类算法无法考虑点之间局部相关性的问题，从而提高算法的性能。值得注意的是，基于点表示的算法发展较早，因此已得到较高的边缘芯片支持度。其中，PointNet 和 PointNet++ 是比较有代表性的工作，而 PointNet 可以称为点云神经网络的开山之作，如图 7-41 所示。

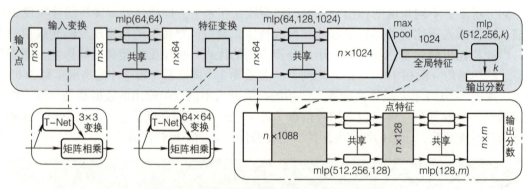

图 7-41　基于点表示的经典方法 PointNet

（2）基于体素表示　体素是三维空间中划分的最小单位，类比到二维空间上的最小单位是像素。基于体素表示的算法首先将三维空间划分成等间距的体素，将三维点云分派到不同的体素中，然后针对每个体素中的点提取局部特征得到一个规则的三维立方体结构的特征图。具体来说，如图 7-42 所示，基于体素表示的算法主要分为以下 5 个步骤：

1）体素划分：将点云所处 3D 空间中的 zyx 三个轴的最大范围定义为 D、H、W，同时定义每个体素的尺寸为 v_d、v_h、v_w，最后得到 $D' = D/v_d$、$H' = H/v_h$、$W' = W/v_w$ 个体素。

2）将点云分配到不同的体素：由于激光雷达的特性，在采集时会受到物体距离、遮挡关系、相对姿态等的影响，导致每个体素里的点数差异较大。

3）对体素内的点进行降采样：每个体素内保留固定个数的点，既能节约资源，又能减少体素之间点数不平衡的现象，有利于模型训练。

4）特征提取：体素化之后的数据输入到编码器中提取特征，得到一个 $C \times D' \times H' \times W'$ 的特征图。由于大多数体素都是空的，为了节约资源，一般采用稀疏张量（Sparse Tensor）的形式来表示特征图。

5）将稀疏张量特征送入堆叠的 3D 卷积层中进一步抽取特征，最后送入解码器得到最终结果。

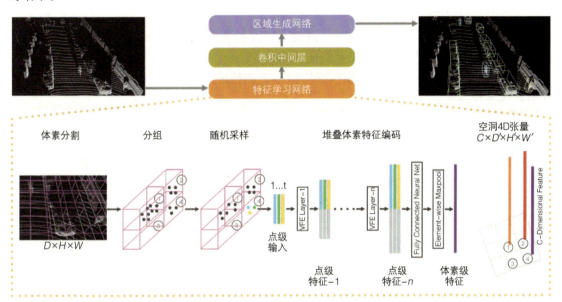

图 7-42 基于体素表示的方法 VoxelNet

基于体素表示的点云算法相较于基于点表示的算法有以下两个优点：

① 通过将三维空间划分为等间距的体素，限制了输入点的数量，从而节省了内存资源，提高了计算效率。

② 体素化之后无序的点云变成了有规则的数据，更适配大多数深度学习算法（如 2D、3D 卷积神经网络）。

然而，基于体素表示的算法存在的一个主要问题是降采样过程中会损失原始信息。具体来说，划分体素的阈值会直接影响算法性能。如果体素体积过大，将导致信息损失严重，而过小则无法节省资源。一般而言，相较于 pixel-level 的任务（如语义分割），object-level 的任务（如 3D 检测）对特征分辨率要求相对较低，能容忍一定的信息损失。因此，从性能和原理上看，基于体素的方法更适合于 object-level 的任务。不过，在 pixel-level 的任务中，也有一些工作尝试将体素表示和点表示的算法结合使用，这样既可以减少信息丢失，又能提取到丰富的局部信息，例如 PVCNN 和 SPVCNN 等方法。基于体素表示的算法在雷达感知中得到广泛应用，端上硬件支持度较高，是工业界最为关注的算法之一。目前比较有代表性的工作包括 VoxelNet、SECOND、Voxel RCNN、PVCNN、SPVCNN 等。

（3）基于 2D 伪图像 基于 2D 伪图像表示的算法将 3D 点云投影到某一个平面上，通过这种方式将点云数据转化为图像数据，可以利用卷积神经网络来进行处理。根据投影平面的不同该算法可以进一步分为基于支柱表示和基于 RangeView 表示的算法。

1）基于支柱表示：基于支柱表示的算法将点云数据表示为一组处于 BEV 视角下的支柱来实现点云数据的高效、精确和鲁棒处理。这类算法主要分为以下几个步骤。

① 将 x，y 轴构成的水平平面划分为形状为 $h×w$ 的 2D 网格，即得到 $h×w$ 个 pillars。

② 构造形状为 $D×P×N$ 的数据，其中：

a）D = 9，表示点云数据的每个点有 4 个维度（x, y, z, r），将其扩展为 9 个维度（$x, y, z, r, x_c, y_c, z_c, x_p, y_p$），下标 c 代表点相对于柱子中的点集质心的偏差，下标 p 表示点相对于柱子物理中心的偏差。

b）N 表示每个 pillar 的采样点数，点数大于 N 的 pillar 需要采样，小于 N 的可以补 0。

c）P 为 pillars 总数，即为 $h×w$ 的值。

③ 提取每个 pillar 的特征，提取后得到 $C×P$ 的特征，经过变形得到 $C×H×W$ 的特征，其中 C 为特征维度。

④ 将上一步得到的特征送入图像检测等深度神经网络得到最终结果。

基于支柱表示的算法相比基于体素表示的方法进一步压缩了 z 轴维度，不需要设置垂直方向的体素个数和大小参数；同时由于压缩了 z 轴，该类算法对内存和计算资源的需求也更低，速度更快。但是该类算法和基于体素的方法一样也会丢失点云信息。除了按照上述的步骤将点云转换为欧式坐标下的均匀大小的支柱外，还可以将其转换到极坐标下的不均匀支柱，不均匀支柱的分辨率从近到远逐渐变低。简单来看，该类算法相当于将基于体素类算法中垂直方向体素合并，然后压缩到 BEV 视角的平面上，压缩后的特征直接应用卷积神经网络。该类算法很适合与图像模态数据在 BEV 空间做深度融合，并且端侧硬件的支持度很高。该类算法的代表性工作有 PointPillars，后面将会详细介绍。

2）基于 RangeView 表示：由于激光雷达的点云来自多条激光扫描线，所以除了选择地面为投影面，还可以选在圆柱面为投影面，这样做的好处是可以保留高度的信息。这种投影方式和图像成像效果类似，被称为 CameraView 或 RangeView。该类算法主要分为以下步骤。

① 将点云构造成 RangeView 图像，如 64 线的机械式激光雷达，水平的角分辨率是 0.1°，则生成的 RangeView 图像行数 64，列数为 360×10，所以分辨率为 64×3600，每个像素的内容包括该点的坐标（$x, y, z,$）、反射率、方位角（azimuth）、倾角（inclination）等。

② 将构造好的 RangeView 图像输入到深度神经网络得到特征。

③ 将得到的特征输入到输出层得到输出结果。

基于 RangeView 表示的数据结构相比以上介绍的其他表示方式更紧凑，可以快速进行邻域查询（图像坐标比较规则，查询邻域更容易），但也同时会引入一些图像成像的缺点，如遮挡问题、物体尺寸变化问题（近大远小）。由于 RangeView 图像的每个像素都是激光雷达不同扫描线上的点，相邻像素之间并不是等间距的，所以直接使用传统 2D 卷积不太合理，可以对特征抽取网络进行特征设计，如 RangeDet 中根据距离信息对卷积核加权，如图 7-43 所示。此外，Waymo 的科研人员还对 RangeView 的不同特征学习方法进行了分析，感兴趣的读者可以在文献 [84] 中进行扩展阅读。总的来说，基于 RangeView 表示的算法虽然硬件支持度高，但不是主流研究方向，也基本不会应用在实际业务中，代表性工作有 RangeDet 及 LaserNet 等。

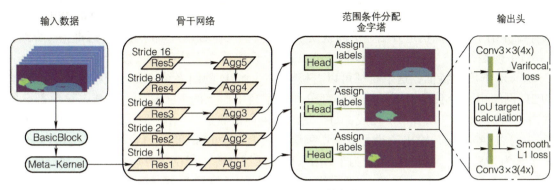

图 7-43 RangeDet 网络架构

（4）基于图表示 点之间的关系对于三维物体重建这种任务也是很重要的，但是目前大多数点云相关算法只关注点自身特征，而忽略了对点之间关系的建模。为了能够有效地建模点之间的关系，图卷积被引入到点云处理中。基于图表示的算法将点云数据表示为无向图结构，该类算法一般分为以下几个步骤。

1）构造无向图结构：假设点云中有 n 个点，则构造图 $G = (V, E)$，其中 V 为点云中的点，E 为 2 个点之间的边。点云一般包含大量的点，用所有点构造图会浪费很多资源，且距离较远的点较为稀疏，所以一般只考虑构造局部图结构，具体操作时可以选择将每个点一定范围内的 K 个点与该点连接成边从而构造子图。

2）将图结构数据送入图神经网络中抽取特征。

3）将特征输入到输出层输出感知结果。

基于图表示的算法能较好地适用于点云的不规则性，同时可以建模点之间关系，从而得到更多局部信息。该方法的主要缺点是图神经网络计算速度慢。目前该类型算法不是主流的研究方向，硬件支持度较低，业务中也几乎不会使用，代表性工作有 Point-GNN，如图 7-44 所示。

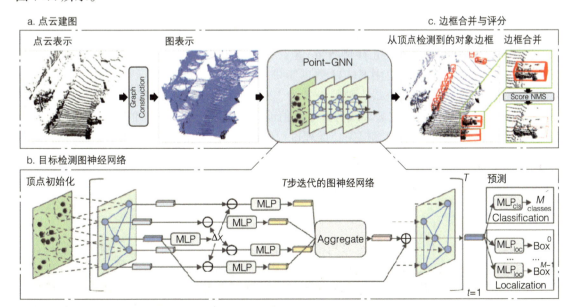

图 7-44 基于图表示的方法 Point-GNN

综上所述，基于支柱表示的方法是目前量产的主流方法，代表方法为 PointPillars。上面详细介绍了支柱的构造方法，下面就模型结构、损失函数以及训练方法进行进一步介绍。

1）模型结构：如图 7-45 所示，PointPillars 算法首先需要将点云按照上述方式转换为 $C×H×W$ 维度的特征，这个特征可以直接输入一个 2D 的网络结构和一个检测头。该算法的 2D 网络由一个自上而下的降采样部分和一个自下而上的上采样部分构成。第一部分每次由一系列 Block（S, L, F）构成，每个块的降采样倍数是 S（相对原始输入图像），有 L 个 $3×3$ 的 2D 卷积层，输出通道是 F，卷积层后接 BatchNorm 和 ReLU 层。每一层第一个卷积步长为 S/S_{in}，后续卷积层步长为 1，用来确保该层以降采样倍数 S 运行；第二部分使用 F 个转置 2D 卷积对特征上采样，接下来用 BatchNorm 和 ReLU 层处理上采样后的特征，同时将这些特征叠加在一起输入 SSD 检测头。

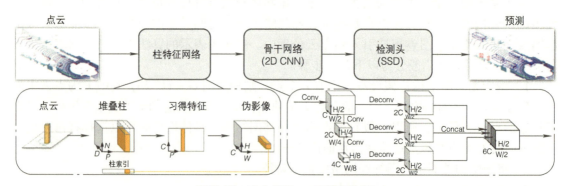

图 7-45　PointPillars 网络架构图

2）损失函数：PointPillars 使用 SECOND 算法的损失函数，分为定位损失、分类损失和方向损失，每个损失有不同的损失权重：

$$L = 1/N_{pos}(\beta_{loc}L_{loc} + \beta_{cls}L_{cls} + \beta_{dir}L_{dir})$$

式中，L_{loc} 为定位损失，使用 Smooth L1 loss；L_{cls} 为分类损失，使用 Focal loss；L_{dir} 为方向损失，使用 Softmax loss；N_{pos} 是正样例数量；β_{loc}、β_{cls} 和 β_{dir} 分别为三个损失的权重。

3）训练方法：该算法使用 KITTI 数据集训练，用来检测汽车、行人和骑车人。x、y 方向使用 0.16m 分辨率，支柱最大数量设置为 12000，每个支柱中最多点数设置为 100。使用 2D 的 IoU 匹配真值，分数最大或者大于阈值的作为正匹配，低于阈值的作为负匹配，其余的在训练过程被忽略，不计算损失。推理过程中使用 IoU 阈值为 0.5 的轴对齐非极大值抑制算法。

7.10　轨迹预测

在自动驾驶中，自车需要对未来可能发生的道路情况提前做出规划。预测指的是在给定一个目标过去和当前运动轨迹的情况下，对其未来位置、速度、方向等状态信息进行预测。在自动驾驶中，预测一般位于感知模块下游、规控模块的上游，首先通过感知模块获得周围环境和交通参与者的状态，然后通过预测模块预测交通参与者在未来一段时间内的行为。基于该预测结果,规划控制可以做出合理的决策和自车轨迹规划。在近二十年的发展中,轨迹预测方法主要有基于物理的方法、基于机器学习的方法和基于深度学习的方法。在深度学习方法中,序列网络和图网络是常见的网络结构,轨迹预测使用的序列网络主要有递归神经网络(RNN)、卷积神经网络(CNN)和注意力机制(AM)等;图网络主要有图卷积网络(GCN)和图注意力网络(GAT)等,生成式对抗网络(GAN)和条件变分自动编码器(CVAE)等生成式模型也在轨迹预测中有使用。轨迹预测模型往往包含多种网络。这里需要注意的是,当下感知、预测与规划已逐步融入同一个端到端模型,具体细节已在本书 6.6 节进行了介绍,这里不再赘述。在面向量产的智能驾驶中,VectorNet 和 MultiPath 是两个较为经典的预测方法,下面重点介绍。

(1) VectorNet VectorNet 为分层图神经网络,该网络提出的目的为实现多目标交互,如交通参与者(行人和车辆)、道路上下文信息,通过网络可以解决动态的多目标的行为预测。VectorNet 提出的轨迹预测方法如图 7-46 所示,观测到的各目标物轨迹与地图特征信息以矢量序列的形式进行表示,作为网络的输入;各特征向量传入局部图网络中以获得各向量的折线级别特征;各向量的折线级特征通过全连接图得到高阶的交互特征;最后使用解码器解码目标交通参与者的特征,预测其未来的运动轨迹。

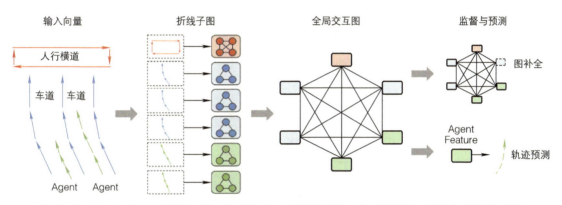

图 7-46 VectorNet 示意图:输入向量表示、局部图网络、全局交互图、注意力机制 & 预测

在输入向量表示方面,传统的轨迹预测方法在进行交通参与者的行为预测时,需要基于由道路信息构建的规则,近年来发展的基于学习方法的轨迹预测,仍然需要建立道路信息的表示方法并编码地图和轨迹信息,常用的表示方式为图 7-47a 所示的栅格化地图表示。栅格化表示存在信息表示能力有限,如交通参与者的行为难以表示、渲染耗费资源大、需要使用 CNN 处理等问题。VectorNet 使用的向量化表示方法,如图 7-47b 所示,将交通参与者与道路静态信息均以向量的形式表示,道路信息表示形式可以为点、折线和以折线包络的区域,交通参与者表示形式主要为折线,这些形式均可以统一用向量表示并输入网络。

在构建图网络方面,图 7-46 所示的局部图网络中,属于同一目标的向量信息将会传入到一个子图网络中,子图网络结构如图 7-48 所示。Input Nodes Feature 表示子图输入,即同一目标的不同节点信息,该输入经编码器将各节点特征编码,并融合各相邻节点特征约束,输出折线级别的特征信息。最后,基于上一步实现的折线点特征,在全局交互网络中,VectorNet 使用基于注意力机制的 GCN 实现更高层级的全局交互特征,然后使用如 Multipath 或 RNN 的解码器对动态目标特征解码获得预测的未来轨迹。

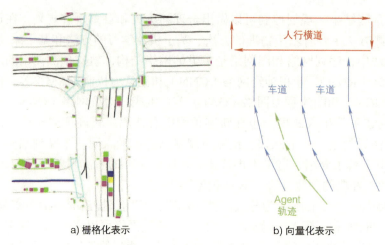

a) 栅格化表示   b) 向量化表示

图 7-47　轨迹预测网络输入表示方法

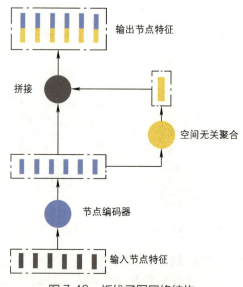

图 7-48　折线子图网络结构

（2）MultiPath　考虑到在自动驾驶场景中动态目标运动的高度不确定性和实际应用中多模输出的需求，MultiPath 使用了 anchor 方法，首先利用 k-means 聚类方法对数据集中的轨迹分布进行统计，获得 anchor 先验分布，确定一系列目标未来轨迹的 anchor，然后预测未来轨迹在各个 anchor 上的偏移量和置信度，算法示意图如图 7-49 所示。

在输入表示上，MultiPath 将鸟瞰视角下的动态目标物和静态环境信息数据表示为三维数组，前两维分别为鸟瞰视角下的目标像素级别位置信息，第三维表示目标在固定时间步长内的上下文信息，如图 7-50 所示。动态目标以旋转矩形的二进制图像形式呈现，每个通道代表一个时间戳下的信息，其他环境的动静态信息（如信号灯信息、道路信息等），将会以附加通道形式表示。

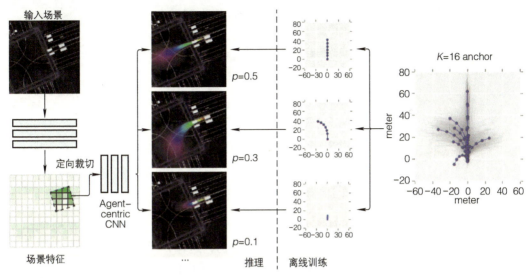

图 7-49　MultiPath 算法示意图

在神经网络方面，MultiPath 使用了两阶段结构网络（图 7-50）。第一阶段用图中绿色框表示，这一阶段的作用为从全局提取特征信息，这一阶段利用全卷积网络来表示空间结构，可以使用常用的 backbone 网络进行特征提取，如 MultiPath 在这一阶段基于 ResNet 结构构建特征提取网络；第二阶段用图中红色框表示，这一阶段从全图特征中提取以目标物为中心的固定尺寸旋转区域特征信息作为网络输入，作用为利用场景中单个目标的场景信息进行该目标的轨迹预测。该阶段由两个 head 构成，分别为分类网络和回归网络。分类网络输出 k 维矩阵，表示预测轨迹在 k 个 anchor 上分布的置信度，回归网络输出 $k \times t \times 5$ 维矩阵，表示预测在 k 个 anchor 上 t 时刻的二维高斯分布。

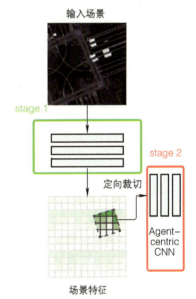

图 7-50　MultiPath 输入

7.11　视觉多任务

通常，大多数机器学习模型都只做单一任务的推理，这样的模型称之为单任务模型。单任务模型将输入进行编解码，推理得到特定任务的输出，例如常见的 2D 单检测模型（YOLO 系列、FCOS、SSD、RCNN）、2D 分割模型（UNet、FCN、DeepLab）、深度估计模型（MonoDepth2、DispNet）等。以目标检测为例，常见的视觉单任务模型结构如图 7-51a 所示。视觉单任务模型的特点主要有参数独享、优化目标单一、用途单一。但是缺点也很明显，即模型"只能做一件事"，假如业务侧要求对于同一帧输入需要输出检测、分割、深度等多个类型的感知结果，如果继续使用视觉单任务模型的话，就需要将同一帧图像分别输入给三个单任务模型，得到各自的输出，如图 7-51b 所示。随着业务越来越复杂，任务越来越多，使用多个单任务模型将会带来存储和算力的巨大开销。

图 7-51 单任务模型结构及多个单任务模型组合示例

多任务模型的提出解决了单任务模型的窘境，令多个单任务模型共享部分网络结构（如 backbone、neck），同时保留任务各自的 head 结构，这样，模型就可以从同一帧输入中得到多个任务的输出。这样的模型称之为多任务模型，如图 7-52 所示。多任务模型共享了部分模型结构，根据模型结构共享的形式，多任务模型又分为弱参数共享（Soft Parameter Sharing）与强参数共享（Hard Parameter Sharing），如图 7-53 所示。

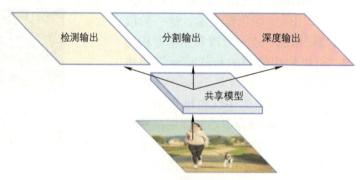

图 7-52 多任务模型结构示例

1）弱参数共享：在弱参数共享多任务模型中，每个模型独享自己的参数，但任务之间会共享参数层的部分信息，例如每个任务都使用相同的 backbone，backbone 的参数不共享，但 Backbone 每层卷积的激活值会在任务之间共享，如图 7-53a 所示。弱参数共享多任务模型的每个任务依旧保留着各自的模型结构，模型参数量与算力需求会随着任务的增多而成倍增加，因此这种形式的多任务结构几乎没有实际使用的案例。

2）强参数共享：是常用的多任务模型结构，不同任务之间共享部分模型结构（如共用 Backbone），同时保留任务各自的网络结构（即保留任务 Head 部分的结构），如图 7-53b 所示。这种类型的多任务模型由于共享部分网络结构，因此可以做到节省存储和算力资源的同时，输出多个任务的预测结果，是主流的多任务模型结构。如无特殊说明，本节中提到的多任务结构均指强参数共享结构。

在面向量产的智能驾驶中，使用多任务模型可以有效减少存储算力的占用，这些提升对于终端模型寸土寸金的部署环境至关重要。其次，还可以提高模型的训练效果。具体来说，多任务模型由于需要同时学习多个任务，模型的共享层就需要学习一个通用的表达，使得每个任务的表现均较好，这降低了模型过拟合的风险。同时，有研究指出，多任务模型的任务之间存在某种互补性或者相似性时，经过多任务训练得到的任务精度甚至会好于单任务模型。例如，如图 7-54 所示，该多任务模型由语义分割和深度估计组成，当语义分割和深度估计任务的多任务权重分别为 0.975 和 0.025 时，多任务训练得到的语义分割指标和深度估计指标均好于单任务训练的指标。

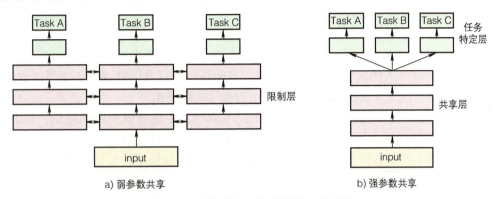

图 7-53 弱参数共享与强参数共享示例

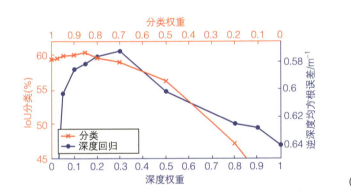

图 7-54 语义分割与深度估计任务精度对比

尽管多任务模型在量产中越来越受到欢迎，但是在选择将多个单任务替换成一个多任务前，有以下几个考虑因素。

1）融合成多任务的可行性：比如图像质量分类应该在目标检测、全图分割之前就对数据的质量、有效性进行判断，而不是和目标检测这些任务并行输出。再如，如果将一个单任务融合进多任务后，该单任务或者其他任务的性能指标明显降低且调优难度较大时，则需要考虑其他的方案。

2）子任务之间的权重设置：子任务之间的权重可以是每个训练轮次中各个任务的 batchsize 占比、总的 loss 计算时各个任务的 loss 的权重、梯度计算时各个任务的梯度权重等。例如，由于不同任务的复杂程度存在差别，简单的损失相加必然会造成多任务模型在某些任务上达到较好的效果，但是在其他任务上误差较大。目标检测的检测框回归中就存在中心点和长宽偏移的损失权衡，该问题与多任务之间的损失权衡具有同一个思想，需要研发人员在实际训练中根据不同任务损失下降的程度尝试性地给予权重进行测试。

3）硬件单元的 I/O 及算力分配：如果将所有任务都放在一个多任务模型中，部署到车端芯片上运行时，很有可能会使得整个芯片的访存效率和计算效率不协调。比如 TDA4x 中就包括多块 DSP，从最大化资源利用角度上应该将不同复杂度的任务分散部署同时运行。

4）模型输入形式的统一性：不同任务可能对输入的尺寸及输入保留语义信息的要求不同，比如语义分割任务可能更倾向输入数据能够保留原始图像的所有语义信息，目标检测则可能更关注原始图像中间的区域。

单任务模型的训练方案成熟，很容易就能使得模型收敛到理想的精度。多任务之间往往并不满足相似性或者互补性，多任务之间的梯度或者优化方向也往往并不相同。如果直接使用单任务的训练方法来训练多任务模型，多任务模型将难以训练。下面举例说明一些常见的多任务模型训练方法，更多细节信息可以参考文献 [90]。

1）Loss 加权法（Weighted Loss）：如图 7-55 所示，多任务模型在训练中，每个 batch 将包含每个任务的训练数据，经过每个训练 step，各个任务均会产生 loss，这种训练方法对每个子任务的 loss 加权求和之后进行反向传播，以此更新模型的参数。该方法最为常见，普遍用于工业界的多任务模型训练中，其缺点是每个任务 loss 的权重选取比较依赖经验。

2）动态任务优先级法（Dynamic Task Prioritization）：该方法的核心思想是让更难学的任务具有更高的学习权重，其步骤是：

① 每个训练 step 后，计算各个子任务 KPI，如 IoU、Accuracy 等。

② 根据步骤①计算的 KPI 计算任务权重，例如可借鉴 Focal Loss 计算公式设计任务权重计算公式：$w_i(t) = -(1-k_i(t))^{\gamma_i} \log k_i(t)$。

帕累托梯度方向示例如图 7-56 所示。

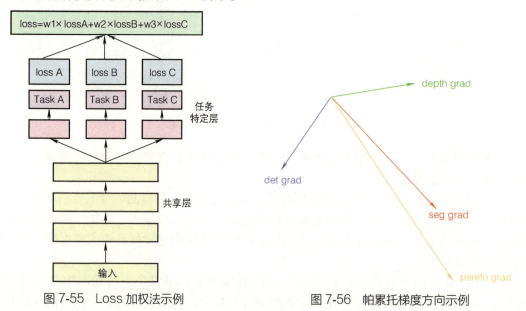

图 7-55　Loss 加权法示例　　　　图 7-56　帕累托梯度方向示例

在面向量产的智能驾驶研发中，有两个业界主流的视觉多任务算法方案分别为 OmniDet 及 YOLOP，下面详细介绍。

OmniDet 为环视鱼眼镜头的多任务感知系统，可实现近场感知，采用多任务方案，将六个任务联合训练，包括深度估计、视觉里程计、语义分割、运动分割、目标检测和镜头污染物分割（图 7-57）。整个系统主要包括语义任务、几何任务以及图像污染物分割。其中语义任务包括常见的动态目标检测（行人、车辆以及两轮车）和语义分割（路面、车道线、路沿、动态目标）。对于语义任务来说，往往需要标注大量的数据来覆盖各类场景，但实际上是不可能做到覆盖所有的长尾场景。因此，通过对目标移动和场景深度这类真实世界物理几何信息的感知，来实现长尾目标的感知，与标准语义任务相互辅助，从而实现鲁棒性更好的感知系统。另外，由于鱼眼镜头安装的位置偏低，容易受到泥土或水渍的污染，影响成像质量。因此需要镜头污染物分割以提高感知系统的鲁棒性和置信度。该多任务模型以未校正畸变的鱼眼相机原始图像作为输入，整个多任务包含了以下单任务。

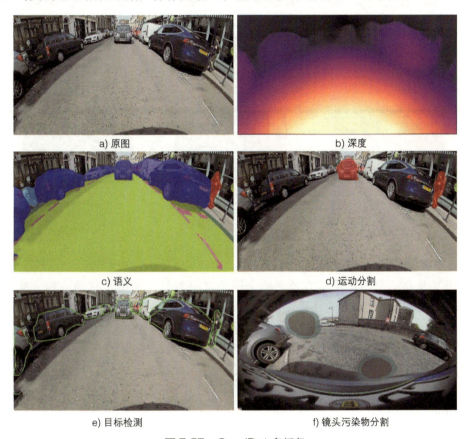

图 7-57 OmniDet 多任务

1）基于自监督的深度和姿态预估网络：这部分基于作者的其他工作 FisheyeDistanceNet 进一步展开，采用的是单目自监督深度估计的 SfM（Structure from Motion）框架方案，如图 7-58 所示。利用视频连续帧图像之间的重投影对位姿和深度进行约束，以此实现网络对深度和位姿的学习，这类方案的详细思路可以参考 4.2 节。同时，自车实时速度作为 PoseNet 输出位姿信息的约束，可以解决输出的相对尺度问题，得到绝对的深度尺度，更加有利于落地。

2）通用物体检测网络：由于鱼眼镜头存在大的径向畸变，使用常规的 BBox 表示目标会失效，尤其是在鱼眼成像边缘位置。OmniDet 针对不同的检测框表征方式进行了探索，包括有向 BBox、弯曲 Box、椭圆框以及多边形。在该多任务学习框架中，OmniDet 采用了一个 24 边的多边形框表征方法，并基于 YOLOv3 做了针对 polygon 的改造。

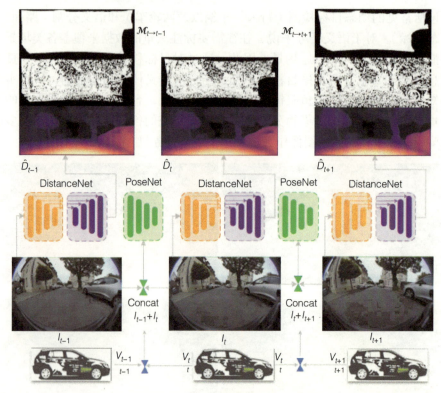

图 7-58 FisheyeDistanceNet 架构

3）语义及移动分割：除了有监督的全图语义分割外，还做了移动分割。基于连续两帧图像输出得到一个二值化的移动或静态掩码。在训练过程中，网络通过 Lovasz-Softmax Loss 进行监督学习，为了改善类别不均衡问题，OmniDet 采用 Focal Loss 替代交叉熵损失。

4）污染物分割：该任务基于之前的工作 SoilingNet，同时训练数据集是独立的，无法与其他五个任务同时训练，作者在训练时冻结了 encoder，单独对该任务 head 进行了训练，即采用 Asynchronous Training。相比于原始方案，作者还将输出变成了 pixel level segmentation。

常见的密集预测通常都采用 Encoder-Decoder 结构来实现，这样非常容易在共享同一个 encoder 结构基础上实现多任务预测。图 7-59 所示为 OmniDet 的多任务感知方案框架，值得注意的是，在 encoder 结构中 OmniDet 引入了矢量注意力机制和自注意力机制。该多任务方案除了上面提到的具体任务以外，还有其他三个亮点。

1）联合优化：该方案评估了各种任务加权策略，包括 Kendall 不确定 loss、梯度幅度归一化 GradNorm、动态任务优先级调节（DTP）、动态权重平均（DWA）以及几何损失。同时作者还提出了 VarNorm，通过过去 5 个 epochs 结果的方差来归一化每个 Loss。

2）相机几何张量（Camera Geometry Tensor）：用于处理相机径向畸变，使得网络模型适应不同相机模型和配置，类似于 CAM-Convs、标准化虚拟相机的思想。

3）协同任务。

① 处理动态目标的无限深度问题：由于在输入图像上，对于动态目标的学习可能出现无限深度的问题，会导致深度估计的重建损失可能出现异常。OmniDet 使用运动分割的输

出来区分移动、静止物体，在深度估计 head 的学习中只对"相对样本质量更好"的非运动物体进行学习，即系统框图中移动分割输出的 DC Object Mask 会传入到深度估计的 Robust Reconstruction Loss 中。

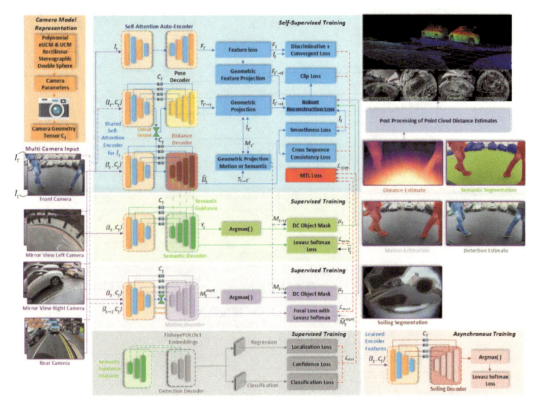

图 7-59　OmniDet 多任务感知方案框架

② 语义导引的深度估计解码器：将 PAC（Pixel-Adaptive Convolutions）加入到深度估计解码器中，可以更好地将语义分割分支提取的语义知识，提取到深度估计学习中。

③ 自注意机制和语义特征对 2D 目标检测的助力：基于 SAN（Self-Attention Network）的 encoder 和基于 PAC 的 decoder 在多特征融合方面进一步发挥了作用，该融合大大提高了目标检测精度。

YOLOP 是由华中科技大学团队于 2022 年提出，可同时进行目标检测、语义分割和车道检测的多任务网络模型。YOLOP 在 BDD100K 数据集上表现出色，在检测精度和速度上均达到较高的水平。YOLOP 的模型结构如图 7-60 所示，整体组件由主干网络（Backbone）、特征融合网络（Neck），以及检测分支（Detect head）、可行驶区域分割分支（Drivable area segment head）与车道线分割分支（Lane line segment head）组成，下面分别进行介绍。

1）主干网络：YOLOP 复用了 YOLOV4 的主干网络 CSPDarknet，其借鉴了 CSPNet 结构。为了实现更好的效果，深度神经网络一直在朝着更深和更宽的方向发展，此举也带来了计算量的上升，增加了网络在终端设备上部署的难度。CSPNet 的作者认为，计算量的增加主要来自梯度的冗余，即同一个梯度会在不同的模块中重复计算，于是提出分割梯度流，让梯度在不同的路径中传播，降低梯度冗余，如图 7-61 所示。具体来说，CSPNet 的结构和残差（Residual）类似，也分成左右两部分，主干部分进行残差块的堆叠，另一部分则像残差边一样，经过少量处理后连接到主干部分的最后。

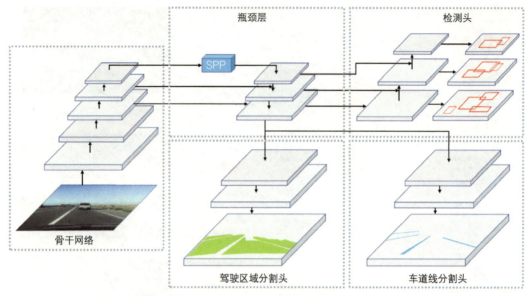

图 7-60　YOLOP 模型结构

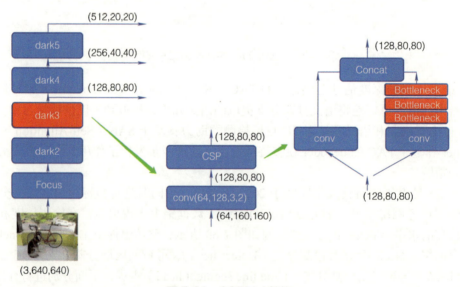

图 7-61　CSPNet 结构

基于 CSPNet，CSPDarknet 主要组件有：

① Focus 网络结构：Focus 结构的具体操作是，在一幅图像中行和列的方向进行隔像素抽取，组成新的特征层，每幅图像可重组为 4 个特征层，然后将 4 个特征层进行堆叠，将输入通道扩展为 4 倍。堆叠后的特征层相对于原先的 3 通道变为 12 通道。

② Residual 网络结构：CSPDarknet 中的残差网络分为两个分支，主干分支做一次 1×1 卷积和一次 3×3 卷积，残差边部分不做任何处理，相当于直接将主干的输入和输出结合。

2）特征融合网络：Neck 的作用是将主干网络抽取的特征进行融合，YOLOP 的 Neck 网络由 SPP（Spatial Pyramid Pooling）模块和 FPN（Feature Pyramid Network）模块组成。其中 SPP 用于生成和融合不同尺度的特征图，而 FPN 可以融合不同语义层次的特征。concat 使用后可以使得生成的信息包含不同尺度和不同语义层次。

3）检测分支：YOLOP 采用了与 YOLOV4 一样的检测 head。模型结构在 detection head 之前先使用 PAN（Path Aggregation Network）将 Neck 输出的特征做自底向上的融合，与 FPN 输出的融合特征做进一步合并后得到多尺度特征图。多尺度特征图的每个网格将被分配三个不同长宽比的先验 anchor。detection head 将预测三部分内容：预测框相对于先验 anchor 位置的偏移量、预测框宽高缩放比例以及类别置信度。

4）可行使区域分割分支与车道线分割分支：可行使区域分割分支与车道线分割分支采用了完全一致的网络结构，即在 FPN 最底层的特征图（形状为 $W/8, H/8, 256$）上接入 segment head，并做三次上采样后最终得到形状为 $(W, H, 2)$ 的输出，通道数 2 分别表示可行使区域分割与车道线分割的分割结果。为了减少上采样操作的计算量，YOLOP 采用了最近邻插值（Nearest Interpolation Method）的方法来代替反卷积操作。

在损失函数上，YOLOP 是个多任务模型，训练时该模型的损失函数由 Detect loss、Drivable area segment loss 和 Lane line segment loss 三部分组成。

1）Detect loss 将产生分类（l_{class}）、置信度（l_{obj}）和回归（l_{box}）三个 loss，所以 Detect loss 由这三者经过加权求和而成：

$$l_{det} = \alpha_1 l_{class} + \alpha_2 l_{obj} + \alpha_3 l_{box}$$

式中，l_{class} 和 l_{obj} 是 focal loss；l_{box} 是 CIoU loss。

2）Drivable area segment loss（$l_{da\text{-}seg}$）和 Lane line segment loss（$l_{ll\text{-}seg}$）分别定义为

$$l_{da\text{-}seg} = l_{ce}$$

$$l_{ll\text{-}seg} = l_{ce} + l_{iou}$$

式中，l_{ce} 表示交叉熵损失；l_{iou} 表示 IoU loss，其计算公式定义为

$$l_{iou} = 1 - \frac{TP}{TP+FP+FN}$$

研究表明，Lane line segment 任务的预测较为稀疏，加入 l_{iou} 可以提升效果。综上，YOLOP 多任务模型的最终 loss 定义为

$$l_{all} = \gamma_1 l_{det} + \gamma_2 l_{da\text{-}seg} + \gamma_3 l_{ll\text{-}seg}$$

式中，α_1、α_2、α_3、γ_1、γ_2、γ_3 需要在训练时手工调整，以保证多任务训练时各个任务能同时收敛。

练 习 题

一、选择题

1.【多选】以下属于 one-stage 目标检测算法的是（　　）。
   A. YOLOX　　　　B. SSD　　　　C. Faster RCNN　　　D. Nanodet

2.【多选】以下属于轻量级卷积神经网络的是（　　）。
   A. GoogLeNet　　B. MobileNet　　C. ShuffleNet　　　D. VarGNet

3.【多选】在鱼眼图像中，畸变效果对于感知任务中的检测结果会产生影响，对于鱼眼相机的畸变矫正，可以采用（　　）。
   A. 棋盘标定法　　B. 柱面变换法　　C. 横向展开法　　D. 经纬度法

4.【多选】基于视觉的 Occupancy Network 蓬勃发展，其按照输入图像的类型可分为三类：单目图像、双目图像、周视图，以下属于基于周视的经典算法有（　　）。
   A. MonoScene　　B. OccDepth　　C. TPVFormer　　D. OccFormer 等

5.【多选】一个模型具有多个分支输出的视觉多任务方案，在量产中越来越受到欢迎。但是在选择将多个单任务替换成一个多任务前，要考虑以下哪些因素（　　）。
   A. 融合成多任务的可行性　　　　B. 子任务之间的权重设置
   C. 硬件单元的 I/O、算力分配　　D. 模型输入形式的统一性

二、填空题

1. 周视 6V 感知由安装在车身四周的 6 颗 100°左右的摄像头模组构成，主要用来感知车辆周围 360°的环境信息。摄像头由 1 路 800 万像素_____摄像头、4 路 200 万像素_____摄像头和 1 路 200 万像素_____摄像头构成。

2. 环视感知由安装在车身四周的鱼眼摄像头获得的车身周围 360°鱼眼图像作为输入，通常用于_____感知；前视、周视和 BEV 感知主要关注_____感知。

3. 基于输入数据来源不同，可以将 BEV 感知方案分为 BEV_____、BEV_____和 BEV_____三种方式。

4. DETR 是 FaceBook 在 2020 年提出的一种目标检测算法，DETR 模型主要分为两块，即_____和_____，其中_____分为编码器、解码器和预测头。

5. ShuffleNet 的基本网络结构设计思路为：首先使用_____替换原有的 3×3 卷积，降低卷积操作提取特征的复杂度；然后将原先结构中前后两个 1×1 逐点卷积_____，并在两层之间添加通道_____，进一步降低卷积运算的跨通道计算量。

三、判断题

1. Transformer 主要包含 Multi-head Self-Attention（MSA）和 Multilayer Perceptron（MLP）block 两个部分，MSA 即多头注意力机，Q、K、V 都是输入序列通过线性变换得到的。（　　）

2. SETR 采用 ViT-large 作为 encoder，它的缺点是 ViT-large 参数和计算量非常大，

有 3 亿以上个参数，这对于移动端模型是无法承受的。（   ）

3. 纯视觉自动驾驶感知方法广泛采用鸟瞰图（BEV）表示来描述 3D 场景，它比体素（Voxel）表示效率更高，可以很好地描述场景的细粒度 3D 结构。（   ）

4. 在将多个单任务融合成一个多任务时，总的 loss 计算为各个子任务 loss 的简单相加总和。（   ）

5. 如果将一个单任务融合进多任务后，该单任务或者其他任务的性能指标明显降低且调优难度较大时，则需要考虑其他的方案。（   ）

四、简答题

1. 请推导双目相机是如何计算深度值的，并简要描述单目相机如何估计出深度。
2. BEV 感知使用的中融合方案相比传统后融合策略有哪些优势和劣势。
3. Transformer 的核心就是自注意力（Self-attention）机制，请推导 Transformer 的自注意力机制的数学过程。
4. 3D Occupancy Networks 的基本思想是将三维空间划分为体素网格，并在每个网格上预测各种感知任务。与基于目标的表示相比，基于网格的表示有哪些优势。

五、实训题

1. 请设计一套多视角输入的 BEV 感知框架，包含检测、分割两个任务，并思考如何优化模型的泛化能力和鲁棒性。
2. 自动驾驶本身是个大难题，城市交通拥堵更是综合性的大难题。若有一天自动驾驶得以普及，整个城市也变得智能，一切高效智能运转，还会有交通拥堵吗？请简述思路。

第 8 章 视觉建图与定位

本章介绍机器视觉在定位建图中的应用。智能驾驶中的视觉建图主要是利用视觉感知结果结合多传感器对周围环境的 3D 几何及拓扑关系进行重建,而定位则是利用重建之后的地图结合多传感器确定自车在世界坐标系中的位姿,同时提供局部地图用于轨迹规划。

定位与建图是 L2 以及 L2+ 智能驾驶必不可少的模块,不但可以提供自车全局位置,还可以用于辅助感知及轨迹规划。

1)在感知中,定位结果一方面可提供目标物在图像中的大致位置,让感知计算集中在兴趣区域,从而减少感知的计算量(如红绿灯、标志牌的检测等);另一方面地图可以提供超视距信息(受限于摄像头的有效范围,视觉感知无法实现超视距),对视觉感知结果进行补充,这对于高速或城区十字路口等场景非常重要。

2)在轨迹规划中,地图可以提供准确的车道信息以及车道之间的关联关系,在十字路口区域还会提供虚拟车道用于引导车辆拐弯或者掉头。

3)一些地图还会保留驾驶员的驾驶先验信息(例如驾驶路线),用于提供舒适、符合驾驶习惯的驾驶轨迹。

4)在智能驾驶中,感知提供实时的环境信息,而地图提供记忆信息,两者融合之后形成环境模型(图 8-1),用于下游的轨迹规划。

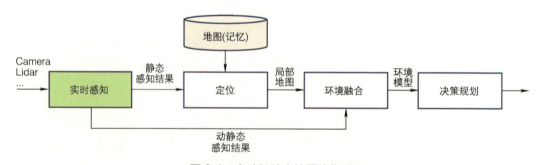

图 8-1 自动驾驶中地图的作用

随着感知技术(尤其是 BEV 感知)的发展,其能够提供的信息越来越多,需要记忆的信息越来越少,导致智能驾驶正从"重地图"往"轻地图"甚至"无地图"的方向发展。在这个过程中,建图和定位技术都在发生变化,本章也会对这些技术进行详细介绍。

8.1 视觉建图

首先学习高精地图(High Definition Map)相关概念及特点[一]。高精地图是一种专门为智能驾驶服务的地图。与传统只能提供道路(Road)级信息的导航地图不同(图8-2),高精地图具有两个特点:首先是精度更高,高精地图的相对精度能到厘米级,而导航地图的精度在米级别;其次是元素更丰富,高精地图可提供车道、车道边界线、道路上各种交通设施(如路牌和信号灯、周围的护栏等),并且提供这些元素之间的拓扑关系。典型的高精地图一般包含以下信息。

a) 传统导航地图　　　　　　　　　　　　b) 高精地图

图 8-2　传统导航地图与高精地图

1. 物理层

物理层又包括基础图层和几何图层。基础图层是高精地图的基础,被用作构建所有其他层的参考层,它提供高精度的三维地理空间表示,例如道路、建筑物和其他结构的位置和形状(图8-3)。尽管基础图层对环境的表示精确而密集,但由于缺乏有意义的特征,支持理解环境的能力有限。高精地图中的几何图层提供了有关道路环境几何的详细信息,包括道路宽度、车道数量、每条车道的中心线、每条道路中车道的边界以及路面高程的信息。这些特征都可以用基本的几何图元(点、线、多线和多边形)来表达,例如交通标志的位置可以用一个点来表示。车道中心线或边界可以由一组相互连接的线段表示,人行横道可以用多边形表示。

2. 拓扑层

为了便于高效的存储和使用,高精地图一般被划分为特定大小的Section(如500m×500m)。在使用的时候,需要拓扑层提供道路网络的拓扑结构以及各种几何元素之间的连接关系(图8-4)。常用的拓扑关系包括车道之间的连接关系(前驱、后继、左右相邻等)、十字路口的虚拟车道,以及灯牌和车道的关联关系等。这些拓扑关系对于轨迹规划非常重要。

[一] 更多细节可参考:https://zhuanlan.zhihu.com/p/37885573。

图 8-3　高精地图的物理层

图 8-4　高精地图中的拓扑层

3. 定位图层

高精地图会将定位相关的元素组合成定位图层，比如地图中的物理层。此外为了应对一些极端场景（隧道、城区峡谷等）的定位退化问题，高精地图还会存储一些特殊的信息用于辅助定位，例如 LiDAR 点云图层或者视觉关键点图层等。高精地图在使用过程中，需要通过一个"地图引擎"来管理调度，实现定位导航功能。地图引擎的主要职责包括：

1）资源调度：负责高精地图数据的管理和分发，确保车辆能够根据当前位置和目的地获取所需的地图信息。通过高效的资源调度，地图引擎能够在车辆需要时迅速提供高精度地图数据，优化系统性能，减少资源消耗。

2）导航支持：提供给车辆精确的道路、POI 等信息，帮助车辆规划行驶路径。地图引擎提供的精确导航信息，可提高路线规划的效率和安全性，使无人车能够在复杂的道路环境中安全高效地行驶。

8.1.1 高精建图

高精地图一般由具备甲级测绘资质的图商采用 LiDAR 配以高精度的定位设备采集制作。国内具备甲级测绘资质的图商主要有高德、百度以及四维图新等。以百度 Apollo 高精地图为例，其制作包含数据采集、数据处理、元素识别及人工验证等步骤（图 8-5）。

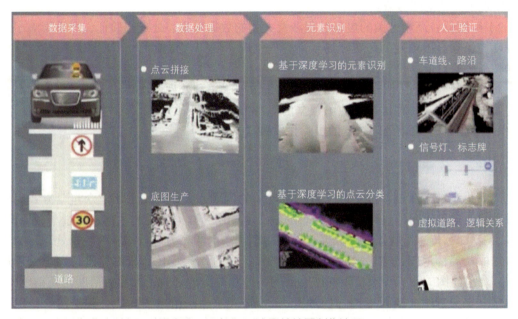

图 8-5　百度 Apollo 高精地图制作流程

1）数据采集：百度采取的是激光雷达和摄像头二者相结合的制图方案。该方案的基础传感器配置有平装的 64 线激光雷达和 16 线激光雷达。其中 64 线激光雷达用于道路路面采集，由于其扫描高度比较低，还需要一个斜向上装的 16 线激光雷达，用于检测高处的红绿灯、标牌等信息。其他传感器有高精度 GPS、IMU、长焦相机以及短焦相机等。

2）数据处理：传感器采集到的数据分为点云和图像两大类。L4 级自动驾驶汽车对地图的精度要求非常高，因此 Apollo 在制图过程中处理的数据也以点云为主。得到点云之后需要对其进行拼接处理，利用 RTK 结合 SLAM 技术，对点云的 Pose 进行优化，将点云拼接成一个完整的点云地图。之后点云地图压缩成可用于做标注的反射地图，再基于反射地图来绘制高清地图。

3）元素识别：主要是通过深度学习技术，在反射地图上进行道路元素的识别和提取，包括车道线、斑马线、路沿等道路元素。同时对采集的图像通过视觉感知提取杆、灯、牌等元素及其属性，结合 Lidar 点云可以完善高精地图的信息。

4）人工验证：人工验证环节包括识别车道线是否正确，对信号灯、标志牌进行逻辑处理，路口虚拟道路逻辑线的生成等。因为自动化处理不可能做到 100% 准确，所以须再进行一轮人工验证进行保底。验证人员需要从云端下载需要验证的路段数据，然后把自动处理之后的高精地图数据和对应位置的图像信息进行比对，找出错误的地方并进行更正。修正后的数据上传到云端，经过加密处理后发布。

虽然高精地图的制作流程已经实现了高度的自动化，但是受限于采集设备的可扩展性，高精地图的更新周期太长，地图的鲜度无法保障，这直接影响了高精地图的使用和推广。高精地图目前主要存在以下挑战：

1）覆盖范围不足：目前图商的高精地图仅覆盖了全国的高速路和部分城区快速路。城区由于RTK遮挡、路面磨损以及场景复杂度高，建图难度很大，全国仅有为数不多的几座城市实现了高精地图覆盖。

2）鲜度低：高精地图的更新过程涉及大量的数据采集、处理和验证，严重影响了地图的鲜度。经常会出现地图和实际场景不符的情况，例如道路施工、车道线改线等，这对自动驾驶车辆的安全行驶造成严重影响。

3）法规限制：在不同国家和地区，关于数据采集和处理的法律法规差异会限制高精地图的使用。例如，一些国家对地图数据的海外传输有严格的限制，这不仅影响了地图更新的效率，也限制了自动驾驶技术的国际化发展。

8.1.2 众包建图

为解决高精地图制作成本高、可扩展性差的问题，人们开始采用"众包"方式对地图进行重建。众包建图主要利用广泛分布的量产车辆作为数据采集的主体，通过车载摄像头、GPS及IMU等传感器收集道路数据，并利用车辆端上的算力进行初步的数据处理，如道路元素提取及局部地图重建。之后将每辆车的端上处理结果上传到云端，进行聚合处理形成地图。众包建图的方式受限于车辆传感器的精度和端上的算力，其几何精度比高精地图差，相对精度在分米级（高精地图为厘米级），拓扑关系与高精地图相当。此外，众包地图通过统计大量的车辆行驶轨迹，可以提供比高精地图更加符合用户习惯的驾驶路线。众包地图能够运行的前提是要有足够量的部署众包建图方案的车辆，否则地图的鲜度也无法得到保障。

众包建图的创建流程主要包括单趟成图、云端聚合和自动化地图更新三个主要部分。

1）单趟成图：单趟成图主要是利用车载感知模块提供的感知结果（路面要素、空中要素等），结合GPS、IMU以及轮速计等传感器进行建图，得到一条路线的地图重建结果，重建的内容包括物理层和拓扑层。单趟成图之后数据量大幅度减少，一般1km仅需要十几KB的存储量，便于数据上传。单趟成图的质量依赖感知结果，对于高速、城区快速路等简单的场景，采用前视感知便可以满足建图需求。对于城区等复杂场景，前视难以支持完整的地图重建，主要原因是前视感知受视角限制，无法对复杂形状的路沿等元素进行描述。此时需要用到BEV感知技术。

2）云端聚合：单趟重建的矢量结果上传到云端之后，利用GPS提供的全局定位信息将位于同一区域的单趟地图进行元素级别的匹配关联，之后进行图优化完成地图的聚合。聚合之后的地图在区域上更加完整，而且具有更高的准确性和鲁棒性。

3）自动化地图更新：成图之后当有新的数据上传时，自动化地图更新模块会自动将单趟地图和云端地图进行匹配关联，并且判断是否发生变化，一旦检测到异常，便会触发地图更新系统,对地图进行自动更新。

众包建图所涉及的元素和高精地图基本一致,包含物理层和拓扑层。与高精地图不同的是,众包地图可以实现定制化(例如可以增加特殊的定位图层)也可以通过统计大量的车辆行驶轨迹,提供比高精地图更加符合用户习惯的驾驶路线。虽然相较于高精地图,众包地图在成图效率和鲜度上有明显优势,但众包地图也存在一些挑战:

1)数据一致性问题:众包建图涉及大量车辆和设备,不同型号车辆传感器选型、安装位置都不相同,数据格式和质量也可能不同,数据的一致性较差,增加了数据处理的复杂性。

2)算力问题:车载算力不足导致车端单趟成图无法处理复杂的场景,严重影响了众包建图的自动化程度和性能上限。

3)车队规模小:众包建图的前提是有足够多、分布足够广的车辆,以提升建图的效率及鲜度,但目前部署中高阶智能驾驶系统的车辆数量偏少,无法支持众包建图的正常运转。

8.1.3 重感知轻地图

高精地图和众包建图都存在各自的局限和挑战,一种新的地图模式正在成为主流,即"重感知轻地图"模式,这种模式逐渐成为行业趋势。在智能驾驶系统中,感知提供的实时环境信息和地图提供的先验信息融合之后形成环境模型,用于下游的轨迹规划。在自动驾驶发展初期,实时感知能力弱,高精地图成为实现智能驾驶功能的"拐杖",但高昂的成本和过低的鲜度无法满足智能驾驶的需求,这种模式是一种"重地图"的模式。随着BEV+Transformer 等算法的落地,智能驾驶开始进入"轻地图"模式。车端实时感知能力增强,对地图的依赖程度降低,地图仅需要车道拓扑信息、坡度曲率等关键要素。在未来,随着实时感知能力持续提升,对地图的依赖程度还会持续下降,只需要 SD 导航地图提供全局导航规划与交通规则、禁入规则等先验信息,即所谓的"无图"模式。轻地图意味着自动驾驶系统降低了对高精地图的依赖程度,转向以"实时感知"为主要技术路径。地图的"轻"主要体现在两个方面。

1)更"轻"的地图要素,从高精地图到 SD Pro 地图,再到 SD 地图,地图元素在逐渐减少。

2)更"轻"的采集方式,从专业采集车为主到记忆行车、众包地图为主。

目前行业内尚未统一 SD Pro、HD Lite、HQ 以及 SD+ 等轻地图的定义(表 8-1),这些概念都可以粗略定义为精度和地图信息数量介于导航地图(SD Map)和高精地图(HD Map)之间的一类车载地图,这些地图的定位都是为了补充实时感知的不足。以下以 SD Pro 地图作为轻地图的统称。SD Pro 地图对精度的要求不高,一般在米级别,地图元素主要侧重地图的拓扑关系,如车道数目、车道关联关系以及交通信号灯和地图的绑定关系等,仅保留路口等复杂场景处的 3D 几何信息。这主要是因为对于直行道等简单场景,车端感知可以提供准确的道路几何信息,但是比较难以获取拓扑信息,而在十字路口等场景,车端感知受限于视距,难以获取完整的 3D 几何信息,需要地图对这些信息进行记忆保存。"重地图""轻地图"和"无图"模式下地图形式的详细对比见表 8-1。对于 L2 级别的自动驾驶而言,"超视距感知要素"(如坡度曲率等)是 SD Pro 地图的核心要素,可以帮助车载智驾系统提前决策判断。对于 L2+ 级自动驾驶而言,"道路拓扑结构"是 SD Pro 地图的核心要素，可以帮助解决路口博弈、无保护左转等难题。

表 8-1　重地图、轻地图和无图模式下的地图形式对比[一]

类型	导航地图（SD Map）	SD Pro 地图/HQ 地图	高精地图（HD Map）
信息级别	道路级	车道级	车道级
相对精度	10m	米级	绝对精度：0.5m 内 相对精度：10~20cm
道路信息	车道数量、属性信息	道路拓扑结构、车道数量、车道线属性（虚线、实线）、道路限速信息	车道数量、颜色、宽度、属性、道路拓扑结构、车道级限速信息
道路对应关系	模糊道路对应关系（如向左前方行驶的提示）	红绿灯对应的绑路关系	停止线、待行区、人行横道、豁口、公交车站、红绿灯位置、各灯对应的绑路关系；绿化带、桥墩、栏杆、路沿等静止环境；定位对比特征图层
写入地图的驾驶规则	无	推荐变道触发、变道抑制等手写规则的区域	触发变道点、变道抑制、功能禁用等手写规则的精准定位点
导航指令	模糊导航指令	模糊的导航指令	精确的导航指令
图示			

目前轻地图的实现方式主要有两种，一种是记忆行车，又称专线模式或者通勤模式，另一种是 8.1.2 小节介绍的众包地图。记忆行车会记忆用户点到点的行驶路线和环境特征，保存路线之后，系统可以根据这条路线完成点到点的领航辅助驾驶，即带路线记忆的 LCC。记忆行车是在实时感知能力不足的前提下，主机厂想要尽快"去高精地图"实现扩城的退而求其次的选择。记忆行车对用户走过的路线在车端进行多次地图重建，从而实现用户常用路段的地图覆盖和天级别的地图更新，遍历的次数越多，智能驾驶的性能越接近高精地图。

车端自建图也存在一些挑战。首先是采集的地图质量低下，地图一般需要在动态物体较少的时段完成采集，而通勤时段的交通繁忙，周围繁杂的车辆会造成严重的遮挡；其次，该方法难以实现完整的地图重建，地图一般需要遍历所有的路口进出车道，实现完整的地图覆盖，而固定的通勤路段无法覆盖所有车道与路口通行方向，导致用户会很明确地体验到地图不完整带来的自动驾驶缺失。此外，单车多趟建图仍然在测绘政策的灰色地带，无法保证之后的可行性。

众包地图是将车辆感知结果上传到云端完成绘制的地图，它利用搭载激光雷达、摄像头等传感器的乘用车辆，在行驶过程中收集道路感知结果并上传到云端，在云端完成地图的构建，具体的细节已在 8.1.2 小节进行了详细介绍，本小节不再展开介绍。

[一] 更多内容详见：https://zhuanlan.zhihu.com/p/572319017。

8.2 视觉定位

视觉定位是利用视觉感知结果进行车辆定位的技术。根据是否使用先验地图，可将视觉定位技术分为基于地图的定位和轻地图中的定位两类方法。基于地图的定位核心原理是利用视觉感知结果与先验地图进行匹配，得到全局定位信息。而轻地图中的定位更侧重相对定位，其核心技术是视觉与多传感器融合的里程计技术。下面对这两种方法进行详细介绍。

8.2.1 基于地图的定位

基于地图的定位主要是利用视觉感知结果和先验地图进行匹配，并且结合多传感器融合技术实现车辆的全局定位。视觉感知结果主要分为 2D 感知（即透视视角）和 BEV 感知两种方式。2D 感知实现容易，对算力要求不高，但是只能提供简单的信息（例如高速场景的车道线），比较适合高速或者城区快速路场景。而 BEV 感知能够描绘更加复杂的路面元素（例如路沿）形状，为定位提供更多的信息，比较适合城区复杂的场景。基于地图的定位用到的先验地图主要是 HD Map 或者众包地图中的定位图层，包括物理层或者关键点图层。

图 8-6 展示了一个典型的利用前视 2D 图像感知进行定位的方案，输入 HD Map，通过前视图像以及低成本的 GPS 和轮速计，输出高精地图的车辆全局姿态。该方案整体上是一个扩展卡尔曼滤波状态估计器，其中观测信息主要是视觉感知结果、GPS 提供的全局位置以及轮速计提供的速度，具体的数学模型可参考 4.3.4 和 4.3.5 小节。前视图像经过感知模块得到车道线、路面离散要素（箭头等）、灯牌杆等元素，同时地图引擎提供的局部地图与感知结果进行匹配形成观测信息。通过最小化两者的偏差，获取最优的姿态估计（图 8-7）。在这个过程中，比较关键的是感知结果和矢量地图的匹配，一种常用的做法是将 2D 感知结

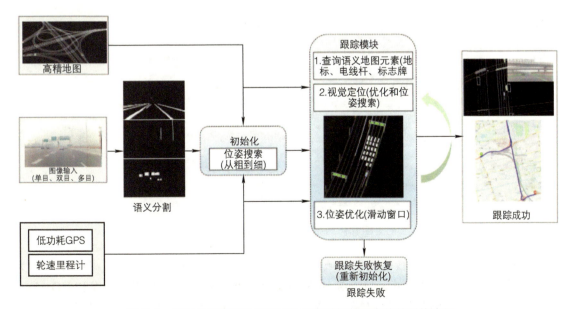

图 8-6 基于矢量高精地图和 2D 前视感知结果定位的具体流程

果，通过局部的平面假设转换到 3D 空间，之后直接和地图进行匹配。另一种方法是将地图投影回图像进行匹配，两者的区别主要在于状态估计的观测方式，前者是线性的，后者是非线性的。

图 8-7　2D 图像感知结果用于定位

前视图像能够提供车道线以及灯牌杆等感知结果用于定位，但是由于视野以及矢量提取表达能力的限制，只能提供拓扑结构比较简单的元素（如平行的车道线等），无法处理复杂的拓扑结构（例如复杂的路沿等），而这些复杂的拓扑结构对于城区场景的定位非常重要。随着 BEV 感知技术的发展，这一问题得到了解决，BEV 感知输出的矢量结构（图 8-8）用于定位，拓宽了视觉定位的场景应用范围。

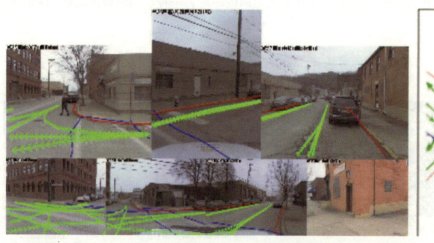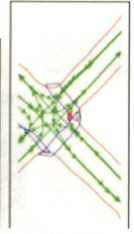

图 8-8　BEV 感知结果用于定位

随着深度学习技术在智能驾驶领域的大规模应用，其也被用到定位中。图 8-9 所示为一种典型的基于 BEV 感知的定位方法 BEV-Locator，该方法的输入是周视图像和 HD Map，其中周视图像经过基础网络提取特征之后，再通过 Transformer 模块转换到 BEV 空间，同时 HD Map 也通过编码器得到特征层。这两个特征层被送入跨模态的 Transformer 进行融合，最后由一个全连接层（MLP）输出得到 6 自由度（6-DOF）的自车姿态，实现自车定位。基于 BEV 感知的定位，充分利用了数据驱动的特性，减少了开发的难度，能够处理较为复杂的环境，比如城市大型路口或 GPS 信号缺失的情况。基于深度学习的定位方法比较有代表性的还有 VLocNet，HourglassNet 及 RelocNet 等，基于深度学习的定位方法在精度和泛化性上仍然存在较大的提升空间，还需不断优化。

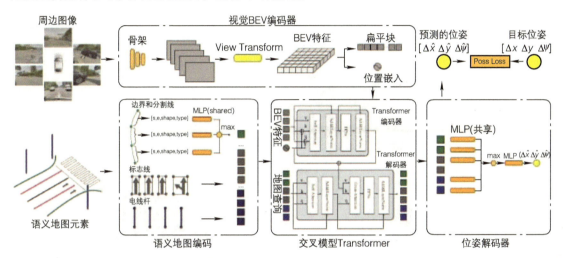

图 8-9 基于 BEV 感知的定位

基于矢量地图的定位方法能够满足大部分智能驾驶场景的需求，但是在一些有挑战性的场景（如城区十字路口、地库等），矢量元素本身就较少，提供的约束不足，无法提供稳定的定位。为了解决这个问题，人们开始尝试利用视觉关键点图层进行定位（图 8-10）。视觉关键点图层一般是通过 SFM（Structure From Motion）算法重建得到的，具体的输入图像通过特征提取、特征匹配、三角量测及 Bundle Adjustment 等过程获得相机的位姿和稀疏的 3D 点云，并且每个点都有两种不同粒度描述子作为唯一识别符，一种用于图像级别的检索，实现场景识别，另一种是关键点级别的匹配，用于计算位姿。

图 8-10 基于视觉关键点的定位

图 8-11 所示为一种基于关键点图层进行定位的算法。该算法中视觉关键点图层通过 SFM 重建生成，其中两种关键点都来自深度学习模型，一种关键点用于全局匹配，提供图像匹配对，另一种关键点用于局部匹配，即通过 Pnp 算法得到全局位姿态，这些关键点会被存储起来作为定位图层使用。在进行定位时，Query 图像送入网络中提取这两种特征点，分别经过全局和局部匹配得到该图像的全局位姿态，同时结合卡尔曼滤波等多传感器状态估计方法，得到高频、连续的全局定位结果。基于关键点的定位非常适合矢量特征较少的区域或 GPS 丢失的区域，但是相较于矢量地图，关键点图层存储的数据量较大，对存储和检索速度有一定的需求。

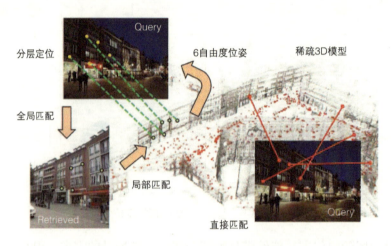

图 8-11 基于检索的全局定位

RelocNet 算法对关键点图层的定位算法进行了简化，整个过程中仍然需要保存图像的特征，但是不再保存关键点的特征，从而极大地减少了存储量。在进行定位的时候，图像的特征会和存储的特征进行最近邻检索，检索到的特征一并送入一个网络中输出位姿（图 8-12）。这种方法虽然简单，但稳定性和泛化性仍需要提升，尚未达到可落地的程度。

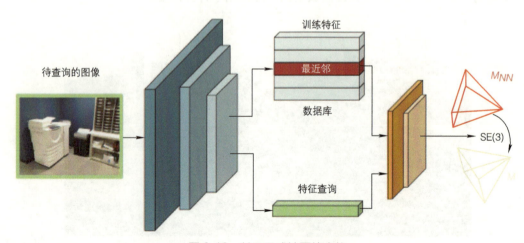

图 8-12 基于显式地图的定位

8.2.2 轻地图中的定位

在轻地图模式下，智能驾驶系统对先验地图的依赖变弱，因此不再需要高精度的全局定位，与此同时，车端实时建图的重要性提升，因此对相对定位的精度和鲁棒性有更高的要求。视觉相对定位的核心技术是视觉里程计，一般分为滑动窗优化和滤波两种方法。滑动窗优化方法是一种局部的图优化方法，它对固定时间内的关键帧姿态、3D 点的位置同时进行优化，代表性的方法是 VINS-Fusion、VINS-Mono 和 VINS-Mobile。而滤波方法则是基于马尔可夫假设的状态估计方法，代表性的方法是 MSCKF，两者的详细介绍参见 4.3.4 和 4.3.5 小节。需要指出的是，学术界在进行里程计估计时，大都采用视觉关键点，而在业界早期的视觉定位受限于端上的算力和场景的限制，一般都是采用视觉感知得到的元素，如灯牌杆、车道线、路沿、路面箭头等。对于元素较少的场景，则没有办法给定位系统提供足够充分的约束，导致定位出现偏差。随着车端算力的提升，尤其是大算力芯片的出现，业界开始采用关键点的方法进行定位，用 AI 芯片实现关键点的提取和匹配以保证特征提取和匹配的效率。关键点的定位方法更加具备通用性，能够处理各种复杂的场景。

随着深度学习的发展，研究者开始采用深度学习的方法直接估计里程计，最经典的比如 SfMLearner。如图 8-13 所示，SfMLearner 由 Depth CNN 和 Pose CNN 两个网络构成，前者输入单帧图像 I_t，输出单目深度估计 D_t，后者输入相邻两帧的图像 $\{I_{t-1}, I_t\}$，输出两帧相邻图像之间的位姿变化 $T_{t \to t-1}$。在实际应用时，对连续帧帧间的位姿变换进行累积，就可以得到视觉里程计。SfMLearner 训练的时候采用自监督的方式，在推理的时候，两个网络独立使用。SFMLearner 原理简单，也较易实现，但是其最大的问题在于精度和泛化性与传统方法相比还有一定的差距。

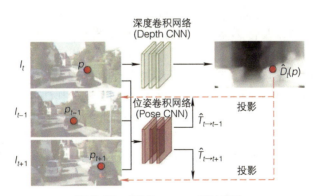

图 8-13　SfMLearner 算法架构

为进一步提升 SFMLearner 的性能，DOC（Deep Online Correction）算法结合了深度学习和传统方法的优势，可以在线对 Pose 进行优化。如图 8-14 所示，模型在线推理的时候，利用当前帧的光度误差图，通过梯度回传直接更新当前帧网络预测的姿态。该方法相比 SFMLearner 在精度和泛化性上都有大幅度的提升。

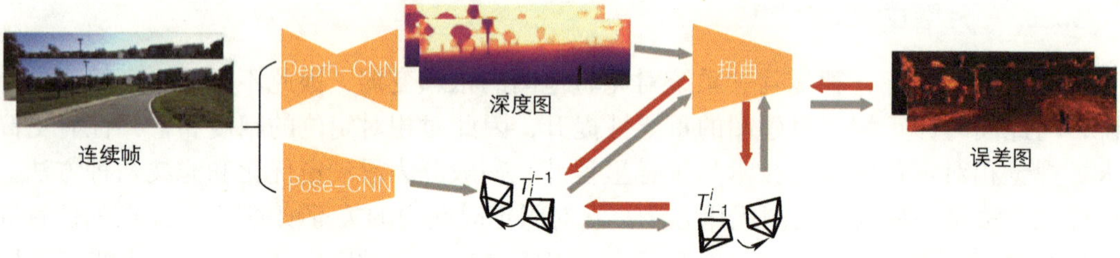

图 8-14　DOC 算法架构

8.3 业界案例

本节将从行车及泊车两个场景介绍目前业界视觉定位和建图的方案。

8.3.1 行车场景

在行车场景中，本节重点介绍 Tesla 的 FSD、Mobileye 的 REM、华为的 RoadMap、地平线的 NaviNet 以及百度的 Apollo 五个业界视觉建图和定位方案。

1. Tesla

Tesla 在 2022 年 AI DAY II 中公布了其视觉建图方案（图 8-15），该方案采用了众包建图的路线，在实现上分为车端单次重建和云端聚合两个模块。Tesla 的车端单趟建图是一个以视觉与多传感器（轮速计、IMU、GNSS）融合的里程计。神经网络模块对 8 路 Camera 提取特征，包括 Keypoints、Polylines、Pano-seg、Ground 等，里程计模块通过对这些特征进行跟踪、重建和优化，实时输出频率为 100Hz 的位姿态、3D 场景结构（3D 稀疏点及 3D Polylines 等）、路面细节以及传感器的在线标定参数（图 8-15）。Tesla 的车端单次重建精度可以达到 RTE = 1.3%，RRE = 0.14°/100m。单趟重建的结果上传云端进行全局聚合以实现更加完整、精度更高的地图构建。Tesla 的云端聚合分为 Course Alignment、Pairwise Matching、Joint Optimization 以及 Surface Refinement 四个步骤，其中 Couse Alignment 主要是利用 GNSS 信息对单趟地图进行粗略对齐，Pairwise Mathcing 则是利用几何特征对地图进行更加精细的匹配，Joint Optimization 对几何元素和 Pose 进行图优化，输出初始的路面 Surface（表达为 Mes 形式），Surface Refinement 模块利用重投影误差和光度一致性约束对 Surface Mesh 进行进一步优化得到最终的重建结果（图 8-16）。

Tesla 的建图方案是一种轻地图的方案，地图形式类似 SD Pro Map，地图中更多地保留了拓扑关系。云端建图模块生成的物理层主要是进行标注生成感知模型所需的训练数据。在定位的时候更加侧重相对定位，利用端上单趟重建的局部地图为下游规划提供所需要的信息。

2. Mobileye

Mobileye 首次在 2016 年国际消费类电子产品展览会（International Consumer Electronics Show，CES）上推出其众包建图方案 REM（Road Experience Management）技术，以取代传统的 HD Map。如图 8-17 所示，Mobileye REM 一共包含五个部分：①采集（Harvesting），

通过部署 Mobile 智能驾驶方案的车辆进行道路数据采集，并且在车端进行单趟建图；②加密上传（Anonymizing & Encrypting），车端采集的数据通过加密和匿名上传到云端；③聚合（Aggregation），云端离线建图算法同步更新区域内的地图；④下发（Distribute），高精地图实时下发到车端，⑤定位（Localization），车端基于高精地图重定位，精度大约在 10cm 范围内。Mobileye 是在业界最早提出视觉众包建图技术的方案商，但是其方案仍然是重地图的模式，依赖地图先验信息进行定位和轨迹规划，众包地图的元素和使用方式基本与 HD Map 一致，只是重建的方式发生变化。

图 8-15　Tesla 车端单次重建示例（图片来源：Tesla AI DAY 2022）

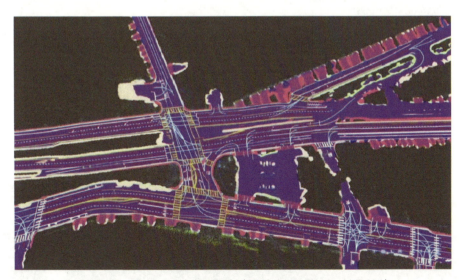

图 8-16　Tesla 云端全局聚合（图片来源：Tesla AI DAY）

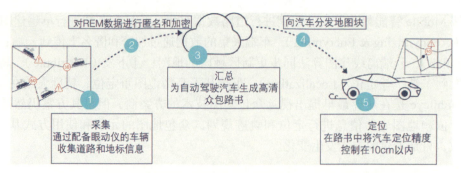

图 8-17　Mobileye 的 REM 建图方案（图片来源：www.mobileye.com）

3. 华为

图 8-18 所示为华为 RoadMap 整体架构，分为三部分：车端数据采集和处理、云端数据收集和地图制作以及车端地图播放。在数据采集与处理上，RoadMap 采用了视觉和 Lidar 数据，利用视觉感知方案获取语义信息，利用 Lidar 获取准确的测距信息，从而保证车端建图的准确性。与 Mobileye REM 在车端重建矢量地图不同，RoadMap 重建的是简单的语义点云地图（车道线、斑马线、地面标识等，如图 8-19 所示），对点云进行压缩之后上传到云端进行优化，得到完整的点云地图。之后在点云地图上依次进行车道线检测、十字路 / 停止线 / 交叉线检测、拓扑图生成，最终得到矢量元素和拓扑关系（图 8-20）。

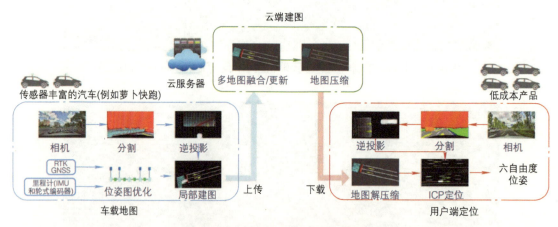

图 8-18　华为 RoadMap 整体架构

图 8-19　华为 RoadMap 车端数据处理

图 8-20　华为 RoadMap 云端众包数据收集（红色：众包采集过的道路）

云端构图完成后，其他车辆经过该地图覆盖的区域后，便可以下载该轻量化的语义地图，进行导航和定位（图 8-21）。定位和之前车端数据处理一样，提取前视相机的语义特征，通过和下载的语义地图进行匹配，匹配结果作为状态估计的观测，最终得到当前车辆的位姿。

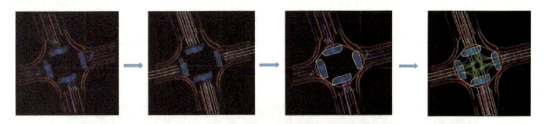

图 8-21　华为 RoadMap 云端地图生产

4. 百度

作为国内的主要图商之一，百度高精地图主要采用采集建图的模式进行，这在 8.1.1 节中已经进行了详细介绍。这里主要介绍百度 Apollo 定位方案。如图 8-22 所示，Apollo 视觉定位方案是基于地图的定位，和业界大多数方案商基本一致[⊖]，主要包含 3D 特征地图获取、图像特征检测、特征匹配定位以及定位数据融合等几个部分。给定初始全局 Pose（可由 GPS 提供）后，地图引擎提供当前的局部地图作为 3D 特征地图，同时深度学习模块从输入的图像中提取特征。图像特征和 3D 地图特征进行匹配，结果作为观测输入到融合模块中，进行多传感器融合得到最终的定位结果。

8.3.2　泊车场景

泊车场景下的定位和建图与行车场景主要有以下不同：
1）泊车场景缺少 GNSS 信号，没有全局定位信息。
2）对定位的精度要求更高，通常需要达到厘米级别才能满足泊车的需求。
3）场景光照条件较弱、重复结构多、重定位的挑战性大。解决这些问题的关键在于建图时设计特殊的定位图层，例如关键点图层。此外一些有激光雷达的量产车辆也会采用

⊖ 详见：https://github.com/ApolloAuto/apollo。

Lidar 进行建图和定位，以保证高精度的定位。

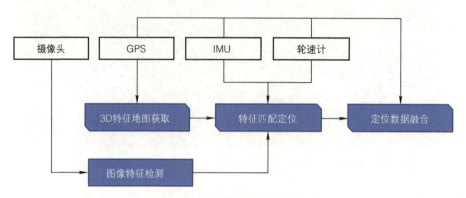

图 8-22　百度 Apollo 定位方案

泊车场景的建图有两种方式：一种是采集车的方式，利用高精度的传感器进行重建，类似于行车场景下的高精地图重建；另一种是记忆泊车模式，采用车辆上的传感器进行建图，该模式只对特定路线的地图进行重建（图 8-23）。在定位时，主要采用匹配定位的方式，另外需要增加关键点或者点云图层的重定位模块以应对定位失败后的功能重启。本小节中，我们主要介绍业界泊车场景的视觉建图定位方案。

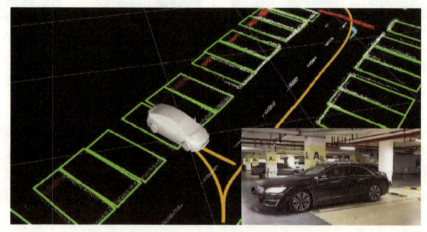

图 8-23　地库泊车定位（图片来源：AVP-SLAM）

1. 小鹏

小鹏在 2021 年 6 月推出 VPA（Valet Parking Assist）停车场记忆泊车功能（图 8-24），该功能主要通过"语义地图 + 匹配算法"的方式实现。建图阶段通过量产车采集和识别泊车场景的环境元素，结合 IMU 和轮速计实现单趟路线的矢量建图。在运行 VPA 时，通过实时的感知结果与地图进行匹配，对车辆进行全局定位，实现路径规划，从而让车辆准确复现记忆的路线。VPA 功能会自动检测车辆进地库和出地库的动作，从而准确开启泊车场景的定位程序，并在整个泊车过程中保持准确定位。

图 8-24　小鹏的 VPA 记忆泊车（图片来源：https://bbs.xiaopeng.com）

2. 华为

华为 ADS2.0 中的代客泊车技术能够实现室外到室内，不同楼层间的自主泊车功能（图 8-25），实现的过程是先建图，之后利用地图进行定位⊖。与其他方案商不同，ADS2.0 使用了激光雷达进行建图和定位。地图中除了矢量图层之外还包含点云图层，在定位时激光雷达和点云图层进行匹配，实现更高精度的定位，同时也能够适应暗光、弱纹理等视觉容易退化的环境。

图 8-25　华为 ADS 2.0 代客泊车功能（图片来源：华为）

3. 大疆

大疆泊车解决方案可以实现在 0 ~ 30km/h 的速度范围内辅助驾驶员或完全自主代客泊车，并且支持在室内、室外、露天或封闭停车场泊车和远距离自主召唤功能。与小鹏的方案类似，大疆的方案采用了视觉建图和定位的方案，在建图时利用车端感知系统提供的元

⊖　详见：https://zhuanlan.zhihu.com/p/622466944。

素结合 IMU 和轮速计进行矢量地图构建，在定位时则采用地图匹配的方式结合多传感器状态估计实现（图 8-26）。

图 8-26　大疆智能泊车传感器布局方案（图片来源：https://auto.dji.com）

练 习 题

一、选择题

1.【多选】以下属于智能驾驶中常用的全局定位技术或设备是（　　）。
A. 轮速计　　　　　B. GNSS　　　　　C. RTK　　　　　D. IMU

2.【多选】以下哪个选项是泊车场景下定位建图模块的挑战（　　）。
A. 视觉特征重复　　　　　　　B. 激光雷达不可用
C. 传感器外参不准　　　　　　D. 较难获得全局定位信号

3.【多选】高精地图与传统导航电子地图的不同点包括（　　）。
A. 数据维度　　　B. 使用对象　　　C. 实时性　　　D. 制作方式

4.【多选】以下哪些算法属于传统的视觉里程计（　　）。
A. SFM Learner　　B. MSCKF　　　C. VINS-Fusion　　D. BEV Locator

5.【多选】以下哪些传感器可以作为 VINS-Fusion 的输入（　　）。
A. GNSS　　　　B. 双目相机　　　C. 轮速计　　　D. IMU

二、填空题

1. 传统的全局定位算法包括_____、_____和_____三个步骤。
2. 相机在地图中的位姿总共有_____个自由度。
3. 基于深度学习的地图检索全局定位可以分为_____和_____两种方式。
4. 基于优化的视觉 SLAM 算法在流程上一般可以分为_____和_____两个部分。
5. MSCKF 通过_____的方式，维持固定个数的相机位姿。

三、判断题

1. RTK 是一种高精度的卫星定位系统。（　　）
2. 视觉定位既可以在图像空间（Pespective View）上进行，也可以在 BEV 空间（Bird Eye View）上进行。（　　）
3. 基于深度学习的视觉里程计属于有监督神经网络。（　　）
4. MSCKF 和 VINS-Fusion 都是基于滤波的里程计算法。（　　）
5. 高精地图虽然前期建图过程投入较大，但是一个区域内的高精地图一旦建成，就可以一直使用，不需要额外的成本。（　　）

四、简答题

1. 简述行车场景的众包建图基本步骤。
2. 简述 VINS-Fusion 的算法流程及其主要特点。
3. 简述泊车场景的建图有哪些困难，以及如何解决。
4. 简述基于 BEV 感知的定位算法，相比于传统的 Pespective View 定位有哪些优势和劣势。
5. MSCKF 相比于传统的 EKF 解决了哪些问题，具体步骤是什么？

五、实训题

1. 调研 KITTI Odometry 排行榜上目前精度最高的开源里程计算法，并根据不同的传感器配置对这些算法进行分类。
2. 调研目前市场上公开的智能驾驶对于高精地图、SDPro 地图、传统导航地图的路线选择，并进行分类和整理。
3. 我国十分重视国家地理信息安全问题，大规模建设高精地图对我国地理信息安全带来哪些挑战？调研目前最新的国家政策法规如何平衡这类问题。
4. 大规模的智能驾驶车辆在路面上对隐私权、交通安全、社会治安有哪些影响，请阐述你的想法。

第 9 章 视觉与多传感器融合

从本章开始，我们将详细介绍视觉与多传感器融合技术。自动驾驶中常用的传感器都有其优势和局限性，单一传感器无法应对复杂的驾驶场景。多传感器融合技术旨在综合利用不同的传感器优势，提升感知的精度和鲁棒性。本章首先介绍多传感器融合的相关概念，之后详细介绍典型的融合方法。

9.1 融合感知

在智能驾驶场景中，摄像头是最基本的传感器。摄像头传感器的优势是能够获取丰富的语义信息，但因为其成像原理导致存在明显的缺陷。例如在成像过程中损失了深度信息并且 FOV 受到限制，难以获取周围环境的空间结构信息和处理遮挡情况；视觉的感知容易受到光照变化、天气等状况的影响，没有复杂且智能的算法，无法很好的适用。因此单靠纯视觉感知很难满足智能驾驶（尤其是高阶智能驾驶）的需求。驾驶场景中常用的雷达传感器如 LiDAR 和 Radar 都具有和视觉互补的特性。LiDAR 能够获取高精度的深度信息，并且不受光照条件影响，但 LiDAR 缺少语义信息、点云分辨率低、反射值受颜色和材质影响并且雨雪雾天性能退化严重。Radar 传感器能够准确获取运动物体的位置和速度信息，且能够有效应对雨雪沙尘等天气环境，具备全天候工作的能力，但是数据分辨率较低、噪声大且没有高度信息，只能获取径向速度，对静态物体不敏感。

为了提供更加安全的智驾解决方案，业界一般采用视觉和其他传感器融合的方式，充分利用不同传感器之间的互补特性应对复杂的驾驶环境（图 9-1）。视觉和多传感器融合感知可以利用多传感器的优势互补，提供冗余，保障感知的稳定性和鲁棒性，提高行车过程中系统的感知能力。目前，业界大多数科技公司的方案（Tesla 除外）均使用两个或三个传感器。中高阶 L2+ 到 L4 方案一般会使用环视相机、激光雷达和毫米波雷达这三个传感器。低阶 L2 方案会使用单目前视相机和毫米波雷达这两个传感器。总之，目前多传感器融合感知是工业界的主流方案。

在什么阶段进行多传感器融合，以及如何建立多传感器之间的关联是融合的关键。目前视觉和多传感器融合（又叫多模态融合）的方式主要有前融合、中融合以及后融合三种。其中前融合（又称数据级融合）通过空间对齐等方式直接融合不同模态的原始数据；中融合（又称特征级融合）是在特征空间对不同模态数据进行融合；后融合（又称决策级融合）

指将不同模态数据的感知和后处理结果进行融合，如图 9-2 所示。无论采用哪种方案，不同传感器之间的时间同步和外参标定是所有融合感知的先决条件，决定了不同传感器数据在时空上的对齐程度和融合感知性能。

图 9-1　视觉与 LiDAR 融合感知示例

此外，自动驾驶感知任务的多模态融合方法发展迅速，它涵盖了跨模态特征表示以及更可靠的模态传感器，同时也包括了更加复杂、更加稳健的多模态融合深度学习模型和技术。但是随着多传感器融合的研究增多，很多新算法很难用以上定义来分类，最近有研究将其重新分类成了强融合（Strong-Fusion）和弱融合（Weak-Fusion）。强融合按照融合的阶段不同又被分为 4 类：早期融合（Early-Fusion）、深度融合（Deep-Fusion）、晚期融合（Late-Fusion）、不对称融合（Asymmetry-Fusion）。其中强融合中的早期融合、深度融合、晚期融合虽然和第一种分类方式接近，但在定义上不再严格要求两种模态都属于某个阶段。弱融合与强融合在多模态分支间融合的数据/特征/对象不同，其通常基于规则的方式利用一种模态中的数据作为指导另一种模态交互的监督信号。本章依次介绍按照以上两种方式分类的融合方法。

9.2　前中后分类

图 9-2 所示为前中后融合方法示意图，其中黄色代表原始数据，蓝色代表深度学习网络或传统方法模块，灰色代表输出。表 9-1 展示了三种不同融合方法的优缺点，下面分别加以介绍。

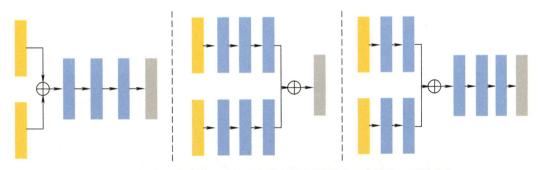

图 9-2　融合方法示意图（从左至右依次是前融合、中融合、后融合）

表 9-1 三种融合方式对比

融合方式	优势	劣势
前融合（数据级融合）	算法简单直接，容易实现	数据量大，对时间同步、传感器标定精度要求高，需要像素或者点级别的对齐精度
中融合（特征级融合）	充分利用特征信息，能处理标定存在偏差的情况，实现最佳感知性能	计算量大，对硬件带宽要求高；对数据量的要求更大
后融合（决策级融合）	不同模态间算法解耦，可灵活组合	算法迭代优化依赖大量的人工调参；可能会丢失重要特征

9.2.1 前融合

前融合是发展最早的多传感器融合算法，该算法直接把最原始的多模态数据叠加在一起，相当于给车辆安装了一个"超级传感器"，这个传感器不仅能看到纹理信息，还能看到几何信息。比如将摄像头、激光雷达、毫米波雷达数据进行融合，就可以得到既有颜色信息、几何信息，又有运动信息的目标（融合了图像 RGB、激光雷达三维信息、毫米波雷达速度信息）的原始数据。基于该"超级传感器"观测到的数据，只需要开发一套感知模型即可得到最终结果。前融合的感知方案主要分为以下几个步骤。

1）将不同模态的数据通过对齐到同一空间，可以是 2D 空间或者 3D 空间，之后将不同模态的数据采用叠加的方式直接进行融合。在 2D 空间融合需要将 LiDAR 和 Radar 点云通过和相机的外参投影到图像空间，如图 9-3 所示。由于 Radar 点云没有高度信息，且对于较大的物体会出现分裂，投影到图像上很难和图像中对应的物体对齐，一般做法是将 Radar 点沿着高度拉伸成柱子（Pillars）之后投影到图像上，以增加和图像中对应物体的重合度（图 9-4）。在 3D 空间融合需要将图像根据 LiDAR 提供的稀疏深度图或者用深度学习模型估计的深度图，将像素从 2D 空间映射到 3D 空间，之后和 LiDAR 进行融合。Radar 点云和 LiDAR 都在同一个空间，经过外参转换后可以直接融合。前融合将对齐到同一空间的数据直接叠加，完成原始数据的融合。

a) 图像数据

b) 激光雷达数据投影到图像

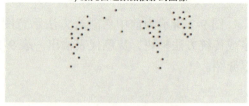

c) 毫米波雷达点云投影到图像

图 9-3 2D 图像原始数据前融合

图 9-4 Radar 数据拉伸成 Pillar 后投影到 2D 图像的效果

2）将融合后的数据送入网络提取特征，对于 3D 空间中的融合数据，一般通过 LiDAR 感知的编码方式提取特征；对于 2D 空间的融合数据，一般采用 CNN 或者 Transformer 等基础网络提取特征。

3）将提取的特征输入到对应任务解码器中输出最终感知结果；

前融合感知方案模型简单，容易实现，但对硬件计算量要求高，并且该方案对时间同步和传感器标定的精度要求高，需要不同模态的数据之间严格对齐，否则很难获得很好的效果。

9.2.2 中融合

中融合方案是目前在视觉和多传感器融合领域关注度最高的方案，其原理就是将各个传感器分别通过编码器提取代表性的特征层，再将不同模态的特征进行融合，最后针对融合后的特征进行解码得到感知结果。由于中融合算法是在特征层面进行融合，能够充分发挥数据驱动的优势，可减少对标定精度和时间同步精度的依赖，但是该方案对硬件计算量和通信带宽要求高，并且需要的训练数据量也较大。中融合方案相比其他融合方案上限更高，同时更容易集成到端到端的感知方案中，因此近些年不仅在学术界是主流研究方向，在工业界也被广泛应用。

根据特征视角的不同，中融合方案可以分为在 Perspective 视角下和 BEV 视角下的中融合两种，这两种方案都是先对不同模态的数据分别提取特征，区别在于融合之后的特征输出表达空间不同，一个是在透视空间（即图像像素空间），另一个是在 BEV 空间。如图 9-5 所示，左图是 Perspective 视角的图像和 RangeView 形式表示的 LiDAR 点云，右图是 BEV 视角下的图像和 BEV 视角下看到的原始点云。下面分别对这两种方案进行介绍。

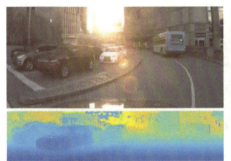

图 9-5　Perspective 和 BEV 视角示意图

1. Perspective 视角的中融合

1）图像模态的数据本身处于 Perspective 视角下，可以直接使用常规的特征抽取网络（如 ResNet、EfficienNet 等）获取 Perspective 视角下的特征。

2）点云模态的数据表示方式常用的主要有基于 3D 点的表示和基于 RangView 的表示两种，前者可以先用 PointNet 抽取特征，再通过投影的方式获取图像空间的特征；后者可直接采用常规的特征抽取网络提取图像空间的特征。

3）Point-Level 的融合：由于 RangeView 的成像视角和图像是完全一致的，因此可以直接取某个或多个尺度多模态特征用叠加（Concat）或求和（Add）的方式进行融合，如 LasetNet++、PyFu 等。

4）Proposal-Level 的融合：针对检测任务，还可以有选择地对 ROI 区域进行特征融合，这类方法一般先通过 LiDAR 分支中预定义的 Anchor 或者 Radar 稀疏点获取 Proposal（候选的 3D 检测框），再将 Proposal 分别投影到 Perspective 视角下的对应区域，最后对 Proposal 内的特征用叠加（Concat）或求和（Add）的方式进行融合，如 MV3D。

基于 Perspective 视角的中融合算法，可以在 Point-Level 或 Proposal-Level 对不同模态特征进行融合。由于 Perspective 视角和图像一致，所以对图像模态信息保留较好，但会牺牲部分 LiDAR 对目标位置和形状的感知能力。下面介绍几种有代表性的 Perspective 视角中融合方案。

1）LaserNet++：LaserNet++ 是一个端到端的融合网络，如图 9-6 所示，首先将点云数据表示成 5 个通道的 RangeView 形式（范围 r、高度 z、方位角 θ、强度 e、是否占据的标记），再用两个 CNN 网络来分别提取图像数据和 LIDAR 点云的特征，然后通过投影的方式获取两种模态逐点的对应关系并把图像特征对齐到点云特征上，将两种特征在 Perspective 视角进行叠加融合成新特征，最后将融合后的特征输入 LaserNet 进行 3D 目标检测。

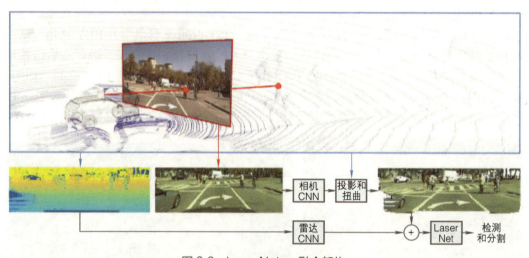

图 9-6　LaserNet++ 融合架构

2）MV3D：MV3D 算法将 LiDAR 点云表示为鸟瞰图和 RangeView 图，这两种模态的 LiDAR 图和摄像头图像分别输入到三个不同的 CNN 网络中。鸟瞰图具有尺度一致、可避免遮挡以及垂直方向变化小等特点，所以基于鸟瞰图来生成 3D 候选框并基于该候选框提取三个分支（BEV、RangeView 以及 Image）对应区域的特征。其中鸟瞰图中的特征需要投影到 Perspective 视角下，然后将特征维度对齐后用逐元素求均值的方式进行融合，最后将融合后的特征输入检测头得到 3D 检测框（图 9-7）。

2. BEV 视角的中融合

该方法主要是在 BEV 空间对不同模态的数据进行融合。具体来说，融合算法的整个流程可以总结为以下几个步骤。

1）不同视角的图像数据按照和 Perspective 视角相同的方式抽取图像特征；LiDAR 点云

数据则通过 Voxel 或 Pillars 进行 3D 空间划分后，输入对应的编码器提取 BEV 空间下的点云特征。

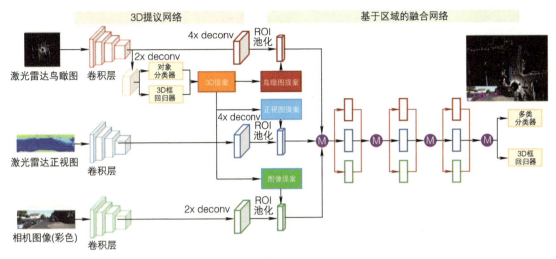

图 9-7 MV3D 网络架构

2）将 LiDAR 特征和图像特征进行融合。一般有两种方式，一种是先通过 IPM（Inverse Persepective Mapping）、LSS 或者 Transformer 的方式，将不同视角的图像特征融合成 BEV 视角下的特征，再和 LiDAR 的特征进行融合。另一种是将 LiDAR 的特征作为 Query 通过注意力机制或者投影的方式和视觉特征进行融合。

3）将 BEV 空间下的融合特征输入到具体任务的编码器中得到推理结果。

在以上步骤中，最重要的步骤是如何对不同模态的数据进行融合，目前最常用的是基于几何对齐的方法和基于注意力机制的方法。

1）基于几何对齐的方法：先通过 IPM/LSS 得到 BEV 视角下的特征，之后通过元素操作或者拼接（Concat）的方式实现融合。元素运算利用算术运算来处理相同维度的特征（求和、平均），将两个特征组合成一个合成向量，具有易于并行操作、计算简单、操作方便的优点，同时在特征维数不会增加的情况下增加了每个维度下的信息量，信息量的增加可以提高模型性能，但是元素操作对几何对齐的精度要求高。特征拼接先将变换后的多模态特征转换为相同的特征向量大小，然后将多个特征向量进行叠加（图 9-8）。与按元素操作不同，叠加操作是对通道的合并，这比按元素操作的计算更密集，且避免了由直接进行元素操作引起的信息丢失。同时，拼接操作不受通道数量的限制，在多模态 3D 检测方法中尤其受欢迎。

2）基于注意力机制的方法：注意力机制核心目标就是从众多信息中选择出对当前任务目标更关键的信息，本质上是通过特征之间的相关性对特征进行加权。不同模态的特征对物体或者区域的响应程度不同，特征融合时对特征加权比直接相加或叠加要更加合理。多模态融合中的注意力机制主要有两种：一种是直接对每个模态数据输出一个注意力图作为权重，对应特征逐点相加，这种方法实现简单，但是性能上限低；另一种是利用 Transformer 网络结构，将其中一种模态的特征作为 Query，将另一种模态的特征作为 Key 和 Value 计算注意力矩阵，进而提取相应的特征用于融合，这种方法是目前的主流方法。

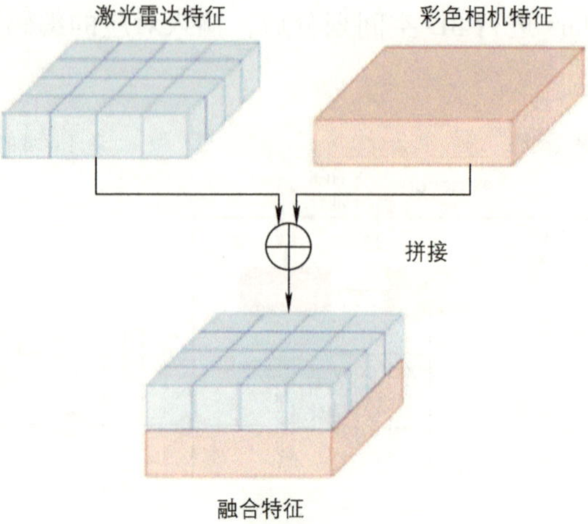

图 9-8 特征拼接

与 Perspective 视角的中融合相比，BEV 空间的中融合具有以下优势：可以比较好地解决遮挡问题和物体重叠问题；更有助于时序融合的实现（例如利用自车轨迹在 BEV 空间对齐）以及端到端算法的实现；BEV 中融合输出空间与下游规划控制模块一致，可减少复杂的后处理操作；此外，BEV 空间内的感知任务在精度上更有优势，Perspective 视角的融合由于存在尺度问题，对于远处的物体几个像素的偏差便会导致几十米的测距误差，而 BEV 空间尺度一致，测距结果会更加稳定准确。另一方面，BEV 空间中融合也存在一些缺陷，如稠密输出的感知任务（如分割等）受 BEV 特征分辨率影响较大，很难处理大范围的感知。下面介绍 2 个有代表性的 BEV 视角下中融合方案，分别为 FusionFormer 及 BEVFusion。

1）FusionFormer：如图 9-9 所示，FusionFormer 算法分为特征提取、多模态特征融合、时序融合和检测头几个部分。特征提取部分分为两个分支，其中图像分支用 ResNet-101 网络和 FPN 结构生成多尺度特征，LiDAR 分支可以选择用 VoxelNet 等提取体素或 BEV 特征。多模态特征融合模块包含 6 个编码层，每个编码层包含自注意力、点云交叉注意力和图像交叉注意力部分，BEV Query 输入到自注意力部分进行初始化，再执行点云交叉注意力融合点云特征，然后执行图像交叉注意力融合图像特征，最后经过前馈神经网络处理后作为下一个编码层的 BEV Query。时序融合模块包含 3 层，每层都包含 BEV 时序注意力和前馈神经网络，每层都用当前帧 BEV 特征来初始化 Query 并利用历史帧和时序注意力模块更新 BEV 特征。最终经过多模态和时序融合后的 BEV 特征输入到检测头中输出 BEV 视角下的 3D 检测框。

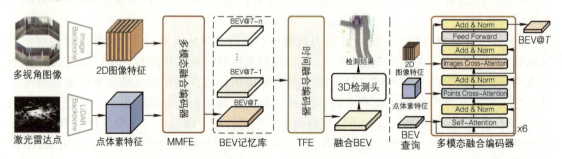

图 9-9 FusionFormer 网络架构

2）BEVFusion：如图 9-10 所示，BEVFusion 使用 Swin-T 和 VoxelNet 网络结构分别提取图像和 LiDAR 分支的特征，其中 LiDAR 分支直接输出 BEV 空间下的特征，图像分支则使用 LSS 和 BEVDet 的方法利用预测的深度分布将特征逆投影到 BEV 空间进而对两个分支的特征进行融合。与 FusionFormer 中的融合方式不同，BEVFusion 直接使用逐像素的叠加操作融合多模态特征，但是由于图像分支投影时用到的深度值精度会直接影响特征的对齐效果，叠加之后的特征会被送入一个由卷积层构成的 BEV 编码器来补偿局部对不齐的问题，最后将该编码器输出的 BEV 特征送入多任务输出头，得到 BEV 下的语义分割和 3D 检测结果。

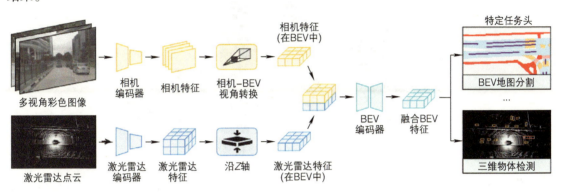

图 9-10　BEVFusion 网络架构

9.2.3　后融合

在后融合算法中，每个传感器都有独立的处理分支，传感器之间相互不依赖，各分支输出的结果经过融合模块得到最终的结果。后融合的优点是算法解耦性好，接口可封装，方便模块化开发，不同传感器的算法互相独立且互为冗余，对传感器不敏感，系统稳定性强。

后融合方法将各传感器分支的感知和后处理结果作为观测量，在自车内部维护一个状态量，结合卡尔曼滤波或扩展卡尔曼滤波，将后融合问题抽象为一个状态估计问题，即在对齐了状态量和各个传感器的观测量，并且对预测结果和观测进行了关联匹配之后，进行状态估计。具体可以分为数据预处理、预测、关联匹配以及状态更新等几个核心模块，如图 9-11 所示。下面分别对这几个模块进行介绍。

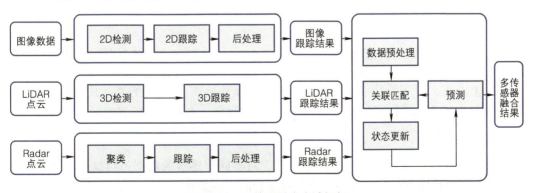

图 9-11　系统后融合方法框架

1. 观测数据

LiDAR 分支的观测信息包括 X^l、Y^l、Z^l、θ^l、W^l、H^l、L^l，其中 X^l、Y^l、Z^l 是 3D 物体的中心点坐标，θ^l 是物体的 yaw 角（对于路面的物体而言，roll 角和 pitch 角并不重要），W^l、H^l、L^l 是 3D 检测框的尺寸（宽、长、高），如图 9-12 所示。如果进行跟踪之后，还可以得到额外的观测，如物体的 yaw 角速度 ω^l、速度 (v_x^l, v_y^l, v_z^l)、加速度 (a_x^l, a_y^l, a_z^l) 等，可以选择性使用。

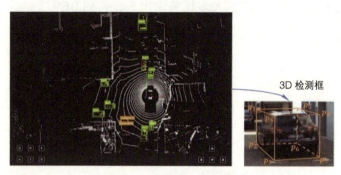

图 9-12　LiDAR 分支检测结果

相机分支的观测信息包括 u_c、v_c、w_c、h_c，其中 (u_c, v_c) 表示图像空间物体中心位置，(w_c, h_c) 表示物体的 2D 检测框的尺寸（宽、高）。在有测距和物体尺寸先验信息的情况下，可以将 2D 检测框转换到 3D 空间，得到 3D 检测框（X^c、Y^c、Z^c、θ^c、W^c、H^c、L^c），如图 9-13 所示。

图 9-13　Camera 分支检测结果

Radar 分支的原始观测信息包括 X^r、Y^r、v_x^r、v_y^r，分别表示物体在 Radar 坐标系下的位置和速度。对于 Radar 而言速度的可靠性高于位置。

整体上而言，对于物体 3D 几何，传感器可靠性最高的为 LiDAR，其次为相机和 Radar，在进行后融合的时候可以将 LiDAR 的置信度调高，将其他传感器调低。

2. 数据预处理

在进行后融合之前需要进行数据预处理，对不同传感器的数据进行统一，主要包含数据过滤、坐标变换以及时间对齐等，这是后融合的先决条件。

1）数据过滤：传感器的原始感知和跟踪结果通常会存在一些噪声数据，因此需要结合不同传感器的数据特性，进行数据过滤。

2）坐标变换：融合过程中会利用外参将不同传感器对齐到同一时空空间，例如将同一时刻不同传感器的观测转换到车体坐标系，将不同时刻的观测通过车辆的 odometry 转换到全局坐标系。后面的介绍内容默认不同传感器的观测已经对齐到同一时刻的世界坐标系中。

3）时间对齐：根据车辆底盘信息以及 odometry 对不同传感器感知结果进行时间对齐，主要是对轨迹进行插值操作。

3. 预测

预测主要通过 KF 中的状态转移实现。自动驾驶中一般假设运动物体为匀速或者匀加速，假设 k 时刻状态变量定义为 $\boldsymbol{x}_k = \left[X, Y, Z, v_x, v_y, v_z, a_x, a_y, a_z, \theta, \omega, W, H, L\right]_k^\mathrm{T}$，则根据状态转移矩阵，$k+1$ 时刻的状态变量为

$$\boldsymbol{x}_{k+1} = \boldsymbol{F}\boldsymbol{x}_k + \boldsymbol{w}_k$$

式中，$\boldsymbol{F}$ 是状态转移矩阵；$\boldsymbol{w}_k$ 是噪声。下面给出了一个运动为匀加速的状态转移方程：

$$\begin{bmatrix} X \\ Y \\ Z \\ v_x \\ v_y \\ v_z \\ a_x \\ a_y \\ a_z \\ \theta \\ \omega \\ W \\ H \\ L \end{bmatrix}_{k+1} = \begin{bmatrix} 1 & 0 & 0 & \Delta t & 0 & 0 & 0.5\Delta t^2 & 0 & 0 & 0 & 0 & 0 & 0 & 0 \\ 0 & 1 & 0 & 0 & \Delta t & 0 & 0 & 0.5\Delta t^2 & 0 & 0 & 0 & 0 & 0 & 0 \\ 0 & 0 & 1 & 0 & 0 & \Delta t & 0 & 0 & 0.5\Delta t^2 & 0 & 0 & 0 & 0 & 0 \\ 0 & 0 & 0 & 1 & 0 & 0 & \Delta t & 0 & 0 & 0 & 0 & 0 & 0 & 0 \\ 0 & 0 & 0 & 0 & 1 & 0 & 0 & \Delta t & 0 & 0 & 0 & 0 & 0 & 0 \\ 0 & 0 & 0 & 0 & 0 & 1 & 0 & 0 & \Delta t & 0 & 0 & 0 & 0 & 0 \\ 0 & 0 & 0 & 0 & 0 & 0 & 1 & 0 & 0 & 0 & 0 & 0 & 0 & 0 \\ 0 & 0 & 0 & 0 & 0 & 0 & 0 & 1 & 0 & 0 & 0 & 0 & 0 & 0 \\ 0 & 0 & 0 & 0 & 0 & 0 & 0 & 0 & 1 & 0 & 0 & 0 & 0 & 0 \\ 0 & 0 & 0 & 0 & 0 & 0 & 0 & 0 & 0 & 1 & \Delta t & 0 & 0 & 0 \\ 0 & 0 & 0 & 0 & 0 & 0 & 0 & 0 & 0 & 0 & 1 & 0 & 0 & 0 \\ 0 & 0 & 0 & 0 & 0 & 0 & 0 & 0 & 0 & 0 & 0 & 1 & 0 & 0 \\ 0 & 0 & 0 & 0 & 0 & 0 & 0 & 0 & 0 & 0 & 0 & 0 & 1 & 0 \\ 0 & 0 & 0 & 0 & 0 & 0 & 0 & 0 & 0 & 0 & 0 & 0 & 0 & 1 \end{bmatrix} \begin{bmatrix} X \\ Y \\ Z \\ v_x \\ v_y \\ v_z \\ a_x \\ a_y \\ a_z \\ \theta \\ \omega \\ W \\ H \\ L \end{bmatrix}_k$$

4. 关联匹配

关联匹配主要是计算当前时刻预测和观测之间的匹配关系。关联匹配在多传感器融合中占有非常重要的作用，关联的性能直接影响到下一步的信息融合，一旦关联出错，直接导致信息融合结果出现错误。其中数据关联主要包含关联矩阵计算、多目标匹配、后处理等部分。

1）关联矩阵计算：关联矩阵的获取主要是根据两目标物体的关联匹配代价 cost，对于不同模态的数据采用不同的计算方法。例如对于 LiDAR 数据，采用 3D IoU 作为匹配代价；对于 Radar 数据，通过判断 Radar 点是否落在 3D Bounding Box 内作为匹配代价；对于图像

数据,则将 3D Bounding Box 投影到图像,计算 2D Bounding Box 之间的 2DIoU 作为匹配代价,如图 9-14 所示。

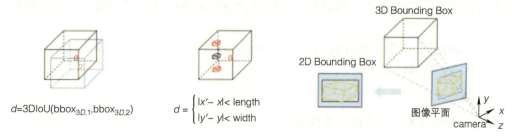

图 9-14　不同模态的匹配代价计算方法

2)多目标匹配:采用最近邻方法或者 Bipartite Matching 方法,计算映射关系,得到每个预测的动态物体和不同模态数据的匹配关系。

3)后处理:对于异常关联数据,根据 cost 阈值,以及距离等判定条件进行过滤。

5. 状态更新

利用关联匹配好的观测数据,对当前的动态物体的状态进行更新。观测方程如下:

$$z_k = H_k x_k + v_k,$$

式中,H_k 为观测矩阵;v_k 为观测噪声,$v_k \sim N(0, R_k)$。下面分别介绍 LiDAR、Radar 和相机的观测方程。

LiDAR 分支观测信息主要包括 X^l、Y^l、Z^l、θ^l、W^l、H^l、L^l,其观测矩阵表示为

$$\begin{bmatrix} X^l \\ Y^l \\ Z^l \\ \theta^l \\ W^l \\ H^l \\ L^l \end{bmatrix}_k = \begin{bmatrix} X \\ Y \\ Z \\ \theta \\ W \\ H \\ L \end{bmatrix}_k + v_k^l$$

Radar 分支观测信息主要包括 X^r、Y^r、v_x^r、v_y^r,其观测矩阵表示为

$$\begin{bmatrix} X^r \\ Y^r \\ v_x^r \\ v_y^r \end{bmatrix}_k = \begin{bmatrix} X \\ Y \\ v_x \\ v_y \end{bmatrix}_k + v_k^r$$

相机分支观测信息主要包括 X^c、Y^c、Z^c、θ^c、W^c、H^c、L^c,其观测矩阵表示为

$$\begin{bmatrix} X^c \\ Y^c \\ Z^c \\ \theta^c \\ W^c \\ H^c \\ L^c \end{bmatrix}_k = \begin{bmatrix} X \\ Y \\ Z \\ \theta \\ W \\ H \\ L \end{bmatrix}_k + v_k^c$$

以上 3 个观测方程都是线性方程，可采用 KF 进行更新，具体参考 4.3.5 小节。注意如果视觉观测矩阵没有通过测距转换到 3D 空间，则观测方程中包含投影矩阵，需要采用 EKF 对其进行线性化分解，本章不再做详细介绍。

6. 轨迹管理

多传感器后融合内部需要维护一套目标 ID，因此需要进行目标跟踪，每一个运动物体对应一个 Track（表 9-2 给出了 Apollo 的 Track 接口示例），主要操作流程如下：

1）对于已经关联且关联匹配成功的 Track 则利用 KF 或者 EKF 进行融合。

2）对于未关联 Track，在生命周期内的可继续预测，大于生命周期的删除。对于与自车距离较近，且长时间跟踪的障碍物可适当延长生命周期。

3）对于未关联 Object，创建新的 Track。

表 9-2　Apollo 后融合目标接口

信息	接口	描述
Track 信息	id	sensor name
	polygon	目标点云
	track_id	track id
	tracking_time	跟踪时间
	latest_tracked_time	最近一个更新的时间戳
Motion 信息	motion_state	UNKNOWN = 0 MOVING = 1 STATIONARY = 2
	center	车中心点坐标
	center_uncertainty	位置不确定度
	anchor_point	锚点
	velocity	速度
	velocity_uncertainty	速度不确定度
	velocity_converged	是否收敛的 flag
	velocity_confidence	收敛可信度
	acceleration	三方向加速度
	acceleration_uncertainty	加速度不确定度
	direction	方向矢量
	theta	朝向角
	theta_variance	朝向角方差
	drops	最多 100 帧的历史轨迹

（续）

信息	接口	描述
Feature 信息	size	长宽高
	size_variance	长宽高不确定度
	type	UNKNOWN = 0 UNKNOWN_MOVABLE = 1 UNKNOWN_UNMOVABLE = 2 PEDESTRIAN = 3 BICYCLE = 4 VEHICLE = 5 MAX_OBJECT_TYPE = 6
	type_probs	每个类别的概率
	sub_type	UNKNOWN = 0 UNKNOWN_MOVABLE = 1 UNKNOWN_UNMOVABLE = 2 CAR = 3 VAN = 4 TRUCK = 5 BUS = 6 CYCLIST = 7 MOTORCYCLIST = 8 TRICYCLIST = 9 PEDESTRIAN = 10 TRAFFICCONE = 11 MAX_OBJECT_TYPE = 12
	sub_type_probs	每个细分类别的概率
	confidence	存在概率
其他 flag	b_cipv	obj 是否为 CIPV
	car_light	brake_visible = 0.0f brake_switch_on = 0.0 fleft_turn_visible = 0.0 fleft_turn_switch_on = 0.0 fright_turn_visible = 0.0 fright_turn_switch_on = 0.0f

随着深度学习的发展，人们也开始采用深度学习进行后融合，基于深度学习的后融合算法常用多个卷积层或 Transfomer 等结构对不同模态输出的结果进行融合。针对这两种结构，我们将分别介绍经典的 CLOCS 算法和通用的 Transformer 架构后融合案例。

CLOCS 实现的是同一时刻不同模态数据之间的关联匹配，如图 9-15 所示。CLOCS 方法可以使用任何一对预先训练好的 2D 和 3D 检测器，不需要再训练。该算法主要分为三个阶段：

1）2D 和 3D 检测器分别输出 2D 和 3D 候选框。

2）将任意两种模态候选框组成一对编码成稀疏张量；假设有 k 个 2D 检测框和 n 个投影到图像的 3D 检测框，则得到一个 $k \times n \times 4$ 的稀疏张量 T，四个通道为

$$T_{i,j} = \{\text{IoU}_{i,j}, s_i^{2D}, s_j^{dD}, d_j\}$$

式中,第一项是第 i 个 2D 检测框和第 j 个 3D 检测框的 IoU,第二项和第三项分别是这两个检测框的置信度,第四项是第 j 个 3D 检测框到 LiDAR 水平面的归一化距离。因为不是每个投影到图像空间的 3D 检测框都有 2D 检测框与之对应,所以这个张量的大多数元素都是空的。

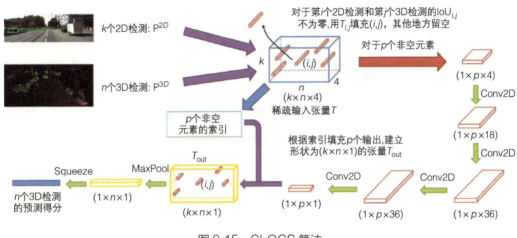

图 9-15 CLOCS 算法

3)用二维卷积对稀疏张量中的非空元素做特征融合。使用由 4 层 1×1 的 2D 卷积构成的融合模块对稀疏张量进行处理得到 n 个框最终的类别,训练过程中使用交叉熵损失函数对融合模块进行优化。

最近流行的 Transformer 结构也为后融合提供了思路,如图 9-16 所示,它以各个模态的检测结果作为输入,LiDAR 模态生成的 3D 检测结果经 NMS 操作后,输入 embedding 模块后作为 Query,所有模态的检测结果通过叠加等方式融合后,经过另一个 embedding 模块后作为 key。除了作为 key 和 Query 外,两个 embedding 模块的输出还经过一个注意力掩码模块生成注意力掩码。Query、key 和注意力掩码共同输入到交叉注意力层中进行交互,交互后的结果输入检测头中得到最终的检测结果。这种方法通过注意力机制实现不同传感器的关联匹配和跟踪融合,从而实现后融合。

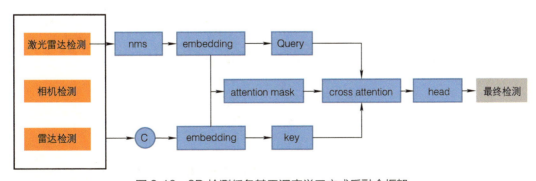

图 9-16 3D 检测任务基于深度学习方式后融合框架

9.3 强弱分类

一些文献将视觉与多传感器算法重新分类成了强融合（Strong-Fusion）和弱融合（Weak-Fusion）。如图9-17所示，根据激光雷达和图像数据表示的不同组合阶段，强融合又被分为4类：早期融合（Early-Fusion）、深度融合（Deep-Fusion）、晚期融合（Late-Fusion）、不对称融合（Asymmetry-Fusion），以下就几种融合方式展开具体介绍。

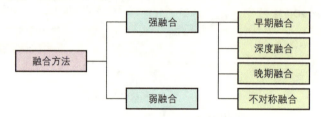

图9-17　按照强弱融合分类的方法

9.3.1 强融合

图9-18展示了强融合中四个子类的区别，可以清楚地看到，强融合中的每个子类不再严格要求多个模态必须处于同一阶段。这里需要注意的是，为了与上一节中的前融合及后融合区分，我们特将强弱分类中的Early-Fusion及Late-Fusion翻译为早期融合及晚期融合。下面依次对强融合中的四个子类进行介绍。

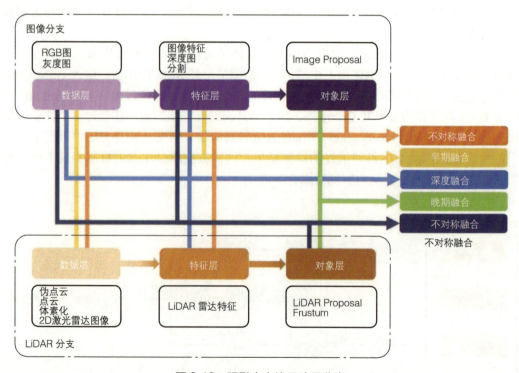

图9-18　强融合中的四种子分类

1）早期融合：与前融合不同，早期融合不再要求所有模态信息都处于原始数据阶段，而只要求 LiDAR 处于原始数据阶段，相机信息可处于原始数据或特征阶段。如图 9-19 所示，早期融合包括在数据级别 LiDAR 数据（Fusion 分支）、在特征级别图像数据（Semantic Sementation 分支）。

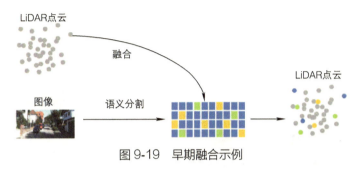

图 9-19　早期融合示例

① LiDAR 分支：点云（LiDAR Points）可以表示为 3D 点、体素化张量（Voxelized Tensor）、前视图/距离视图/鸟瞰图以及伪点云的形式。尽管这些数据具有不同的固有特征，但大都通过基于规则的处理而生成（伪点云除外）。

② 图像分支：严格的数据级定义应仅包含 RGB 或灰度图像，但为提升普适性，在此将图像数据扩大到图像和图像特征（包含语义分割结果）两个级别，有利于三维目标检测。

比较经典的早期融合方法有 PI-RCNN、Complexer-YOLO、KDA3D、MVX-Net、PointFusion、MAFF-Net 等。具体来说，PI-RCNN 将图像分支中的语义特征与原始 LiDAR 点云融合在一起（图 9-20）。Complexer-YOLO 也利用语义特征，但它将原始 LiDAR 点云预处理为体素化张量，以进一步利用 LiDAR 后端信息。KDA3D 则将从图像分支中生成的伪点云与 LiDAR 分支中的原始点云直接组合在一起，完成后续目标检测任务。

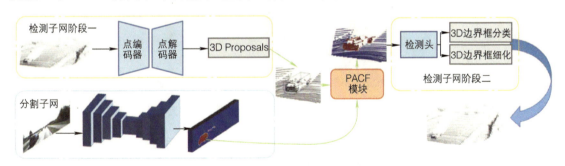

图 9-20　PI-RCNN 网络架构

在早期融合的具体实现形式上，还分为点融合与密集融合等方式。基于 VoxelNet 的 MVX-Net 提出了一种点融合方法，直接将对应像素的图像特征向量附加到体素化向量上。PointFusion 提出了密集融合，即将每个原始点与图像分支中的全局特征进行融合。MAFF-Net 提出了一种点注意力融合（Point Attention Fusion）方法，该方法将图像特征融合到 LiDAR 点云的体素化张量中。

2）深度融合：深度融合方法在 LiDAR 分支的特征层级上融合跨模态数据，但对图像分支进行数据层级和特征层级融合。

大多数算法如图 9-21 所示，直接使用特征提取器分别获取 LiDAR 点云特征（3D Voxel

Features）和图像特征（2D Image Features），并通过一系列下游模块融合两种模态的特征（3D Voxel Fusion Features）。例如 3D-CVF 算法提出用自适应的门控融合网络结合两种模态特征。

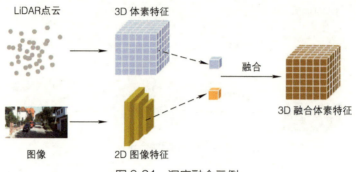

图 9-21　深度融合示例

此外，还有一些方法以级联方式融合特征，这样既可以利用原始信息，又可以利用高层语义信息。例如，EPNet 提出了一种深度 LiDAR-Image 融合方法（图 9-22），估算对应图像特征的重要性以减少噪声影响。

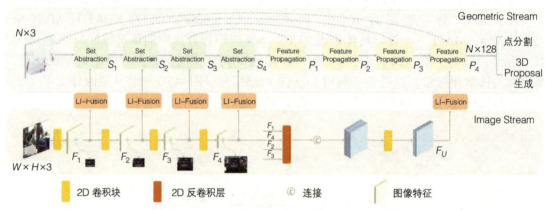

图 9-22　EPNet 中的 LiDAR-Image 深融合方法

3）晚期融合：如图 9-23 所示，晚期融合和上一节介绍的后融合概念一样，指的也是融合每种模态输出的感知结果，本小节不再介绍具体的方法。

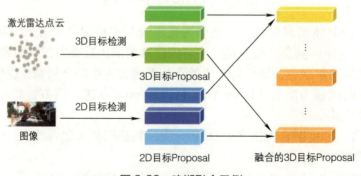

图 9-23　晚期融合示例

4）不对称融合：如图 9-24 所示，不对称融合指在一个分支融合感知结果（跨模态分支），而从其他分支融合数据级或特征级信息。与早期融合、深度融合和晚期融合不同，不对称融合中至少有一个分支占主导地位，而其他分支提供辅助信息来完成最终任务。下面介绍两种典型的方法，包括 VMVS、MLOD。

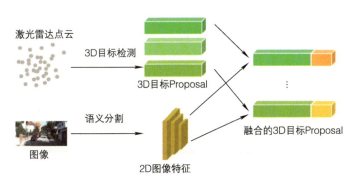

图 9-24　不对称融合示例

VMVS 方法基于 3D 候选框来提取多视图像中的行人区域特征，并进一步使用 CNN 来细化先前的候选框。具体来说，VMVS 先使用深度补全（Depth Completion）算法对场景的点云进行稠密化，同时用对应的 RGB 像素对每个点进行着色（图 9-25）。接下来，将虚拟摄像机放置在稠密点云中的每个目标周围，生成新的视点，从而保留目标的外观。该模块极大地改善了 KITTI 基准中具有挑战性的行人朝向估计。

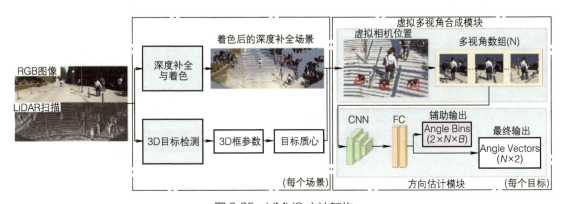

图 9-25　VMVS 方法架构

MLOD 使用其他分支中的 ROI 特征来细化仅由 LiDAR 分支预测的 3D 候选框。具体来说，MLOD 将 RGB 图像和 LiDAR 点云作为输入，并遵循两步目标检测框架。如图 9-26 所示，第一步中 BEV 图和 RGB 图像被馈入两个卷积神经网络获得特征。为了提高计算效率，仅在点云分支的 BEV 特征后使用 RPN 生成 3D 候选框；第二步将 3D 候选框投影到图像特征图和 BEV 特征图，并将相应的特征图截取发送到检测头（Detector Head）以进行分类和边界框回归。与其他多视图方法不同，裁剪的图像特征并不是直接送到检测头，而是先根据深度信息过滤掉 3D 边框外的部分后再送入检测头，然后输出最终的检测结果。

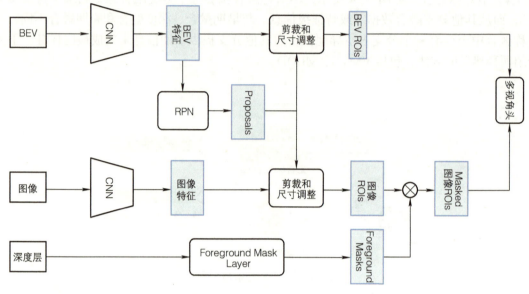

图 9-26 MLOD 方法架构

9.3.2 弱融合

与强融合不同，弱融合方法不能直接从多模态分支中融合数据/特征/对象，而是以其他方式操作数据（图 9-27）。基于弱融合的方法通常使用基于规则的方法利用一种模态的数据作为监督信号，来指导另一种模态的交互。下面以 Frustum PointNet、F-PC_CNN 以及 RoarNet 为例介绍弱融合方法的基本思路。

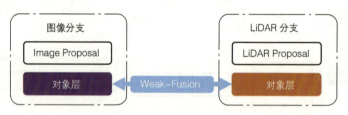

图 9-27 弱融合示例

1）图 9-28 展示了 Frustum PointNet 的基本思路：先基于图像生成 2D 检测框，再利用相机投影矩阵将其转为视锥体，接着用一个基于 PointNet 修改的网络结构将视椎体中的点云进行实例分割。基于实例分割结果过滤掉非目标点，然后将过滤后的点输入到另一个基于 PointNet 修改的网络进行回归，生成边界框。换句话说，图像分支中 CNN 的 2D 候选框可用于引导原始 LiDAR 点云的目标检测。与不对称融合中结合图像特征不同，弱融合直接将选定的原始 LiDAR 点云输入到 LiDAR 主干网络中输出最终结果。

2）F-PC_CNN 是麻省理工学院提出的一种通用融合框架，它通过图像分支中的 2D 候选框生成多个 3D 候选框，然后模型输出具有检测分数的最终 3D 检测框。如图 9-29 所示，首先在RGB图像上进行2D检测，得到车辆的2D检测框，然后投影到点云中相应位置区域，并利用RANSAC算法生成3D候选框。接着，使用车辆3D CAD模型对3D候选框进行筛选（类似模板匹配的过程）。最后，通过一个CNN网络进一步微调3D检测框并分类。

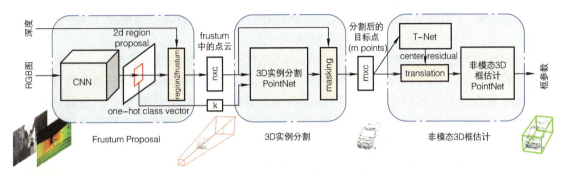

图9-28 Frustum PointNet架构

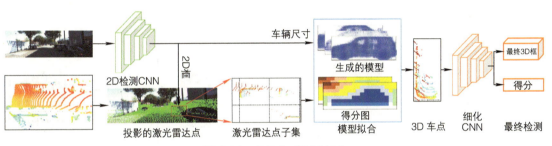

图9-29 F-PC_CNN架构

3）如图9-30所示，RoarNet首先使用图像预测2D检测框和3D姿态，然后用几何一致性搜索的方法得到对应的3D候选区域（每个2D检测框对应多个3D候选区域），并进一步将3D候选区域点云输入到3D区域候选网络和3D边界框回归网络进行细化，得到最终的3D检测框信息（包括位置、角度、尺寸）。

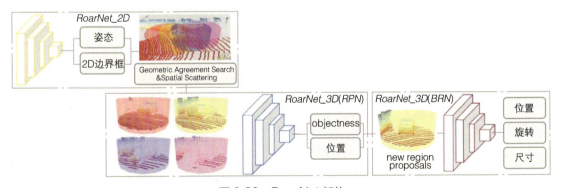

图9-30 RoarNet架构

9.4 其他融合方法

在实际的研发中，有些工作不能简单地被定义为上面提到的前中后或强弱融合类型，因为它们在整个模型框架中拥有多种融合方法。如 AVOD 结合了深度融合和后期融合，而 PointAugmenting 则将早期融合和深度融合结合在一起。这些方法在模型设计视图上存在冗余，不是融合模块的主流，下面分别介绍这两种方法。

AVOD 由滑铁卢大学科研人员于 2018 年提出，其核心思路是输入摄像头图像及 BEV 视角下的点云图，利用 FPN 网络提取两种模态特征，再基于预定义的锚框截取特征图，并用逐元素求均值的方式融合这些截取后的特征图并输入 RPN 中获得 K 个候选框，然后基于这 K 个候选框分别在图像和点云的特征图上截取局部特征，调节尺寸后继续用逐元素求均值的方式融合并输入最终的检测头得到最终检测结果。AVOD 是一个两阶段的检测算法，可以理解为 MV3D 的加强版，网络结构如图 9-31 所示。

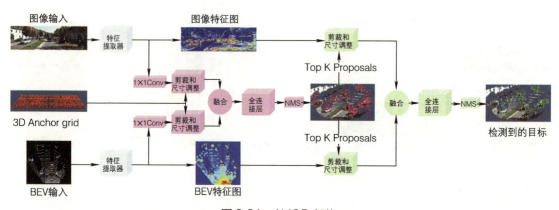

图 9-31　AVOD 架构

PointAugmenting 是一种新型的跨模态 3D 目标检测算法（图 9-32），由上海交通大学科研人员于 2021 年提出，其整体思路是把每个点云数据透过相机内外参数投影到图像坐标中，将图像中的 CNN 特征加到该点上，然后进行体素化并转为 BEV，进而进行常规的 3D 目标检测。PointAugmenting 的两个核心点是跨模态数据增强以及跨模态融合。

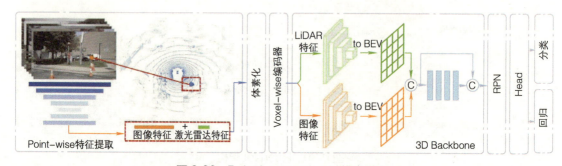

图 9-32　PointAugmenting 跨模态融合

在跨模态数据增强方面，为了缓冲 3D 和 2D 间的不一致性，该方法对 2D 和 3D 同时做增广：

1）3D 增广（Augmentation for LiDAR Points）：将 LiDAR 点 (x, y, z) 变换为 LiDAR 球坐标系 (r, θ, ϕ)。随机添加点云数据会导致 2D-3D 不匹配的问题，因为该区域在 2D 图像上有可能被遮挡。解决的方式是"留近去远"，即保留近处 Point，去除远处遮挡点，如图 9-33（上）所示。

2）2D 增广（Augmentation for Camera Images）：对于粘贴到 LiDAR 场景中的每个虚拟对象，将其在 2D 边界框内的对应 Patch 附加到图像上，如图 9-33（下）所示。为了避免相机外部参数抖动导致的偏移，需要通过当前的相机外部参数重新计算二维包围盒的位置，然后对原始 Patch 进行平移和缩放变换，保证 LiDAR 和图像的位置相对应。另外，为了保证遮挡关系，不直接在图像上粘贴虚拟 Patch，而是获取虚拟和原始对象的 Patch，按照由远到近的顺序进行粘贴。

在跨模态融合方面，如图 9-33 所示，用 CenterNet 的 DLA34 层的输出作为图像特征，通过齐次变换将 LiDAR 点投影到图像平面上以建立对应关系，然后将图像特征和 LiDAR 点逐点结合后输入检测网络。考虑到 LiDAR 和相机之间的模态以及数据特性差异，采用一种跨通道的后期融合机制：在体素特征编码之后，使用两个独立的 3D 稀疏卷积分支来处理 LiDAR 和相机特征，再将这两个下采样的 3D 特征体展平为通道数为 256 的 2D BEV 特征。然后将这两个 BEV 图在通道维度进行叠加，之后将叠加后的特征送到 4 个二维卷积块中进行特征聚合。最后将聚合后的特征与相机和 LiDAR 的 BEV 特征用叠加的方式进行融合，送到 RPN 和检测头中得到最终检测结果。

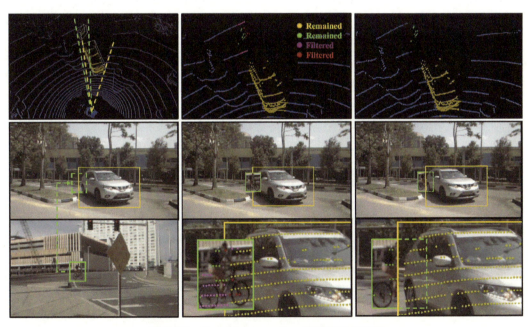

图 9-33　PointAugmenting 跨模态数据增强

练 习 题

一、选择题

1.【多选】下列哪种传感器有可能用来融合。（ ）
   A. 相机传感器　　B. 激光雷达　　C. 毫米波雷达　　D. 4D 毫米波雷达

2.【多选】以下哪些是前融合的特点。（ ）
   A. 前融合方案的数据损失最小
   B. 融合过程简单直接（一般利用外参将点云投影到图像空间融合）
   C. 可解释性强
   D. 对内外参不敏感

3.【单选】以下描述错误的是（ ）。
   A. FOV 视角是 2D 坐标系下的摄像机拍摄视角，更接近人眼观察
   B. FOV 视角下的融合算法对激光雷达相关算法不太友好，会损失一些点云信息
   C. IPM 操作可以以无损的方式将图像转到 BEV 视角下
   D. pillars 表示的点云算法更适合在 BEV 视角下做多传感器融合

4.【多选】以下描述正确的是（ ）。
   A. 分割类任务对 BEV 分辨率要求较高
   B. 相比把雷达投影到 FOV 视角对齐特征，把图像投影到 BEV 下损失更小
   C. BEV 视角下中融合的输出空间更接近规划控制模块需求，减少复杂的后处理操作
   D. BEVFusion 和 Fusionformer 都是中融合算法

5.【多选】以下关于后融合错误的是（ ）。
   A. 后融合将不同模态传感器的感知结果通过后处理的方式进行融合
   B. 后融合的方式可以解耦不同模态的算法
   C. 不同传感器在输出后进行融合，可以最大程度防止信息丢失
   D. 后融合需要在输入端考虑数据同步或对齐问题，对内外参标定敏感

二、填空题

1. 常用来和视觉信息融合的传感器有_____和_____。
2. 大多数工作按照阶段不同将多传感器融合方法分为_____、_____和_____。
3. 中融合可以按照视角不同分为_____和_____视角下的融合方式。
4. _____视角下的特征级融合可以"脑补"出被遮挡区域。
5. 强弱分类中，强融合又被进一步分为_____、_____、_____和_____。

三、判断题

1. 前融合算法融合过程简单直接，可以利用外参将点云投影到图像空间融合。（ ）
2. 前融合可以开发端到端的算法，降低后处理开销。（ ）

3. LaserNet++ 和 BEVFusion 是不同视角下的中融合算法。（   ）
4. 强融合中的早期融合和深度融合要求多种模态的信息必须处于同一阶段。（   ）
5. 基于弱融合的方法通常使用基于规则的方法利用一种模态的数据作为监督信号来指导另一种模态的交互。（   ）

四、简答题
1. 简述前融合的优缺点。
2. LiDAR、Radar 和 4D Radar 有哪些方面能和视觉信息互补？
3. 简述中融合的优缺点。
4. BEV 视角下的中融合有哪些步骤？
5. 简述强融合和弱融合的特点。

五、实训题
1. 调研我国科研机构、学校或科技公司提出的中融合相关研究，并分析其中哪些研究更适合量产。如果都不适合量产，思考如何改进可使之更容易量产。
2. 跑通一个开源的 BEV 视角下的中融合算法。
3. 查询资料，简述我国在多传感器中融合研究中的领先工作和成就。

第 10 章　未来发展趋势

智能汽车是当前全球汽车产业竞争的战略制高点，智能驾驶重塑汽车产品形态，是汽车产业转型升级的未来方向。本章将从市场、技术以及生态三方面详细探讨智能驾驶的未来发展趋势。

10.1　市场发展趋势

麦肯锡预测，全球智能驾驶市场将保持高位增长，到 2025 年全球智能驾驶的市场规模有望达到 6000 亿美元。在消费者核心诉求与技术创新双轮驱动下，我国智能汽车发展领先全球，预计 2025 年智能汽车的新车渗透率将超八成。车辆的智能化程度，除了保障驾驶安全外，还体现在良好的数字化体验上，如堵车时的领航辅助驾驶、先进的信息娱乐系统等。未来智能汽车在自动驾驶和人机交互方面有分离有结合，逐步朝着类似于智能助理，甚至到人机共驾方向发展，逐渐演变到新的人类第三生活空间，汽车会成为个人的生产工具（算力和储能装置）。

近年来，随着搭载 L1/L2 级别高级辅助驾驶系统（ADAS）功能的汽车进入大规模量产，ADAS 开始创造价值。从用户对智能驾驶系统的需求出发，其基本价值主要还是驾驶安全、放心、轻松、缓解疲劳，这也是目前最朴实、最迫切，也最务实的需求（图 10-1）。从产品端看，智能驾驶辅助系统已成为新能源购车人群的重要决策依据，成为消费端衡量汽车产品竞争力的重要评价指标，而智能驾驶功能的先进性和多样性将成为评判智能驾驶产品价值的重要依据。

如图 10-2 所示，消费者认可部分本土高端电动汽车品牌在辅助驾驶及智能化座舱体验等方面目前取得的领先地位。另外根据中国乘用车协会（CPCA）的数据，2022 年中国汽车自主品牌市占率接近 50%，其中 ADAS 渗透率达到 37%，实现里程碑式的突破。对于自主品牌中的核心品牌而言，未来 5 年将成为品牌向上突破的关键期，通过产品力及质量的提升，开发高阶自动驾驶技术及创新提升产品竞争力，向高端化突破。其中 20 万～30 万元的价格区间是目前自主品牌未来增量空间，且 L2+ 智能化渗透潜力较大。未来中国市场 ADAS 功能的渗透率还将持续快速提高，中低端汽车所配置的 ADAS 功能将逐步增多。根据艾瑞咨询研究报告显示，预计在 2025 年，ADAS 功能在乘用车市场可以达到 65% 左右的渗透率。L3 级别的高速自动领航（HWP）功能和 L4 级别的自动泊车（AVP）功能，目前车型渗透率较低，但未来提升空间较大。

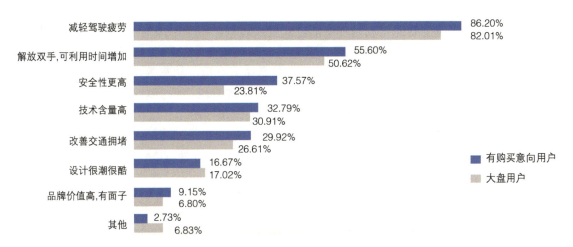

图 10-1　减轻驾驶疲劳是消费者当下最朴实、最迫切的需求（数据来源：易车研究院 2021）

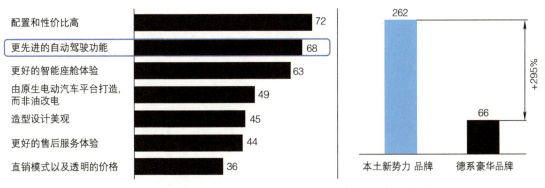

图 10-2　消费者对本土高端电动汽车认可因素（数据来源：麦肯锡）

智能驾驶功能体验相对标准化，不需要刻意强调个性化和差异化（类似智能手机的打电话功能），而应更强调确定功能集合下的完备性、性能纵深和相对的性价比，在持续提升可靠性和场景覆盖率的长期基调下，实现安全、效率、舒适、科技感。影响智能驾驶用户体验的因素主要体现在：

1) ODD，表示驾驶的覆盖度指标，将 ODD 逐渐由单车道扩展到多车道，从高速到城区，从简单场景到复杂场景最后到全场景，这也是目前智能驾驶重点突破的功能。

2) MPI，即平均的接管里程数，它体现的是智能驾驶对于长尾场景的覆盖度，这是性能指标。以自动辅助导航驾驶（Navigate on Autopilot，NOA）为例，目前行业基本上是 20~30km 接管一次，追求的目标是高速场景 1000km 的 MPI，城市场景 100km 的 MPI。从实用性上看，如果功能覆盖的接管里程数进一步提高，如高速 NOA 场景中将 MPI 指标从 1000km 左右扩展到 10 万 km，会带来产品质的提升。此外，舒适性和安全性也是智能驾驶的重要指标，驾乘人员在驾驶闭环中不能只是被动接受，而要对智能驾驶系统的行为有一个清晰输入和对应预判。随着智能驾驶系统算力的提升，凭借多传感器融合优势，将显著提升驾乘安全感，用户舒适性体验也会不断提升。例如，AEB 的突然紧急制动会让用户感觉不安全，而在紧急制动之前伴随显示或语音提示，使用户有一定程度预判则会有更好体验。

实现更广阔区域的智能驾驶是一个渐进式发展过程，由于中国消费者有 70% 的驾驶里程和 90% 的时间是在城区和高速场景，这也是创新的重点。2022 年是高速 NOA 的量产元年，高速 NOA 功能场景功能逐渐趋于成熟，在高速上变道、超车等功能慢慢都开始实现，已经开始进行价格下探和应用普及。高速 NOA 满足现阶段消费者对智驾技术的最核心需求——缓解驾驶疲劳，提供了极大的用户价值。如图 10-3 所示，使用过高速 NOA 功能的消费者认为该功能是自己日常使用的辅助驾驶功能中最令自己满意的方面。城市 NOA 的落地将会补齐全场景智能驾驶体验，实现智能驾驶场景——高速 NOA、城区 NOA、泊车打通，实现连贯的驾乘体验。

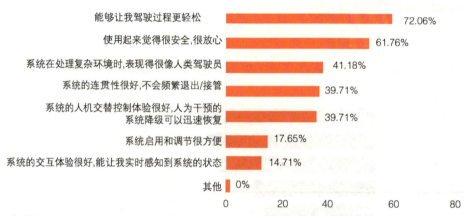

图 10-3　高速领航辅助驾驶对用户的价值（数据来源：睿思齐智驾用户分析报告 2022）

10.2　技术发展趋势

智能驾驶面临一个开放的环境、不完备的规则、不全面的感知信息、多智能体的博弈场景，而且还不能出错。当下，智能驾驶技术创新和发展回归商业本质和用户价值驱动，从一步到位追求 L4 转到基于 L2+ 的前装量产，从示范区落地走到面向大众消费群体的价值创造。当前包括行泊一体、舱驾一体、舱泊一体等产品功能正在进展中，纯视觉感知方案以及视觉与其他传感器（如 LiDAR）融合等方案并存。根据以用户价值驱动产品开发的理念判断智能驾驶的应用，从最早的 AEB、ACC 等 L1/L2 级辅助驾驶功能，到目前主流的 L2+ 或者 L2++ 等功能，如高速 NOA、城市 NOA、泊车 AVP 等功能，呈现出智能驾驶功能集合收敛而系统能力纵深不断加深的趋势。可从两方面衡量智能驾驶技术的发展（图 10-4）：

1）一方面是水平维度扩展（Scale Out）能力，自动驾驶的运行设计域（Operational Design Domain-ODD）不断扩大。

2）另一方面是垂直维度扩展能力（Scale Up），这是指用户体验的水平，从有限的功能（如 AEB 或车道保持）开始，一直到自动驾驶全场景。

想做到 ODD 扩展的同时功能也在扩展，技术难度非常高，需要同时具备很强的软件与硬件能力，需要采取软硬件结合的方法来保持算法与硬件能力一起更新、一起迭代并快速推进，不断突破横向扩展和纵向扩展的界限。

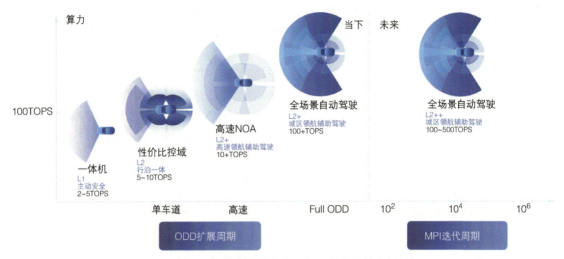

图 10-4　智能驾驶技术发展与用户体验持续提升

目前智能驾驶发展将会呈现两条路线并行：①头部厂商开始向城区 NOA 功能目标突破；②积极参与 L3 试点，在限定场景下落地。从技术角度来看，城区 NOA 有可能面对的是和上百个道路上的移动主体博弈，这里不仅包括车辆，还包括行为非常复杂的行人，如行人随时会过马路，而且有边走边看车的情况，行人的下一步行为决策依赖于车辆的驾驶决策；又如车辆换道，自车开启转向灯，还得看旁车是否避让，如果旁车不让行，最好的选择是自车再接着行驶，这是一个不断博弈的过程，也是互动式的决策过程。

当前城市 NOA 的技术特征包括：LiDAR 仍是现阶段城市 NOA 感知方案的主流，处于规模量产探索期，4D 毫米波雷达是 LiDAR 低成本替代的有效方案；BEV+Transformer 算法成为多传感器融合的主流技术；若走纯视觉技术路线，视觉算法是低成本感知方案中的关键，需快速积累海量数据才能增强算法能力，采用自动化＋人工标注相结合的方式对数据标注降本增效。目前真正成熟量产的城区 NOA 解决方案还较少，尽管有非常多的原型演示、重感知轻地图的过渡方案等，体验仍需优化，还面临成本高、高精地图开放慢等问题，预计做到规模化量产至少需 3 年左右。

当前智能驾驶技术上面临挑战：现有硬件配置不足以支撑复杂场景的功能和性能，需要进一步发展智能驾驶计算平台的设计，涉及车辆电子电气架构；算法升级是关键，计算芯片的有效算力和其带宽不足以支撑最先进的算法和大模型；现有软件架构不足以支撑高度自动化的快速迭代，使得整个开发成本高，开发周期长。技术的发展也是由于上述挑战不断驱动的，本节从车辆电子电气架构、计算芯片、智能算法几个方面来介绍智能驾驶的发展趋势。

10.2.1　电子电气架构

智能汽车硬件发展与电子电气架构的快速革新相辅相成，早期汽车上数百个 ECU 的电子电气架构按照分布式，基于 CAN、LIN 等通信的计算架构进行组织，为适配高级辅助驾驶、自动驾驶功能与智能座舱的要求,智能驾驶计算系统要求实现计算集中化、软硬件解耦、平台标准化以及功能定制化,传统的 ECU 性能面临瓶颈,封闭式的网络成为传感器数据传输天然的障碍,ECU 功能协同困难,系统互斥。因此,汽车的电子电气架构正在以 ECU 为单位进行着自下而上的重构,从早期分布式的 ECU 架构正向域控制器架构,再向未来的中央计算平台架构持续演进。

当前业界的发展进程,总体上处于域控制器的阶段,随着计算平台的算力提升、跨域融合架构方案的逐渐成熟和成本可控,领先一些的车企会进入到域融合阶段(主要是舱驾融合)。在这个阶段,相比之前的分布式 ECU 架构,按功能划分,该架构将控制功能进行了一定程度的集中,所有传感器的数据汇总后进行统一处理计算,动力域、安全域、底盘域等域控制器技术已经趋于成熟;除此之外,还有对功能安全性、通信带宽,以及对软件持续更新的能力要求,为了方便整车软件开发,从底层软件到中间件层面发展为 SOA 的架构设计;不同域处于不同安全等级,进行相互隔离,同时采用以太网作为骨干链接车内计算单元。

图 10-5 展示了典型的智能驾驶计算平台,其中车载操作系统运行在异构、分布式的车载计算平台之上,支撑辅助驾驶、自动驾驶、智能座舱等应用。智能驾驶计算平台按计算属性可分为两类:逻辑计算(即标量计算)、智能计算。其中逻辑计算主要用于事件驱动条件判断等逻辑控制;智能计算即向量计算、矩阵运算等张量计算,其中向量计算主要用于激活、池化、排序等,矩阵计算主要是乘法运算,用于卷积、全连接等。

图 10-5　车载智能驾驶计算基础平台参考架构(图片来源:车载智能计算基础平台参考架构 2.0)

智能汽车不同域中算力本身的分布特性也呈现结构性变化。智能计算取代逻辑计算,已成为车载计算的核心(图 10-6)。从功能应用进行分析,智能座舱和自动驾驶所需的计算类型是不一样的。座舱更强调逻辑计算,而自动驾驶更强调智能计算,即数据驱动做出智能推理。但向高等级的自动驾驶发展过程中，座舱中与 HMI 相关的智能计算需求也出现快速上升，其原因在于座舱领域的人机交互所需的算力急剧提升，比如视觉、语音、手势，还有唇语等多模人机交互。目前功能应用正向高等级自动驾驶发展，从高速场景走向城市 NOA 场景，传感器的数量、分辨率增加带来数据处理负载增加，同时由于决策领域搜索空间的放大，使得算力需求的放大成为必然趋势，走向逻辑计算与智能计算协同；智能计算正逐步取代逻辑计算，成为车载计算的核心，可预见到在中央集中式阶段，会出现整车智能计算与逻辑计算解耦的趋势，智能计算收敛成为全车的计算"中台"，传感器与人机交互的终端直接接入智能中台，相当于整个智能计算是一个集中化、全链路的整合，将整车计算资源收归到一起供全车调用，服务整车驾驶闭环，保证自动驾驶系统和人机交互的联合决策，带来更好用户体验。

图 10-6　智能计算逐步取代逻辑计算成为车载计算的核心

在中央计算阶段，智能座舱、智能驾驶还有车控等概念都会被重塑，可统一称之为"硬件实体变成软件功能"，软件功能的底层是统一的计算平台。在这一巨大变革下，智能驾驶的软件开发与计算方案设计将会发生质的改变。

10.2.2　计算芯片

高级辅助驾驶、自动驾驶、智能座舱等智能化需求，常要连接多个摄像头、毫米波雷达、LiDAR 以及 IMU 等传感器，并对来自这些传感器的大量数据进行处理和计算。尤其是摄像头和 LiDAR 所产生的数据量非常大，需要性能强劲的车载智能计算芯片作为"算力基础设施"。无论是视觉感知还是计算加速，传统芯片已无法满足其算力需求，而实现这一切的核心在于以深度学习为代表的领域专用计算芯片（Application Specific Integrated Circuit，ASIC，以下简称计算芯片），支持显示输出、感知、融合、定位、决策、控制等多种任务，支撑起 L2～L4 级视觉感知及信息融合。计算芯片已成为提供动力的数字发动机，成为车企布局智能驾驶的战略性选择。

计算芯片开发周期长、难度大，是硬科技、长跑道的创新，其关键的衡量指标有如下几点：①可靠性，零缺陷率；②安全性；③实时性与高带宽；④I/O接口资源丰富性，视觉接口与处理能力；⑤高算力。从智能驾驶的三大任务（感知、规划决策、控制执行）来看，感知也是现阶段对算力需求最大的一块。感知需要对多种传感器进行融合，并且在每一个维度上都进行冗余备份，随着各种传感器的性能持续提升，其需要处理的数据量也呈几何级数增大。智能汽车对视觉感知计算需求急剧提升，也成为智能驾驶系统中负载最重的计算任务，车载摄像头像素已经从100万上升到800万，并进一步向1200万发展；LiDAR和毫米波雷达也在往图像化的方向发展。优化整个系统的能耗、降低成本，使得最先进的算法能在芯片上运行达到最高效率，这直观体现在每秒最高的计算帧率。

数据海量增长、算法不断推陈出新、模型参数量的增加，以及开发范式的变化、大模型的应用等，都对计算芯片的算力提出了更高的需求。除了提升芯片的峰值算力外，实际的算力利用率也至关重要，不同芯片架构设计通常会导致不同的硬件算力实际利用率，相同的神经网络模型在两款具有相同峰值算力的芯片上可能跑出不同的实测性能。因而，还需要衡量以下芯片几个维度：

1）计算质量：如低延迟、准确率、计算精度以及计算的速度。既要快，又要准。考虑计算环境，既要支持EfficientNet等高效小模型，也要支持当前流行的Transformer模型，还要支持一些诸如光流、SLAM、SFM方面的传统计算机视觉算法。

2）在计算效率方面，要确保高MAC利用率，削减不必要的运算等，最终目标是在功耗和计算性能之间取得平衡。可用能效比来衡量，能效比是算力与功耗之比，即每瓦功耗所能贡献的理论算力值，这是衡量智能计算部分设计好坏的一个非常重要指标。

在视觉领域，真实计算效能是每一秒能处理的图像帧数，用FPS（Frequency Per Second）这个指标去衡量，它体现的是对数据处理的效率，即每秒处理多少帧的数据。该指标由芯片的峰值算力、利用率，再加上算法的效率三者的表现共同决定，分别对应芯片架构、算法和编译器层面的工作（图10-7）。

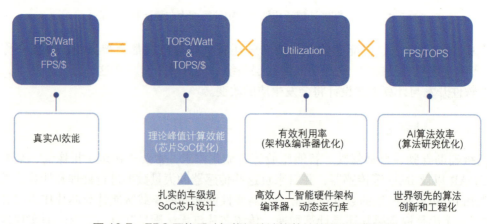

图10-7 FPS更能反映智能驾驶计算芯片的真实计算性能

在上述过程中，软硬协同优化的理念非常重要（图10-8），软硬结合意味着不止做硬件设计，还要做软件设计，通过最终的应用场景来反推计算平台和芯片设计，以实现硬件的资源利用率最大化。从软件中来，持续进行算法前沿研究，通过软件能力牵引智能计算架构创新设计去支撑最先进的算法。强大的算力配合高效的算法，在与计算芯片架构的深度耦合下，能够带来性能的显著提升。通过创新的 AI 计算架构为软件服务，赋能前沿智能驾驶产品开发。在一个异构计算系统里，必须从端到端整体考虑，从顶层视角上进行软硬件协同架构设计，根据智能驾驶领域算法高速演进而按需迭代设计，缩短开发周期，满足苛刻的多样化应用。这也是英伟达、英特尔、高通等大举进军智能汽车行业的逻辑，他们各自基于 ICT 和行业应用的优势积累，结合自动驾驶场景培育新物种，在这个过程中，对产品路线图、性能、安全性和成本的考量，各家不尽相同。

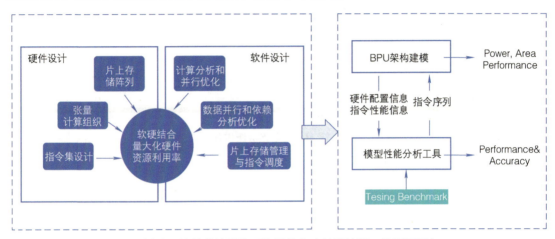

图 10-8　计算芯片需软硬协同优化（首重效能，兼顾灵活）

10.2.3　算法

目前车载人工智能还停留在感知智能阶段，自动驾驶车辆需要对车辆 360° 范围之内的环境进行感知，包括对移动物体的识别、跟踪、预测，对于驾驶环境的语义分割、建模及定位，感知的范围非常广，而且还要在不同的天气情况、光照条件下可靠工作，这一切对于感知算法的可靠性、准确性提出了极其苛刻的要求。向后发展，车载人工智能将具备建模、预测、决策等功能，未来自动驾驶系统需要能够驾驭城市驾驶环境这样的复杂场景，决策将需要比感知更大的计算能力。模型的参数量也在不断增大，计算精度持续提升（图 10-9）。从 2018 年的 ResNet 到 2022 年的 EfficientNet，再到当下主流 Transformer 模型，目前业内正在逐步形成一个共识，即大模型带来智能驾驶系统性能和体验的提升，包括自适应性、稳定性、准确性和持续进化能力等。

与此同时，软件高速迭代和性能持续提升的诉求推动了开发范式从 Software1.0（基于规则）到 Software2.0（数据驱动）的转变，从自动驾驶感知、预测、规划到控制，越来越多的软件模块开始使用数据驱动的设计，现阶段主要是感知、预测等。端到端的大模型的使用也在不断地扩展到更多环节（图 10-10）。特斯拉 FSD V12 版本是首个端到端的 AI 自动驾驶，带来了自动驾驶技术路线的革新：采用视觉等传感器输入获取环境信息，让运行于 FSD 芯片内的 AI 处理代替人工生成的规则，给 AI 模型输入海量真实场景和优秀驾驶员行为数据，控制输出（转向、制动、加减速等控制信号）系统，全程途经环岛、施工路段等路段，即使中途车辆由于差点闯红灯而使得驾驶员接管车辆，但整体表现仍然出色。

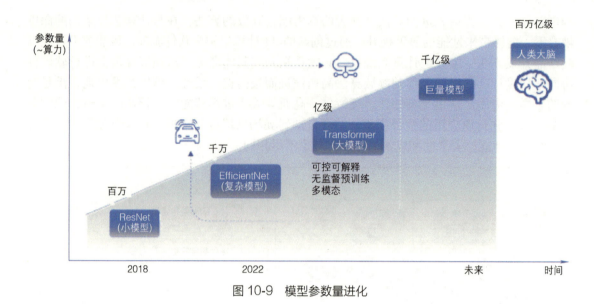

图 10-9　模型参数量进化

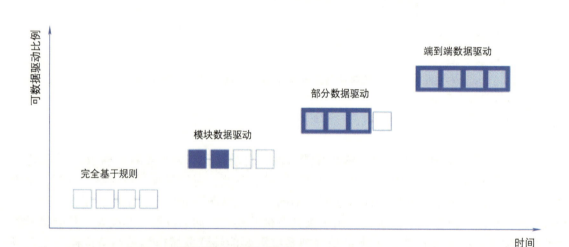

图 10-10　开发范式由基于规则向数据驱动转移

目前，端到端自动驾驶系统算法大多面临着真实场景中复杂视觉信息优化困难以及按任务划分的网络模块间缺乏有效交互等挑战。为此，地平线学者在 2023 年 CVPR 提出"感知决策一体化"的自动驾驶通用大模型 UniAD，建立了以全局任务为目标的自动驾驶大模型架构。UniAD 模型为自动驾驶技术与产业的发展提供了新的方法与思路：UniAD 模型第一次将检测、跟踪、建图、轨迹预测、占据栅格预测以及规划，整合到一个基于 Transformer 的端到端网络框架下，并将各项任务通过 token 的形式在特征层面，按照感知 - 预测 - 决策的流程进行深度融合，实现了自动驾驶系统算法性能的全面提升。与此前的神经网络比较，它更加安全，更可控，更可解释。通过端到端的大模型、Transformer 大模型和 BEV 的组合使用，能够对道路的要素进行更好的关联和解释。比如车辆在左转时，左转路线与左转过去的几个车道之间的相互关系，会进行相应关联，使得在整个规划过程中，对道路要素有更好的理解和关联。UniAD 模型也为"重感知轻地图"模式提供了一个技术底座，比如，突破不依赖于高精地图的方案将成为城区自动驾驶体验的关键。地平线在 2024 年初开源纯视觉自动驾驶算法——Sparse4D 系列算法，推动更多开发者共同参与到端到端自动驾驶、稀疏感知等前沿技术方向的探索中。如图 10-11 所示，Sparse4D 是迈向长时序稀疏化 3D 目标检测的系列算法，属于时序多视角融合感知技术的范畴。面向稀疏化感知的行业发展趋势，Sparse4D 搭建了纯稀疏的融合感知框架，让感知算法效率更高、精度更高，让感知系统更简洁。相比稠密 BEV 算法，Sparse4D 降低了计算复杂度，打破了算力对感知范围的限制，在感知效果和推理速度上，都实现了对稠密 BEV 算法的超越。在 nuScenes 纯视觉 3D 检测和 3D 跟踪两个榜单上，Sparse4D 均位列第一，成为 SOTA，领先于包括 SOLOFusion、BEVFormer v2 和 StreamPETR 在内的一众最新方法。Sparse4D 系列算法将稀疏类算法的性能提升到了一个新的高度，并实现了端到端的多目标跟踪，基于地平线业务数据，Sparse4D 已完成性能验证，在地平线征程 5 计算方案上实现了部署。

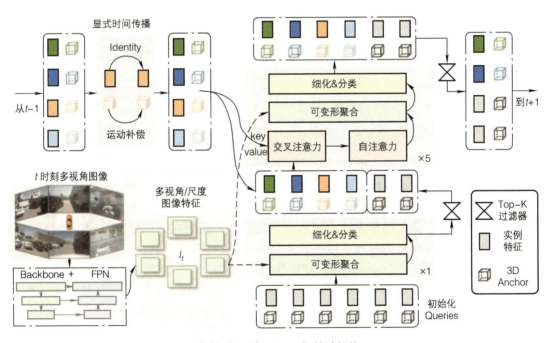

图 10-11　Sparse4D 算法架构

除此之外，ChatGPT 将掀起座舱语音人机交互的革命，图形交互界面也会因此被重新设计。ChatGPT 标志着人工智能革命的又一次重大里程碑，甚至是最重要的，其意义甚至超过 2012 年的 AlexNet 和 2016 年的 AlphaGo，而且这一次很有可能会产生巨大的商业裂变，历史意义不亚于汽车、PC、浏览器、搜索引擎、iPhone。通用人工智能（Artificial General Intelligence，AGI）理论和算法的进展和突破，与之适配的全神经网络架构的自动驾驶芯片存在 ChatGPT 式的突变性技术进展的可能，基于智能驾驶计算发展起来的芯片架构和软件平台（环境感知、人机交互、决策控制），将孕育出机器人的通用计算平台和生态，促进无处不在的机器人时代的到来。未来，越来越多的机器将能够进行环境感知、人机交互和决策控制,在此基础上,如果解决乘用车智能驾驶计算的问题,最终我们将为机器人开发一种通用的计算范式。汽车将会是第一个真正走进我们日常生活的智能机器人形态。自动驾驶由于大模型的应用带来性能和体验的提升,体现在自动驾驶系统的自适应性、稳定性、准确性和持续进化能力等方面,这不但对计算平台整体算力提出了更高需求,相应算法的开发范式、开发效率也将发生变化。

我们正在进入一个深度的智能世界,以人机互动为基础的社会运行模式将成为主流。在这样的社会模式下,机器的自主将最大化地释放人的自由。从现在开始到那个社会形态的真正到来,所有的技术和商业力量,都将着眼于如何不断提升机器智能自主成长的上限,专注于不断触发人与机器之间的新关系,不断实现"让体验更美好""让人更自由"的目标。在这个过程中,将有多种技术路径的选择。本质上,化繁为简的算法、端云结合的数据、软硬结合的计算,将成为系统化的技术力量,释放智能计算的效率,并以此构成开放的生态平台,赋能更多伙伴实现机器智能的应用落地。只有实现算法、数据、算力的三重协同,才能尽早打破编程算法的桎梏,实现智能计算架构 2.0 的突破——让范式级智能算法和支持智能算法的硬件体系相结合,加速实现机器自编程和应用自适应。只有在这条路径上持续进行探索和实践,才能让机器更自主、让开发更简单、让计算更智能,真正发挥车作为独立智能载体的优势。更多的自主是走向自由的关键一步。唯有三重协同的突破效应,方能加速未来的到来。

10.3 生态发展趋势

生态是最好的创新之源,也是智能计算平台提供者真正意义上的护城河。继手机之后,更多的终端设备将走向智能化。未来 20 年,人类将迎来一个无处不在的机器人世界,任何单一公司都做不了这么多的品类,更无法构建机器人时代所需要的全部技术堆栈,如果没有生态系统,任何一个公司都无法承担起创新的成本,只有在智能计算平台上培植起一个繁荣的生态,才能实现万物智能。以英伟达公司为例,目前有超过 1 万家生态公司基于英伟达 CUDA 平台开展业务,英伟达的 GPU 生态因为这些生态伙伴的存在而变得非常强大,他们帮助英伟达抓住了参与深度学习、比特币挖矿、元宇宙、大模型等科技浪潮的机会,这些商业机会并非英伟达公司直接抓住的,而是生态企业基于英伟达的芯片及工具服务去做新的尝试。试想,一旦有超过 1 万家公司围绕某家企业的计算平台产品和工具进行试错,那么整个平台的成功率就会非常高。

智能驾驶汽车从技术创新到产业链分工都迎来了底层重构的新机遇,从垂直串行向网状合作模式演进(图 10-12)。未来的智能汽车将是一个开放的应用平台,汽车软件将是差异化竞争的核心,车企可以通过软件提供差异化体验,而这些软件应用可以来自第三方开发,比如智能交互、语音等。汽车软件的开发与发布模式,与移动设备 APP 类同,渐渐地从封闭开发向开放协同进化。基于未来中央计算的电子电气架构,面向软件定义汽车的趋势,平台厂商需采取开放策略,对外提供算力平台 + 开放的工具 +SDK(含白盒)+ 服务,加快车企和生态伙伴创新迭代效率。企业需在垂直自研和更多依赖独立自动驾驶技术 / 服务提供商之间取得平衡,创新焦点转向从战略纵深持续累积自动驾驶技术系统本身集成能力,以及移动数字空间衍生应用生态构建能力。

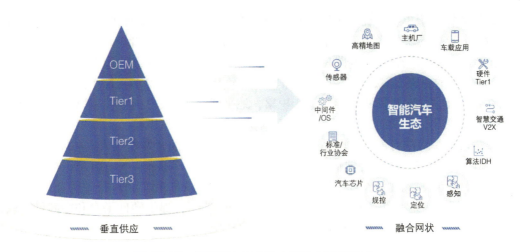

图 10-12　智能汽车产业链走向融合网状模式

当前的智能驾驶系统还没有达到高标准化，无论是底层软件、基础中间件、功能开发框架还是上层的感知、传感器抽象以及各种工况条件，仍然没有收敛，没有共性方案的推出；高等级辅助驾驶或自动驾驶系统的复杂度、安全性、性能要求带来技术挑战，需要的高实时、高安全系统软件模块等关键技术不完全成熟，符合量产能力的组件、模块可获得性差，量产安全和性能目标挑战大；行业在重复"造轮子"，生态协作软件接口、数据协议未形成标准化，无法高效实现互联互通、软件集成和数据迭代，直接导致了行业的定制化程度、碎片化程度非常高，也就导致整体交付成本的居高不下。从产业链上游的车企到下游的零部件供应、底层技术赋能者，从原型到量产之间断层，大规模量产与产业协作困难，还需要在非常严苛的成本约束下，保障非常高的产品可靠性、成熟度，缩小产品能力与用户体验和期待之间的差距。

以地平线为例，其充分将"软硬结合"和"开放共赢"的理念贯穿于产品研发和生态构建全链条，基于自研计算方案构造完整的软件生态，包括操作系统、开发工具、云端软件开发平台及一系列丰富的参考算法，通过软件能力牵引智能计算架构创新设计；通过创新的智能计算架构为软件服务，赋能前沿智能驾驶产品开发；作为底层赋能者，专注把开发工具打磨好，其他如工具上层的算法、量产落地等工作交给市场；不对生态合作伙伴做单一维度划分、角色定位以及各自对应的发展规划，而是生态体系内的物种需要自己去竞争、去成长。此外，针对智能驾驶领域生态协作效率低的问题，回归到技术层面，倡导智能驾驶领域统一标准，接口标准化、模块化设计，在优化效率的同时，降低软件供应商的开发难度，促进生态的丰富性发展。车企可从地平线的生态合作伙伴体系中找寻适合自己所需的软硬件服务，自下而上打通智能汽车创新落地的最佳路径。

下面以一个具体的例子加以说明。伴随智能驾驶量产迈入深水区，行泊一体的应用成为智能汽车迈向全场景整车智能终极应用形态的路径之一，车载智能芯片作为算力基石，可实现智能计算系统的集成整合和计算资源的高效共享，打通行车计算与泊车计算功能。从成本角度来看，行泊一体可分为两个不同的维度：一是高性价比的行泊一体域控制器，针对五六个摄像头的系统，二是高性能的行泊一体域控制器，支持10个摄像头以上的系统。从产品角度来看，地平线征程3、征程5已经可以满足车企不同价位对行泊一体域控制器的需求,比如精简版单颗征程3可以支持5路摄像头的产品,实现前视ADAS和泊车APA功能。对于6路摄像头的产品,地平线也可以提供两颗征程3,或者单颗征程3加上另外一颗SOC的方式满足需求;在10路摄像头的产品上,荣威RX5搭载的地平线征程3已经实现了高速NOA的解决方案,而在单颗征程5的方案上,其性能最多支撑12路摄像头的需求。凭借在ADAS及NOA领域的丰富量产积累,地平线基于Tier2的定位丰富、完整的工具计算平台和工具链,能够充分发挥行车方面的量产技术与工程经验,支持生态合作伙伴开发基于征程芯片平台的行泊一体产品与解决方案,降低系统的开发投入成本和风险。

合作伙伴可以选择适合他们的研发方案进行"拼图"部署(图10-13),精雕细琢每一模块,构建行业领先优势。经过官方授权的IDH支持Tier1和车企进行硬件和软件的研发。而在Tier1层面,地平线还有系统类Tier1、软件类Tier1,提供硬件平台和中间件、软件算法的合作伙伴,支撑整车客户进行相应车型的集成交付。

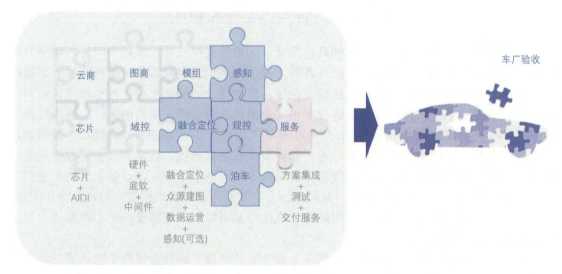

图10-13 联合行业优势资源,通过专业分工,为车企提供高性价比量产预集成方案

在行泊一体域控平台合作链上,在开发工具层面,地平线提供具备模型量化、性能分析、性能模拟的天工开物算法工具链及一套数据进、模型出的智能开发平台(图10-14)。

天工开物工具链可以大幅提升软件开发效率,包括模型量化感知训练、后量化、编译器优化等,支持系统训练、优化、转换、部署各个环节的开发需求,同时支持MXNET、ONNX、TensorFlow、PyTorch等深度学习框架,有算法能力的合作伙伴可在2个月内实现自有算法到征程5上的迁移。地平线还提供面向智能驾驶解决方案的参考算法,给有自研能力的车企与Tier1参考设计,提高量产效率。TogetheROS.Auto是一个集开发、集成和验证三位一体的开发套件,包含了支持量产的应用开发框架,还有开放验证工具、接口与协议,以及算法和功能节点,多模块协同开发,解决行业多供应商协同开发的困难。当前软硬结合、规模化数据闭环和软件算法迭代的Software2.0模式成为自动驾驶技术的主流。艾迪平台作用在云端,支持客户通过半自动/全自动标注训练、长尾场景管理、自定义迭代工作流、软件集成等云端系统,提供关键场景的问题挖掘、模型迭代全流程自动化,最终把模型通过OTA升级方式输送给终端车辆。

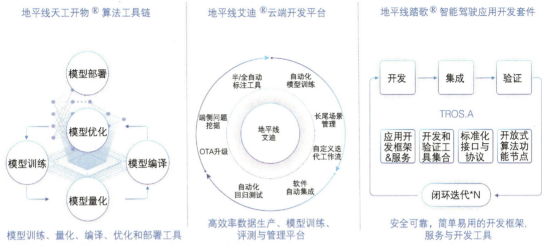

图 10-14　地平线算法及应用开发工具：用于智能驾驶大规模量产落地

练 习 题

一、选择题

1.【多选】智能驾驶提供的用户价值包括（　　）。
A. 减轻驾驶疲劳　　　　　　　　B. 解放双手，可用时间增加
C. 驾驶安全性增加　　　　　　　D. 改善交通拥堵状况

2.【单选】下列不属于影响智能驾驶用户体验的因素是（　　）。
A. 驾驶覆盖度指标 ODD　　　　　B. 车辆平均接管里程数
C. 用户感觉安全可控　　　　　　D. 能随心所欲在驾驶员座上睡大觉

3.【多选】以当前智能驾驶发展水平，目前智能算法可用于智能驾驶车辆的哪些环节。（　　）
A. 感知　　　　B. 控制执行　　　　C. 规划　　　　D. 传感器融合

4.【单选】下列哪个因素不属于衡量智能驾驶计算芯片的核心指标。（　　）
A. 计算质量如延迟、准确度、精度　　B. 软件开发便利性
C. 计算效率　　　　　　　　　　　　D. 对大型网络游戏支持程度

5.【多选】智能汽车就像 1980 年的个人计算机、2007 年的智能手机一样，将成为新一代科技革命最大的"母生态"。通过汽车产业拉动多个行业向前发展，可能与之相关的行业有（　　）。
A. 交通　　　　B. 人工智能　　　　C. 信息通信　　　　D. 半导体

二、填空题

1. 从全场景智能驾驶体验角度，高速 NOA、＿＿＿＿＿＿＿及＿＿＿＿＿＿＿打通后，可实现相对连贯的驾乘体验。

2. 当前智能汽车电子电气架构主要有如下几类：_____、_____及_____。
3. 智能驾驶计算平台从计算属性可分为两类：基于规则的_____和基于神经网络的_____。
4. 智能驾驶计算芯片衡量指标有资源丰富性、_____、安全性、_____、高算力。
5. 英伟达在构建 GPU 生态的过程中，成功打造了基于_____的技术平台，这是其成功的关键。

三、判断题

1. 当前智能驾驶给用户提供的最基本价值主要还是驾驶安全、放心、轻松、缓解疲劳。（   ）
2. 用 FPS（Frequency Per Second）更能反映智能驾驶视觉感知计算芯片的真实计算性能。（   ）
3. 智能驾驶计算芯片设计中考虑硬件即可，不需要考虑软件设计，更不需要软硬件二者结合。（   ）
4. 端到端大模型应用于自动驾驶，可优化高阶智能驾驶在长尾场景下的表现，是个值得探索的技术方向。（   ）
5. 当前智能驾驶的产业结构，从垂直串行向网状合作模式演进。（   ）

四、简答题

1. 阐述算力驱动下的用户体验提升背后原理。
2. 从水平维度和垂直维度两方面阐述智能驾驶技术的发展。
3. 阐述智能汽车电子电气架构的发展趋势。
4. 阐述对智能汽车计算芯片软硬协同优化的理解。
5. 智能驾驶中算法发展趋势有哪些？

五、实训题

1. 阐述对智能驾驶中开发范式从 Software1.0（基于规则）到 Software2.0（数据驱动）转变的理解。
2. 进行调研，阐述对生态促进英伟达商业创新的理解。
3. 智能汽车可提供更安全、更舒适的出行方式和综合解决方案，也是构建绿色、低碳社会的核心要素，是智能驾驶成为展现我国技术实力、创新能力的新名片，推动经济增长的重要引擎。我国汽车市场正处于巨大变革机遇期，在消费者核心诉求与技术创新双轮驱动下，我国智能汽车发展领先全球。从调研数据看，我国消费者越来越认可本土高端电动汽车，其中自主品牌中的核心玩家未来 5 年将成为品牌向上突破的关键期。从你的角度，希望给我国领先车企提出哪些建议？
4. 智能驾驶汽车从技术创新到产业链分工都迎来了底层重构的新机遇，从垂直串行向网状合作模式演进。结合我国智能驾驶行业近年来的发展历程，你认为行业各方参与者应采取什么样的合作模式，在自身得到可持续发展的同时，又能促进整体行业健康发展？

附录　术语与符号列表

序号	缩写词	中文名称	英文名称
1	ADAS	先进驱动辅助系统	Advanced Driver-Assistance System
2	ENIAC	电子数字积分计算机	Electronic Numerical And Calculator
3	AOC	自动驾驶汽车	Automatically Operated Car
4	SRI	斯坦福研究所	Stanford Research Institute
5	SCI	策略计算计划	Strategic Computing Initiative
6	ALV	自主陆地行车	Autonomous Land Vehicle
7	ALVINN	基于神经网络的自主陆地车辆	Autonomous Land Vehicle In A Neural Network
8	NHTSA	美国高速公路安全管理局	National Highway Traffic Safety Administration
9	OTA	空中下载技术	Over the Air
10	CNN	卷积神经网络	Convolutional Neural Network
11	FSD	全自动驾驶计算机	Full Self-Driving Computer
12	NGP	自动辅助导航功能	Navigation Guided Pilot
13	NOP	领航驾驶	Navigate On Pilot
14	ADAS	高级驾驶辅助系统	Advanced Driver Assistance System
15	IA	信息辅助	Information Assist
16	TSR	交通标志识别	Traffic Sign Recognition
17	ISLI	智能限速提醒	Intelligent Spend Limit Information
18	AVM	全息影像监测	Around View Monitoring
19	FDM	前车车距监测	Front Distance Monitoring
20	BSD	盲区监测	Blind Spot Detection
21	SBSD	侧面盲区监测	Side Blind Spot Detection
22	STBSD	转向盲区监测	Steering Blind Spot Detection
23	DFM	驾驶员疲劳驾驶监测	Driver Fatigue Monitoring
24	DAM	驾驶员注意力监测	Driver Attention Monitoring
25	CSW	弯道速度预警	Curve Speed Limit Warning
26	FCW	前车碰撞预警	Front Collision Warning
27	RCW	后向碰撞预警	Rear Collision Warning

(续)

序号	缩写词	中文名称	英文名称
28	LDW	车辆偏离预警	Lane Departure Warming
29	LCW	变道碰撞预警	Lane Changing Warming
30	RTCA	后方交通穿行提示	Rear Traffic Cross Alert
31	FTCA	前方交通穿行通知	Front Traffic Cross Alert
32	DOW	车门开启预警	Door Open Waring
33	MALSO	低速行车辅助	Maneuvering Aid For Low Speed Operation
34	HUD	抬头显示	Head Up Display
35	NV	夜视	Night Vision
36	RCA	倒车辅助	Reversing Condition Assist
37	AEB	自动紧急制动	Automatic Emergency Braking
38	EBA	紧急制动辅助	Emergency Braking Assist
39	AES	自动紧急转向	Automatic Emergency Steering
40	ESA	紧急转向辅助	Emergency Steering Assist
41	ISLC	智能限速控制	Intelligent Speed Limit Control
42	ACC	自适应巡航控制	Adaptive Cruise Control
43	IPA	智能泊车辅助	Intelligent Parking Assist
44	FSRA	全速自适应巡航	Full Speed Range Adaptive Cruise Control
45	TJA	交通拥堵辅助	Traffic Jam Assist
46	AMAP	加速踏板防误踩	Anti-Maloperation For Accelerator Pedal
47	LKA	车道保持辅助	Lane Keeping Assist
48	LCC	车道居中控制	Lane Centering Control
49	LDP	车道偏离控制	Lane Departure Prevention
50	ADB	自适应远光灯	Adaptive Driving Beam
51	AFL	自适应前照灯	Adaptive Front Light
52	AVM	全息影像系统	Around View Monitor
53	HMI	人机交互界面	Human Machine Interface
54	APA	自动泊车	Auto Parking Assist
55	ODD	运行设计域	Operational Design Domain
56	RPA	远程/遥控泊车	Remote Parking Assist
57	HPA	记忆泊车	Home-zone Parking Assist
58	HPP	记忆泊车辅助	Home-zone Parking Pilot
59	AVP	自主泊车系统/代客泊车系统	Automated Valet Parking
60	SAE	国际自动机工程师学会	Society Of Automotive Engineers
61	BEV	鸟瞰视图	Bird's Eye View
62	GNSS	全球卫星定位系统	Global Navigation Satellite System
63	IMU	惯性测量单元	Inertial Measurement Unit

（续）

序号	缩写词	中文名称	英文名称
64	RTK	载波相位差分	Real Time Kinmatic
65	NOA	自动导航辅助驾驶	Navigate On Autopilot
66	VRU	弱势道路使用者	Vulnerable Road User
67	OEDR	目标和事件探测与响应	Object And Event Detection And Response
68	MER	火星探测漫游车	Mars Exploration Rover
69	GPS	全球定位系统	Global Position System
70	IMU	惯性测量单元	Inertial Measurement Unit
71	VCU	汽车控制单元	Vehicle Control Unit
72	DR	航位推算	Dead Reckoning
73	CAN	控制器局域网	Controller Area Network
74	HFOV	地平线视野	Horizon Field of View
75	PTP	高精度时钟同步协议	Precision Time Protocol
76	NTP	网络时间协议	Network Time Protocol
77	SDK	软件开发套件	Software Development Kit
78	IDM	整合器件制造商	Integrated Device Manufacture
79	AECQ	国际汽车电子协会车规验证标准	Automotive Electronics Council Qualification
80	GPU	图形处理器	Graphics Processing Unit
81	ALU	算术逻辑单元	Arithmetic Logic Unit
82	IC	集成电路芯片	Integrated Circuit
83	SOC	系统级芯片	System On Chip
84	PLD	可编程逻辑器件	Programmable Logic Device
85	DCU	域控制器	Domain Controller Unit
86	ECU	电子控制单元	Electronic Control Unit
87	AI	人工智能	Artificial Intelligence
88	CNN	卷积神经网络	Convolutional Neural Network
89	BP	反向传播算法	Back Propagation
90	MLP	多层感知机	Multi-Layer Perceptron
91	ASIC	应用集成电路	Application Specific Integrated Circuit
92	QAT	量化感知训练	Quantization Aware Training
93	PTQ	训练后量化	Post-Training Quantization
94	ROI	兴趣区域	Region of Interests
95	BBOX	检测框	Bounding Box
96	CRF	全连接条件随机场	Conditional Random Fields
97	ASPP	多孔空间金字塔池化	Atrous Spatial Pyramid Pooling
98	KF	卡尔曼滤波	Klman Filtering
99	EKF	扩展卡尔曼滤波	Extended Kalman Filtering

（续）

序号	缩写词	中文名称	英文名称
100	ESKF	误差状态卡尔曼滤波	Error State Kalman Filtering
101	VIO	视觉惯导里程计	Visual IMU Odometry
102	LIO	激光雷达惯导里程计	LiDAR IMU Odometry
103	ETL	提取、转换、加载	Extraction、Transformation、Loading
104	NCC	归一化互相关	Normalized Cross Correlation
105	MECE	相互独立，完全穷尽	Mutually Exclusive Collectively Exhaustive
106	NRE	神经重建引擎	Neural Reconstruction Engine
107	CLA	闭环自动化	Closed Loop Automation
108	FPN	特征金字塔	Feature Pyramid Networks
109	PCR	停车上下文识别器	Parking Context Recognizer
110	PSD	停车位检测器	Parking Slot Detector
111	IHBC	智能远光灯控制系统	Intelligence High Beam Control
112	DCN	可变形卷积模块	Deformable Convolutional Networks
113	RANSAC	随机抽样一致	Random Sample Consensus
114	CNN	卷积神经网络	Convolutional Neural Network
115	NMS	非极大值抑制	Non Maximum Suppression
116	FFN	前馈神经网络	Feed Forward Neural Network
117	CES	国际消费类电子产品展览会	International Consumer Electronics Show
118	NOA	自动辅助导航驾驶	Navigate On Autopilot
119	ODD	运行设计域	Operational Design Domain
120	ASIC	计算芯片	Application Specific Integrated Circuit
121	AGI	通用人工智能	Artificial General Intelligence

参 考 文 献

[1] 宗苏灿. 新能源汽车智能驾驶的发展趋势分析 [J]. 汽车与新动力, 2022(5): 21-24.

[2] 朱贻玮. 集成电路产业 50 年回眸 [M]. 北京：电子工业出版社, 2016.

[3] 威锋网. 苹果供应商台积电将在 2022 年底生产 3 纳米芯片 [EB/OL].(2021-06-19)[2023-05-17]. https://tech.ifeng.com/c/87CVTklyeEK.

[4] LECUN Y, BENGIO Y, HINTON G. Deep learning[J]. nature, 2015(521): 436-444.

[5] DETONE D, MALISIEWICZ T, RABINOVICH A. Superpoint. Self-supervised interest point detection and description[C]// IEEE Conference on Computer Vision and Pattern Recognition Workshops. New York: IEEE, 2018: 224-236.

[6] YANG S, SCHERER S. Cubeslam. Monocular 3-D Object SLAM[C]//IEEE Transactions on Robotics. New York: IEEE, 2019: 925-938.

[7] SARLIN P.-E, DETONE D, MALISIEWICZ T, et al. Superglue: Learning feature matching with graph neural networks[C]//IEEE Conference on Computer Vision and Pattern Recognition. New York: IEEE, 2020: 4938-4947.

[8] TEED Z and DENG J. RAFT: Recurrent all-pairs field transforms for optical flow[C]//European Conference on Computer Vision. Berlin: Springer, 2020: 402-419.

[9] HUANG Z, SHI X, ZHANG C, et al. Flowformer: A transformer architecture for optical flow[C]//European Conference on Computer Vision Berlin: Springer 2022: 668-685.

[10] SOLA J. Quaternion kinematics for the error-state Kalman filter. arXiv: 1711. 02508[Z]. 2017.

[11] BROSTOW G, FAUQUEUR J, CIPOLLA R. Semantic object classes in video: A high-definition ground truth database[P]. Pattern Recognition Letters. 2009.

[12] PATIL A, MALLA S, GANG H, et al. The h3d dataset for full-surround 3d multi-object detection and tracking in crowded urban scenes[C]//IEEE International Conference on Robotics and Automation. New York: IEEE, 2019: 9552-9557.

[13] NEUHOLD G, OLLMANN T, ROTA S, et al. Kontschieder. The mapillary vistas dataset for semantic understanding of street scenes[C]//IEEE International Conference on Computer Vision. New York: IEEE, 2017: 4990-4999.

[14] GEIGER A, LENZ P, URTASUN R. Are we ready for autonomous driving? the kitti vision benchmark suite[C]//IEEE Conference on Computer Vision and Pattern Recognition. New York: IEEE, 2012: 3354-3361.

[15] CAESAR H, BANKITI V, et al. nuscenes: A multimodal dataset for autonomous driving[C]//IEEE Conference on Computer Vision and Pattern Recognition. New York: IEEE, 2020: 11621-11631.

[16] CORDTS M, OMRAN M, et al. The cityscapes dataset for semantic urban scene understanding[C]// IEEE Conference on Computer Vision and Pattern Recognition. New York: IEEE, 2016: 3213-3223.

[17] HUANG X, CHENG X, et al. The apolloscape dataset for autonomous driving[C]// IEEE Conference on Computer Vision and Pattern Recognition Workshops. New York: IEEE, 2018: 954-960.

[18] AGARWAL S, A. Vora and others. Ford multi-AV seasonal dataset[J]. International Journal of Robotics Research, 2020, 39(12): 1367-1376.

[19] CASTREJON L, KUNDU K, Urtasun R, et al. Annotating object instances with a polygon-rnn[C]//IEEE Conference on Computer Vision and Pattern Recognition. New York: IEEE, 2017: 5230-5238.

[20] LIU S, ZENG Z, et al. Grounding DINO: Marrying DINO with grounded pre-training for open-set object

detection. in arXiv. 2303. 05499[Z]. 2023.

[21] YAO Y, LUO Z, LI S, et al. Quan. Mvsnet: Depth inference for unstructured multi-view stereo[C]//European Conference on Computer Vision. Berlin: Springer, 2018: 767-783.

[22] ZHANG J, CHEN S, YIN H, et al. A Vision-Centric Approach for Static Map Element Annotation[C]//IEEE International Conference on Robotics and Automation. New York: IEEE, 2024: 1-7.

[23] MEI R, SUI W, ZHANG J, et al. RoMe: towards large scale road surface reconstruction via mesh representation. arXiv: 2306. 11368[Z] 2023.

[24] CHEN S, ZHANG Y, et al. VMA: Divide-and-conquer vectorized map annotation system for large-scale Driving Scene. arXiv: 2304. 09807[Z]. 2023.

[25] LIAO B, CHEN S, WANG X, et al. Huang. MapTR: Structured Modeling and Learning for Online Vectorized HD Map Construction[C]// International Conference on Learning Representations Amherst: OpenReview, 2022: 1-9.

[26] QI C, ZHOU Y, NAJIBI M, et al. Offboard 3d object detection from point cloud sequences[C]// IEEE Conference on Computer Vision and Pattern Recognition. New York: IEEE, 2021: 6134-6144.

[27] WEI Y, ZHAO L, ZHENG W, et al. Surroundocc: Multi-camera 3d occupancy prediction for autonomous driving[C]//IEEE International Conference on Computer Vision. New York: IEEE, 2023: 21729-21740.

[28] TIAN X, JIANG T, YUN L, et al. Occ3d: A large-scale 3d occupancy prediction benchmark for autonomous driving[C]//Advances in Neural Information Processing Systems. San Diego: NeurIPS, 2024: 1-9.

[29] LI N, SONG F, ZHANG Y, et al. Traffic Context Aware Data Augmentation for Rare Object Detection in Autonomous Driving[C]//International Conference on Robotics and Automation. New York: IEEE, 2022: 4548-4554.

[30] CHEN Y, RONG F, DUGGAL S, et al. Geosim: Realistic video simulation via geometry-aware composition for self-driving[C]//IEEE Conference on Computer Vision and Pattern Recognition. New York: IEEE, 2021: 7230-7240.

[31] TANCIK M, CASSER V, YAN X, et al. Block-nerf: Scalable large scene neural view synthesis[C]//IEEE Conference on Computer Vision and Pattern Recognition. New York: IEEE, 2022: 8248-8258.

[32] YANG M, DU Y, GHASEMIPOUR K, et al. Learning Interactive Real-World Simulators[J]. NeurIPS Workshop on Instruction Tuning and Instruction Following San Diego: NeurIPS, 2023, 1-9.

[33] KOCH C, BRILAKIS I. Pothole detection in asphalt pavement images[J]. Advanced Engineering Informatics, 2011, 25(3), 507-515.

[34] 罗晖，贾晨，李健．基于改进YOLOv4的公路路面病害检测算法[J]．激光与光电子学进展，2021，58(14): 1-9.

[35] PHAM V, PHAM C, DANG T. Road damage detection and classification with detectron2 and faster r-cnn[C]//IEEE International Conference on Big Data. New York: IEEE. 2020: 5592-5601.

[36] CHUN C, SHIM S, KANG S, et al. Development and evaluation of automatic pothole detection using fully convolutional neural networks[J]. The Journal of the Korea Institute of Intelligent Transport Systems, 2018, 17(5)55-64.

[37] 贾大勇．基于深度学习的道路坑洼语义分割研究[D]．银川：宁夏大学，2022.

[38] 梁永侦，潘斌，郭小明，等．基于LAB颜色空间的图像阴影检测与去除方法[J]．计算机与现代化，2019(10):1-6.

[39] TRAN T H P, PHAM C C, NGUYEN T P, et al. Real-time traffic light detection using color density[C]//IEEE International Conference on Consumer Electronics-Asia. New York: IEEE, 2016: 1-4.

[40] CHEN B, MIAO X. Distribution line pole detection and counting based on YOLO using UAV inspection

line video[J]. Journal of Electrical Engineering & Technology, 2020(15): 441-448.

[41] DO H, CHOI J. Y. Context-based parking slot detection with a realistic dataset[J]. IEEE Access, 2020(8): 171551-171559.

[42] WU Y, YANG T. ZHAO J, et al. VH-HFCN based parking slot and lane markings segmentation on panoramic surround view[C]//IEEE Intelligent Vehicles Symposium. New York: IEEE, 2018: 1767-1772.

[43] CHEN R.-C, ZHUANG Y.-C, CHEN J.-K, et al. Deep Learning for Automatic Road Marking Detection with Yolov5[C]//International Conference on Machine Learning and Cybernetics. New York: IEEE, 2022: 170-174.

[44] TIAN J, YUAN J, LIU H. Road marking detection based on mask r-cnn instance segmentation model[C]//International Conference on Computer Vision, Image and Deep Learning. New York: IEEE, 2020: 246-249.

[45] ZHANG Z.-D, TAN M.-L, LAN Z.-C, et al. CDNet: A real-time and robust crosswalk detection network on Jetson nano based on YOLOv5[J]. Neural Computing and Applications, 2022, 34(13), 10719-10730.

[46] EIGEN D, PUHRSCH C, FERGUS R. Depth map prediction from a single image using a multi-scale deep network[C]//Advances in Neural Information Processing Systems. San Diego: NeurIPS, 2014: 1-9.

[47] GODARD C, MACAODHA O, FIRMAN M, et al. Digging into self-supervised monocular depth estimation[C]//IEEE International Conference on Computer Vision. New York: IEEE, 2019: 3828-3838.

[48] YIN Z, SHI J. Geonet: Unsupervised learning of dense depth, optical flow and camera pose[C]//IEEE Conference on Computer Vision and Pattern Recognition. New York: IEEE, 2018: 1983-1992.

[49] YUAN H, CHEN T, SUI W, et al. Monocular road planar parallax estimation[C]//IEEE Transactions on Image Processing. New York: IEEE, 2023: 1-12.

[50] NIKHIL N, MORRIS B T. Convolutional neural network for trajectory prediction[C]//European Conference on Computer Vision Workshops Berlin:Springer, 2018: 1-10.

[51] ZYNER A, WORRALL S, NEBOT E. A recurrent neural network solution for predicting driver intention at unsignalized intersections[C]//IEEE Robotics and Automation Letters. New York: IEEE, 2018: 1759-1764.

[52] PHILLIPS D. J, WHEELER T. A, KOCHENDERFER M. J. Generalizable intention prediction of human drivers at intersections[C]//IEEE Intelligent Vehicles Symposium. New York: IEEE, 2017: 1665-1670.

[53] DAI S, LI L, LI Z. Modeling vehicle interactions via modified LSTM models for trajectory prediction[J]. IEEE Access, 2019(7): 38287-38296.

[54] KIM H, KIM D, KIM G, et al. Multi-head attention based probabilistic vehicle trajectory prediction[C]//IEEE Intelligent Vehicles Symposium. New York: IEEE, 2020: 1720-1725.

[55] PRAKASH A, CHITTA K, GEIGER A. Multi-modal fusion transformer for end-to-end autonomous driving[C]//IEEE Conference on Computer Vision and Pattern Recognition. New York: IEEE, 2021: 7077-7087.

[56] CASAS S, SADAT A, URTASUN R. MP3: A unified model to map, perceive, predict and plan[C]//IEEE Conference on Computer Vision and Pattern Recognition. New York: IEEE, 2021: 14403-14412.

[57] HU S, CHEN L, Wu P, et al. St-p3: End-to-end vision-based autonomous driving via spatial-temporal feature learning[C]// European Conference on Computer Vision. Berlin: Springer, 2022: 533-549.

[58] HU Y, YANG J, CHEN L, et al. Planning-oriented autonomous driving[C]//IEEE Conference on Computer Vision and Pattern Recognition. New York: IEEE, 2023: 17853-17862.

[59] JIANG B, CHEN S, XU Q.et al. VAD: Vectorized Scene Representation for Efficient Autonomous Driving[C]//International Conference on Computer Vision. New York: IEEE, 2023: 1-11.

[60] ZHANG X, ZHOU X, LIN M, et al. Shufflenet: An extremely efficient convolutional neural network for mobile devices[C]//IEEE Conference on Computer Vision and Pattern Recognition. New York: IEEE, 2018:

6848-6856.

[61] XIE S, GIRSHICK R, DOLLAR P, et al. Aggregated residual transformations for deep neural networks[C]//IEEE Conference on Computer Vision and Pattern Recognition. New York: IEEE, 2017: 1492-1500.

[62] MA N, ZHANG X, ZHENG H.-T, et al. ShuffleNet v2: Practical guidelines for efficient cnn architecture design[C]//European Conference on Computer Vision. Berlin: Springer, 2018: 116-131.

[63] CARION N, MASSA F, SYNNAEVE G, et al. End-to-end object detection with transformers[C]//European Conference on Computer Vision Berlin: Springer, 2020: 213-229.

[64] Godard C, Aodha O Mac, Firman M, et al. Digging into self-supervised monocular depth estimation[C]//IEEE International Conference on Computer Vision. New York: IEEE, 2019: 3828-3838.

[65] ZHENG S, LU J, ZHAO H, et al. Rethinking semantic segmentation from a sequence-to-sequence perspective with transformers[C]//IEEE Conference on Computer Vision and Pattern Recognition. New York: IEEE, 2021: 6881-6890.

[66] XIE E, WANG W, YU Z, et al. SegFormer: Simple and efficient design for semantic segmentation with transformers[C]//Advances in Neural Information Processing Systems. San Diego: NeurIPS, 2021(34): 12077-12090.

[67] TABELINI L, BERRIEL R, PAIXAO T. M, et al. Polylanenet: Lane estimation via deep polynomial regression[C]//International Conference on Pattern Recognition. New York: IEEE, 2021: 6150-6156.

[68] QU Z, JIN H, ZHOU Y, et al. Focus on local: Detecting lane marker from bottom up via key point[C]//IEEE Conference on Computer Vision and Pattern Recognition. New York: IEEE, 2021: 14122-14130.

[69] QIN Z, WANG H, LI X. Ultra fast structure-aware deep lane detection[C]//European Conference on Computer Vision. Berlin: Springer, 2020: 276-291.

[70] WANG R, QIN J, LI K, et al. BEV-LaneDet: an efficient 3D lane detection based on virtual camera via Key-Points[C]//IEEE Conference on Computer Vision and Pattern Recognition. New York: IEEE, 2023: 1002-1011.

[71] BAI Y, CHEN Z, FU Z, et al. CurveFormer: 3d lane detection by curve propagation with curve queries and attention[C]//IEEE International Conference on Robotics and Automation. New York: IEEE, 2023: 7062-7068.

[72] FENG Z, GUO S, TAN X, et al. Rethinking efficient lane detection via curve modeling[C]//IEEE Conference on Computer Vision and Pattern Recognition. New York: IEEE, 2022: 17062-17070.

[73] WANG J, MA Y, HUANG S, et al. A keypoint-based global association network for lane detection[C]//IEEE Conference on Computer Vision and Pattern Recognition. New York: IEEE, 2022: 1392-1401.

[74] PHILION J, FIDLER S, Lift, splat, shoot: Encoding images from arbitrary camera rigs by implicitly unprojecting to 3d[C]//European Conference on Computer Vision. Berlin: Springer, 2020: 194-210.

[75] LI Y, GE Z, YU G, et al. BEVdepth: Acquisition of reliable depth for multi-view 3d object detection[J]. AAAI Conference on Artificial Intelligence, 2023, 37(2): 1477-1485.

[76] LI Z, WANG W, LI H, et al. Bevformer: Learning bird's-eye-view representation from multi-camera images via spatiotemporal transformers[C]//European conference on computer vision. Berlin: Springer 2022: 1-18.

[77] ZHU X, SU W, LU L, et al. Deformable DETR: Deformable Transformers for End-to-End Object Detection[C]//International Conference on Learning Representations. Amherst: Open Review, 2020: 1-16.

[78] HUANG Y, ZHENG W, ZHANG Y, et al. Tri-perspective view for vision-based 3d semantic occupancy prediction[C]//IEEE Conference on Computer Vision and Pattern Recognition. New York: IEEE, 2023: 9223-9232.

[79] YUAN H, CHEN T, SUI W, et al. Monocular road planar parallax estimation[C]//IEEE Transactions on Im-

age Processing. New York: IEEE, 2023: 1-12.

[80] QI C R, SU H, MO K. et al. PointNet: Deep learning on point sets for 3d classification and segmentation[C]//IEEE Conference on Computer Vision and Pattern Recognition. New York: IEEE, 2017: 652-660.

[81] ZHOU Y, TUZEL O. Voxelnet: End-to-end learning for point cloud based 3d object detection[C]//IEEE Conference on Computer Vision and Pattern Recognition. New York: IEEE, 2018: 4490-4499.

[82] LANG A H, VORA S, CAESAR H. et al. Pointpillars: Fast encoders for object detection from point clouds[C]//IEEE Conference on Computer Vision and Pattern Recognition. New York: IEEE, 2019: 12697-12705.

[83] FAN L, XIONG X, WANG F, et al. Rangedet: In defense of range view for lidar-based 3d object detection[C]//IEEE International Conference on Computer Vision. New York: IEEE, 2021: 2918-2927.

[84] CHAI Y, SUN P, NGIAM J, et al. To the point: Efficient 3d object detection in the range image with graph convolution kernels[C]//IEEE Conference on Computer Vision and Pattern Recognition. New York: IEEE, 2021: 16000-16009.

[85] SHI W, RAJKUMAR R. Point-gnn: Graph neural network for 3d object detection in a point cloud[C]//IEEE Conference on Computer Vision and Pattern Recognition. New York: IEEE, 2020: 1711-1719.

[86] YAN Y, MAO Y, LI B. SECOND: Sparsely embedded convolutional detection[J]. Sensors, 2018, 18(10): 3337.

[87] GAO J, SUN C, ZHAO H, et al. VectorNet: Encoding hd maps and agent dynamics from vectorized representation[C]//IEEE Conference on Computer Vision and Pattern Recognition. New York: IEEE, 2020: 11525-11533.

[88] CHAI Y , SAPP B, BANSAL M, et al. MultiPath: Multiple Probabilistic Anchor Trajectory Hypotheses for Behavior Prediction[C]//Conference on Robot Learning. Amherst: Open Review, 2020: 86-99.

[89] KENDALL A, GAL Y, CIPOLLA R. Multi-task learning using uncertainty to weigh losses for scene geometry and semantics[C]//IEEE Conference on Computer Vision and Pattern Recognition. New York: IEEE, 2018: 7482-7491.

[90] VANDENHENDE S, GEORGOULIS S, VAN GANSBEKE W, et al. Multi-task learning for dense prediction tasks: A survey[C]//IEEE Transactions on Pattern Analysis and Machine Intelligence. New York: IEEE, 2021, 44(7): 3614-3633.

[91] KUMAR V. R, YOGAMANI S, RASHED H, et al. OmniDet: Surround view cameras based multi-task visual perception network for autonomous driving[C]//IEEE Robotics and Automation Letters. New York: IEEE, 2021, 6(2): 2830-2837.

[92] WU D, LIAO M.-W, ZHANG W.-T, et al. YOLOP: You only look once for panoptic driving perception[J]. Machine Intelligence Research, 2022, 19(6): 550-562.

[93] KUMAR V. R, HIREMATH S. A, BACH M, et al. FisheyeDistanceNet: Self-supervised scale-aware distance estimation using monocular fisheye camera for autonomous driving[C]//IEEE International Conference on Robotics and Automation. New York: IEEE, 2020: 574-581.

[94] UŘIČÁŘ M, KŘÍŽEK P., SISTU G., et al. Soilingnet: Soiling detection on automotive surround-view cameras [C]//IEEE Intelligent Transportation Systems Conference. New York: IEEE, 2019: 67-72.

[95] WANG C-Y, LIAO H-Y M, WU Y-H, et al. CSPNet : A new backbone that can enhance learning capability of CNN[C]//IEEE Conference on Computer Vision and Pattern Recognition Workshops. New York: IEEE, 2020: 390-391.

[96] GUO C, LIN M, GUO H, et al. Coarse-to-fine semantic localization with HD map for autonomous driv-

ing in structural scenes[C]//IEEE International Conference on Intelligent Robots and Systems. New York: IEEE, 2021: 1146-1153.

[97] LIAO B, CHEN S, ZHANG Y, et al. Maptrv2: An end-to-end framework for online vectorized hd map construction.arXiv:2308.05736[Z].2023.

[98] ZHANG Z, XU M, ZHOU W, et al. BEV-Locator: An End-to-end Visual Semantic Localization Network Using Multi-View Images.arXiv:2211.14927[Z].2022.

[99] VASWANI A, SHAZEER N, et al. Attention is all you need[C]//Advances in Neural Information Processing Systems. San Diego: NeurIPS, 2017: 1-11.

[100] RADWAN N, VALADA A, BURGARD W. Vlocnet++: Deep multitask learning for semantic visual localization and odometry[J].IEEE Robotics and Automation Letters, 2018, 3(4): 4407-4414.

[101] NEWELL A, YANG K, DENG J. Stacked hourglass networks for human pose estimation[C]//European Conference on Computer Vision. Berlin:Springer, 2016: 483-499.

[102] BALNTAS V, LI S, PRISACARIU V. Relocnet: Continuous metric learning relocalisation using neural nets[C]//European Conference on Computer Vision. Berlin:Springer, 2018: 751-767.

[103] SARLIN P-E, CADENA C, SIEGWART R, et al. From coarse to fine: Robust hierarchical localization at large scale[C]//IEEE Conference on Computer Vision and Pattern Recognition. New York: IEEE, 2019: 12716-12725.

[104] QIN T, PAN J, CAO S, et al. A General Optimization-based Framework for Local Odometry Estimation with Multiple Sensors.arXiv:1901.03638[Z].2019.

[105] QIN T, LI P and SHEN S. VINS-Mono: A robust and versatile monocular visual-inertial state estimator[J]. IEEE Transactions on Robotics, 2018, 34(4): 1004-1020.

[106] MOURIKIS A, ROUMELIOTIS S. A multi-state constraint Kalman filter for vision-aided inertial navigation[C]//IEEE International Conference on Robotics and Automation. New York: IEEE, 2007: 3565-3572.

[107] ZHOU T, BROWN M, SNAVELY N, et al. Unsupervised learning of depth and ego-motion from video[C]//IEEE Conference on Computer Vision and Pattern Recognition, 2017: 1851-1858.

[108] ZHANG J, SUI W, WANG X, et al. Deep online correction for monocular visual odometry[C]//IEEE International Conference on Robotics and Automation. New York: IEEE, 2021: 14396-14402.

[109] QIN T, ZHENG Y, CHEN T, et al. A light-weight semantic map for visual localization towards autonomous driving[C]//IEEE International Conference on Robotics and Automation. New York: IEEE, 2021: 11248-11254.

[110] QIN T, CHEN T, CHEN Y, et al. Avp-slam: Semantic visual mapping and localization for autonomous vehicles in the parking lot[C]//IEEE International Conference on Intelligent Robots and Systems. New York: IEEE, 2020: 5939-5945.

[111] CUI Y, CHEN R, CHU W, et al. Deep learning for image and point cloud fusion in autonomous driving: A review[J]. IEEE Transactions on Intelligent Transportation Systems, 2021, 23(2): 722-739.

[112] HUANG K, SHI B, LI X, et al. Multi-modal sensor fusion for auto driving perception: A survey. arXiv:2202.02703[Z].2022.

[113] MEYER G, LADDHA A, KEE E, C. Vallespi-Gonzalez and C. K. Wellington.Lasernet: An efficient probabilistic 3d object detector for autonomous driving[C]//IEEE Conference on Computer Vision and Pattern Recognition. New York: IEEE, 2019: 12677-12686.

[114] HE K, ZHANG X, REN S, et al. Deep residual learning for image recognition[C]//IEEE Conference on Computer Vision and Pattern Recognition. New York: IEEE, 2016: 770-778.

[115] KOONCE B, KOONCE B. Convolutional Neural Networks with Swift for Tensorflow: Image Recognition and Dataset Categorization[M]. Berlin: Springer, 2021.

[116] MEYER G P, CHARLAND J, HEGDE D, A. Laddha and C. Vallespi-Gonzalez.Sensor fusion for joint 3d object detection and semantic segmentation[C]//IEEE Conference on Computer Vision and Pattern Recognition Workshops. New York: IEEE, 2019: 1-8.

[117] SCHIEBER H, DUERR F, SCHOEN T, et al. Deep Sensor Fusion with Pyramid Fusion Networks for 3D Semantic Segmentation[C]//IEEE Intelligent Vehicles Symposium. New York: IEEE, 2022: 375-381.

[118] CHEN X, MA H, WAN J, et al. Multi-View 3d Object Detection Network for Autonomous Driving[C]// IEEE Conference on Computer Vision and Pattern Recognition. New York: IEEE, 2017: 1907-1915.

[119] REIHER L, LAMPE B, ECKSTEIN L. A sim2real deep learning approach for the transformation of images from multiple vehicle-mounted cameras to a semantically segmented image in bird's eye view[C]//International Conference on Intelligent Transportation Systems. New York: IEEE, 2020: 1-7.

[120] HU C, ZHENG H, Li K, XU J, et al. YuFusionFormer: A Multi-sensory Fusion in Bird's-Eye-View and Temporal Consistent Transformer for 3D Objection.arXiv[Z].2023: 1-15.

[121] LIU Z, TANG H, AMINI A, et al. BEVfusion: Multi-task multi-sensor fusion with unified bird's-eye view representation[C]//IEEE International Conference on Robotics and Automation. New York: IEEE, 2023: 2774-2781.

[122] LIN T-Y, DOLLAR P, GIRSHICK R, et al. Feature pyramid networks for object detection[C]//IEEE Conference on Computer Vision and Pattern Recognition. New York: IEEE, 2017: 2117-2125.

[123] LIU Z, LIN Y, CAO Y, et al. Swin Transformer: Hierarchical Vision Transformer Using Shifted Windows[C]//IEEE International Conference on Computer Vision. New York: IEEE, 2021: 10012-10022.

[124] HUANG J, HUANG G, ZHU Z, et al. BEVdet: High-performance multi-camera 3d object detection in bird-eye-view.arXiv:2112.11790[Z].2021.

[125] PANG S, MORRIS D, RADHA H. CLOCS: Camera-LiDAR object candidates fusion for 3D object detection[C]//IEEE International Conference on Intelligent Robots and Systems. New York: IEEE, 2020: 10386-10393.

[126] XIE L, XIANG C, YU Z, et al. PI-RCNN: An efficient multi-sensor 3D object detector with point-based attentive cont-conv fusion module[C]//Proceedings of the AAAI Conference on Artificial Intelligence. Washington DC: AAAI press 2020: 12460-12467.

[127] SIMON M, AMENDE K, KRAUS A, et al. Complexer-YOLO: Real-time 3d object detection and tracking on semantic point clouds[C]//IEEE Conference on Computer Vision and Pattern Recognition Workshops. New York: IEEE, 2019: 1-10.

[128] WANG J, ZHU M, WANG B, et al. Nie.KDa3D: Key-point densification and multi-attention guidance for 3d object detection[J].Remote Sensing, 2020, 12(11): 1895.

[129] SINDAGI V A, ZHOU Y, TUZEL O. MvX-Net: Multimodal voxelnet for 3d object detection[C]//International Conference on Robotics and Automation. New York: IEEE, 2019: 7276-7282.

[130] XU D, ANGUELOV D, JAIN A. PointFusion: Deep sensor fusion for 3d bounding box estimation[C]//IEEE Conference on Computer Vision and Pattern Recognition. New York: IEEE, 2018: 244-253.

[131] ZHANG Z, SHEN Y, LI H. et al. MaFF-Net: Filter false positive for 3d vehicle detection with multi-modal adaptive feature fusion[C]//International Conference on Intelligent Transportation Systems. New York: IEEE, 2022: 369-376.

[132] YOO J H, KIM Y, KIM J. et al. Choi.3d-cvf: Generating joint camera and lidar features using cross-view spatial feature fusion for 3d object detection[C]//European Conference on Computer Vision. Berlin:

Springer, 2020: 720-736.

[133] HUANG T, LIU Z, CHEN X et al. Epnet: Enhancing point features with image semantics for 3d object detection[C]//European Conference on Computer Vision. Berlin: Springer, 2020: 35-52.

[134] KU J, PON A D, WALSH S et al. Waslander.Improving 3d object detection for pedestrians with virtual multi-view synthesis orientation estimation[C]//International Conference on Intelligent Robots and Systems. New York: IEEE, 2019: 3459-3466.

[135] DENG J, CZARNECKI K. MLOD: A multi-view 3D object detection based on robust feature fusion method[C]//IEEE Intelligent Transportation Systems Conference. New York: IEEE, 2019: 279-284.

[136] QI C R, LIU W, WU C, et al. Frustum PointNets for 3d object detection from rgb-d data[C]//IEEE Conference on Computer Vision and Pattern Recognition. New York: IEEE, 2018: 918-927.

[137] DU X, ANG M H, KARAMAN S, et al. Rus.A general pipeline for 3d detection of vehicles[C]//International Conference on Robotics and Automation. New York: IEEE, 2018: 3194-3200.

[138] SHIN K, KWON Y P, TOMIZUKA M. RoarNet: A robust 3d object detection based on region approximation refinement[C]//IEEE Intelligent Vehicles Symposium. New York: IEEE, 2019: 2510-2515.

[139] MOUSAVIAN A, ANGUELOV D, FLYNN J, et al. 3d bounding box estimation using deep learning and geometry[C]//IEEE Conference on Computer Vision and Pattern Recognition. New York: IEEE, 2017: 7074-7082.

[140] KU J, MOZIFIAN M, LEE J, et al. Joint 3d proposal generation and object detection from view aggregation[C]//International Conference on Intelligent Robots and Systems. New York: IEEE, 2018: 1-8.

[141] WANG C, MA C, ZHU M, et al. Pointaugmenting: Cross-modal augmentation for 3d object detection[C]// IEEE Conference on Computer Vision and Pattern Recognition. New York: IEEE, 2021: 11794-11803.

[142] 赛博七号. 智能座舱产品设计系列一：智能化基础平台及架构 [EB/OL]. (2021-7-12)[2023-7-12]. https://zhuanlan.zhihu.com/p/389080845.

[143] 高工智能汽车. 软件定义智能座舱：AliOS 底层驱动智能升级 [EB/OL]. (2021-7-19)[2023-7-19].https:// blog.csdn.net/GGAI_AI/article/details/118889164.

[144] ALONSO R. From connected vehicles to coordinated automated road transport (C-ART). Part I, Framework for a safe & efficient coordinated automated road transport (C-ART) system[M]. Luxembourg: Publications Office of the European Union, 2017.

[145] Ericsson. ERICSSONANDVOLVOCARS[EB/OL]. (2021-6-1)[2023-7-15]. https://iot-automptive.news/ ericsson-and-volvo- cars-sign-five-year-connected-vehicle-cloud-worldwide-deal/.

[146] E4Life. 消费者业务占半壁江山，华为能否在汽车市场再造神话？ [EB/OL]. (2020-7-15)[2023-7-15]. http://www.hzhypz.com/d/1246334.html.

[147] 殷玮. 软件定义汽车 (4)-OTA 升级 [EB/OL]. (2020-10-8)[2023-17-8].https://zhuanlan.zhihu.com/p/266041778.

[148] 商汤科技.SenseAR 开发者平台 [EB/OL]. (2021-7-11)[2023-7-12]. http://openar.sensetime.com/docs.

[149] ArcSoft. 虹软视觉开放平台 [EB/OL]. (2021-4-14)[2023-7-11]. https://ai.arcsoft.com.cn/course.

[150] Google. CoLab[EB/OL]. (2021-4-2)[2023-7-15]. https://colab.research.google.com/.

[151] 伍孟春，黄菊梅，蔡德明. 汽车研发项目管理的创新路径探索 [J]. 时代汽车，2021 (14), 32-33.

[152] SHAO H, WANG L, CHEN R, et al. Safety-enhanced autonomous driving using interpretable sensor fusion transformer[C]//Conference on Robot Learning. New York: IEEE, 2023: 726-737.

[153] LIANG T, XIE H, YU K, et al. Bevfusion: A simple and robust lidar-camera fusion framework[C]//Advances in Neural Information Processing Systems.San Diego NeurIPS, 2022: 10421-10434.

[154] YI H, SHI S, DING M, et al. Segvoxelnet: Exploring semantic context and depth-aware features for 3d vehicle detection from point cloud[C]//IEEE International Conference on Robotics and Automation. New

York: IEEE, 2020: 2274-2280.

[155] BRAUN M, RAO Q, WANG Y, et al. Flohr.Pose-rcnn: Joint object detection and pose estimation using 3d object proposals[C]//International Conference on Intelligent Transportation Systems. New York: IEEE, 2016: 1546-1551.

[156] SONG S, XIAO J. Deep sliding shapes for amodal 3d object detection in rgb-d images[C]//IEEE Conference on Computer Vision and Pattern Recognition. New York: IEEE, 2016: 808-816.

[157] GEIGER A, LENZ P, URTASUN R. Are we ready for autonomous driving? the kitti vision benchmark suite[C]//IEEE Conference on Computer Vision and Pattern Recognition. New York: IEEE, 2012: 3354-3361.